제2판

디지털 놀이치료

디지털 시대의 치료사를 위한 가이드북

제2판

Digital Play Therapy

디지털 놀이치료

디지털 시대의 치료사를 위한 가이드북

Jessica Stone 지음

유미숙 · 김미경 · 이은수
류승민 · 박현아 · 최수빈 옮김

Σ 시그마프레스

디지털 놀이치료 : 디지털 시대의 치료사를 위한 가이드북, 제2판

발행일 | 2023년 3월 20일 1쇄 발행

지은이 | Jessica Stone
옮긴이 | 유미숙, 김미경, 이은수, 류승민, 박현아, 최수빈
발행인 | 강학경
발행처 | (주)시그마프레스
디자인 | 우주연, 김은경
편   집 | 이호선, 김은실, 윤원진
마케팅 | 문정현, 송치헌, 최성복, 김미래, 김성옥

등록번호 | 제10-2642호
주소 | 서울특별시 영등포구 양평로 22길 21 선유도코오롱디지털타워 A401~402호
전자우편 | sigma@spress.co.kr
홈페이지 | http://www.sigmapress.co.kr
전화 | (02)323-4845, (02)2062-5184~8
팩스 | (02)323-4197

ISBN | 979-11-6226-439-3

Digital Play Therapy, Second Edition

＊ 책값은 책 뒤표지에 있습니다.

역자 서문

놀이치료의 역사는 아동을 심리치료의 대상으로 보기 시작하면서 함께 시작되었다. 어린 아동일수록 언어 구사 능력이 부족하고 놀이가 가지는 놀라운 능력을 자연스럽게 표출하는 발달단계이기 때문에 아동의 심리치료는 당연히 놀이치료 중심으로 이루어졌다. 물론 놀이치료의 대상은 아동뿐만 아니라 성인까지 확대되었다.

심리치료는 결국 커뮤니케이션 기술을 통해 소통하고 교정적 경험을 하며 내담자의 성장 발달을 돕는 전문영역이다. 이 커뮤니케이션의 환경이 면대면의 만남에서 사이버 공간의 만남으로 확장되면서 기법 또한 변화가 절박하였다. 특히 코로나(COVID-19)는 대면 접촉을 제한하여야만 살아남을 수 있는 절박한 현실을 가져왔고, 놀이치료 현장 역시 비대면의 접촉을 절실하게 필요로 하게 되었다.

이런 과정에서 이 책의 초판을 접하게 되었고, 번역을 하겠다고 저자에게 연락하니 2022년 개정판이 출간 예정이라며 2판으로 번역해줄 것을 요청받았다. 2022년 1월 원고를 받자마자 번역을 시작하였다. 역자들은 모두 1판을 함께 공부하였던 교수나 박사들이었으므로 비교적 초벌 번역은 쉽게 끝냈다. 그러나 용어의 통일 문제와 프로그램들의 변화에 따른 이해를 돕기 위한 추가설명이 미흡해 보인다. 이 부분은 독자들의 고언을 참고하여 빠른 시일 안에 수정하고 보완하려고 한다.

팬데믹으로 인한 원격심리치료의 필요성뿐만 아니라 놀이치료의 주요 대상인 청소년의 특성을 고려해서라도 디지털 놀이치료는 선택의 문제가 아니라 놀이치료자가 갖추어야 할 기본 기술이 되었다.

디지털 놀이치료, 이제 치료자가 선택할 기법이 아니라 반드시 함께 가야 할 길이고 기술이다.

이 책을 통해 놀이치료자가 '디지털 놀이치료'라는 전문 지식과 기술을 습득하여 많은 내담자의 발달과 성장은 물론 다친 마음의 회복을 돕는 데 도움이 되기를 간절히 소망한다.

아울러 이 책이 출간되기까지 도움을 주신 (주)시그마프레스의 강학경 사장님께 감사드린다. 특히 책이 완성되도록 꼼꼼하게 살펴주신 편집부 이호선 선생님께는 특별한 감사를 드린다.

2023년 3월

역자를 대표하여 유미숙 드림

"디지털 놀이치료는 심리치료에서 디지털 기술을 사용하고 싶은 임상가들이 반드시 읽어야 할 책이다. 놀이와 놀이 양식의 치료적 힘에 초점을 맞춰 한 권을 책으로 짜임새 있게 풀어냈다.

－찰스 쉐퍼, PhD, RPT-S, 미국 페어리디킨슨대학교 임상심리학과 명예 교수

"나는 이 책을 사랑한다! 제시카 스톤은 개인적 역량에 전문성을 더하여 놀이치료사가 디지털 놀이치료도 하는 전문가로 성장할 기회를 제공한다. 원하든 원하지 않든 테크놀로지는 계속 존재한다. 놀이치료사가 내담자의 언어로 말하고 내담자의 상상력을 사로잡는 놀이방에서 그들의 관심을 끄는 '장난감'을 구비하여 내담자를 맞이하는 것이 필요하고, 이는 치료사 개인의 상담자로서의 이론적 방향성과 무관하게 중요하다. 이 책은 놀이치료 내담자와 '지금 바로 여기'에서 함께 시작할 수 있는 수많은 실용적인 도구를 제안한다. 현대적 치료 현장을 고려하여 스톤 박사가 각 장마다 제시하는 원격 심리 상담과 관련된 제안은 덤이다."

－테리 코트먼, PhD, RPT-S, LMHC, The League of Extraordinary Adlerian Play Therapists의 설립자 겸 이사

"놀이치료에서 테크놀로지가 갖는 의미를 진솔하고 명쾌하게 풀어낸 혁신적인 책이다. 로블록스나 동물의 숲과 같은 인기 게임을 사용하는 새로운 사례를 포함, 스톤 박사는 테크놀로지를 놀이치료실에 구현하는 문제에 관한 다양한 방법을 독자에게 제시한다. 개정판은 또한 원격 심리상담 제공 과정을 탐구한다. 디지털 놀이치료 관련 영역에 대한 포괄성과 전반적인 영향력을 고찰하는 완성도가 인상적인 저서! 어떻게 하면 테크놀로지를 임상치료적 용도로 사용할 수 있을까? 테크놀로지 기반 놀이가 놀이 세션에서 과연 어떻게 성공적으로 구현될 수 있을까? 이런 고민을 해 본 적이 있다면 이 책은 당신의 입문서가 될 것이다."

－로버트 제이슨 그랜트, EdD, LPC, RPT-S, ACAS,
미국 AutPlay® Therapy의 창시자, 저자, 강연자

머리말

이 책에서 스톤 박사는 놀이치료 서비스에 원격심리치료를 포함하는 문제를 검토한다. 하드웨어, 소프트웨어 및 테크놀로지 서비스 제공 양식에 관한 업데이트를 이 책 전반에 걸쳐 다룸으로써, 놀이치료사가 이러한 새로운 가능성에 관한 이해를 바탕으로 심리적인 어려움을 가진 아이들을 도울 수 있도록 하였다. 스톤 박사는 모든 치료사 개인의 인프라를 강화할 수 있는 도구를 또 한 번 제공하고 있는데, 그 어떤 때보다 시시각각 변화하는 세상에 놓인 아이들이 자신의 삶의 자리에서 건강하게 자라나는 데 치료사가 놀이치료의 힘을 발휘할 수 있도록 돕는다.

놀이치료는 60년 넘게 아이들을 위해 선택할 수 있는 치료 방법이었다. 놀이치료는 행동, 감정, 발달 문제를 겪고 있는 어린이들이 선호하는 발달적으로 적절한 개입이다. 놀이는 아이들의 언어이다. 놀이를 통해 아이들은 자신의 세계와 경험을 처리하기 때문이다. 아이들은 때때로 상상력을 발휘하여 자신의 내면세계를 다루는 다른 수단을 창조한다. 그들의 상상력의 원재료가 되는 것들은 곧 그들이 실제 직면하는 상황을 대처하는 데 도움을 주는 놀이를 어떻게 창조할 수 있는가에 영향을 미친다.

놀이치료가 시작된 지 이미 한참이 지났고, 시간이 지남에 따라 아이들의 놀이 또한 달라졌다. 오늘날의 아이들은 다른 도구를 가지고 놀며, 그들의 놀이 언어는 바뀌었다. 놀고, 배우고, 탐험하고, 창조하는 일상생활에서, 아이들은 이제 디지털 도구를 쓴다. 따라서 놀이치료의 확대와 통합이 필요해졌고, 이는 오늘날 어린이 놀이의 치료적 언어를 이해하고 사용하기 위함이다.

놀이의 치료적 힘을 활성화하는 것은 아이들이 내면세계를 관리하는 데 도움이 된다. 이와 같은 놀이의 치료적 힘은 놀이가 치료 효과를 개시, 촉진 및 강화하는 특수한 변화를 일으키는 주체(agent, 또는 작용체)임을 말한다 (Schafer & Drewes, 2003). 놀이가 실제로 변화를 만들어 내고, 다른 변화요 인을 적용하기 위한 단순한 매개체가 아니라는 점을 강조하는 것이 중요하 다. 놀이의 가장 강력한 측면 중 하나는 아이들이 놀이를 통해 자신을 표현 하는 능력이다. 놀이는 정서적으로 안전한 환경을 만들어 아이들이 더 넓은 범위의 내적 경험을 표현할 수 있게 한다. 그들의 표현은 안전, 자신의 세계 관, 자신의 문화가 존중되는 방식, 놀이에 제공되는 매체에 크게 좌우될 것 이다.

스톤 박사는 놀이치료사가 중점을 두어야 하는 5C(competency, culture, comfort, congruence, and capability)에 초점을 맞춘다. 스톤 박사는 5C를 통 해 자격을 갖춘 치료사가 어린이 내담자를 마주하는 놀이치료 회기에서 추 구하고 갖춰야 하는 것에 대한 깊이와 이해를 제공한다. 물론, 아이들의 문 화는 그들의 놀이와 자기표현에 영향을 미친다. 아이들의 환경과 관심사에 대한 문화적 인식은 아이들을 심리적으로 치유하는 방법을 이해하는 데 필 수적이다. 놀이치료사들은 문화적 역량뿐만 아니라 문화적 인식에도 동의 하겠지만, 문화에 대한 정의는 시간이 지남에 따라 확대되었다(Zimmerman, 2017). 이에 따라 놀이치료사들이 오늘날 문화의 다면성을 존중하는 것이 중 요해졌다.

디지털 도구와 테크놀로지는 아이들의 놀이에 강력한 영향을 미치는 새로 운 영향력을 가진 존재로 부상했다. 아이들의 디지털 도구 사용은 그들이 어 떤 놀이를 어떻게 하는가를 좌우하며, 이러한 도구를 아이들을 돕기 위해 사 용할 수 있는 것은 임상가의 책임이다. 디지털 놀이치료를 포함시킴으로써 임상가는 아동을 전면적으로 치료할 수 있다. DPT 개입은 아이들의 추가적 인 새로운 언어를 이해하고 놀이치료에 포함시키는 것을 가능하게 한다.

놀이치료사들은 아이들과 작업할 때 지시적, 비지시적, 통합된 접근법을 사용할 수 있다. 이때, 아이들의 자기표현을 촉진하도록 치료사가 반응하는 것은 매우 중요하다. 치료사가 사용하는 언어는 아이들이 자신을 표현하는 데 있어서 안전하다고 느끼도록 하는 데 필수적일 수 있다. 그러므로 아이의 언어를 아는 것은 디지털 세계를 아는 데 도움이 될 것이다. 놀이치료사들의 디지털 도구 활용은 아이들의 심리치료를 위해 필요한 모든 것에 접근할 수 있도록 도움을 줄 수 있다. 놀이치료사들은 대부분 놀이가 아이의 언어이고 놀이도구는 그들의 어휘라는 데 동의하기 때문에, 그들의 표현과 심리치료 효과를 높이기 위해 이제 더 비싼 어휘가 필요해졌다.

디지털 기술의 세계에서는 전자 게임이나 전자 시스템 및 플랫폼을 놀이치료의 일부로 포함하는 것이 필수가 되었다. 아동의 언어는 여전히 놀이일지라도, 이제는 놀이치료사가 이해하고 치료에 포함해야 하는 다른 입력 자원이 생겼다. 디지털 방식으로는 우리가 무엇을 관찰할 수 있고 어떤 것들을 할 수 있는지를 우리는 이미 알고 있는 자원 체계보다 더 많이 알 수 있어야 한다.

스톤 박사는 디지털 기술이 놀이치료에 어떻게 통합될 수 있는지를 가르치고, 쉽게 따라 할 수 있도록 했다. 놀이치료사들은 대부분 디지털 도구를 인식하지만, 디지털 도구들을 치료에 어떻게 적용하여 활용할 수 있는가에 대해서는 의구심을 갖고 있다. 놀이치료사가 치료에 사용할 수 있는 것으로 어떤 것이 있고, 이를 뒷받침하는 근거로 어떤 연구들이 있는지를 이해하는 것 또한 이 책의 주요 초점이다. 연구에 대해 알아가는 것은 아동에게 경험적으로 지지되는 치료(empirically supported treatment, EST)를 제공하기 위해 매우 중요한 요소이다. 따라서 이 주제에 대한 스톤 박사의 광범위한 지식으로부터 모든 놀이치료사들이 혜택을 얻을 수 있도록 이 책을 출판했다.

이 책에서는 디지털 도구의 치료적 사용에 관한 아주 기본적인 본질과 이를 발견하게 된 스톤 박사의 여정을 포괄적으로 다룬다. 스톤 박사는 "각 장은 독자들에게 놀이치료의 원리 및 이론에 관한 견고한 기초를 바탕으로, 이에 해당하는 도구 및 자원에 관한 교육과 더불어 실제 적용까지의 중요성을 강조하고 있다"라고 말한다. Virtual Sandtray®©(가상 모래상자)를 개발하고 구현하며 DPT 선구자 중 한 명이 된 스톤 박사는 놀이치료사가 디지털 도구를 다루는 능력은 아동의 새로운 언어를 이해하고, 놀이치료에서 전자 게임이나 앱을 사용하는 방식으로 이러한 내담자들을 도울 수 있다는 것을 확인했다. 놀이치료사가 놀이치료실에서 아이패드, 컴퓨터, 닌텐도 스위치와 같은 디지털 도구를 사용하는 것을 보는 것으로도 아이들은 즉각적인 친근감과 안전을 느낄 수 있다. 아동과의 언어 장벽의 문제 또한 해결될 수 있는데, 특히 치료사가 플랫폼에 제시된 게임 중 하나를 배우고자 도움을 청할 때 특히 그 언어 장벽이 쉽게 허물어질 수 있다. 아이들은 본인이 전문가가 된 듯한 기분을 즐기고, 이는 접수 상담 또는 초기 단계 동안 확립될 수 있다. 디지털 도구의 사용은 아동과 치료사 간 관계를 향상시킬 수 있고, 또한 실행 기능상의 어려움을 가진 아동들을 돕는 데 마인크래프트와 같은 매체를 사용하면 매우 유용하다. 현재 존재하는 많은 유명한 게임들이 아동의 자기 표현뿐 아니라 자기 조절 및 사회적 기술 훈련을 촉진하는 데 놀이치료실에서 쓰일 수 있다. 여러 가지 게임 및 앱들이 치료 과정을 촉진하는 역할을 할 수 있고, 아동 심리치료에서 우리가 무엇을 언제, 어떻게 사용할지에 관해 이 책은 알려준다.

디지털 놀이치료를 향한 스톤 박사의 각별한 열정을 이 책의 장마다 확인하게 될 것이다. 이 책은 아동의 심리적 어려움을 다루는 놀이치료사라면 누구든지 최신 정보를 쉽게 이해하여 본인의 레퍼토리를 수월하게 향상시키는 데 도움이 될 수 있다. 요즘 아이들의 세계에 온전히 참여할 수 있는 얼마나 멋진 기회인가? 임상 현장에 DPT를 구현하고자 할 때마다 이 책은 치료사에게 아이디어를 제공하고, DPT의 영역이 점점 확장됨에 따라 놀이의 치료적 힘에 대한 믿음을 유지한 채 자신의 분야에 대한 지식을 확장해 나가기를 바란다.

－하이디 카두슨

참고문헌

Schaefer, C. E., & Drewes, A. (2003). *The therapeutic powers of play: 20 core agents of change*. Wiley.

Zimmerman, K. A. (2017, July 13). What is culture? *Live Science*. www.livescience.com/21478-what-is-culture-definition-of-culture.html

저자 노트 :
왜 마인크래프트인가

책, 논문 등을 읽다 보면 불현듯 무언가가 머릿속에 떠오르는 그런 순간이 있다. 어떤 글귀를 읽었을 때 그럴 때가 있는데, 이럴 때는 굳이 다른 말로 바꾸어 표현하는 게 부적절하거나, 저자가 의도한 본연의 의미를 정확히 전달하기 위해서 따옴표를 붙여 그 말을 그대로 가져오게 된다. 이런 경우, 이 책은 따옴표를 붙이거나, 출처를 명시하여 독자가 그 원문을 그대로 이해할 수 있도록 하였다. 때로는 주 저자의 말이 아님에도 상당 부분을 인용에 포함하게 되는 경우도 있는데, 이 책의 모든 장에서 다른 놀이 치료사들이 개입과 관련해서 작성한 것을 당신은 발견하게 될 것이다. 이는 독자들이 다양한 디지털 도구들의 가능성을 생각할 때 여러 전문가의 목소리와 다양한 관점을 경험할 수 있게 한다.

나는 페이스북에서 심심찮게 블로그 링크를 눌러 부담 없이 게시물을 읽는 편이다. 링크를 클릭한 후, 나는 에너지를 충전하고 활기를 찾았다. 이 블로그의 어머니는 이제까지 내가 명료하게 쓰려고 애써온 부분을 유창하고 멋지게 설명해 놨기 때문이었다. 나는 즉시 이 어머니에게 연락을 취해 그녀의 블로그 게시물을 이 책에 사용할 수 있게 해달라고 요청했다. 그녀는 승낙해주었고, 나는 기쁜 마음으로 이 책을 통해 독자들에게 전체 내용을 제공할 수 있게 되었다. 처음에는 부분 발췌를 할 생각이었지만, 솔직히 그녀가 말하고자 하는 전문을 독자에게 공개하는 게 좋을 것 같다는 생각이 들었다. 그녀와의 짧은 연락 후, 나는 그녀가 박사 학위가 있고 자폐증을 가진 사람들과 관련된 일을 하고, 이들을 지지하는 자임을 알게 되었다.

나는 이 블로그의 내용이 정상 및 신경 다양성을 가진 집단 모두에게 적용된다고 믿는다. 나는 이것이 우리 모두에게 적용된다고 믿어 의심치 않고, 여기에는 자신의 자녀 및 아끼는 사람을 위해 디지털 도구가 가진 가치를 경험한 모든 부모를 포함한다. 다시 말하지만, 균형이 중요하지 않다는 말을 하려는 게 아니다. 다수를 위한 가치에 대한 고려는 중요한 문제이고, 파급효과가 있으며, 무시해서는 안 된다는 점을 말하는 것이다. 내 책에 이 블로그 게시물을 싣게 된 것은 감사하고 영광스러운 일이다.

왜 마인크래프트인가

2018년 5월 28일

몇 달 전, 나는 막내 아들의 치료사 중 한 명과 아들의 NDIS(National Disability Insurance Scheme) 지원 계획을 논의하고 있었을 때의 일이다. 알다시피, NDIS는 자녀의 일상생활 및 활동의 리듬과 흐름을 자세히 설명하도록 요구한다. 우리 막내는 안전하고 예측 가능한 환경인 집에 있을 때 가장 행복했고, 집은 곧 자폐가 있는 그의 두 형과 함께 홈스쿨링을 하는 공간이며, 자기 또래보다는 나이가 많은 아이들과 노는 것을 선호해서, 우리 가족은 이러한 사실을 반영해 보고했다.

치료사는 나의 일상 이야기를 흘끗 훑어본 후, 나를 쳐다보며 부드럽지만 분명한 비난을 담아 "그래서 아이가 하루에 전자 기기 화면을 얼마나 많이 보나요?"라고 물었다. 헉! 나는 속으로는 수치심과 죄책감이 들었고, 아이패드 사용을 정당화하기 위해 일단 어깨를 펴보았지만… 대립을 피하기 위해 뭉뚱그려 대답했다. "음, 별로 많지 않아요." 치료사는, (독자님들 아시죠, 의심과 실망이 조금씩 담겨진, 그리고 실패자를 보는 듯한 눈 말이에요) 그 눈으로 저를 잠시 보고는 그렇게 나에게 질문을 했다. 그러나 몇 달이 지난 후에도 이 일은 안 잊혀졌다. 그 질문도 그렇고,

나의 얼버무린 태도와 무능하기 짝이 없는 대답 때문에 괴로웠다.

우리는 모두 치료사의 질문 뒤에 무엇이 숨겨져 있었는지 안다. 더 솔직히 말하자면, 그 질문 뒤의 의도가 무엇이었는지. 그건 내가 아들에게 아이패드를 너무 많이 허용함으로써 아이를 버릇없게 만들고, 사회적으로 고립시키고, 자폐증을 악화시키며 어떤 식으로든 아들에게 해를 끼친다는 점을 상기시키는 질책이었다. "테크놀로지는 유해하다, 아이를 고립시키고, 반사회적 성향을 야기한다."와 같은 말은 양육자라면 늘상 듣는 얘기 아닌가.

테크놀로지 얘기가 나오면, 나는 죄책감이라는 혹을 하나 단 인생을 살고 있다. 아들의 아이패드나 게임기를 뺏는 행위는 아들에게 몹쓸 짓이다. 그치만 아들에게 아이패드를 쥐어주는 행위는 사회의 시선에서 오는 수치심을 자극하여 내가 부끄러워지고 엄마로서 나의 자기 효능감이 요동치기 때문이다.

그러고는 문제 상황을 마주한다. 내 아이들을 가장 잘 아는 것도, 그들의 필요를 가장 잘 아는 사람도 나다. 나는 그걸 알고 있다. 하지만 타인의 시선과 사회적 압박감으로부터 질타를 당하는 기분을 부정할 수 없다. 그래서 이제는 이 혹을 떼고 문제를 바로잡아야 할 때라고 마음 먹었다. 몇 달이 지난 지금, 마침내 그 문제가 발생했을 때 제 아들의 치료사가 이 문제를 들이밀었을 때 내가 하고 싶었던 그 대답을 완성했다.

테크놀로지, 특히 마인크래프트가 우리집에서 갖는 중요성을 이해하기 위해서는 우리 막내 아들 Z군에 대해 설명할 필요가 있다. Z군은 사람들이 자폐아에 대해 가지고 있는 대부분의 가정을 빗겨나가는데, Z군은 굉장히 기발하고, 복합적이고 생생한 상상력을 가지고 있기 때문이다. 녀석의 내면세계는 넓고 깊고 심오하다.

Z군은 상상력을 경험하는 특정한 방법들을 가지고 있는데, 그것은 그에게 본능적이고 힘이 나는 경험이지만, 그걸 정작 가족인 우리와 공유할 수 있는 표현적인 언어나, 본인의 상상력 있는 비전을 공유할 수 있

는 방법을 가지고 있지 않다. Z군은 언어로 본인을 표현하고, 일반적으로 볼 때 조숙한 어휘를 가지고 있지만, 그의 내면적 상상력이 너무 복잡하고 그 세계가 너무 거대해서 그는 항상 그의 머릿속에 있는 것을 묘사하기에 적절한 단어들을 찾지 못해 곤욕을 치른다. Z군은 우리가 그의 머릿속에 있지 않다는 것을 깨닫기 시작하고, 그가 보는 것을 우리가 자동적으로 볼 수 없다는 것을 알게 되자, 그는 필사적으로 그의 내적 세계를 우리와 공유하고 싶어 한다. 본인의 내적 세계를 외적 세계로 만들고 싶어 한다.

하지만 아이의 어휘가 충분하지 않거나, 그림으로 표현하는 것에도 어려움이 있고, (올바른 단어를 알고 있더라도) 타이핑이나 글로 표현하기도 어렵다면 쓰기가 너무 어려워서 그 아이는 어떻게 본인이 그토록 간절히 나누고 싶어하는 것을 공유할 수 있을까? 어떻게 하면 이런 아이들은 가족들에게 그들의 특별하고, 멋지고, 아주 세밀한 방식으로 그들이 보는 것을 보게 할 수 있을까?

음, 우리 가족과 Z군의 경우 답은 '마인크래프트'였다. Z군이 자신의 내면세계를 마인크래프트 세계에서 재현하면, 우리는 Z군이 경험하는 것을 마인크래프트로 보고 경험할 수 있다. 마인크래프트는 소위 Z군과의 보완 대체 의사소통(augmentative and alternative communication, AAC) 도구인 셈이다. 대부분의 사람들에게 마인크래프트는 동기부여도가 높은 '모래상자 게임'으로, 개방된 가상 세계인데, 게임 지향적인 목표와 요구 사항이 거의 없이 구축과 창조를 장려한다. Z군에게 있어서, 마인크래프트는 본인이 소통하고자 하는 것을 전달할 능력이 충분하지 않을 때, 그의 현재 언어 능력을 강화하고 보완하는 방법이다. 그것은 의사소통의 좌절감을 완화시키고 우리가 Z씨의 머릿속에 갇혀 있을 수밖에 없던 세계에 접근할 수 있게 해준다.

마인크래프트는 Z군에게 그가 즐기는 것, 나누고 싶은 것들을 자연스럽고 적절하게 자신을 표현할 수 있는 길을 만들어준다. 본인이 공유하고 소통하고 싶어 하는 모든 놀라운 아이디어들을 나누고 소통할 수 있는 도구를 가지고 있다는 것은 그에게 얼마나 큰 해방감을 주는지! 그러므로 마인크래프트는 Z군과 가족의 상호작용을 가능케 하는 가장 기본적인 연결 지점이다. 마인크래프트는 바로 우리와 Z군의 인터페이스이다.

마인크래프트와 같은 게임의 이점에는 Z군이 자신의 상상력을 발휘하고 재창조하는 것을 용이하게 한다는 특별한 사용 목적상의 이점 이상의 것이 있다. 마인크래프트 및 이와 같은 게임의 잠재력은 소셜 화폐에 있다: 마인크래프트는 역대 두 번째로 많이 팔리는 컴퓨터 게임으로, 매월 5,500만 명의 기본 유저가 있으며, (오트크래프트)와 같은 자폐적 특징을 가진 유저들의 서버 베이스의 존재와 같이) 자폐를 가진 집단에게 선사하는 특별한 매력도 있지만, 주류 커뮤니티에서도 동등하게 사랑받고 있는 게임이다.

이제, 연구는 우리에게 신경분화 다양성을 가진 아동들에게 가장 성공적인 사회적 만남은 공통의 관심사와 열정을 기반으로 한 활동에 그 기반을 가지고 있다고 말한다. 공동의 이익을 통해 사회화하도록 돕는 것은 우리 아이들의 사회 참여를 촉진하는 것뿐만 아니라 그러한 참여를 지원하는 데에도 효과적이다. 또한 연구 결과에 따르면 협업을 기반으로 하는 가상 환경은 자폐 아동이 직접 대면하여 사회화하는 상황보다 위험과 어려움을 적게 경험하면서 사회에 참여하고 또래와 협업 및 커뮤니케이션 할 수 있는 고유한 기회를 제공한다고 한다. 이러한 가상 환경은 커뮤니케이션, 상호 작용, 사회화, 협업 및 의미 있는 인간 관계 형성을 촉진하고, 우리 아이들이 '정상'의 기준에 도달하기 위해 대가를 치르는 보다, 온연히 자폐적으로 사회화할 수 있도록 돕는다.

우리 집에서의 놀이 파트너는 신경다양성을 가진 아이든, 그렇지 않든, 모두 다 마인크래프트 플레이어다. 마인크래프트는 플레이어들이 함께 모여 독특하고 공유된 세계에서 가상으로 플레이 할 수 있는 환경이기 때문에, 내 아이들이 열정을 공유하는 또래집단과 스스럼 없이 어울릴 수 있게 해주고, 본인의 신경다양성을 인지하되, 기존의 전통적 놀이가 주는 스트레스나 불편감은 없다. 마인크래프트에서의 플레이는 대개 협력적이며 협조적이고, 상호작용적이며, 지속적이다. 그리고 그들은 이런 활동에 매우 능숙하다. 마인크래프트에서 내 아들들은 사회적으로 성공하도록 설정되어 있는데, 이는 신경다양성을 가진 집단과 그렇지 않은 집단 모두에게 모두 매력적이고 인기를 불러일으키는 어떤 무언가에 우리 아이들이 특출나기 때문이다.

우리 아들들, 그리고 비슷한 처지의 아이들에게 마인크래프트는 상호 간의 열정과 관심사 공유, 유머, 열정, 감사, 놀이적 경쟁을 토대로 진솔하고 서로를 존중하는 인간 관계 형성을 적극적으로 지지하고 장려한다. 마인크래프트와 같은 가상 환경은 신경다양성을 포함하는 사회화 작용이 존중받는 환경을 형성하며, 사회적 표현과 의사소통을 위한 대안적 방법을 제공한다. 우리 가족에게 마인크래프트는 아들들이 서로 돕기, 믿어주기, 개그하기, 신뢰를 보여주기, 돌아가면서 하기를 기반으로 진실된 우정을 쌓는 것을 가능하게 했으며, 이렇게 친구를 만드는 경험은 가상 환경과 오프라인 모두에서 발전되고 유지되었다.

"흥미로운 건… 제 아이들이 가상 요소를 포함하지 않는 놀이 데이트를 할 때, 그러니까 전통적인, 신경전형적인 사회화 방식으로 (뭐 굳이 내가 자주 경험하게 하는 방식은 아니지만 아무튼) 놀아야 할 때는 다음의 두 가지 상황이 일어난다고 제가 보장할 수 있죠. 첫째, 놀이의 패턴이 평행 놀이이면서 한계를 보여요. 15분이나 20분 정도 각자 노는 놀이 정도는 가능할지 몰라도, 그 놀이는 실상 협동 놀이와는 멀고, 신경정형적 성향의 기대와 그 미묘한 차이에서 비롯된 좌절과 불안을 동반하기도 하죠. 둘째로, 놀이 데이트 다음날엔, 우리 아들 중 한 명(이라고 쓰지만 대체로 셋 다)이 완전히 지쳐서 보통 녹아 떨어지기 직전이 되어버려요. 반면에 마인크래프트(나 전반적으로 이런 게임들)을 통해 우리 아이들은 본인의 사회적 능력(본인이 잘하고, 좋아하고, 특히 더 뛰어난 것들을 할 때 오는 사회적 능력)을 경험하는 감정을 가지게 되죠.

그러니까 다음에 여러분이 다른 양육자의 테크놀로지 사용에 관해 한마디를 할 땐, 그러니까 누군가가 '우리 얘들 마인크래프트 좀 하게 할까'라고 놀이 데이트를 제안해서 껄끄러운 감정이 느껴질 땐, 이것도 아니면 '저 집 애들은 모니터를 너무 많이 봐'라는 마음이 들 땐! 그만하시고 저희 집 얘길 기억해 주세요.”

그리고 누군가로부터 여러분 자녀의 테크놀로지 사용에 대해 한 소리 듣게 되면, 그러니까 바른소리 하는 거 좋아하는 이모든, 조부모든, 친구든, 소위 전문가든 하는 사람이 당신의 자녀가 가상 세계에 빠져있는 것에 대해 쓴소리를 해서 여러분 마음이 무거워지고 죄책감이 들게 되면, 디지털 도구의 중요성을 스스로에게 상기시키자. 그리고 디지털 도구를 활용하여 자녀의 사회적 자존감이 향상되고 의사소통 기술이 늘어날 잠재력이 있음을 잊지 말자. 그리고 죄책감은 떨쳐버리자. 그렇게 해도 괜찮다.

(Heyworth, 2018).

저자 멜라니 헤이워스 박사의 허락을 받아 재인쇄(『자폐의 재구성』을 통해)

참고문헌

Heyworth, M. (2018, May 28). Mindcraft matters. *Reframing Autism*. www.reframing autism.com.au/resources/minecraft-matters?fbclid=IwAR1Pm08wD2Y2vvT qNj-nBLTiQ4H22GnehkapWBTHm9HqGC7DotKQnUNmOR8

차례

시작을 위한 소개

놀이치료사는 놀이를 이해한다. 놀이치료사는 심리 전문가 집단 중 다른 누구보다 놀이의 본질과 과정, 뉘앙스, 복잡성에 대해 더 많이 알고 있다. 훈련받은 전문가에 의해 촉진되고 안내되는 놀이의 치료적 힘은 아동의 자기 이해, 이 세상에서의 자신의 위치 그리고 대인 간 상호작용의 측면을 크게 바꿀 수 있다.

놀이치료 과정의 중요한 부분은 내담자의 언어가 무엇인지 이해하는 것이다. 그들이 진정 누구인가를 보여주는 내담자의 주 언어, 말투, 어휘 및 내용에는 어떤 것이 있는가? 그들은 어떤 사람이 되고 싶어 하는가? 놀이치료사는 내담자에 대해 이해한 것을 치료 진행에 어떻게 통합하는가? 놀이치료를 통해 내담자의 언어로 말하는 것은 이러한 중요한 질문에 대답할 수 있는 창문을 제공한다. 놀이치료에서 디지털 도구를 사용하는 것은 치료사가 내담자의 현재 언어를 존중하고 통합하는 방법이다. 이 책은 놀이치료에서 디지털 도구를 적절하게, 치료적으로 사용할 수 있도록 견고한 토대를 제공하고자 한다.

저자는 폴 애브니(Paul Abney)와 클레본 매덕스(Cleborne Maddux)가 2004년에 작성한 견해를 참조하였다 : "우리는 수년 전 행동주의자들과 인지주의자들 간 의견 불일치의 결과로 상담 분야에서 일어났던 무의미하고 소모적인 양극화를 피해야 합니다" (p. 19) 그리고 "상담 분야에 테크놀로지를 적용하기 위한 이중 접근에 대한 관용은 상담 분야를 발전시키는 데 가장 도움이 될 것입니다"(p.2) 스노우 등(Snow, 2012)도 놀이치료계의 분열에 대한 우려를 제기했다. 이 책의 접근 방식은 대면 및 원격 상담 상황 모두에서, 놀이치료와 테크놀로지를 책임감을 가지고 통합하는 데 초점을 둔다. 분열 또는 논쟁하려는 의도가 아니라 놀이치료라는 큰 틀 아래에 다양한 양식과 접근 방식이 있음을 인정하는 것이다. 우리는 충분히 공존할 수 있다.

저자의 여정

박사 과정을 지망하는 대학생 시절, 나는 내가 아이들과 함께 일하는 것을 좋아하고 심리학 박사 학위를 받고 싶어 한다는 것을 알았다. 그러나 어떤 유형의 프로그램을 찾아야 할지는 정확히 알지 못했고, 그 작업은 매우 벅찼다. 캘리포니아 프레즈노 지역에 있는 CSPP(The California School of Professional Psychology)가 유망해보였다. 이 프로그램은 케빈 오코너 박사가 이끄는 생태학적 아동심리학에 중점을 두고 있었다. 솔직히 나는 오코너 박사나 그 프로그램 또는 놀이치료에 대해 들어본 적도 없었지만, 당시 내 기준에 딱 맞는 것 같았다. CSPP에 지원하고 합격하여 캘리포니아 프레즈노로 이사해 석사 과정으로서 나의 첫 가을 학기를 시작했다. 그 당시 놀이치료학회(The Association for Play Therapy)는 비교적 새로운 조직이었고, 사무실이 우리 대학원 내에 있었다. 나는 그곳에서 간사로 일했고, 때때로 자발적으로 아르바이트(각종 서류를 봉투에 채우는 일)를 하거나 몇 차례의 컨퍼런스에서 자원봉사를 하기도 했다. 현지에서 이사회가 열렸고, 나는 많은 놀이치료 개척자들을 접할 수 있었다. 나는 CSPP 시절 당대 가장 저명한 놀이치료사와 심리학자들을 만나고 훈련을 받았다. 운이 좋았다. 나는 내가 받은 교육에 대해 매우 감사하고, 궁극적으로 대학원 프로그램이 나에게 적합했다고 인정한다.

나는 이제 30년이라는 긴 경력을 쌓으면서 몇 가지 관심 분야와 초점을 갖게 되었다. 가장 중요한 초점은 통합, 그리고 어떤 면에서는 내담자의 관심을 활용하는 것이 중요하다는 점이다. '활용한다'라는 단어는 이러한 관심사들을 이해함으로써 얻는 정보가 치료 과정에서 매우 가치 있고, 그들을 활용하여 치료 과정을 개선하는 것이 중요하기에 선택되었다. 내담자의 언어로 말하는 것은 모든 연령의 내담자, 특히 아동과 작업할 때 강력하고 필수적인 도구이다. 그것은 내담자를 이해하고 존중하는 방법이다. 그들이 관심 있어 하는 것은 무엇인가? 어떤 주제 또는 활동이 그들의 경험과 믿음을 응집시키는가? 치료사로서, 나는 어떻게 내담자를 더 잘 이해하고, 그들의 세계관을 들여다보고, 그들의 언어를 말함으로써 그들의 삶이 나아질 수 있도록 도울 수 있을까?

수십 년 동안, 놀이치료 회기에는 내담자들에 의해 다양한 경향성이 도입되었다. 나는 항상 이러한 경향성과 관심사를 탐구하고 그 안에 숨어있을 법한 치료적 가치를 발견하는 것이 내 일이라고 생각했다. 예를 들어, 포켓몬 카드가 처음 유행했을 때, 많은 놀이치료사가 이를 싫어했다. 내가 포켓몬을 키우고 강의를 했다면, 강의실에서는 이 유행에 대해 듣는 것에 지친 놀이치료사들이 단체로 불평했을 것이다. 하지만 '내담자의 언어로 말하는 것'에 대한 나의 관점 때문에, 나는 그렇게 느끼지 않았다. 나는 이 카드와 캐릭터들을 내담자에 대한 정보를 얻을 수 있는 보물창고로 보았다. 내담자가 매력을 느끼는 캐릭터는 무엇인가? 이 캐릭터들의 강점과 약점은 무엇이었나? 각각의 캐릭터는 무엇으로 진화했나? 이러한 측면에 대해 호기심을 갖는 것이 나에게는 매우 자연스러워 보였다. 나는 또한 내담자들이 상담자의 진실된 관심을 좋아한다는 것을 깨달았다. 내담자는 보고, 듣고, 이해하고 자신이 중요하게 여겨진다고 느낀다. 이것은 인간의 근본적인 욕망이다.

치료에 보드게임을 전문적으로 사용하는 것은 찰스 쉐퍼(Charles Schaefer) 박사와의 작업을 통해 개발되었다. 공통의 관심사를 가진 관계는 놀이치료 핸드북(*Handbook of Play Therapy*, 2016)의 한 챕터, 그리고 게임놀이와 아동심리치료(*Game Play* 3rd, 2019)에 대한 공동 집필로 이어졌다. 놀이치료에서 보드게임을 활용하는 것에 대한 기반을 닦는 작업은 놀이치료에서 디지털 도구로 작업하는 것에 대한 중요한 토대가 되었다.

영재와 함께 작업하는 것에 대한 전문성은 해당 지역에서 교육을 받고자 하는 수많은 가족 구성원들의 열망과 필요에서 비롯되었다. 이것은 내 저서 현대 심리치료에서의 기술 통합(*Integrating Technology into Modern Therapies*, Stone, 2019)에서 '영재'에 초점을 둔 장을 포함하여 다양한 글에서 정점에 달했다. 전반적인 영재 인구는 적지만, 내가 운영하는 사설 기관의 내담자 중 일부는 일반인보다 높은 지능을 가지고 있다. 이 분야에서 독서와 교육은 확실히 유용하지만, 내담자의 언어로 말하는 것 또한 영재와의 작업에서 핵심이었다. 다시 말하지만, 관심사, 수준, 진단, 인구와 상관없이 내담자와 라포(rapport, 상대방과 형성되는 신뢰관계_역주)를 유지할 수 있게 하는 것에 초점을 두는 것은 중요하다.

디지털 도구에 대한 관심

현재 내가 초점을 두고 있는 영역에는 내가 전혀 개의치 않는 아이러니가 있다. 나는 본질적으로 테크놀로지에 능통하거나 관심이 있는 사람이 아니다. 모두가 휴대폰을 하나씩 구매하던 2000년대 시절, 나는 이 추세와 맞서 싸웠다. "굳이 그렇게까지 사람들과 항상 연결이 되어 있을 필요는 없다고 생각해."라고 말하고 다니던 시절이 생생히 기억난다. 나는 (이제는 20대가 되어버린) 나의 자녀들이 어렸을 때도 플레이스테이션 콘솔을 구입하는 것을 허락하지 않았다. 그 당시에 그것은 너무 새로운 것이었고, 나는 그것에 대해 잘 이해하지 못했다. 나는 최신 기기를 사거나, 코딩을 배우거나, 여러 전자기기를 사고 싶어 하는 사람이 아니었다. 아니, 그랬었다.

디지털 도구를 바퀴에 비유하자면, 바퀴에는 많은 바큇살들이 있다. 만약 디지털 아이템들을 중앙에 배치하고 바큇살을 사방으로 뻗어나가게 하면 개인, 부모 및 전문가 분야가 있을 것이다. 1990년대 초반의 나는 틀렸다. 지금의 나는 정말로 다른 사람들과 연결되길 원하고, 선택적으로 아주 강하게 또는 아주 최소한으로 연결될 수도 있기를 원한다. 어느 지역의 심리학자에게 의뢰받은 한 아동의 심리 검사를 실시하기로 한 날이었다. 상담실로 가는 길에, 분주한 캘리포니아 고속도로에서 차가 고장 났다. 다행히 나는 다치지 않았고 무사했지만, 나에게 무슨 일이 일어났는지 이 가족에게 설명할 방법이 없었기 때문에 막막했다. 그날은 토요일이었고, 상담실 건물은 내가 없으면 잠겨있었다. 나는 그들이 겪고 있을 법한 상황을 상상하는 것 외에는 할 수 있는 것이 없었다: 그들은 토요일을 할애하여, 자녀가 심리 검사에 참여할 수 있도록 준비를 시키고, 차를 몰아 상담실 건물에 왔는데 허탕을 치는 것. 건물 문은 잠겨 있고, 불은 꺼져 있고, 만나기로 한 상담사와 접촉할 방법은 전혀 없는 상황. 나는 정말로, 정말로 '내가 휴대폰만 있었다면'이라고 생각했다. 그 길로 나는 최대한 빠르게 휴대폰을 구입했다.

우리 삶의 많은 영역이 현재의 디지털 기술로부터 큰 혜택을 받고 있다. 최근 동료와 현재의 변화가 산업혁명 이후 가장 큰 기술의 발전이라는 이야기를 나누었다. 발전의 직간접적인 효과는 여러 방면에서 파급 효과를 만들어내고 있다. 나는 우리가 앞으로 도래할 것의 시작 부분만을 보고 있다고 믿는다. 큰 변화에는 수많은 장단점이 따른다. 그것은 불가피하다. 제프리 마그나비타(Jeffrey J. Magnavita)가 2018년에 그의 저서 정신건강 실제에서의 테크놀로지 활용(*Using Technology in Mental Health Practice*)에서 언급한 것처럼 말이다.

> 우리에게 친숙한 것은 편안함과 안진감을 느끼게 해주지만, 변화의 파괴적인 본성은 피할 수 없다. 우리의 일이 테크놀로지에 포섭되기를 두려워하기보다, 새로운 치료 방법에 대해 개방적인 태도로 적응할 필요가 있다. 우리의 업무도 관련이 있다.
>
> (p. xiv)

이 과정에는 분명히 우려되는 사항이 있고, 이를 무시해서는 안 된다. 그러나 현실은 디지털 도구가 계속 존재하며 이를 내담자에게 도움이 되도록 치료적으로 활용하는 것이 무엇보다 중요하다.

룬스케이프와 그들의 세계에 합류하는 것의 중요성

2011년까지, 몇 년간 나는 더 많은 유형의 디지털 기술을 내 삶에 도입하기 시작했다. 내 아이들은 다양한 유형의 비디오 게임과 콘솔에 관심을 갖게 되었고, 결국 플레이스테이션을 얻었다. 나는 아이들의 관심을 보고 더 배워야겠다고 결심했다. 나는 종종 아이들의 놀이에 그들과 함께하고 싶다는 이 예시를 이야기한다. 나는 할 수 있는 한 그들이 무엇을 하고 있고, 왜 그것을 하는지 이해하고 싶었다. 나는 나의 큰 아이들이 정말로 좋아했던 온라인 게임인 '룬스케이프'에 대해 물었다. 룬스케이프는 액션 어드벤처 게임으로(다음 장에서 자세히 설명) 캐릭터가 다양한 지도와 땅을 탐색하여 수많은 임무와 퀘스트를 완수하는 게임이다. 나는 이 게임에서 계정을 만들고 내 자녀들의 세계로 들어가기로 결심했다. 재미있는 점은 내가 이 게임들을 잘하지 못한다는 것이다. 나는 약간 길치였고, 항상 지도에서 길을 잃었다. 나는 우왕좌왕했고 내 캐릭터를 곤경에 빠뜨렸다. 이 도전은 정말 실패할 것 같았다. 어느 날 로그인을 하고 마음을 다잡고 있을 때 어느 마을을 발견했다. 나는 마을의 한 구역에서 사람들이 닭의 고기와 뼈, 깃털을 모으고 있는 것을 보았다. 그곳은 룬스케이프 세계의 안전 구역이었고, 다른 캐릭터들은 돌아다니면서 다양한 아이템을 수집하거나 판매를 하고, 요리도 하고 있었다. 이게 내 속도에 맞는 것이었다!

나는 닭장 지역에 진을 치고 고기와 뼈, 깃털을 모으기 시작했다. 나는 곧 특정 퀘스트를 달성하는 데 이러한 아이템들이 필요하고, 플레이어들이 이것들을 대량으로 필요로 한다는 것을 깨달았다. 나는 장사를 하기로 결심했다. 나는 이 구역에 자리를 잡았다. 나는 '치킨 레이디'로 알려졌고, 결국 사람들은 내게 언제 게임을 할 것인지 묻기 시작했다. 온라인 커뮤니티의 플레이어들은 나를 이러한 아이템들을 얻을 수 있는 사람으로 알고 있고, 특히 아이템 구매를 위해 나를 찾아왔다. 그들은 특정 퀘스트에 필요한 대량의 아이템을 모으는 데 게임 시간을 낭비하고 싶어 하지 않았고, 나는 쉽게 아이템들을 팔 수 있었다. 그야말로 모두가 이득(win-win)인 상황이었다. 내 아이들은 나를 꽤 멋진 엄마라고 생각했고, 나는 정말로 게임 화폐 부자였다. 나는 그것이 나와 아이들을 더 가깝게 만들었다고 믿는다. 나는 자녀들이 노는 것에 관심을 두었다. 우리는 게임 내에서 친구를 맺었기 때문에 아이들은 내가 온라인 상태인 것을 볼 수 있었다. 아이들은 와서 나에게 채팅으로 말을 걸고 내가 무엇을 하고 있는지 확인한 다음 나가서 이 게임에서 그들이 원하는 것, 내가 하는 것보다 훨씬, 더 많이 진보된 것을 할 수 있었다. 비록 내 역할이 치킨 레이디일 뿐인 끔찍한 모험을 했을지라도, 게임 계정을 만들기로 결정한 것이 매우 기뻤다.

개인적으로, 스스로 개척해낸 룬스케이프에서의 작은 역할에서 꽤 성취감을 느꼈다. 게임을 하면서 처음 느끼는 두려움과 실패감은 계속 경험하고 싶은 것이 아니었다. 나는 게임이 나와 맞지 않는다고 느끼고 계정을 삭제할 수 있었다. 그렇게 접근하기에는 1) 나는 포기하는 것을 좋아하지 않고, 2) 내 자녀들이 하는 것에 대해 정말로 더 많이 이해하고 싶다는 점이 문제였다. 나는 이 일을 해내기 위해서는 좌절감을 극복해야 한다는 것을 알고 있었다. 일단 '치킨 레이디'라는 역할을 맡게 되자, 나는 정말로 소속감과 공동체 의식을 갖게 되었다. 이런 종류의 게임을 하지 않는 사람들에게 이 말이 얼마나 이상하게 들릴지 이해한다. 그러나 이건 사실이다. 게임 놀이가 만들어낸 예상치 못한 인공 산물이있다. 나는 이 사회에 뭔가를 기여했고, 미미하지만 중요한 지위를 얻었다. 게임 내에서 사람들과 친구도 되었다. 그들은 단지 내 사용자 이름과 치킨 레이디로서의 내 역할과 평판만으로 나를 알고 있었지만, 우리는 게임 내에서 서로를 확인하고 대화를 나누었다. 확실히 동지애를 느끼는 사람들이 있었다. 내 아이들이 이 게임을 즐기는 것은 놀라운 일이 아니었다. 그들은 탐색하고, 성취하고, 도전하고, 실패하고, 연결되고, 훨씬 더 많은 것을 알 수 있었다. 그들은 성공할 때까지 엄청난 위험 없이 도전하고 또다시 도전할 수 있었다.

나의 첫째 아들이 공격을 받고, 많은 아이템을 뺏긴 채 엄청난 충격을 받고 돌아왔던 날을 기억한다. 약간의 속임수가 있었을 수도 있다. 나는 아들 또한 이 일을 생생하게 기억하고 있음을 안다. 그는 그런 고통을 겪고 있었다. 문제는 내가 직접 게임을 해보지 않았다면, 실제로 일어난 일을 제대로 이해하지 못한 채 아들의 고통을 위로하려 했을 것이라는 점이다. 그러나 나는 그의 세계에 들어갔고 그가 무슨 일이 일어났는지 설명할 때 그것이 무엇을 의미하는지 이해했기 때문에, 완전히 새로운 차원의 연결과 위안을 줄 수 있었다.

나는 치킨 레이디로서의 경험을 통해 연결에 대해 많은 것을 배웠고, 두고 두고 감사함을 느낀다. 나는 배우고 이해해야 할 완전히 새로운 삶의 영역을 갖기로 결정했다. 나는 자녀들을 이해하고 연결될 뿐 아니라 내 내담자들을 이해하고 내담자와 연결되기 위해 더 배울 필요가 있었다. 이는 그들의 언어이며, 그들의 언어로 말하는 것이 놀이치료사로서 우리의 일이다. 나는 아이들에게 할 수 있는 모든 종류의 게임과 프로그램에 대해 물어보고 조사하기 시작했다. 나는 몇 명의 내담자보다 조금 더 많이 더듬거렸고 나의 어설픈 시도에 내담자들은 킥킥거렸지만, 나는 내담자들이 나의 관심과 노력을 고마워했다고 믿는다. 이 모든 것은 내가 아직 모르는 나의 전문가로서의 다음 초점을 위한 토대였다.

2011년에 쓰나미가 일본을 강타했을 때, 나의 친구 아키코 오노기 박사는 온라인에 일본으로 놀이 도구들을 보내달라는 탄원서를 올렸다. 그녀와 그녀의 동료들은 놀이 도구들이 별로 없는 상태로 파괴의 한가운데에 있는 가족들과 함께 작업하고 있었다. 나는 내가 거주하는 지역 방송국에서 놀이 도구의 필요성에 대한 인터뷰를 진행했고, 사람들은 놀라운 것들을 기부했다. 나는 타깃(체인점)에 가서 내가 살 수 있는 최대한 많은 것을 샀다. 페덱스는 일본으로 보내는 4개의 대형 상자를 무료로 배송해주었다. 그것은 우리가 멀리서 할 수 있는 일이었다.

가상 모래상자의 탄생

나는 일본에서 모래치료가 인기를 끌었던 것을 생각하면서 어떻게 그럴 수 있었는지 궁금해지기 시작했다. 심지어 휴대용 상자와 모래조차도 부피가 크고 무겁고 거추장스러운데 말이다. 그들이 직면한 위기 상황에서 그것이 어떻게 작동했을까? 나는 남편 크리스에게 더 휴대하기 좋은 모래상자가 필요하다고 말했다. 그것은 정말 휴대가 간편해야 했다. 그것은 아이패드에 있어야 한다. 나는 어버이날 선물로 처음 아이패드를 갖게 되었다. 사실, 아이패드는 아이들의 차지가 되었고, 정말로 그들을 위한 선물처럼 보였다. 이 시점에 나는 4명의 자녀가 있었고, 그들 모두 심지어 막내까지 나보다 기기를 잘 다뤘다. 그러나 아이패드로 무엇을 할 수 있는지, 얼마나 휴대성이 좋은지 알게 되자 나는 아이패드가 완벽한 매체라는 것을 깨달았다.

남편은 내가 가장 많이 찾는 테크놀로지 전용 창구였다. 남편은 오랫동안 컴퓨터와 코딩에 관심이 있었다. 그에게 내 생각을 이야기했을 때, 그는 다른 일 때문에 나를 도와줄 수 없었다. 큰 아들과 나는 이 프로젝트를 시도하기 위해 책을 구입했고, 나는 미국의 우편 제도를 통해 내 아이디어를 우편으로 보내는 '가난한 자의 특허'를 수행했다. 그렇게 하는 것이 좋은 일인지는 확신할 수 없었지만, 시작 지점으로 괜찮다고 생각했다. 여기저기 전화를 걸어보니, 프로젝트를 시작하기 위해 −프로젝트의 완성이 아니라− 최저 3만 5,000달러의 입찰가가 매겨졌다. 나는 내가 앞으로 나아가면 그 금액이 두 배, 세 배가 될 거란 걸 알았고, 나는 불신과 슬픔에 재빨리 전화기를 내려놓았다. 아이패드 모래상자는 현실적으로 실현될 수 없을 것 같았다.

얼마 뒤, 남편이 프로젝트에 시동을 걸었다. 그의 작품은 내가 상상한 것 이상이었다. 가상 모래상자(Virtual Sandtray)가 탄생했다. 이것은 10년에 걸친 우리 가족의 열정 프로젝트였다. 우리는 계속해서 독창적인 아이디어를 확장했고, 아이패드와 바이브, 오큘러스 퀘스트 2, 리프트 S 및 휴렛 팩커드와 같은 가상 현실 시스템용 프로그램을 갖췄다. 나는 우리 가족이 너무 자랑스럽고, 모래치료가 뭔지도 제대로 모른 채 헌신한 남편에게 감사한다. 그래서 나는 굳이 이름을 붙이자면 이 '가상 모래상자'가 나와 재정적으로 연결되어 있음을 밝힌다. 우리는 자체적으로 프로젝트 자금을 조달했고 부채는 수익을 훨씬, 훨씬 초과한다. 현재까지 특허 출원 비용만 2만 5,000달러 이상이며, 우리는 그것이 2020년 가을에 승인을 얻었다고 자랑스럽게 말한다. 이 프로젝트는 다음과 같은 믿음과 필요에 의해 탄생했다. 1) 접근성의 중요성 및 우리가 각자 조금씩 기여할 것, 2) 내담자의 언어로 말하는 것이 가장 중요하며, 현재의 언어(들)에 진실한 방법으로 적응하려는 노력이 필수적이라는 것, 3) 모래치료의 힘은 경이롭다는 것.

이 책의 출판은 나에게도 도전이었다. 처음에 나는 DPT(digital play therapy)의 개념과 치료적 사용에 대한 안내를 제안받았다. 1) 이러한 도구의 치료적 가치가 무엇인지 또는 될 수 있는지 결정할 수 있도록, 2) 기본적인 치료 토대를 이해할 수 있도록, 3) 놀이치료실 구성에 대한 정보와 방향을 제시받을 수 있도록, 4) 회기노트를 작성하고, 부모 및 내담자와 관련된 부수적인 사람들과 대화하는 방법을 탐색할 수 있도록 기초부터 시작해 주요 개념들을 통해 작업하는 것이 합리적으로 보였다. 사실대로 말하자면 집필 중, 출판사 마감일 한밤중에, 나는 이 책이 보완되어야 한다고 결정했다. 이 책이 모든 면을 다룰 수는 없지만(그리고 그것은 내가 매일 되새기는 것이다), 놀이치료 실무자에게 놀이치료에서 디지털 도구를 사용하는 것에 대해 '그렇게 해도 괜찮다'에서 그치는 게 아닌 그것이 얼마나 중요하고 가치 있는 것인지, 사용 방법과 이유에 대한 견고한 기초를 제공해야만 했다. 이러한 도구를 사용하여 제공할 수 있는 관계 형성, 정보 수집 및 개입 계획은 그 자체로 나의 상상 이상이었다. 놀이치료사가 디지털 도구를 사용하여 갖게 되는 능력에 대해 우리는 이제 막 이해하기 시작했다.

"디지털 도구를 사용하는 것의 미래는 어떤가요?"라고 질문할 수도 있을 것이다. 특히 2020~2021년에 COVID-19를 겪으면서, 확실히 미래와 관련된 타당한 질문들이 많아졌다. 디지털 도구에 대해 잘 설계된 엄격한 연구가 필요하다는 것은 분명하다. 이것은 항상 새로운 하드웨어와 소프트웨어가 등장하는 빠르게 변화하는 산업이다. 다양한 가능성에 대한 탐색은 진행 중인 과정이다. 놀이치료사는 개방적인 마음과 회의론자의 분석적 시각을 가지고 진행해야 한다. 내담자는 우리의 최우선 순위이다. 성장과 변화는 불가피하다. 디지털 도구를 포함하는 것은 시간의 흐름에 따라 천천히 이루어지겠지만, 다음과 같은 이유로 다음 세대에서는 빠르게 발전할 것이다: 1) 우리가 지금 만나고 있는 내담자들은 디지털 네이티브로, 그들은 디지털 아이템이 없는 삶을 전혀 모른다, 2) 디지털 네이티브의 양육자 또한 이러한 아이템들을 사용하며 자랐거나 그렇게 했던 사람들을 알고 있기 때문에, 그 개념들을 잘 알고 있거나 최소한 이질적이거나 다르다고 느끼지 않는다, 3) 디지털 네이티브들은 내담자가 될 것이며, 그들의 양육자는 치료에 이러한 항목이 포함되지 않은 것에 대해 많은 혼란을 겪을 것이다(지금 우리가 경험할 수 있는 디지털 도구의 포함에 대한 혼란이 아니다), 4) 지금 대학원을 졸업하는 임상가들 또한 이러한 아이템들이 그들의 삶에서 필수적인 도구이기 때문에, 이를 이질적으로 느끼지 않는다, 5) COVID-19의 대유행으로 인해 사회와 정신건강 치료 분야에서 이러한 도구의 채택이 가속화되고 있다. 문제는 "왜 우리가 그래야 하는지?"와 반대되는 "왜 이러한 도구를 포함하지 않는가?"이다. 놀이치료사는 충분한 모색과 준비를 바탕으로 한 접근법을 마련할 필요가 있다.

용어 혼란

가끔 나는 단어에 사로잡힌다. 개념이나 용어를 들었을 때, 나는 그 의미를 가장 잘 파악할 수 있도록 근원을 이해하고 싶다. 나는 글을 읽거나 쓸 때 항상 단어의 정의를 찾아본다. 나는 이것 때문에 자주 놀림을 받는다. 나는 정의를 알고 있으면서도, 가끔씩 내가 그것을 적절히 사용하고 있는지 확인하고 싶다. 나는 종종 단어의 다양한 정의를 읽고 그들이 일관성과 동의를 얻었는지 확인한다. 그래서 정의가 일치하거나 혹은 아주 유사한 의미를 나타내지 않을 때, 나는 불안하고 더 조사하고 싶어진다. 이러한 행동은 디지털 도구의 사용에 대해 더 많이 이해하고자 한 조사과정에서 여러 번 발생했다. 여러분은 이 글에서 이러한 방식의 설명을 자주 보게 될 것이다.

나는 또한 '기술(technology)'과 같은 특정 단어에 대한 혼란이 있다. 모든 종류의 기술을 하나의 우산 아래에 두면 별 문제 없이 간단해 보일 수 있다. 하지만 인간이 수백 년 동안 '기술/기술도구(technology/technologies)'를 사용해왔기 때문에 모든 기술을 하나의 카테고리에 두는 것은 나에게 혼란을 일으킨다. 종이, 전기, 산업 혁명 등 이런 것들은 모두 같은 카테고리인가? 우리는 인간이 지구를 점유한 시간 동안 다양한 기술들로 인한 너무 많은 변화와 발전을 경험했기 때문에 지금 일어나고 있는 일들을 이전에 일어났던 것과 동일하게 취급하는 것이 이상해 보인다. 확실히 시간의 흐름에 따른 **발전**(advancements)이 있었고, 내 혼란은 특히 이 맥락에서 **기술**이라는 단어와 직결된다.

사실 헷갈리는 단어가 한둘이 아니다. 예를 들어 '스크린 타임'이란 실제로 무엇인가? 스크린 타임의 의미는 매우 다양할 수 있는데, 어떻게 하나로 묶을 수 있을까? 그런 이유로 기본 용어가 연구자를 포함한 다양한 사람들에게 각기 다른 것을 의미할 때 연구자들은 어떻게 스크린 타임이라고 불리는 이 개념을 기관과 단체, 양육자, 치료사 등에게 유용하게 활용할 수 있을 것인가? 아주 다양한 필요와 목적을 가진 상황에서 이처럼 다양한 결과물을 대입하는 것은 언제 유용한가? 혼란, 그리고 많은 경우 두려움의 소용돌이 속에서 우리가 어떻게 확고한 지식에 기반을 둔 의견을 형성하고 건전한 결정을 내릴 수 있을까? 합의와 표준화가 상당히 부족하다. 게다가 학계에서는 학자들이 연구, 출판의 과정과 투명성에 대한 의문을 제기하는 필수적인 격동의 시기를 지나고 있다. 확고한 정의의 부족, 광범위하게 다양한 변수, 실제 연구에서 확인된 잠재적인 위험 사이에서 매우 빠르게 압도될 수 있다.

‘게이머(gamer)’라는 단어도 그렇다. 게이머를 묘사할 때, 엄마 집의 지하실에서 헐렁하고 지저분한 옷을 입고 미래 계획 하나 없이 허연 얼굴을 하고 앉아있는, 젊고, 사회적으로 한심하고, 뭔가 하나에만 꽂힌 뚱뚱한 남성으로 묘사하는 것 또한 혼란스럽다. 이런 설명은 무엇이며, 어디에서 기인했는가? 나는 개인적으로 비디오 게임을 포함하여 다양한 활동을 즐기는 다재다능하고 사려 깊고 지적이면서 사회적으로 유능하고 성실한 다양한 문화권의 고학력자인 여성과 남성을 많이 알고 있다. 나는 모든 종류의 디지털 도구를 사용하여 사람들이 목격하고 경험하고, 만들고 배운 다양한 것들에 대해 열정적이고 정보에 입각한 대화를 나눴다. 나는 ‘게임’에 국한되지 않고 다양한 활동을 즐기는 사람들을 대상으로 하는 컨퍼런스에서 여러 차례 발표했다. 게임 역시 나에게 불충분한 포괄적 용어이기에 따옴표 안에 넣었다. 수백 가지 유형의 소프트웨어를 재생하는 데 사용할 수 있는 다양한 유형의 하드웨어가 있다. 따라서 우리가 ‘게이머’와 ‘게이밍(gaming)’이라는 용어가 무엇을 식별하는지조차 알지 못한다면, 게이머는 자신의 마음을 썩히는 중이고 그런 게임은 나쁘다는 그런 단순한 대화—또는 더 나아가 선정적인 선언—를 어떻게 할 수 있을까? 이 문제에서 단순한 것은 없다. 그러나 소위 다음과 같이 간추릴 수 있다: 테크놀로지는 나쁨. 스크린도 나쁨. 다음 세대와 미래 사회는 망했음. 이렇게 사회가 망해가고 있다고 한탄하는 우리(세대) 또한 (휴대폰이나 컴퓨터) 스크린을 스크롤하고 있음. COVID-19 팬데믹을 거치면서 디지털 도구, 특히 스크린의 사용이 흔해진 것은 확실히 스크린 사용의 두려움에 대한 역사적 궤도를 뒤흔들었다. 그렇다고 장·단점이 없는 것은 아니다. 균형의 필요성이 대두되었고 더 강조되고 있다. 그러나 디지털 도구로 인한 사회적 세계의 파괴는 일어나지 않았고, 사람들의 스크린 사용에 의한 사회 세계 파괴는 더더욱 일어나지 않았다.

일상에서 휴대폰과 소셜 미디어를 한다는 이유로 10대들이 지적받는 건

일상다반사다. 얼마 전, 한 무리의 10대들이 박물관에 앉아 각자 휴대폰 화면을 응시하고 있는 사진이 수많은 소셜 미디어에서 화제가 되었다. 대부분의 댓글은 부정적이었고 그들을 둘러싼 작품의 웅장함을 느끼지 못한 채 휴대폰에 사로 잡혀있는 '의식 없는 젊은이들'에 대한 내용의 댓글이 주를 이루었다. 나는 이런 댓글들이 편치 않다. 목적을 가지고 함께 모인 많은 10대 무리들을 볼 때 내가 목격한 것과 다르다. 어떤 무리든 다양한 이유로 상황 또는 기대에 어긋나는 무언가를 하는 이탈자들이 항상 있기 마련이다. 그렇지만 박물관에 있는 이 청소년 무리 전체가 다같이 이런 이탈 행동을 하고 있다고? 그것은 논리적으로 말이 되지 않는다. 그래서 나는 더 조사했고, 그 모습은 선생님의 지시에 따라 휴대폰을 통해 정보에 접근하는 수업의 한 장면이었음을 발견했다. 그러나 소셜 미디어를 통해 이 사진을 공유하고 댓글을 달았던 대다수의 사람들은 이것이 오늘날의 젊은이들이 잘못되었다는 증거 1, 2, 3이라고 말하며 본인들의 가설을 입증하며 상당히 만족스러워했다. 왜? 왜 이것이 기본값일까? 실제로 무슨 일이 일어나고 있는지 질문해서 알아보려고 하는 것이 더 일반적이지 않은 이유는 무엇일까?

이 모든 주제를 둘러싸고 있던 소용돌이와 내가 파고 있던 많은 토끼굴에서 빠져나오면, 나에게는 두 가지 주요한 개념이 남는다: 1) 우리는 이 모든 것에 대해 알아야 할 것이 아직 많다, 2) 우리가 지금까지 언어적 단어에 의존하여 공식화할 수 있었던 심리학을 이제 치료적으로 확장할 수 있는 방법이 여기에 있다. 때는 지금이다. 이 책은 이러한 중요한 주제에 대한 탐색과 활용을 심화하고자 한다.

물론 나에게 모든 답이 있지는 않다. 우려 사항을 탐색하고 논의해야 한다. 내가 가지고 있는 것은 더 많이 탐구하고 그 길—연구, 문헌, 그리고 나의 내담자—에서 가능한 한 모든 것을 배우고자 하는 거대한 갈증이다. 또한 내가 가진 것은 디지털 도구를 사용하는 나의 내담자들의 깊이 있는 변화, 완화, 이해, 그리고 극복을 목격하는 특권과 영예이다. 이것이 나를 현재의 위치로 이끌었고, 나는 그것이 당신과 당신의 내담자를 위해 같은 일을 해낼 것이라고 확신한다. 마이클 로젠(Michael Rosen)이 그의 책 마이클 로젠의 놀이책(*Michael Rosen's Book of PLAY!*, 2019)에서 "디지털 세계에는 실제로 새로운 놀이 공간이 된 부분이 많이 있다"(p. 224)라고 한 것처럼.

하나의 소중한 토끼 구멍 찾기

클라이브 톰프슨(Clive Thompson)은 기술이 우리의 마음을 변화시키는 방식(*Smarter Than You Think: How Technology Is Changing Our Minds For the Better*, 2014)라는 책을 저술했다. 나는 체스 게임의 역사와 컴퓨터 체스 프로그램의 출현이 게임을 어떻게 변화시켰는지에 대한 그의 설명에 매료되었다. 나는 1970년대에 그랜드 마스터 수준의 체스를 배우도록 선발된 체스 선수들이 어떤 경험을 했는지에 대해 전혀 몰랐다. 소련에서는 한 선수가 충분히 숙련되었다고 보이면, 그 선수를 세계 최고의 게임에 대한 기록에 접근할 수 있는 모스크바의 '엘리트 체스 라이브러리'로 보낸다(p. 17). 기록을 검색하는 과정조차 힘들었다. 선수는 가능한 첫 번째 움직임을 확인하고, 카탈로그를 통해 역사적으로 어떤 게임이 시작되었는지 찾은 다음, 사서가 '뜨개질 바늘과 같은 긴 막대기'를 사용하여 파일을 검색하고, 게임에서의 그 움직임에 대해 연구할 것이다(p. 17). 이렇듯 게임과 움직임에 대한 놀라운 수집은 사용자에게 놀라운 이점을 제공했다. 그러나 저장과 검색은 힘들고 손상되기 쉬웠으며, 선택된 소수만 이용할 수 있다. 전략이 연구되고, 새로운 움직임은 몇 주 또는 몇 달 동안 분석된다. 선수들은 확인된 전략에서 거의 벗어나지 않았다(Thompson, 2014).

컴퓨터와 CD는 체스 선수(물론 다른 많은 집단에게도)에게 완전히 새로운 세계를 열어주었다. CD는 수천 개의 체스 게임과 움직임을 저장하고 빠르게 접근할 수 있게 했다. 이러한 움직임을 모든 사람이 사용할 수 있게 되었고, 그 결과 체스 게임이 발전했다. 선수들과 게임은 더 대담해지고 창의적이었다(Frederic Friedel, Thompson, 2014, p. 17). 데이터에 대한 접근성과 컴퓨터 프로그램 분석 능력의 결과로 게임과 새로운 움직임이 폭발적으로 증가했다. 이제 그랜드 마스터 체스 선수의 지위에 도달하는 사람들은 더 많아졌고, 연령도 낮아졌다. 게임이 상향되었다. 디지털 도구는 지식에 보다 수월하게 접근할 수 있게 한다. 습득한 지식은 새로운 움직임을 탐구할 수 있게 하고, 소프트웨어의 전략적 분석이 새롭게 가능한 움직임을 발견하게 한다. 그리고 이 모든 것은 선수가 자료를 찾고 모으는 일에 집중하기보다 습득한 지식을 적용하는 데 더 신경을 쏟을 수 있게 했다. 디지털 도구의 확장과 강력한 인간 정신의 수행을 통해 선수들의 역량은 감소하지 않고 새로운 것을 성취할 수 있었다.

이러한 고급 문서에 소수의 엘리트가 접근하는 과정을 낭만적으로 미화해서 묘사하고 싶은 마음도 한 켠에는 있다. 고서가 널브러진 곳에서 눈을 부릅 뜨고 최대한 많이 기억하고 모든 세부 사항을 흡수하기 위해 연구하고 노력하는 젊은 체스 마스터를 상상하면서 말이다. 나는 도무지 출처를 모르겠다만, 내 마음속에서 그려지는 모습은 해리 포터에서 나오는 장면처럼 삼삼오오 촛불 아래에서 옹기종기 문서를 들여다보고 있는 것이다.

이상하게도 그것은 내가 대학원 과정에서 배웠던 SPSS(1968) 하드웨어를 떠올리게 한다(Sigma Plus Statistiek, 2019). 끔찍하게 긴 수학 방정식을 손으로 풀어야 했고, 통계 분석 이면의 수학을 이해하는 것이 중요하다는 말을 들었던 기억이 난다. 그 말은 통계 및 연구 분석과 관련된 수학의 복잡성을 확실히 이해하는 것이 어렵기는 하지만 매우 중요하다는 의미로 들렸다. 이건 박사 과정 학생이라면 당연히 견뎌야 하는 것 아닐까? 우리는 먼저 손으로 방정식을 풀 수 있게 되었고, SPSS 소프트웨어를 사용할 수 있게 되었다. 약간의 자료 입력과 박스 체크 후에, 우리는 분석을 선택할 수 있었고, 몇 분 후에 작업이 완료되었다. 유일한 실수는 사람이 하는 자료 입력이나 통계 선택에서의 오류 때문이다. SPSS 방정식은 견고했고 계산은 적절하게 이루어졌으며, 자료는 조직화된 방식으로 제시되었다. 손으로 분석을 수행하는 데 걸리는 시간, 모든 결과 및 결론 등에 영향을 미칠 수 있는 아주 작은 실수에 대한 두려움은 나에게 전혀 낭만적이지 않았다. 그것은 지옥이었고 스트레스였다. 다시는 그런 일을 겪을 필요가 없다고 말할 수 있어서 행복하다.

이것은 클라이브 톰프슨의 책에 나오는 개념인 켄타우로스를 떠올리게 한다. 컴퓨터가 체스 경기에 등장하자, 몇 가지 중요한 발견들이 분명해졌다─인간과 기계는 다르게 '생각'한다. 인간은 직관을 경험하고 상대방의 심리상태를 분석하면서 전략과 지식을 연구하고 암기함으로써 체스를 배운다. 기계는 보드(board)를 검사하고, 선택사항을 계산하고, 초창기 이후의 많은 움직임들을 분석하여 가장 최적의 플레이를 선택한다. 컴퓨터는 속도와 기억력을 갖고 있어 정보를 제대로 입력하기만 하면 실수를 하지 않는다. 직관도 심리적 분석도 없다. 그 과정은 인간의 정신과 매우 다르다. 인간의 정신은 컴퓨터가 한 번에 할 수 있는 것만큼 많은 정보를 담을 수 없다. 그러나 체스에서 둘의 조합은 최상이다. 정보를 보유하고 계산하는 것은 컴퓨터에서 우세하고 인간의 정신은 게임 상호작용의 다른 중요한 부분에 집중하도록 한다. 세계 체스 챔피언인 가리 카스파로프가 형성한 협력의 힘에 대한 이러한 인식은 켄타우로스의 개념을 탄생시켰다: "각각의 힘을 부여받은 하이브리드 짐승"(p. 3). 선수는 컴퓨터가 권장하는 움직임을 고려하고 과거 데이터베이스를 조사한 다음 컴퓨터의 조언을 따를지 여부를 결정했다. 카스파로프는 이것을 "고급(advanced) 체스"(p.3)라고 불렀고 이러한 유형의 플레이 경험에 대해 "기억에 의존해야 한다는 필요에서 벗어나, 창의력을 발휘하는 데 더 집중할 수 있었다"라고 설명했다(p. 4).

아마도 디지털 놀이치료사는 두 세계의 강점과 각각의 강점을 활용하는 켄타우로스일 것이다.

디지털 놀이치료는 선택인가 필수인가

책의 이 부분을 읽는 동안 내 마음은 흥미와 흥분으로 가득 찼다. 유서 깊은 게임의 진화에 대한 흥미로운 이야기이다. 그러나 그것을 분해하여 더 자세히 살펴보면 그 의미가 광범위하다. 나에게 인상적이었던 한 가지 주요 개념은 디지털 도구의 발전을 '선택할 일'이 아니라 '당연히 포함해야 할 일'로 보는 것이 중요하다는 것이다. 인간과 인간 정신의 강점과 약점, 디지털 도구의 강점과 약점 그리고 그들이 어떻게 함께 할 수 있는지에 대한 탐색이 더 있어야 한다. 만약 디지털 도구가 정보, 분석, 전략, 선택사항들 그리고 다른 능력을 제공하여 인간이 자신의 두뇌와 신체 힘을 다른 방식으로 사용할 수 있도록 한다면, 다름을 인정하고 요구사항을 충족하며 기술을 융합하는 결과가 가능해질까?

켄타우로스 접근 방식은 더 많은 지적 능력을 발휘해야 하고 부담스러운 작업을 디지털 도구로 처리하는 경우, 인간이 탐구하고, 이해하고, 인식하고, 경험하고, 심지어 느낄 수 있는 것들에 대해 탐색할 수 있도록 하는 역동을 만들어냈다. 여기서 또 다른 중요한 개념은 '그리고'이다. 좋고 나쁨, 득 또는 실에 대한 관점으로 양극화하는 대신 이해해야 할 구성 요소가 많다. 평가적인 답변은 장단점을 가질 수 있고 무엇보다 인간, 상황, 필요, 역사, 현재, 미래 등에 대한 수많은 요소에 따라 달라진다. 이것은 우리가 좋은 소식과 그리 간단하지 않은 소식으로 끝나는 단 하나의 답변이나 초점을 가질 수 없음을 의미한다. 좋은 소식은 DPT를 사용할 때 활용, 개념, 그리고 개입을 훌륭하게 재단할 수 있다는 것이다. 그리 간단하지 않은 소식은 치료적 디지털 도구의 사용과 유용성이 사례에 따라 다르다는 것이다. DPT의 사용은 절대적으로 치료적이다. 즉 '무엇을, 어디에서, 언제, 어떻게, 그리고 왜'가 모두 함께 모여 각 내담자의 놀이치료에서 디지털 도구를 사용하는 것의 적절성을 결정한다.

디지털 놀이치료

그래서 나는 여러분에게 이 책, 필요에 따라 시작되어 더 하고 싶고, 더 주고 싶고, 더 배우고 싶은 열망에 힘입어 탄생한 또 다른 열정 프로젝트를 전달한다. 각 장은 독자에게 이론과 놀이치료 원칙의 견고한 토대, 관련 자료에 대한 교육의 중요성을 강조하고, 대면 및 원격 상담 모두에 대한 실제 적용을 강조하고자 작성되었다. 놀이의 중요성과 관련하여 가장 풍부한 지식을 갖춘 전문가인 놀이치료사가 이 언어를 수용하고, 치료 요소에 대한 지식을 찾고, 전체적이고 적절한 치료적 기준을 갖기 위해 내담자의 세계로 들어가는 것은 대단히 중요하다. 우리가 내담자의 삶에서 이러한 부분들을 부인한다면, 우리는 내담자의 전체를 치료하는 것이 아니다. 우리는 그들이 누구인지 그들의 문화와 정체성의 일부를 배제하고 있다. 이 책을 읽고 당신의 내담자와 놀이치료사로서 당신의 직업을 존중하게 된 것을 축하한다. 다음 페이지에서 많은 보석을 찾길 바란다.

참고문헌

Abney, P. C., & Maddux, C. D. (2004). Counseling and technology: Some thoughts about controversy. *Journal of Technology in Human Services*, *22*(3), 1–24.

Magnavita, J. J. (2018). Preface. In J. Magnavita (Ed.), *Using technology in mental health practice* (pp. xiii–xxiv). American Psychological Association.

Rosen, M. (2019). *Michael Rosen's book of PLAY!* Profile Books.

Sigma Plus Statistiek. (2019). *SPSS: What is it?* www.spss-tutorials.com/spss-what-is-it/

Snow, M. S., Winburn, A., Crumrine, L., & Jackson, E. (2012). *The iPad playroom a therapeutic technique*. www.mlppubsonline.com/display_article.php?id=1141251

Stone, J. (2019). *Integrating technology into modern therapies: A clinician's guide to developments and interventions*. Routledge.

Thompson, C. (2014). *Smarter than you think: How technology is changing our minds for the better*. Penguin Books.

02

디지털 놀이치료란
무엇인가?

많은 놀이치료사가 놀이치료에 디지털 도구를 통합했다. 일부에게는 통합이 내담자의 디지털 관심사에 관한 대화에 참여하는 정도로 간단했다. 어떤 치료사들은 사진을 찍고, 정보를 검색하고, 음악을 듣거나 내담자의 요청에 따라 무언가를 보기 위해 휴대폰을 사용하기 시작했다. 세 번째 유형의 통합은 내담자의 참여를 높이고 동기를 부여하고, 놀잇감 선택의 범위를 넓히기 위해 소프트웨어나 하드웨어를 구매하고 사용하는 것이 포함되었다. 이와 같은 선택 모두 DPT(디지털 놀이치료)에 적합하다.

어떤 수준이든 놀이치료에서 디지털 도구 사용을 통합하는 것의 핵심은 임상가가 놀이치료에서 디지털 도구를 사용하는 적절한 방법과 이유를 이해하는 것이다. 치료사의 레퍼토리에 DPT를 포함하는 것은 내담자의 관심사에 대한 세련된(trendy) 반응으로 제안되는 것이 아니라, 오히려 놀이치료의 견고한 신념과 관련된 것으로 내담자의 문화를 수용하고 존중하는 것에 대한 근본적인 신념 체계의 구성 요소이다. 더 나아가 이 책에서 우리는 이러한 토대가 되는 치료사의 구성 요소, 즉 치료사의 5C(competency, culture, comfort, congruence, capability, 제3장에서 자세히 다룬다)와 우리가 사용하는 상호작용과 다양한 개입에서 활성화되는 놀이의 치료적 힘에 대해 논의할 것이다. 놀이의 치료적 힘은 놀이치료사가 놀이치료 회기에 담겨 있는 바를 이해하고 의사소통 할 수 있는 구조와 언어를 제공한다.

균형

자신의 상담 회기에 DPT를 포함하는 임상가는 디지털의 전부를 수용하는 것을 지지하지 않으며, 내담자 또는 사회 전체가 그것을 사용하는 것에 대해 우려하지 않는다고 말하는 것도 아니다. 디지털 놀이치료사는 내담자의 관심사, 내담자의 문화(5C를 다루는 제3장에서 자세히 설명) 그리고 임상가가 디지털에 기반한 상호작용을 통해 얻을 수 있는 이해, 정보 및 개입의 풍부함을 인정한다. 디지털 놀이치료사는 이 도구를 사용하여 사례 개념화 및 치료 계획을 세우는 데 필요한 경험과 정보에 접근한다.

균형은 매우 중요한 개념이다. 기본적으로 나는 균형이 우리 삶의 모든 측면에서 중요하다고 믿는다. 항상 가능한 것은 아니지만, 추구해야 하는 중요한 목표이다. 균형은 이 책 전체에서 가장 중요한 단어 중 하나이며 다른 모든 것에 적용되는 것처럼 DPT에도 적용된다. 우리는 삶의 모든 면에서 균형이 필요하다. 인간은 먹고 자고 움직이는 것, 학교, 직장 또는 그 밖에 무엇이든 불균형이 있을 때 제대로 기능하지 않는다. 내적 균형은 개인의 관심과 활동이 삶의 다른 측면을 부족하거나 과잉되게 만들지 않을 때 달성된다.

세상이 경험하고 있는 디지털 혁명에 대해 우리가 경험하고 우려하고 있는 일반적인 관점을 생각할 때, (아기에게 사랑하는 사람과의 직접적인 사회적 상호작용 대신 기계를 쥐어주는 것 같은) 치료적 상호작용에 그런 도구를 통합한다고 생각하는 것이 어려울 수 있다. 그러나 우리가 해결해야 할 몇 가지 근본적인 차이가 있다.

첫째, 우리 사회 전체가 디지털 도구의 사용과 삶의 다른 측면의 균형을 맞춰야 한다. 모든 사람들이 균형을 잡는 데 어려움을 겪는다는 것은 아니지만, 빠른 인터넷 검색은 그러한 기기 사용의 불균형이 사람들의 삶에 하나 이상의 부정적인 영향을 미치는 수많은 영역을 강조할 것이다. 이러한 영역에는 가족, 육아, 결혼, 그리고 직장 등이 포함된다.

흥미롭게도, 커플의 노트북 사용에 대한 연구에서 파트너가 서로 연결되지 않은 상태로 노트북을 사용하는 것은 관계에 대한 커플의 부정적인 인식과 관련이 있는 것으로 나타났지만, 휴대폰, TV, 또는 컴퓨터를 사용하는 경우에는 그렇지 않았다(Leggett, 2014). 커플이 함께 기기를 사용할 때 관계에 대한 인식이 긍정적이었고, 특히 함께 TV를 볼 때 그랬다. 이는 흥미로운 개념이다(관계를 맺고 있는 사람과 함께 기술 도구를 사용하면 일반적으로 관계에 대한 인식이 바뀌고 상호작용이 상당히 좋아진다). 또한 비디오 게임이나 어플을 사용하여 함께 게임을 하는 가족들에게도 긍정적인 영향이 있는 것으로 나타났다(Chambers, 2012; Leggett, 2014). 왕 등은 "가족과 함께 비디오 게임을 하는 것은 특히 소통할 기회가 거의 없는 가족들을 서로 가깝게 만들고 가족 만족도를 높여줄 수 있다"(2018, p. 4088)는 결론을 내렸다.

발전이 불균형을 초래한 시기에 인류 역사상의 다른 시대를 연구하면서, 나는 이 디지털 도구의 영역에서 사회 내 균형이 이루어질 것이라고 낙관한다. 그렇다면, 염려되는 것은 현재의 불균형이 미치는 영향과 균형이 달성되기 전인 현재에 영향을 받은 세대가 어떤 결과를 얻게 될 것인가 하는 점이다. 세대에 미치는 영향은 무엇인가? 아마도 정신건강 서비스 제공자들은 사회가 균형을 찾기 위해 애쓰는 동안, 가족들이 이 영역에서 부정적인 영향을 최소화하면서 자신들만의 균형을 찾을 수 있도록 돕는 핵심적인 위치에 있을 것이다. 목표는 가족들이 특히 아동과 관련된 가능한 한 가장 긍정적인 결과를 얻을 수 있도록 그들의 욕구, 가치와 신념을 통합하여 맞춤형 균형을 찾게 하는 것이다. 놀이치료사로서 우리의 임무는 내담자와 그들의 삶에 우리의 가치와 정체성을 부여하는 것이 아니라 그들의 가치를 존중하고 기술의 영향을 받는 것을 포함하여 모든 측면에서 불균형의 영역을 식별하는 것이다.

둘째, 기술에 관한 연구와 저술들은 사회가 오랜 시간에 걸쳐 수없이 봐온 도덕적 공황과 사회의 적에 대한 내용으로 가득하다. 이런 개념들은 이 책의 뒷부분에서 더 자세히 다룰 것이지만, 지금 말하고자 하는 핵심은 잘 설계되고 잘 수행된 투명하고 균형 잡힌 연구의 중요성으로, 이는 기술의 사용이 사람들에게 미치는 영향을 엄밀하게 조사하고 평가할 수 있도록 한다. 이것은 포괄적인 문제를 조사하는 것뿐 아니라 관련된 많은 변수를 분석하는 것이다. 즉, 다양한 방법으로 변수들을 묶고 분리하며 신뢰하고 반복할 수 있는 결과를 생성한다. 이러한 견고한 결과는 우리에게 매우 필요한 기술 사용에 관한 재조정에 도움이 될 수 있다.

셋째, 놀이치료에 디지털 도구를 포함한다고 해서 이러한 불균형에 대한 우려가 사라지는 것은 아니다. 이는 모든 하드웨어 및 소프트웨어의 포괄적인 수용 또는 포함을 의미하는 것이 아니다. 이것은 현시점에 우리가 사용할 수 있는 도구들을 놀이치료사가 포용하는 것을 의미한다. 오늘날 일부 기술의 풍부하고 강력한 측면은 치료 과정을 크게 향상시킬 수 있다. 강력한 동기를 부여하고 주의를 집중시키는 자극을 통해 임상가는 성공적인 놀이치료 과정에서 필요한 정보와 경험을 수집할 수 있다. 혼 마이어 등(Horne-Meyer, 2014)의 최근 연구에 따르면 "전자 방법(electronic methods)은 종종 전통적인 치료 방법과 동일하며, 적어도 일부 소비자에게는 더 재미있거나 수용 가능할 수 있다"(p. 1). 어떤 내담자의 경우, 디지털 도구를 포함하는 것이 꼭 필요하다.

> 디지털 도구는 놀이치료실의 다른 놀잇감과 마찬가지로 치료 내에서 표현, 창조, 소통, 관계, 이해, 평가 및 개입을 위한 매체일 뿐이다.
>
> 〈Stone, 2019〉

디지털 놀이치료

디지털 놀이치료는 관계를 깊이 있게 만들고 정보를 수집하며, 개입을 실시하고 치료 계획을 발전시키기 위해 놀이치료 과정에서 내담자의 문화 및 관심사를 통합한 몰입도 높은 활동을 활용하여 고도의 동기를 부여하는 양식이다.

나는 다양한 물품으로 잘 꾸며진 놀이치료실에 아이패드를 함께 비치함으로써 디지털 놀이치료의 길을 시작했다. 1994년 초부터 놀이치료사로 일하면서, 나는 놀이실에 둘 물건을 신중하게 선택하기 위한 충분한 경험과 시간을 가졌다. 나는 모든 놀잇감의 치료적 가치가 신중하게 분석되어야 한다고 생각한다. 놀이 구조의 치료적 힘은 놀잇감과의 상호작용을 평가할 때 사용할 수 있는 환상적인 지침이다. 각 놀잇감과 상호작용에 의해 활성화되는 놀이의 힘 내부의 핵심 변화 요소를 발견하는 것은 놀이실의 물품 선택에 영향을 준다. 만약 변화의 핵심 요소가 활성화되지 않는다면, 그 놀잇감은 놀이실에 포함되지 않아야 한다.

아이패드는 처음에 가상 모래상자 프로그램을 사용하기 위해 포함되었다. 아이패드, 특히 가상 모래상자와 함께 사용하면서 이 도구의 힘을 깨달은 후, 나는 치료적으로 활용할 수 있는지 평가하기 위해 다른 앱과 프로그램을 찾기 시작했다. 내가 이런 도구들에 대해 지속적으로 가르치자, 과정 참가자들 또한 다른 앱을 사용했던 자신의 경험을 공유하였고, 내 임상 제품은 성장하기 시작했다.

닌텐도 스위치는 치료실에 포함시키기 위해 그다음으로 평가된 도구였다. 휴대용 컨트롤러에 관한 흥분이 관심을 불러일으켰지만, 실제적인 사용과 가능한 게임들이 도구의 가치를 증명했다. 각자 컨트롤러를 갖고 있으면서 성공을 위해서는 어떤 방식으로 의사소통 해야만 하는, 내담자를 참여시키는 능력은 놀이치료에서 이루어지는 상호작용의 어떤 측면을 완전히 새로운 수준으로 끌어올렸다. '젤다의 전설'이라는 게임을 하는 동안 선택적 함구증 내담자가 "저쪽으로 뛰어!"라고 소리친 것은, 내 경험의 백미였다. 내 놀이실에 있는 다른 도구들은 이 내담자로부터 이런 반응을 이끌어내지 못했지만, 이 도구는 해냈고, 나는 그것에 영원히 감사한다.

가상 모래 상자 아이패드 프로그램이 완료된 후, 가상 현실 버전을 만들어야 한다는 것이 명백해졌다. 강력하고 몰입도가 높은 가상 현실의 세계는 치료 경험에 많은 유익을 가져다준다. 따라서 다음이자 마지막(현재까지)으로 내 사무실에 추가된 놀이치료 디지털 도구는 가상 현실이었다. 나는 현재 사무실에 HTC 바이브(테더형 헤드마운트 디스플레이[HMD] 장치), 바이브 장치 및 프로그램을 실행하는 컴퓨터, 2개의 오큘러스 퀘스트 2 유닛(올인원, 독립형 HMD)을 가지고 있다. 이것은 책을 읽으면서 더 이해하게 될 것이다. 내담자마다 다른 프로그램과 하드웨어가 유익하겠지만, 이러한 도구들을 사용하면 많은 긍정적인 결과를 얻을 수 있다. 이런 결과 중 일부는 놀이실에 있는 다른 도구로부터는 얻을 수 없는 것이다.

사용의 중요한 측면

나는 이런 물품에 과도하게 집중하거나 치료 회기 내 또는 이후에 전환하는 데 어려움을 보이는 아이들을 경험한 적이 없다. 회기 내에서의 상호 존중에 중점을 두고, 내가 하는 일 중 하나는 그들이 놀이에서 하는 것과 놀이에서의 매개 변수(시간, 공간, 소음, 플랫폼 등)의 균형을 맞추는 것이다. 내담자, 그들의 욕구, 능력, 스타일에 대해 더 많이 이해할수록 성공을 위한 회기를 더 잘 구성할 수 있다. 이것은 디지털 도구를 포함하여 회기 내에서 그들이 사용하는 어떤 도구에도 해당하며, 대면 또는 원격 회기에서도 마찬가지이다.

도구가 어떻게 사용되는지, 회기 내에서 내담자가 사용할 수 있는 것이 무엇인지, 내담자, 치료사 및 양육자가 기대하는 바가 무엇인지에 따라 많은 것이 달라진다. 도구가 무엇이든 치료적 가치의 바탕이 되는 견고한 토대는 치료사가 자신의 지식을 과정에 적용할 수 있도록 한다. 이것이 회기에서 농구를 하는 치료사가 치료적 가치를 수집하는 방법이다—그것은 전개 과정, 상호작용, 반응, 연결, 그리고 이해에 관한 것이다. 이는 치료적 이점에 관한 대화의 초석으로, 그 활동이 농구라는 사실을 말하는 것이 아니다. 상호작용을 정의하는 것은 이렇게 활성화된 변화의 핵심 기제이지, 함께 하는 인형 놀이, 앱이나 농구 게임이 아니다. 이것이 '그냥 노는 것'과 놀이치료의 차이다.

DPT는 디지털 특성의 도구를 포함한다. 치료사는 그 도구를 놀이실에 포함하는 것이 적절한지 결정하기 위해 그것이 놀이실에서 사용할 수 있게 만들어졌는지, 그것을 사용할 때 변화의 핵심 기제가 활성화될 수 있는지 면밀히 조사한 후에 계속해서 치료 계획을 진행한다. 궁극적으로, 디지털 물품은 놀이실의 또 다른 도구일 뿐이며, 적절하게 사용할 때 매우 강력할 수 있다. 치료사로서 자기 자신과 치료 과정 모두에서 기본적인 측면에 주의를 기울였다면, 디지털 도구를 사용하는 것은 치료 영역에 남겨질 것이다.

DPT의 세 가지 수준

DPT는 통합 수준에 따라 세 가지 용어로 논의될 수 있다. 이 장 첫 부분에서 논의한 바와 같이, 치료사가 회기 내에서 디지털 도구를 활용할 수 있는 방식은 다양하다. 모든 수준은 대면 및 원격 상담 회기에서 활용할 수 있다.

1) 레벨 1 : 내담자가 관심 있어 하는 디지털 도구에 대한 모든 논의를 포함한다. 여기에는 하드웨어(장치) 및 소프트웨어(프로그램, 게임 등), 읽기, 비디오, 동영상, 블로거 등에 대한 개방성과 토론이 포함된다. 여기에는 다음과 같은 질문이 포함된다: 어떤 게임을 좋아하세요? 좋아하는 캐릭터, 아바타 등은 무엇입니까? 스토리, 퀘스트, 목적 등 어떤 점이 마음에 듭니까? 왜 ×를 좋아하나요? 여기에는 어떤 장치도 포함되지 않고 순수하게 언어적 또는 비언어적(그림, 연기 등) 묘사나 토론이 포함된다.

2) 레벨 2 : 레벨 1의 모든 것과 더불어 공유, 보기, 탐색의 측면에서 하드웨어 및 소프트웨어를 포함한다. 이것은 함께 비디오를 보거나 노래 가

사 또는 기타 정보를 검색하거나 특정 앱 또는 게임을 보여주는 것일 수 있다. 이것은 함께 게임에 참여하는 것이 아니라, 순수하게 장치, 프로그램 및/또는 관심사를 공유하고 관찰하는 것이다.

3) 레벨 3 : 레벨 1 및 레벨 2의 모든 구성 요소와 회기 내에서 하드웨어 및 소프트웨어를 직접 사용하는 것을 포함한다. 여기에는 임상가와 내담자가 함께 게임을 하거나 싱글 플레이어 또는 멀티 플레이어 모드에서 함께 프로그램을 사용하는 것이 포함될 수 있다. 임상가와 내담자는 함께 게임을 하고 각자의 대처 기술과 방식, 좌절 인내력, 양육 능력, 전략 등을 배운다. 놀이의 치료적 힘이 직접적으로 활성화되고, 놀이하는 동안 사례 개념화와 중재 실행에 중점을 둔다.

공동 놀이

가장 일반적인 공동 놀이의 개념은 물리적으로 같은 공간에 머물면서 노는 것과 관련이 있다. 연구 결과는 자녀와 함께 비디오 게임을 하는 부모들에게 상당히 지지적이다. 아산드는 공동 놀이가 세계를 하나로 묶고 정보 격차를 줄인다는 것을 발견했다(Aarsand, 2007). 부모, 특히 어머니는 5주간 함께 비디오 게임을 하는 연구에 참여한 것이 그들이 중단 없이 양질의 시간을 함께할 수 있는 유일한 시간이었다고 보고했다. 동일한 연구에서 아동은 공동 놀이를 통해 사람들을 돕는 방법을 배웠다고 말했다(Siyahhan et al., 2010). 그들은 "세대 간 놀이 공간이 자녀들의 생각, 성격 발달 및 학습에 참여하는 귀중한 방법을 제공한다"는 것을 발견했다(Siyahhan et al., 2010, p. 429). 어윈 등(Ewin et al., 2020)은 체계적인 문헌 고찰을 통해 함께 미디어에 참여하는 것이 친밀감과 "공통점을 공유할 수 있는 긍정적인 분위기"로 이어진다는 것을 발견했다(p. 250).

이러한 공동 놀이 상황에서 성인과 아동이 경험한 강력하고 긍정적인 영향을 감안하면, 치료사와 내담자가 함께 비디오 게임을 하는 것 또한 같거나 유사한 결과를 낳을 것이라는 결론이 합리적으로 보인다. 아마도 그 결과는 치료 공간, 시간 및 관계의 특성으로 인해 훨씬 더 강력한 영향력을 발휘할 것이다. 우리의 내담자는 일주일에 한 번은 고사하고 한 달에 한 번이라도 방해받지 않고 집중한 채로 성인과 45~60분 동안 시간을 보낼 기회가 거의 없다. 내담자와 치료사 사이의 이러한 역동을 탐색하는 데 초점을 둔 추가적인 연구가 매우 유용할 것이다. 공동 놀이에 대한 자세한 내용은 제11장에서 다룰 것이다.

놀이치료사가 알고 싶은 것

몇 년간 이러한 주제들에 대해 발표하면서, 나는 디지털 도구의 사용과 관련하여 치료사들이 알고 싶어 하는 것을 조금 공유할 수 있게 되었다. 놀이치료사들은 놀이치료에서 디지털 도구사용의 다음과 같은 측면을 알고, 이해하고, 경험하고 싶어 한다.

1) 안전
   a) 확실한 치료적 기반이 있다.
   b) 놀이치료에 관한 특정 연구가 수행되는 동안, 다른 학문 분야에서도 그러한 사용을 지지하는 견고한 연구가 존재한다.
   c) 놀이치료에 디지털 도구를 포함시키는 것이 치료 과정을 방해하지 않을 것이다.
2) 지침 및 윤리
   a) 놀이치료사들은 그런 도구들을 포함하기 위한 지침이 있는지 알고 싶어 한다.
   b) 현재까지 많은 규제 기관이 지침을 제공하고 있으며, 다음의 기관에만 국한되지 않는다.
      ⅰ) 놀이치료학회

  ⅱ) 영국놀이치료학회

  ⅲ) 미국심리학회

  ⅳ) 전국사회복지사협회

  ⅴ) 미국소아과학회

  ⅵ) 왕립 소아과 및 아동 보건 대학

3) 역량

 a) 그들은 놀이치료에서 디지털 도구를 능숙하게 사용할 수 있게 된다.
  놀이치료사들은 다음을 통해 유능해질 것이다.

  ⅰ) 교육

  ⅱ) 슈퍼비전

  ⅲ) 자문

  ⅳ) 사용/경험

4) 편안함과 일치성

 a) 그들은 놀이치료에서 디지털 도구를 편안하게 사용할 수 있게 된다.
  놀이치료사들은 다음을 통해 편안해질 것이다.

  ⅰ) 교육

  ⅱ) 슈퍼비전

  ⅲ) 자문

  ⅳ) 사용/경험

5) 능력

 a) 그들은 놀이치료에서 디지털 도구를 유능하게 사용할 수 있게 된다.
  놀이치료사들은 다음을 통해 편안해질 것이다.

  ⅰ) 교육

  ⅱ) 슈퍼비전

  ⅲ) 자문

  ⅳ) 사용/경험

6) 임상적 중요성 및 관련성

a) 놀이치료사는 디지털 사용이 임상적으로 얼마나 중요하고 관련성이 있는지 이해하기 원한다.

ⅰ) 연결/라포를 통해

ⅱ) 그들의 언어로 말함으로써

ⅲ) 그들의 세계에 들어감으로써

ⅳ) 그들의 문화를 수용함으로써

ⅴ) 그들이 누구인지에 관한 모든 측면과 그들의 관심사의 중요도에 대해 보고 듣고 이해함으로써

7) 유형

a) 놀이치료사는 다양한 유형의 디지털 도구를 이해함으로써 도움을 받을 것이다.

ⅰ) 다양한 하드웨어

ⅱ) 다양한 소프트웨어

8) 용도

a) 놀이치료사는 놀이치료에서 디지털 도구의 다양한 용도를 탐색하고 이해함으로써 유익을 얻을 것이다.

ⅰ) 다양한 인구

ⅱ) 다양한 연령

ⅲ) 다양한 능력

ⅳ) 다양한 욕구

ⅴ) 다양한 목표

인구

DPT에 가장 적합한 집단은 놀이치료사가 스스로 결정하는 것이 가장 좋다. 이러한 답변은 치료사의 이론적 토대와 사용된 플랫폼(대면 또는 원격정신건강 서비스)에 의해 직접적으로 형성된다. 나의 토대를 바탕으로 내가 발견

한 것은, 놀이실의 다른 물품과 마찬가지로, 내담자들은 스스로 잘 선택한다. 그들의 선택은 삶의 많은 것에 접근하는 방식을 직접적으로 반영하는 것 같다. 내담자가 일반적으로 자신의 범위(나이, 능력 등)를 벗어나는 무언가를 사용하는 데 끌린다면 아마도 삶의 다른 영역에서도 그렇게 하고 있을 것이다. 범위를 벗어난 개입으로 그들의 욕구가 성공적인 결과를 얻도록 조정될 수 있다면, 그 변화는 제시되어야 한다. 개입으로 인해 좌절, 인내력 또는 다른 기타 문제가 발생하면 치료적 방식으로 문제를 해결해야 한다.

생각하기 전에 행동하는 상호작용 스타일을 가진 사람은 아마도 보드게임, 블록 쌓기 및 디지털 놀이를 할 때도 그런 경향을 나타낼 것이다. 내담자가 디지털 도구를 사용하기로 선택한 경우, 나는 밝혀진 내담자의 욕구에 맞게 프로그램 사용을 조정하는 데 나의 지시적/처방적 놀이치료(prescriptive play therapy)의 초점을 둘 것이다. 여기에는 내담자의 욕구를 식별하는 것이 포함되므로, 내담자가 사용하기로 선택한 것이 무엇이든 개입 또는 상호작용이 가장 유익할 수 있다. 모든 측면은 서로 얽혀있다: 놀이실에서 사용할 수 있는 것이 내담자의 관심과 욕구를 지원하는지, 치료사가 내담자와 상호작용하는지 그리고 도구가 그 관계를 지원하는지, 관계가 과정을 지원하는지, 과정이 치료 계획을 지원하는지, 치료 계획이 내담자의 욕구 등을 지원하는지.

현대 심리치료에서의 기술 통합(Integrating Technology into Modern Therapies) 개정판은 디지털 도구를 사용하는 많은 사람들과 환경에 대한 논의로 시작한다(Stone, 2019). 슈퍼비전과 역량 기반 멘토링, 치료적 문자 메시지, 치료 시 가상 현실의 사용, 치료에서의 비디오 게임 사용 및 원격 건강 서비스에 대해 모두 논의한다. 슈퍼비전 및 멘토링에서 슈퍼바이지가 자신의 지역에서 이용할 수 있거나 없을 수 있는 역동(전문성, 체계 등)을 모색할 수 있는 능력을 포함하되, 이에 국한되지 않는 다양한 방법으로 디지털 도구를 사용함으로써 실제적인 이득을 얻을 수 있다. 이는 원격정신건강에도 해당하는데, 특히 최근에 발전한 심리학 분야 간의 협약(PSYPACT)과 심리학자가 주

(state)를 넘어 실무에 참여할 수 있도록 하는 전자 여권과 같은 다중 주 면허 같은 것들이 그렇다(PSYPACT, 2021). 바라건데, 이것은 더 많은 분야에서 사용할 수 있다. 세계는 갑자기 훨씬 작아졌다. 치료적 문자 메시지는 내담자, 특히 빠른 속도와 축약형 및 이모티콘으로 이루어지는 상호작용에 매우 익숙한 청소년과 연결되는 방법이다. 가상 현실과 비디오 게임은 주로 수많은 문제를 해결하고 내담자의 스타일과 기술, 접근 방식에 대해 학습하게 하는 몰입형 경험에 사용된다.

특수 집단에는 외상, 불안 및 우울 장애를 경험한 사람들이 포함되지만 이에 국한되지는 않는다(자폐스펙트럼장애, 주의력결핍 과잉행동장애 등을 가진 사람들을 포함하여 신경 다양성이 있는 사람들 그리고 영재와 같은 사람 등도 포함된다). 디지털 도구와 개입을 통해 이러한 특수 인구의 욕구와 경향성을 해결할 수 있다. 놀이실에 디지털 도구를 포함하면 내담자가 회기 내에서 활동을 보다 유연하게 선택할 수 있다.

의료 환경에 있는 소아 환자, 언어치료를 받는 환자, 취약 계층에 있는 환자도 치료적 기술을 사용하여 이득을 얻을 수 있다. 취약 집단의 경우, 디지털 도구는 물리적 차이, 재정적 한계, 농촌 환경, 위기 상황 등으로 인해 서비스에 접근하는 데 어려움을 겪는 사람들의 접근성을 크게 향상시킬 수 있다.

COVID-19 팬데믹 동안 이루어진 원격 건강 치료 회기로의 전환은 원격 건강 서비스를 통해 정신건강 회기를 제공하는 것의 효과뿐 아니라, 접근이 불가능했던 사람들에게 서비스를 제공하여 접근성을 높이는 능력을 보여주었다. 미국심리학회(APA)의 회원 설문조사에 따르면 임상가의 75%가 팬데믹 기간 동안 원격으로만 내담자를 만나고 있었다(Edwards-Ashman, 2021). 페어 헬스(Fair Health, 2020)는 2019년 4월과 2020년 4월 사이 미국의 원격 의료에 관한 정보를 추적하고 비교했다. 2019년 4월 미국의 원격 의료 사용 비율은 0.15%로 2020년 4월 13.00%와 비교되었다. 원격 건강 사용량은 8335.51% 증가하였다. 디지털 도구는 서비스 접근에 어려움을 겪는 사람들의 접근을 크게 향상시킨다.

중독 대화

지금 중독에 관한 대화는 현재로서는 시기상조이다. 연구는 모순적일 뿐 아니라 완전히 난해하다. 단순히 문제 스펙트럼의 양쪽 끝 진영이 일치하지 않는 것뿐만 아니라 정의와 관련하여 여러 면(포함, 제외 및 주변 변수 등)에서 연구가 부족하다. 중독의 개념에 초점을 맞추는 대신, 문제를 다룰 때보다 균형 잡힌 존재로 이어지게 하는 치료적 역동에 초점을 맞추자.

최근 주목받는 관심사 중 하나는 기술 사용으로 인한 '뇌 구조 변화'에 대한 것이다. 이것을 더 자세히 보고 더 많은 정보의 필요성을 인식하자. 예를 들어, 현재 국립 보건연구원의 종단 연구에서는 기술이 아동에게 미치는 영향을 분석하고 있다. 그들은 하루에 7시간 이상 어떤 종류의 디지털 기기를 사용하는 아이들의 피질이 얇아지는 것을 알아냈다. 인터넷 기사는 이러한 예비 결과를 기술의 폐해에 대한 증거라고 비난했다. 그러나 수석 연구원인 도우링(Dowling) 박사는 다음과 같이 말했다,

> 우리는 그것이 스크린 타임으로 인한 것인지 알 수 없다. 우리는 그것이 나쁜 일인지 아직 모른다. 이 단일 스냅샷에서 보고 있는 차이점과 관련된 결과가 있는지 여부는 시간의 흐름에 따라 추적할 때까지 알 수 없다.
>
> (Cooper, 2018, p. 13)

도우링 박사는 예비 조사 결과에서 결론을 도출하지 말라고 경고했다(Bloomberg, 2018; Cooper, 2018). 심지어 최근 JAMA 소아과 학회지에서는 스크린 기반 미디어 사용과 백질의 무결성에 대해 다음과 같은 결론을 내렸다, "의미 : 이러한 발견은 스크린 기반 미디어 사용과 특히 유아기에 발달하는 뇌 사이의 연관성에 관한 추가 연구가 필요함을 시사함"(Hutton et al., 2019, para. 1). 이 주제에서의 문제는 뇌 변화에 대한 우려가 부족하다는 것이 아니다. 문제는 외상, 우울증, 불안, 아름다운 꽃향기, 심지어 단어 읽기

등 모든 것이 뇌 구조에 영향을 미친다는 것이다. 의미를 실제로 이해하려면 이런 개념을 자세히 분석해야 한다. 더 많은 정보가 필요하다. 이러한 사용에 대한 임상적인 우려를 해결하기 위한 노력으로, 스톤(Stone, 2019)은 불균형한 행동에 관한 이유와 무엇에 대해 묻는 것의 중요성을 논의했다. 질문은 다음과 같았다.*

행동/상황을 초래한 역동은 무엇인가?

그 사람의 지지 체계는 무엇인가? 디지털 도구의 사용은 그 사람의 일상에서 어떤 역할을 하는가?

그 사람은 활동에서 다른 사람들과 잘 연결되고 지원을 얻고 있는가?

디지털을 통한 상호작용이 그 사람의 자존감, 자기 가치 및/또는 사회적 기술에 도움이 되는가?

그 사람은 자신의 삶의 특정 구성 요소를 피하고 있는가?

그 사람은 폭력적인 역동을 피하고 있는가?

재인쇄를 허가받음

내담자의 삶에 존재하는 어려운 상황의 근본적인 역동을 이해하면 특정 시나리오에 맞게 대화와 권장 사항을 맞출 수 있다. 상용화된 응답 또는 범주화는 내담자의 일상생활에 도움이 되지 않는다. '전문가'의 의견을 기반으로 한 포괄적인 권장사항은 내담자의 욕구나 상황에 적용되거나 적용되지 않을 수 있으며 궁극적으로 실행되지 않을 수 있다.

양육자와의 대화

다른 많은 놀이치료 개입과 마찬가지로, 내담자의 양육자(caregivers)들과 의사소통을 잘하는 것이 매우 중요하다. 모든 치료사는 내담자와 함께하는 대화 및 필수 서류 안에 디지털 도구 사용에 대한 정보가 담긴 동의서를 포함해야 한다. 설명은 해당 분야의 윤리적 지침(가장 중요함)과 도구의 개념(중 요하지만 윤리적 요구사항에 부차적임)에 따라 달라진다. 보호, 기밀 유지, 디지털 시민 의식 및 모든 윤리적 고려사항이 동의서에 포함되어야 한다.

디지털 도구가 '또 다른 도구'로 개념화되면, 그것들은 놀이실의 다른 도 구가 논의될 때 함께 논의될 것이다. 사용된 디지털 도구는 장난감 또는 다 른 개입의 범주에 속할 것이고, 대화의 초점은 변화의 핵심 작용제가 될 것이 다. 즉, 초점은 도구의 사용에 대한 방어가 아닌 의사소통을 촉진하는 구 성 요소로 지위가 달라진 도구로 옮겨질 것이다. 치료사는 도구가 과정을 어 떻게 촉진했는지 설명할 수 있다.

디지털 도구가 충분히 다른 유형의 도구로 개념화되면, 전문적인 토론과 문서 작업이 동반될 것이다. 예를 들면, 회기에서의 디지털 도구 사용에 대 한 명시적 동의를 얻기 위해 면책 조항과 세부 사항이 구두 및 서면으로 제 시된다. 나의 경우, 이런 접근 방식은 나에게 편안하지 않은 입장과 메시지 를 전달한다. 각 임상가는 양육자가 우리가 하는 일에 대해 알아야 할 중요 한 사항을 스스로 결정해야 한다. 효과를 달성하기 위해 사용한 특정 아이템 보다 나에게 중요한 것은 과정에 대한 강조이다.

이것은 내가 사용된 개입에 대해 논의하지 않는다는 것을 의미하지 않는 다. 기본 사항을 확실히 다루기 위해 내가 사용하는 사전 동의서에는 치료에 디지털 도구를 포함하는 것에 대한 부분에 밑줄이 그어져 있다. 이것은 제목 이 아닌 다른 것들 사이의 밑줄이다. 더 중요한 것은 임상적인 이유로 접수 면담 시 놀이실을 둘러볼 기회가 제공된다는 것이다. 여기에는 놀이실 내의 다양한 도구와 치료적 이점에 대한 토론이 포함된다. 이러한 대화에는 디지 털 도구가 포함되어 논의된다.

원격정신건강을 통해 만나는 내담자의 경우, 접수 면담에서 DPT 포함에 대한 디지털 사전 동의서와 함께 구두로 토론이 이루어진다. 가족의 가치, 태도, 관심, 질문이 장려되고 다루어진다. 놀이의 핵심 작용제가 갖는 치료 적 힘과 임상적 근거가 논의된다. 발생하는 모든 문제를 다룰 수 있도록 양육자와 임상가 사이의 의사소통은 열려있다.

놀이치료의 치료적 이점과 개입에 관한 양육자와의 대화는 치료에 대한 의사소통의 창을 열 것이다. 이러한 대화는 그들이 "체커를 할 수 있도록 자녀를 데려온" 이유에 대한 혼란을 줄일 수 있을 뿐 아니라, 치료에 대한 양육자의 투자와 지원을 강화할 수도 있다.

기록 및 부수적 접촉

자신이 하는 일과 그 일을 하는 이유에 대한 확실한 이해는 사례기록 작성 및 부수적 접촉(collateral contacts)과 함께 토론을 강화할 것이다. 당신이 작업을 개념화하는 방법, 당신의 역할, 목표 및 방법은 정보에 대한 당신의 태도와 표현을 통해 전달될 것이다. 이론적 기초를 더 많이 탐색하고, 이해하고, 공식화할수록, 당신은 사용하는 도구를 더 많이 이해하게 되고 당신의 일에서 (내적으로나 외적으로) 더 일치하게 될 것이다.

잠재적 제한 사항

DPT의 사용은 주로 치료사의 능력과 편안함에 의해 제한된다. 모든 연령과 능력의 내담자는 일반적으로 매체에 관심이 있고/있거나 익숙하며 참여하기를 원한다. 놀이의 치료적 가치의 기초를 이해하면 치료사의 능력과 편안함이 강화된다. 부가적인 제한은 추가 장비를 위한 공간, 내담자를 위한 하드웨어 및 소프트웨어의 가용성, 훈련과 슈퍼비전을 위한 시간과 비용, 재료비용과 같이 본질적으로 더 물질적인 것(logistic)이다.

히메네스-프라이드(Jiminez-Pride, 2022)는 '원격 의료 놀이방(Telehealth Playroom)의 문화적 겸손'이라는 제목이 붙여진 장에서 문화적 다양성과 겸손의 개념을 강조했다. 그녀는 "원격 의료를 통해 놀이치료 서비스를 제공할 때 내담자의 삶의 방식과 생활 환경 상황에 대한 유연성과 적응성을 보여주고

자 하는" 임상가의 욕구를 인식하는 것이 중요함을 상기시킨다(Jiminez-Pride, 2022, Cultural Competence, Cultural Humility, and Telehealth Play Therapy section; Mellenthin, 2020). 내담자의 상황은 DPT 원격 건강 서비스를 제공하는 데 제한을 줄 수도, 주지 않을 수도 있다. 임상가가 내담자의 욕구가 무엇인지, 내담자를 위한 도구/재료의 가용성, 적절한 치료적 과정 사이에서 치료적으로 적절한 균형을 찾는 것이 필수적이다.

결론

DPT를 양식으로 포함하면 다양한 연령과 욕구를 가진 내담자들에게 혜택을 줄 수 있다. 균형은 내담자의 삶과 놀이치료 회기에서 핵심적인 개념이다. 다른 많은 것들과 함께 디지털 개입의 적절한 사용은 치료 과정을 크게 향상시킬 수 있다. 변화의 핵심 작용을 활성화하는 다양한 도구를 통합하는 능숙하고, 유능하며, 편안한 놀이치료사는 내담자의 욕구를 충족시킨다. 관심 있는 사람들을 위해 디지털 도구를 레퍼토리에 포함시키는 놀이치료사는 치료상 변화를 위한 매개체를 제공함과 동시에 모든 내담자와 문화를 존중하는 것이다.

참고문헌

Aarsand, P. A. (2007). Computer and video games in family life: The digital divide as a resource in intergenerational interactions. *Childhood: A Global Journal of Child Research*, *14*(2), 235–256.

Bloomberg, L. L. (2018). *NIH study probes impact of heavy screen time on young brains*. Information Management. www.information-management.com/articles/nih-study-probes-impact-of-heavy-screen-time-on-young-brains

Chambers, D. (2012). "Wii play as a family": The rise in family-centered video gaming. *Leisure Studies*, *31*(1), 69–82.

Cooper, A. (2018). Groundbreaking study examines effects of screen time on kids. *60-Minutes*. www.cbsnews.com/news/groundbreaking-study-examines-effects-of-screen-time-on-kids-60-minutes/

Edwards-Ashman, J. (2021, January/February). Advocacy will help secure expanded telehealth coverage. *Monitor on Psychology*, *52*(1), 83–85.

Ewin, C. A., Reupert, A. E., McLean, L. A., & Ewin, C. J. (2020). The impact of joint media engagement on parent-child interactions: A systematic review. *Human Behavior & Emerging Technology, 3*, 230–254.

Fair Health. (2020, April). *Monthly telehealth regional tracker*. https://s3.amazonaws.com/media2.fairhealth.org/infographic/telehealth/apr-2020-national-telehealth.pdf

Horne-Meyer, H. L., Meyer, B. H., Messer, D. C., & Messer, E. S. (2014). *The use of electronic games in therapy: A review with clinical implications*. www.ncbi.nlm.nih.gov/pmc/articles/PMC4196027/

Hutton, J. S., Dudley, J., & Horowitz-Kraus, T. (2019, November 4). *Associations between screen-based media use and brain white matter integrity in preschool-aged children*. https://jamanetwork.com/journals/jamapediatrics/article-abstract/2754101

Jiminez-Pride, C. (2022). Cultural humility in the telehealth playroom. In J. Stone (Ed.), *Play therapy and telemental health: Foundations, populations, & interventions* (pp. 68–83). Routledge.

Leggett, C. (2014). The impact of technology use on couple relationships: A neuropsychological perspective. *International Journal of Neuropsychotherapy, 2*(1), 44–99.

Mellenthin, C. (2020, December). The therapeutic powers of play at work in the age of telehealth. *Play Therapy, 15*(4), 20.

PSYPACT. (2021). *Reducing regulatory barriers*. https://psypact.site-ym.com/

Siyahhan, S., Barab, S. A., & Downton, M. P. (2010). Using activity theory to understand intergenerational play: The case of family quest. *International Journal of Computer-Supported Collaborative Learning, 5*(4), 415–432.

Stone, J. (2019). Digital games. In J. Stone & C. E. Schaefer (Eds.), *Game play: Therapeutic use of games with children and adolescents* (3rd ed., pp. 99–120). Routledge.

Wang, B., Taylor, L., & Sun, Q. (2018). Families that play together stay together: Investigating family bonding through video games. *New Media & Society, 20*(11), 4074–4094.

03

디지털 놀이치료사의 5C
역량, 문화, 편안함, 일치성, 능력

놀이치료사는 정말 명예로운 직업이다. 우리는 놀이의 중요성과 힘을 이해하고 아동이 이런 매체를 통해 의사소통하고 치유할 수 있도록 돕는 기술을 보유하고 있다. 균형 잡히고, 잘 훈련된, 윤리적인 놀이치료사의 필수 구성 요소를 생각해보면, 몇 가지 핵심 요소가 있다. 이번 장에서는 그 기본이 되는 중요한 주제에 대해 이어간다. 새로운 개념을 이해하기 전에, 우리는 그것을 뒷받침하는 기본 원리를 이해해야 한다.

전문적인 윤리와 지침은 내담자와의 일상적인 치료 작업에 대해 많은 것을 지시한다. 우리의 실무 체계, 요구되는 훈련, 그리고 우리가 스스로 수행하는 모든 것이 이런 틀에 따라 결정된다. 놀이치료 영역 내에 존재하는 각각의 접근법들은 고유의 요구사항을 가지고 있지만, 공통적으로 내담자에게 해를 끼쳐서는 안 된다는 주제를 포함한다. 우리는 "아무리 좋은 일이라고 하더라도 해가 되지 않아야 하며" 내담자의 삶을 극적으로 개선하기 위해 노력해야만 한다.

놀이치료의 이러한 포괄성 아래에는 모든 분야와 학위의 치료사를 위한 중요한 5개의 C가 있다: 역량(competency), 문화(culture), 편안함(comfort), 일치성(congruence) 및 능력(capability). 이 장에서는 치료사의 기본적 자질과 관련된 각 개념을 확장하는 데 중점을 둘 것이다. 현대의 놀이치료에 기술을 통합하는 것에 대해 더 이해하고자 하는 것 이상으로, 더 나은 지침과 지식을 만들고자 하는 욕망으로 여러 접근 방식의 지침이 소개될 것이다.

역량

역량이란 무엇인가?

역량(competency)과 능력(competence)이 일반적이고, 기초적이며, 흔히 사용되는 용어처럼 보여도, 그래도 정의부터 시작하는 것이 좋겠다. 기초를 확립하는 것은 구축을 위한 확고한 토대를 마련하게 한다. 메리엄-웹스터 사전은 능력을 "충분한 지식, 판단력, 기술 또는 힘(특정 업무 또는 측면에서)을 갖춘 자질 또는 상태" 그리고 "한 사람이 언어로 말하고 이해할 수 있게 하는 지식"이라고 정의했다(2019a, para. 1). 이 책의 주요 주제는 내담자의 디지털 언어를 구사하는 숙련 놀이치료사의 중요성으로 정의되어 있기 때문에, 이러한 정의는 아주 잘 맞는다.

윤리 지침에서는 정신건강 서비스를 제공할 수 있는 능력을 요구하기 때문에, 우리는 이 용어를 매우 흥미롭게 탐구할 필요가 있다. 메리엄-웹스터 사전의 첫 번째 정의에서의 핵심 단어는 '충분한'이다. 지식, 판단력, 기술 또는 힘의 수준이 어느 정도인지를 누가 결정할 것인지 분명하지 않기에, 이는 교육 기관, 슈퍼바이저들 및 면허 관리 기관에 의해 결정될 가능성이 크다.

비즈니스 세계에서는 설명을 위해 이러한 개념에 대한 몇 가지 확실한 정보를 제공한다. 줄리아 페니에 따르면 '기술'은 직무에 필요한 기술을 의미하고, '지식'은 교육과 경험을 의미한다(Penny, 2019). 판단력은 유익한 결정을 내리기 위해 기술과 지식을 적용하는 능력을 말한다.

페니는 의사 결정, 팀워크, 작업 기준, 동기, 신뢰성, 문제 해결, 적응성, 계획 및 조직, 의사소통, 도덕성, 주도성, 스트레스 인내력 등 '직업 성공을 위한 12가지 핵심 역량'을 열거했다. 표 3.1을 참조하라.

표 3.1 12가지 핵심 역량

의사 결정	• 올바른 결정을 내릴 수 있는 건전한 판단력 • 결정 수행
팀워크	• 효과적인 상호작용 • 집단 결정을 지지하고 자신보다 집단의 목표를 우선시 하는 것
작업 기준	• 높은 수행 기준 • 후속 조치
동기	• 활기차고 열정적인
신뢰성	• 개인적인 책임을 지는 것 • 제시간에, 일관되게 작업을 완료하는 것
문제 해결	• 결정을 내리기 위해 관련 정보를 수집하고 구성하는 것 • 적절한 해결책을 찾는 것
적응성	• 변화에 적응하고 조직의 요구사항과 다양성을 우선시 하는 것
계획 및 조직	• 계획과 조직을 통해 목적을 달성하는 것 • 자원을 적절하게 할당하는 것
의사소통	• 표현하고, 구성하고, 듣고, 전달하는 것
도덕성	• 정보 공유 • 정책 및 절차를 준수
주도성	• 행동을 취하는 것 • 요구받은 것 이상으로 행동하는 것
스트레스 인내력	• 정서적 탄력성 • 적절한 대처 방법 사용

출처 : Penny (2019)에서 발췌

놀이치료 초점을 위해 이러한 구성 요소를 개념화할 때, 유능한 놀이치료 사가 되는 것도 유사한 항목이 포함된다는 것을 알 수 있다. 유능한 놀이치 료사는 이들 각각을 놀이치료실 안팎에서 적용해야만 한다. 한 가지 추가적 인 주의 사항은 견고한 지식 기반과 자신의 전문 자격 기준에 따라 역량 구 성 요소를 준수하고 적용해야 한다는 것이다.

미국심리학회

미국심리학회(APA)는 심리학자에게 이러한 기준을 제시하고 종종 다른 조직들을 위한 기조를 정한다(American Psychological Association, 2006, 2015). 주요 주안점은 내담자의 안전에 초점을 두는 임상가의 역량이다. APA의 2006년 심리학 전문가 역량 평가에 관한 대책 위원회에 따르면, APA는 "우리는 교육, 훈련 및 일생 동안 지속되는 평가를 통해 현재 임상에 있는 심리학자와 미래 세대의 심리학자들이 양질의 안전한 심리 서비스를 제공하도록 해야 할 책임이 있다"고 밝혔다(American Psychological Association, 2006, p. 3).

APA는 '일차 의료에서의 심리학 실무를 위한 역량'이라는 논문에서 역량의 6가지 군집 영역을 정의했다: 과학(연구 및 평가), 체계(행정 및 지지), 전문성(가치 및 다양성), 관계(전문가 간), 응용(경영, 평가, 개입, 자문) 그리고 교육(교수 및 슈퍼비전)(APA, 2015). 최소한의 역량과 높은 역량을 좀 더 구분할 수 있다. 최소한의 역량은 직무 내에서 기능하는 데 필요한 역량이다. 높은 역량은 "우리가 달성하기 위해 노력하고 그것을 달성하는 사람들은 종종 전문가 또는 대가로 간주되는 것"이다(APA, 2006, p. 12).

미국놀이치료학회

미국놀이치료학회(APT)는 1982년에 설립된 501(c)(6) 전문 단체이다(Association for Play Therapy, n.d.a). APT는 "심리치료사의 지식, 기술, 개인적 능력을 개발하는 방법에 대한 교육/개발 모델"에 근거하여 놀이치료사를 위한 역량의 기준을 제시한다(Association for Play Therapy, n.d.a, para. 7). 요컨대, APT는 공인 놀이치료사에게 자격을 갖춘 기관에서 직접 임상 작업에 필요한 교육과 슈퍼비전을 받을 것을 요구한다(Association for Play Therapy, n.d.b). 지식을 심화시키고 그런 지식을 치료 작업과 통합하도록 하기 위해서, APT는 놀이치료사가 놀이의 치료적 힘(Schaefer, 1993)과 그것이 놀이치료 실무에 미치는 영향을 이해하도록 요구한다. 이러한 치료적 힘은 놀이치료 이론, 모델, 기술, 교육 및 슈퍼비전을 이해하는 기초가 될 것이다.

놀이치료

맥나리, 메이슨, 토빈은 2018년에 '예상치 못한 놀이치료실에서의 기술의 목적: 카타르시스'라는 제목의 글에서 DPT 역량의 몇 가지 구성 요소를 다루었다. 이것은 놀이치료에서 디지털 도구를 사용하는 치료사를 위한 권고로 스톤에 의해 확장되었다.

DPT의 적절한 사용을 위한 권고 :

1) 훈련에 참여하라.

2) 놀이치료에서 디지털 도구를 사용하는 훈련을 받은 다른 놀이치료사와 의논하라.

3) 내담자가 가정과 학교에서 사용하는 디지털 도구에 대해 익히라.

4) 내담자가 좋아하는 게임, 프로그램 등을 당신에게 가르쳐달라고 요청하라.

5) 디지털 세계의 대상을 나타내는 실물을 놀이방에 추가하라.

6) 양육자와 디지털 도구 사용의 잠재적 이점에 대해 논의하라.

7) 놀이치료에서 디지털 도구를 사용할 때 내담자의 진행 상황을 모니터링 하라.

8) 디지털 도구를 놀이치료에 통합하는 것에 대해 잘 알고 있는 놀이치료사에게 슈퍼비전을 받아라.

9) 특정 디지털 게임에 대한 유튜브를 보아라.

10) 놀이치료 과정에 포함하기 전에 먼저 치료사가 그 게임을 해보라.

11) 내담자가 회기 내에서 처음 게임을 소개했을 때 참여하는 것뿐 아니라, 세션 밖에서도 그 게임에 대해 배우고 연구하라.[1]

---

[1] McNary, Mason, & Tobin (2018)을 각색한 Stone (2019)에서 발췌. 허가받아 재인쇄.

일반적인 역량에 관한 요약

본질적으로, 역량은 탄탄한 임상 기술 지식 및 판단력을 습득하고 유지하고 보여주어야 하는 놀이치료사를 위해 필요하다. 놀이치료사로서 경력을 쌓아가는 동안, 더 높은 수준의 역량을 갖추고 최고 수준의 전문성, 성실성 및 지식을 얻고자 지속적으로 열망해야 한다. 실무적인 수준에서, 여기에는 지속적인 교육, 연구, 슈퍼비전 및 자신의 레퍼토리를 확장하려는 능력과 의지가 포함된다. 이 유능한 놀이치료 전문가는 자신의 내담자들에게 최고 수준의 정신건강 서비스를 제공한다. DPT에서의 역량은 놀이치료사가 내담자의 디지털에 대한 관심을 치료의 측면으로 적절하게 통합하고 디지털 도구를 활용하여 놀이치료 회기 내에서 평가, 처리, 이해 및 개입을 할 수 있도록 한다.

문화

문화는 의사소통의 용이성을 위해 정의되어야 하는, 자주 사용되는 또 다른 용어이다. 문화란 무엇인가? 2017년에 이 개념을 연구한 짐머만에 따르면 문화는 매우 광범위한 용어이다. "문화는 언어, 종교, 요리, 사회적 관습, 음악 및 예술을 포함하는 특정 집단 사람들의 특성과 지식이다"(Zimmerman, 2017, para. 1). 문화의 개념은 특정 지역이나 종교를 넘어 관심사를 포함한다. 런던의 인류학자인 크리스티나 드 로시는 다음과 같이 덧붙였다:

> 문화에는 종교, 음식, 우리가 입는 옷, 옷을 입는 방법, 언어, 관리, 음악, 우리가 믿는 옳고 그름, 식탁에 앉는 방법, 방문객을 맞이하는 방법, 사랑하는 사람들과 어떻게 행동하는지 등 100만 가지 다른 것들이 포함된다.
>
> (para. 3)

땅을 가꾸고 성장, 경작 또는 양육한다는 의미의 프랑스어와 라틴어에서 유래한 문화는 "성장을 적극적으로 촉진하는 것과 관련된 여러 다른 단어와 어원을 공유한다"(para. 4).

문화에 대해 이야기할 때, 우리는 종종 다양성과 겸손을 인정하고 탐구하는 것의 중요성에 대해 이야기한다. 히메네스-프라이드(2022)에 따르면 "나이, 성별, 성적 취향, 장애(능력), 사회경제적 지위, 세대, 결혼 여부, 관심사, 교육, 직업, 취미 등과 같은 주관적 경험 또한 문화와 다양성을 논의할 때 고려되어야 한다"(p. 68). 문화는 우리 각자의 핵심이다.

전국사회복지사협회

우리가 문화적 다양성을 존중하는 데 전문적인 안목을 갖추려면, 이 개념에 대한 확장된 정의를 이해해야 한다. 모든 전문 조직들은 지난 30년 동안 의도적으로 다양성에 초점을 맞춰왔다. 문화적 다양성에 특히 초점을 맞춘 정신건강 분야 중 하나는 사회 사업이다. 전국사회복지사협회(NASW)는 문화적 역량을 기본 기준에 포함하고 있다. "임상 사회복지사는 개인, 가족 및 집단의 임상 실습과 관련하여 역사, 전통, 가치 및 가족 체계에 대한 전문 지식과 이해를 보유하고 계속 개발해야 한다"(National Association of Social Workers, 2005, p. 20). NASW의 기준은 다음을 포함하도록 개념을 확장한다:

추가적으로, 임상 사회복지사는 인종 차별, 성차별, 연령 차별, 이성애 또는 동성애 혐오, 반유대주의 자민족 중심주의, 계급주의 및 장애 기반 차별이 내담자의 행동과 징신, 정서적 웰빙 그리고 치료 과정에 미치는 해로운 영향에 대해 알고 있어야 한다. 임상 사회복지사는 또한 치료의 장벽으로 간주될 수 있는 인종, 민족 및 문화적 차이를 인식하고 그러한 장벽을 개선하기 위한 기술을 개발해야 한다.

(National Association of Social Workers, 2005, p. 20)

NASW(2005) 지침은 임상 사회복지사가 다음과 같은 조치를 취할 것을 요구한다.

상호 존중, 수용 및 신뢰 관계를 구축하고 유지하라.

사회적, 개인적, 환경 및 건강에 관한 정보를 수집하고 해석하라.

실무 범위 내에서 문제를 평가하고 처리하라.

내담자와 함께 달성 가능한 치료 목표를 설정하라.

치료 목표와 일치하는 인지, 정서 및 행동 변화를 촉진하라.

내담자에게 제공되는 치료 서비스의 효과성을 평가하라.

필요에 따라 적절한 자원 및 평가 도구를 확인하라.

내담자를 위한 서비스를 옹호하라.

필요할 경우 다른 사회복지사 또는 관련 전문가와 효과적으로 협력하라.

(NASW, 2005, p. 13)

NASW가 내담자를 이해하고, 내담자의 언어로 말하고, 치료 과정을 촉진하고 치료 목표를 달성하는 데 도움이 되는 방식으로 내담자와 연결하는 데 초점을 두고 있는 것은 분명하다. 문화와 편안함의 이슈를 모두 다루면서 NASW(2005)는 다음과 같이 말한다.

내담자의 요구를 충족시키기 위해 추가적인 지식과 기술이 필요한 경우, 임상 사회복지사는 적절한 교육, 슈퍼비전 또는 자문을 구하거나 적절한 전문 지식을 갖춘 내담자를 의뢰(refer)해야 한다. 임상 사회복지사는 자신이 서비스를 제공할 자원, 기술, 지식을 가지고 있는 내담자로 자신의 실무 범위를 제한해야 한다. 그들은 전문적 판단, 행동 및 결정의 모든 측면에 대해 책임을 져야 한다.

(p. 13)

문화의 추가적 유형

앞서 언급했듯이, 문화의 정의는 확장되었다. 문화에 위치, 종교, 신념, 관심사 등이 포함된다는 것을 인정하는 직업적 인식의 변화와 함께 덜 알려진 문화를 인식하는 것이 중요하다. 이들 중 일부는 디지털을 포함한 놀이치료에 대한 대화에 적용된다. 지금 우리에게는 '괴짜(geek) 문화', '너드(nerd) 문화', '게임 문화' 등이 있다. '테크노필(technophile, 신기술에 열광하는 사람, 열렬한 지지자)]'(Merriam Webster, 2019c, para. 1), '테크놀로지스트(technologist, 최신 과학 기술 분야 전문가, 전문적으로 다루는 사람)'(Dictionary.com, 2019), '테크노-스켑틱(techno-skeptic, 기술 회의론자, 회의적인 관심을 가진 사람)'(The Technoskeptic, 2019)과 같은 용어도 있다. 해마다 수천 명의 사람들이 기술 영역 내의 다양한 문화 또는 하나의 문화를 함께 하기 위해 컨벤션, 교육, 대회 등에 모여든다. 나는 나 자신에 대해 생각한다. 나는 기술에 특별히 능숙하지 않다. 나는 기술 애호가도, 순수한 기술 회의론자도 아니다. 나는 우리의 삶과 일에서 기술의 중요성을 알고, 내담자의 문화에 들어가 그것을 존중할 필요가 있다고 생각한다.

문화적 역량

정신건강 기준에 따르면, 전문직으로서 우리는 문화적 다양성을 인정하고 존중해야 한다. 문화는 범위가 넓고 비슷한 관심사와 신념을 가진 사람들을 포함한다. 다수의 관심사와 신념은 정신건강 전문가들과 다를 것이다. 그러나 우리는 문화적 겸손의 중요성과 그러한 차이를 수용하고 포용하는 것의 중요성에 대해 훈련을 받았다. 개인의 편견과 신념을 인정하고 이해하는 것은 매우 중요하다. 놀이치료사는 이러한 차이가 가능한 힌 인간적으로나 전문적으로 치료 과정에 영향을 미치지 않도록 교육과 슈퍼비전을 받아야 한다. 문화적 역량의 정의는 기술에 관심이 있는 열광자 등의 문화를 포함하도록 확장되어야만 하며, 치료사들은 개인적인 편견을 극복하고 개방적인 태도로 내담자들의 문화를 배워야 한다. 치료사의 경우, 문화적 역량에는 내담자에 의해 정의되고 식별된 문화까지 포함된다. 놀이치료사가 치료적 작업을 위해 사무실에 있는 사람과 일할 필요는 없지만, 우리는 우리 자신의 편견과 신념을 탐색하고, 지식과 훈련을 늘리고, 치료적으로 필요할 경우 연계할 책임이 있다. 치료사가 슈퍼비전, 교육, 훈련을 받았음에도 불구하고, 치료 과정에서 내담자의 치료에 영향을 미치는 개인적인 편견과 신념을 제거할 수 없겠다는 판단이 들 때는 연계가 필요하다.

편안함과 일치성

여기에서 치료사의 편안함은 짜증이나 의심, 스트레스 또는 긴장이 없는 편안한 상태로 정의된다(Merriam Webster, 2019b). 치료사가 어느 정도 편안함을 얻거나 직업적으로 편안해지면, 치료사, 내담자, 가족 및 모든 다른 접촉자들이 이를 느낄 수 있다. 의심, 스트레스 또는 긴장 없이 앞으로 나아가는 것은 임상가가 놀이 역동의 중요한 측면에 집중할 수 있도록 한다.

칼 로저스(Carl Rogers) 박사는 내담자 중심 치료 또는 로저리안 치료라고도 알려진 인간 중심 치료에 대해 폭넓게 저술했다. 다른 많은 신념과 구성요소와 더불어 인간 중심 치료에서는 실제 자아와 이상적 자아 간 일치의 중요성에 중점을 둔다. 치료사에게 있어 이러한 일치의 중요성은 치료사의 설명, 접근 방식, 그리고 본질적으로 회기 내에서 그들 내의 편안함으로 드러난다. 빈 서판을 강조했던 당시의 정신분석학적 접근과 대조적으로 로저스는 치료사가 어떤 가면(facade)도 제거하고, 현실적이고 진실해져야 한다고 말했다. 그는 내담자가 변화하고, 성장하고, 자아실현을 성취할 수 있도록 치료사가 자기 자신 및 내담자와 일치해야 한다고 느꼈다.

치료사 내면의 일치성은 약간 균형 잡힌 묘기이다. 케임브리지 사전(2021)에 따르면, 일치성은 "어떤 것과 유사하거나 일치하는 자질"로 정의된다. 치료사는 자신의 편견, 태도, 의견 및 욕구에 지속적으로 주의를 기울이고 가능한 이에 동의해야 한다. 자기 인식을 위해, 임상가는 내담자에게 물어보려고 생각한 질문이 치료사 자신 또는 내담자에게 도움이 되는지에 대해 스스로(개인적으로, 회기 내에서) 자주 물을 것이다. 회기에 포함된 모든 주제에 대한 안내 또는 활동은 내담자에게 이익이 되는지 고려되어야 한다. 치료사 자신의 편안함과 신념 체계 그리고 내담자의 요구 사이에 균형이 필요하다. 만약 이러한 것들이 일치하지 않는다면, 치료사와 내담자의 관계 그리고 결국에는 치료 과정까지 부정적인 영향을 받을 것이다.

그렇다면 질문은 치료사가 어떻게 편안함과 일치성을 얻는지, 그리고 그렇지 못한 경우 다음 단계에서는 어떻게 해야 하는지를 확인하는 것이다. 치료사의 편안함과 내담자의 요구 사이에서 불일치가 발생할 때, 자기 성찰은 중요하다. 전통적으로는 불일치가 인식될 때 교육 상담, 슈퍼비전 및 연구가 치료사가 새로운 차원의 편안함과 일치성에 도달하는 데 도움이 될 수 있다고 본다.

어떤 놀이치료사는 놀이치료에서 디지털 도구를 사용하는 것과 관련하여 불일치를 경험한다. 그들의 편안함 수준이 낮을 가능성이 있는데, 그들의 내담자는 디지털 관심사를 포함한 이야기와 경험을 가지고 온다. 누구나 알려지지 않은 새로운 것을 포함하는 것에 대해 걱정하겠지만, 그뿐 아니라 임상가는 무언가가 잘못되기를 바라지 않기 때문에 더 그럴 수 있다. 치료사들은 자신의 내담자에게 해를 끼치고 싶어 하지 않고, 그렇기에 그러한 염려는 필요하고 예측되는 것이다. 따라서 내담자가 그들이 좋아하는 게임에 대해 이야기하거나 회기 내에서 직접 하고 싶어할 때, 불편함을 느끼는 치료사의 불안은 치료사와 내담자 사이의 부조화를 증가시킨다. 이러한 불일치는 내담자의 성장과 치유에 장애물이 된다. 따라서 편안함은 DPT의 중요한 측면이 된다.

놀이치료실에서 편안함은 내담자에게 안전감이라는 용어로 인식될 것이다. 일치성의 혼란은 그들이 인식한 안전의 혼란과 동일하다. 놀이실이 안전하지 않으면, 상호작용과 놀이는 치료 과정을 방해하는 방식으로 변경될 것이다. 따라서 편안함과 일치성은 기본이다.

앞서 언급한 것처럼, 치료사가 편안함을 높일 수 있는 한 가지 방법은 교육이다. 어떤 과정에 의견과 지침을 제시하는 구조가 존재할 때, 일반적으로 편안함의 수준은 증가한다. 편안함이 향상되면 놀이치료사는 근본적인 역동에 집중할 수 있다. 주어진 활동에 익숙해지고 놀이의 치료적 힘(Schaefer, 1993; Schaefer & Drewes, 2014)에 대한 근본적인 이해가 있으면, 치료사는 관계 내의 불일치를 줄일 수 있다. TPP(therapeutic powers of play, 놀이의 치료적 힘)는 놀이치료사가 모든 유형의 놀이가 갖는 치료적 요소를 인식할 수 있는 구조를 제공한다. 이러한 힘은 제4장에서 더 자세히 살펴볼 것이다. 그러나 일반적으로, TPP는 20가지 핵심 변화 요인을 포함하며 놀이치료에서의 상호작용에 있어 중요한 요소이다. 치료 회기에서 무엇을 하고 있고 왜 그것을 하고 있는지 이해하면 필요한 수준의 편안함과 자신감을 얻을 수 있다(Stone, 2016a).

내담자의 문화에 들어가거나 그들의 언어로 말하는 것은 연합을 통해 편안함과 일치성을 얻는 또 다른 방법이다. 관심사나 신념이 다르더라도, 내담자의 문화에 대해 배우고자 하는 치료사의 의지는 매우 강력한 힘을 발휘한다. 인간은 보고 듣고 이해받는다고 느낄 때 긴장을 풀고 연결된다(Stone, 2019). 내담자의 디지털 언어로 편안하게 말하는 수준까지 도달하려고 할 때, 추가 지식을 더 찾아보는 것은 매우 도움이 될 수 있다. 예를 들어, 비디오 게임을 하는 것에 관심이 있다면 치료사는 실제 게임 플레이에 대한 유투브 비디오를 보고 많은 것을 배울 수 있다. 인터넷으로 게임 종류를 검색해 보는 것도 치료적 가치를 발견하는 데 도움이 될 수 있다. 비디오 게임에는 수많은 장르가 있고, 그중 많은 것들이 모험 게임과 같은 근본적인 치료적 토대를 가지고 있다. 모험/어드벤처 비디오 게임은 이야기에 의존하여 만들어진 것으로 플레이어는 그 이야기를 변경하는 방식으로 선택을 한다. 이러한 유형의 게임은 충분한 치료적 가치를 갖는다. 이러한 치료적 토대를 이해하는 놀이치료사는 선택한 특정 도구(비디오 게임)보다 만들어지는 이야기와 상호작용 및 전개되는 과정에 더 집중할 수 있을 것이다. 이러한 치료사의 편안함과 수용은 내담자를 편안하게 하고 놀이치료에 상당한 도움을 주어 공생적 일치성을 이끌어 낼 것이다. 비디오 게임 장르에 관한 장에서 이에 대해 더 다룰 것이다.

치료사가 전문가로서 편안함을 얻는 방법 중 하나는 구조화된 지침을 적용하는 것이다. 많은 전문가 집단이 정신건강 치료에서 디지털 도구 사용에 대한 윤리 및 지침 원칙을 개괄하는 과정을 시작했다. 시간의 흐름에 따라 디지털 도구는 변경되고 갱신되겠지만, 새로운 도구가 추가되면서 그러한 도구의 존재를 확인하는 것은 멋진 일이다.

치료에서의 디지털 도구 사용에 관한 공식 지침

현재까지 주로 내담자의 비밀 정보에 관한 몇 가지 확실한 문서들이 있다. 미국놀이치료학회(APT)는 디지털 도구 사용에 대한 일련의 모범 사례를 발표했고, 스탠퍼드 도서관은 '지침 원칙의 성명'(2018), 세계경제포럼(WEF)에서는 정신건강에서의 기술 사용과 관련된 '8가지 행동'과 '5가지 윤리적 도전'을 발표했다(2019a). 각 단체에 소속된 진보적인 사람들은 임상 환경에 디지털 도구를 포함하는 것이 불가피하고 이미 일어나고 있는 일이기 때문에, 적절한 내담자 관리를 보장하기 위해서 지침을 채택하고 조정할 필요가 있음을 깨달았다.

미국놀이치료학회(APT)

APT는 다양한 분야의 지침을 보완하는 것과 더불어 몇 가지 '모범 사례'를 선정했는데, 여기에는 놀이치료에시의 기술 및 원격정신건강의 사용이 포함되었다(Association for Play Therapy, 2020). 기술 사용 부분에서는 대체로 실무 관리 및 윤리적 수행에 대해 논의하지만, J4 부분(p. 18)에서는 놀이치료 회기 내에서의 기술 사용을 구체적으로 다룬다. J5 부분에서는 놀이치료에서 원격정신건강의 사용을 설명한다. 이 장의 이 부분에서는 지침에 대한 간략한 개요를 제공한다. 자세한 설명은 원본 문서를 참조하길 바란다.

APT는 놀이치료사가 사용하려고 계획한 모든 기술에 대해 검토하고 "잠재적인 유익과 한계를 완전히 인식할 것"을 권고한다(Association for Play Therapy, 2020, p. 19). 내담자의 능력, 욕구 및 보호에 초점을 두는 것은 매우 중요하다. 치료사는 선택한 기술이 적절한지 검증하고, 사용하기 전 내담자와 보호자에게 설명해야 하며, 치료 목표에 적합한지 판단해야 한다. 내담자의 개인정보는 보호되어야 하며, 팝업 광고 등과 같이 의도하지 않은 인터넷 콘텐츠를 내담자가 보지 않도록 적절성을 보장하기 위한 조치를 취해야한다(Association for Play Therapy, 2020).

COVID-19 기간 동안 대부분의 놀이치료사들이 원격정신건강 서비스로 빠르게 전환함에 따라 놀이치료에 원격정신건강의 사용이 추가되었다. 무엇보다도, APT는 다음과 같이 지시한다: "놀이치료사들은 고품질의 원격정신건강 서비스를 확립하고 유지하기 위해 훈련, 슈퍼비전, 교육 기회 및 동료 간 멘토링을 추구하도록 권장된다"(Association for Play Therapy, 2020, p. 20). 사전 동의, 잠재적 이익 및 한계 사항, 적합성 평가, 하드웨어 및 소프트웨어에 대한 내담자의 역량과 같은 중요한 측면이 포함된다.

스탠퍼드 도서관

2018년, 30명 이상의 전문가들이 스탠퍼드 도서관에서 열린 세미나에 참가하여 사생활 보호에 대한 개인적 요구와 공중 보건을 보호하기 위한 사회적 요구 간의 균형의 중요성에 대해 논의했다. 이 문서는 제품과 서비스의 윤리적 사용과 디지털 건강 도구 사용 중 수집 및 생성된 개인정보의 보호에 초점을 맞추고 있다. 스탠퍼드 도서관 사서인 마이클 켈러는 다음과 같이 썼다: "디지털 건강 분야에서 일어나고 있는 기하급수적인 발전 속도를 감안할 때, 우리는 대화를 시작하고 세미나 결과를 공유해야 한다"(Karempelas, 2019, para. 3).

이 모임에서 탄생한 10가지 원칙은 디지털 건강에 대한 윤리적 대화의 출발점이 되는 것을 목표로 한다. 켈러에 따르면, "이것은 디지털 건강 분야에서 어렴풋이 나타나고 있는 윤리적 문제들을 해결하기 위한 첫 번째 단계일 뿐이다. 우리는 어딘가에서 시작해야 하므로 이러한 원칙이 대화의 시작점이 되도록 하자". 또한 그는 다음과 같이 희망했다. "우리는 이 첫 번째 10가지 진술이 전국의 이사회실, 교실 및 커뮤니티 센터에서 대화의 자극제가 되고, 궁극적으로 널리 채택되고 다듬어지기를 바란다"(Karempelas, 2019, para. 8).

명확성을 위해 '디지털 건강 제품'과 '디지털 건강 정보'를 구별하였다. 스탠퍼드에 따르면, 디지털 건강 제품은 "인간의 건강 결과를 개선한다는 주장을 기반으로 홍보되고, 디지털 건강 정보를 수집 및 생성하는" 상업적으로 이용 가능한 제품으로 간주된다(Stanford Libraries, 2019, para. 1). 일부 프로그램은 개인 및 사용 정보를 수집하고 일부는 그렇지 않다는 점을 인식하는 것이 중요하다. 아마존과 같은 대부분의 웹사이트가 '쿠키' 또는 개인의 웹사이트 이용에 관한 약간의 정보를 수집하듯이, 가상 모래상자$^{®©}$(치료 회기에서 사용하기 위해 개발된 프로그램)를 포함한 다른 프로그램들은 임상가가 사용 허가를 얻었는지 확인하는 데 필요한 로그인 정보 외에 어떠한 정보도 수집하지 않으며, 이는 식별할 수 없는 형태로 저장된다(Stone, 2016b). 그러나 디지털 건강 제품에 대한 정의, 정보 수집 여부와 관계없이 사용자의 작업 방식 내에서 안전장치와 관련된 결정을 내려야 한다.

이러한 보호 조치는 사용하는 하드웨어 및 소프트웨어에 따라 달라질 수 있지만, 몇 가지 일반적인 규칙일 적용될 수 있다. 예를 들어, 게임 프로필을 만들어야 할 경우 치료사는 가명이나 생일 날짜와 같이 암호화된 정보를 사용하여 미리 프로필을 만들 수 있다. 또한 내담자와 치료사는 회기 내에서 이를 함께 만들어 온라인 안전의 중요성에 대한 대화를 시작하고 모델링을 제시할 수 있다. 사용된 모든 정보는 명확성과 후속 접근을 위해 내담자 기록 내에 문서화해야 한다.

디지털 건강 정보에 관한 스탠퍼드의 입장은 "인터넷에 연결된 디지털 건강 제품에 의해 수집되고 생성된 모든 정보"(Stanford Libraries, 2019, para. 1)를 포함하며 개인 정보 보호와 공중 보건 이익 간의 균형을 강조한다. "공중 보건에 대한 이익"이란 위생 정보를 활용하여 "질병의 발생을 억제하고 적절한 치료가 없는 상태에 대한 치료법을 발견"하는 데 도움이 되도록 하는 것을 말한다. 기술은 정보를 수집할 수 있는 전례 없는 능력을 제공한다. 이 정보를 적절히 사용하면 이전에 알려지지 않았거나 정보 부족으로 인해 어려움을 겪었던 영역을 해결할 수 있다.

이를 위해, 스탠퍼드 도서관은 디지털 건강 기술 사용에 관해 다음과 같은 초기 윤리 지침을 제공한다. 이러한 원칙의 대부분은 직접적인 임상적 사용이 아닌 제품과 정보의 사용에 초점을 두고 있다.

디지털 보건 윤리 지침서

디지털 건강 회사의 제품은 항상 고객의 이익에 부합해야 한다.

디지털 건강 정보의 공유는 항상 고객 및 다른 사람의 결과 개선을 위한 것이어야 한다.

모든 디지털 건강 정보의 사용 및 공유에는 "해를 끼치지 말 것"이 적용되어야 한다.

고객들은 자신이 원하지 않는 디지털 건강 제품을 사용하도록 강요받지 않아야 한다.

디지털 건강 정보는 정확해야 한다.

디지털 건강 정보는 강력한 보안 도구로 보호되어야 한다.

보안 위반은 즉시 보고해야 하며, 이를 해결하기 위한 조치도 함께 수행해야 한다.

디지털 건강 제품은 고객과 보호자가 더 연결될 수 있도록 해야 한다.

고객은 디지털 건강 제품을 사용하는 커뮤니티에 적극적으로 참여해야 한다.

(Stanford Libraries, 2019, para. 5-14)

세계경제포럼

세계경제포럼(WEF)은 1971년 스위스에서 설립된 비영리 단체이다. WEF 강령은 '최고 수준의 관리'를 유지하면서 기업을 지원하는 데 초점을 둔 내용이 포함되어 있다(World Economic Forum, 2019b, para. 2). WEF의 2019년 백서의 주요 구성 요소는 다음과 같다.

> 우리는 기계가 심리치료사를 대체해야 한다고 주장하는 것이 아니다. 우리의 바람은 공정하고 공감적이며 근거 기반 방식으로 기술을 보충물로 채택하여 심각한 정신건강 문제에 직면한 모든 사람들이 그들이 찾는 도움을 받을 수 있도록 하는 것이다.
>
> (World Economic Forum, 2019a, p. 5)

스탠퍼드 지침의 일부 구성 요소는 WEF 논문에서 자세히 확인할 수 있다.

WEF 백서에는 정신건강에서의 기술 사용에 관한 8가지 조치(표 3.2 참조)와 시급히 해결해야 할 5가지 윤리적 과제(표 3.3 참조)가 포함되어 있다(World Economic Forum, 2019a).

전반적으로, 이 WEF 백서는 다양한 이유로 정신건강 서비스에 접근할 수 없는 인구의 많은 부분을 다루기 위한 기술의 중요성에 대해 탐구하며, 정신건강 문제가 있는 사람들의 정보 입력, 단체 간의 협력 및 개인정보의 보호와 공유 간의 균형에 초점을 맞추고 있다. 본 백서는 연구의 중요성, 기술의 발전 속도와 연구 완수 기간에 필요한 기간과 관련된 실제적 어려움, 그리고 이익이 위험을 능가하는 분야(개인정보가 적은 위험 기술 프로그램)에서의 발달의 중요성을 인정한다. 기술은 더 넓고 다양한 인구가 지원, 도움 및 개입에 접근할 수 있게 한다.

향후 몇 년 동안 잘 수행된 연구는 임상가가 치료에서 디지털 도구를 사용할 때 더 많은 지침과 지시를 제공할 것이다. 해결해야 할 영역은 다음과 같다:

표 3.2 정신건강에서 기술 사용에 관한 8가지 조치

1) 집단(개발자, 정부, 정신건강 실무자들)이 함께 모여 새로운 프로그램을 만들고 '정신건강 개념을 가진 사람들의 목소리와 견해'를 포함해야 한다(p. 22). 여기에는 회기에서의 직접적인 기술 사용과 내담자의 개인정보를 취급하는 방법이 포함되어야 한다.

2) 정부 기관, 의료 전문가 및 기술 주도적(technology-led) 정신건강 돌봄 제공자들의 협력을 통해 혁신과 조정을 장려하고 내담자의 안전을 보장할 수 있는 유연성을 허용하는 규정을 제정한다.

3) 기술을 설계할 때 책임 있는 실행 지침을 포함하라. 개발은 매우 빠르게 이루어지고 많은 사람들을 도울 수 있는 큰 잠재력을 가지고 있다. 그러나 연구를 따라잡기는 어렵다. 따라서 각 단계에서의 책임감 있는 실행 기술이 돕고자 하는 사람들을 보호하는 데 도움이 될 것이다.

4) 새로운 기술이 주도하는 정신건강 서비스에는 테스트, 학습 및 적응과 같은 것들이 포함되어야 한다. 협약이 수립되어야 하고, 특히 내담자에게 잠재적인 위험이 있는 프로그램은 규제될 필요가 있을 것이다.

5) 민간 단체와 정부 기관은 지속적으로 협업하면서 '자금을 최대화하고 수고와 중복은 최소화'(p. 22)하기 위해 노력해야 한다. 함께 일하는 것은 한 나라의 국경을 넘어 서비스를 제공하기 위해 정신건강 전략을 조정하는 데 도움이 될 것이다.

6) 통일된 측정 지표와 측정 설계에 관한 합의는 표준화된 분석을 하는 데 기여할 것이다. 비용 효율성에 초점을 맞추고 기술 사용으로 인해 불평등이 생기거나 반복되지 않도록 해야 한다. 정신건강에 영향을 받는 사람들을 포함하는 것은 필수적이다.

7) 민간과 정부 기관의 협력으로 지속 가능한 프로젝트가 산출되고, 단순한 프로젝트라고 해서 저평가되지 않을 것이다.

8) 저소득층 및 국가에 대한 정신건강 지원의 필요성과 이러한 인구에 대한 집중이 유지되어야 한다.

출처 : WEF 백서(2019b)에서 발췌

1) 사용된 도구의 치료 구성 요소에 대한 임상가의 지식

2) 사용된 도구의 비치료적 구성 요소에 대한 치료사의 지식

3) 디지털 도구의 사용에 대한 치료사의 지식(예 : 특정 게임 플레이 및 사용)

4) 치료사가 디지털 정신건강 도구를 사용할 때 내담자 개인의 비밀 정보를 처리하는 방법

   a) 이러한 도구의 직접적인 사용으로 인한 것(예 : 내담자의 로그인 및 계정 정보)

표 3.3 시급하게 해결해야 할 다섯 가지 윤리적 과제

신뢰	정신건강 전문가들은 치료에 사용하는 기술 도구에 관한 신뢰와 가치를 다지기 위해 열심히 노력할 것이고, 소프트웨어 회사들은 윤리적 관행을 수용해야 한다.
빅 데이터	경험에 대한 개인적인 정보는 이후의 평가, 진단 및 개입을 이해하는 데 도움이 된다. 이 정보를 공유하는 것은 민감한 문제이며 신중하게 다루어져야 한다. 개인과 함께 참여하도록 하고, 그들의 정보를 존중하며 그러한 정보를 적절히 공유할 수 있는 방법을 만들어라.
개입	정신건강에 대한 오명을 줄이고 토론과 개입 모두에서 신체적 건강과 동등한 위치에 놓이기 위해 노력해야 한다.
동등 접속 서비스	모집단을 균등하게 하고 집단 간 격차를 발생시키지 않는 치료법(사회 경제 등)의 개발에 우선순위를 둔다.
실제 과정	고위험 기술(진단 내리기 등)과 저위험 기술(증상 추적 등)을 구별해야 한다. 기술 개발의 속도와 연구에 필요한 기간을 고려할 때, 저위험 기술이 갖는 이점은 지지를 제공할 때의 위험 그리고/또는 조언을 구하는 능력보다 크다.

출처 : WEF 백서(2019a)에서 발췌

  b) 놀이치료사가 수집한 내용(사진, 스크린샷, 이야기 등)

  c) 소프트웨어 회사가 잠재적으로 수집한 것(쿠키, 정보 양식 등)

 5) 사회적으로 도움이 되도록 수집된 정보

  a) 사전 동의가 어떻게 다루어져야 하는지

  b) 그러한 정보를 윤리적으로 취급하는 방법

 6) 공공 기관과 민간 기관이 협력하는 방법

  a) 접근성 증진

  b) 노력의 중복 감소

  c) 내담자/환자 혜택 증대

 비록 윤리적 지침과 요구 사항은 시간의 흐름에 따라 달라지겠지만, 우리가 상대적으로 새로운 영역을 탐색할 때 그러한 구조를 만들고 따르는 정신건강 제공자들의 중요성은 더해질 것이다. 하나의 분야로서, 치료에서 디지

털 도구의 적절한 사용에 대한 탐구는 우리가 현재에 머물면서 내담자의 요구, 관심사 및 문화적 고려사항을 충족시킬 수 있게 한다. 지침과 요구사항은 우리가 정신건강 치료에 디지털 도구를 포함하는 것의 장단점 및 가능성에 대해 더 많이 알게 됨에 따라 계속해서 진화할 것이다.

능력

프레이저와 그린할프에 따르면, 능력은 "개인이 변화에 적응하고, 새로운 지식을 창출하며, 그들의 성과를 지속적으로 개선할 수 있는 범위"이다(2001, p. 1). 능력(capability)은 역량(competency)의 확장이며 기존 기술(skill)의 적응과 성과를 개선하기 위한 새로운 지식을 창출하는 능력을 포함한다(Fraser & Greenhalgh, 2001). APA 대책 위원회 문서에서, 능력은 역량 이상의 것으로 언급되며, 이는 "일반적으로 개인의 역량에 대한 도전과 낯선 맥락에서의 대처 그리고 자신의 성과에 대한 피드백을 통해 달성되는" 역량의 강화이다(American Psychological Association, 2006, p. 13).

어떤 주제나 분야의 전문가로 여겨지는 사람들은 이 높은 수준의 능력으로 역량을 발전시킨 것으로 여겨진다. 그것은 아마도 능력이 이 장의 앞부분에서 논의된 열망적 역량의 실현일 것이다. 그 전문가는 한 가지에 의해 구별된다.

> 정보의 특징과 의미 있는 패턴을 알아차리고, 자료에 대한 깊은 이해를 나타내는 방식으로 조직된 상당한 내용 지식을 가지고 있으며, 동떨어진 사실보다는 적용 가능한 맥락을 반영하는 지식을 보유하고 있으며, 최소한의 주의를 기울이는 노력으로 핵심 지식을 유연하게 얻고, 철저하게 훈련하고 새로운 상황에 대처할 때 다양한 수준의 유연함을 보여준다.
>
> (American Psychological Association, 2006, p. 13)

전문가들은 자신을 유능한 전문가로 스스로 구분한다.

역량을 넘어 성장하여 능력의 지위에 도달하는 놀이치료사는 최소한으로 요구되는 것보다 폭넓고 깊게 묻고, 탐구하고, 배우는 사람들이다. 능력은 역량 있는 치료사의 잠재력을 아우르고 그것을 실현시킨다. 놀이치료사가 능력을 갖추려고 노력할 때 내담자와 자신에게 가장 큰 이득이 된다.

결론

놀이치료사는 매우 명예롭고 중요한 위치에 서 있다. 그 역할은 독특하다. 우리의 놀이치료(및 기타) 전문 지침은 우리가 내담자에게 최상의 서비스를 제공하기 위해 많은 전문적 요소를 달성하고 유지하도록 규정하고 있다. 교육(훈련, 연구 등), 슈퍼비전(지도), 확장(깊고 넓음)을 추구하면 뛰어난 역량과 문화, 편안함, 일치성, 능력을 갖춘 놀이치료사가 탄생한다.

이러한 중요한 개념을 다양한 놀이치료 재료와 양식에 사용하는 것은 중요하다. 이러한 방식으로 디지털 도구에 대해 이야기할 때, 우리는 내담자의 언어로 말하고 그들의 문화를 존중함으로써 내담자에게 가장 적합한 역량, 편안함 및 능력을 확보하는 본질적인 전문적 중요성을 다루게 된다. 이러한 개념은 놀이치료 또는 DPT에서 디지털 도구를 적절하게 사용하기 위한 기초 개념화의 중요한 부분을 구성한다. 제4장에서는 이 기초 세우기를 이어갈 것이다.

참고문헌

American Psychological Association (APA). (2006). *APA task force on the assessment of competence in professional practice: Final report.* www.apa.org/ed/resources/competency-revised.pdf

American Psychological Association (APA). (2015). *Competencies for psychology practice in primary care.* www.apa.org/ed/resources/competencies-practice.pdf

Association for Play Therapy (APT). (n.d. a). *About APT.* www.a4pt.org/page/AboutAPT

Association for Play Therapy (APT). (n.d. b). *Important credentialing announcement: Registered play therapist (RPT) & supervisor (RPT-S)*. www.a4pt.org/page/Special Announcement?&hhsearchterms=%22competenc%22

Association for Play Therapy (APT). (2020). *Play therapy best practices*. https://cdn. ymaws.com/www.a4pt.org/resource/resmgr/publications/apt_best_practices_-_ june_20.pdf

Cambridge Dictionary. (2021). *Congruence*. https://dictionary.cambridge.org/dictionary/ english/congruence

Dictionary.com. (2019). *Technologist*. www.dictionary.com/browse/technologist

Fraser, S. W., & Greenhalgh, T. (2001). Coping with complexity: Educating for capability. *British Medical Journal, 323*, 799–803.

Jiminez-Pride, C. (2022). Cultural humility in the telehealth playroom. In J. Stone (Ed.), *Play therapy and telemental health: Foundations, populations, & interventions* (pp. 68–83). Routledge.

Karempelas, G. (2019, February). *Guiding principles on ethics in digital health produced during a seminar at Stanford libraries*. https://library.stanford.edu/ digitalhealthethics/press-release

Merriam Webster. (2019a, August). *Competence*. www.merriam-webster.com/dictionary/ competence

Merriam Webster. (2019b). *Comfortable*. www.merriam-webster.com/dictionary/ comfortable

Merriam Webster. (2019c). *Technophile*. www.merriam-webster.com/dictionary/ technophile

National Association of Social Workers (NASW). (2005). *NASW standards for cultural competence in social work practice*. http://catholiccharitiesla.org/wp-content/ uploads/NASW-Cultural-Competence-in-Social-Work-Practice.pdf

Penny, J. (2019). *What are the 12 core competencies?* www.best-job-interview.com/ 12-core-competencies.html

Schaefer, C. E. (1993). What is play and why is it therapeutic? In C. Schaefer (Ed.), *Therapeutic powers of play* (pp. 1–16). Jason Aronson.

Schaefer, C. E., & Drewes, A. A. (2014). *The therapeutic powers of play: 20 core agents of change*. Wiley.

Stanford Libraries. (2019). *Statement of guiding principles for ethics in digital health*. https://hitconsultant.net/wp-content/uploads/2019/02/Stanford-Seminar-Digital-Health-Guiding-Principles_2018.pdf?fbclid=IwAR11e0piPMZeMfbQvjy8YnSIi efZ_ukLotqLuH66jutOtoI9CwY6gnj1GPw

Stone, J. (2016a). Board games in play therapy. In K. J. O'Connor, C. E. Schaefer, & L. Braverman (Eds.), *The handbook of play therapy* (2nd ed., pp. 309–323). Wiley.

Stone, J. (2016b). *Virtual Sandtray*. www.sandtrayplay.com/Press/VirtualSandtray Article01.pdf

The Technoskeptic. (2019). https://thetechnoskeptic.com/about/

World Economic Forum (WEF). (2019a). *White paper: Technology and innovation for the future of production: Accelerating value creation*. www3.weforum.org/docs/ WEF_White_Paper_Technology_Innovation_Future_of_Production_2017.pdf

World Economic Forum (WEF). (2019b). *Our mission: World economic forum*. www. weforum.org/about/world-economic-forum

Zimmerman, K. A. (2017, July 13). What is culture? *Live Science*. www.livescience. com/21478-what-is-culture-definition-of-culture.html

04

내담자의 언어로 말하기,
경험적 놀이치료, 놀이의 치료적 힘

내담자의 언어로 말하거나 그들의 문화를 받아들이고 존중하는 개념
은 제3장에서 소개되었다. 이 장에서는 이러한 개념을 확장하고 경
험적 놀이치료에 대해 논의하고 놀이의 치료적 힘의 구성 요소를 소개한다
(Schaefer,1993; Schaefer & Drewes, 2014). 이러한 각 주제는 계속해서 DPT
의 토대를 마련하고 치료적으로 적절한 방식으로 내담자의 관심을 통합한다.
이러한 기본적인 측면은 대면 및 원격 건강 놀이치료 서비스의 토대이다.

내담자의 언어로 말하기

저자는 대학원에서 놀이치료 수업 중에 내담자의 언어로 말하고 그들의 문
화를 존중하는 것의 중요성을 처음 알게 되었다. 그 교수는 특정 집단이 사
용하는 언어, 억양, 구어체와 같은 주제에 집중하였다. 그는 또한 내담자가
욕설을 할 때 치료사가 욕설을 할 것이라고 덧붙여 설명하였다. 내담자가 욕
을 하지 않으면 치료사는 욕을 하지 않을 것이다. 이러한 개념은 치료사가
백지 상태로 내담자의 행동, 언어 등을 반영할 수 있다는 것이다. 교육과정
에서 어떤 개념들은 일상적인 개념화와 실제에 일치되고 통합될 것이지만,
어떤 개념들은 그렇지 않을 것이다. 그 교수와 함께 한 모든 시간 중에서 두

가지 핵심 요소가 두드러졌다. 1) 내담자의 언어를 말하는 것, 비록 그의 의미가 궁극적으로 이 저자의 개념과 조금 다르더라도, 2) 놀이치료 회기에서 더 이상 게임놀이 기법에 대하여 생각하지 않고 상호작용과 역동에 대해 익숙해질 때까지 도구들을 더 많이 가지고 노는 것. 이 장에서는 첫 번째 개념에 집중할 것이고 두 번째 개념은 추후에 다룰 것이다.

내담자가 놀이치료를 위해 내원할 때, 많은 생각이 들 것이다. 내담자는 일반적으로 놀이치료가 어떤 것인지, 치료사가 어떤 사람인지, 회기 내에서 무엇을 할 것인지 궁금해한다. 다른 중요한 주제에는 치료사가 내담자에 대해 무엇을 알고 있는지, 치료사가 받아들일 수 있는 것은 무엇인지, 치료사가 내담자에 대한 모든 것에 어떻게 반응하고 또는 대답할지에 대한 질문이 포함된다.

이러한 질문이 해결됨에 따라 치료 관계가 구축될 것이다. 기본적으로 많은 치료 이론은 관계와 라포의 중요성에 대해 논의한다. 종종 그 관계는 치료의 '존재'라고 주장되지만, 이 책에서는 치료사와 내담자(각자가 치료실에 가지고 오는 것, 관계, 역동성), 제시되고 사용되는 자극(놀잇감, 게임, 도구 등)과 활성화된 치료적 힘과 함께 관계를 치료의 중요한 구성 요소로 개념화한다.

라포와 관계

제3장에서 언급한 바와 같이 정의는 개념을 완전히 이해하는 데 매우 중요할 수 있다. 우리가 자주 사용하는 용어에는 가정이 포함된다. 그것들은 다른 상황, 세대, 문화에서 시간이 지남에 따라 변형되는 의미를 가지고 있다. 때로는 역사적 의미를 간직하고 때로는 그렇지 않다. 몇 가지 기본적인 정의를 가지고 이 용어들을 좀 더 자세히 살펴보도록 하자.

메리엄-웹스터 사전에서는 라포를 "친절하고 조화로운 관계, 특히 의사소통을 가능하거나 쉽게 만드는 합의, 상호 이해 또는 공감으로 특징지어지는 관계"라고 정의한다. 따라서 라포는 '관계'라는 용어를 포함하며, 상호,

공감, 조화, 우호적인 관계를 묘사한다. 관계는 메리엄-웹스터 사전에서 관계의 관점으로 정의된다. 관계는 참여자를 연결하거나 구속력을 갖는 관계(Merriam-Webster, 2019d, para. 1), 또는 "연결, 연관성 또는 관여" 그리고/또는 "사람들 사이의 정서적 또는 기타 연결"(Dictionary.com, 2002)로 정의된다. 관계는 "상호 또는 상호 관심이 있는 상태"로 정의된다(Merriam-Webster, 2019c, para. 1).

기본 용어를 정의하면 의미를 평가하고 가치를 부여할 때 개념을 더 자세히 분석할 수 있다. 핵심은, 놀이치료에서는 치료사와 내담자 사이의 관계와 신뢰에 대해 중요하게 초점을 맞추고 강조한다는 것이다. 이 점에서 라포는 상호적, 공감적, 조화적, 친근한 관계라는 것을 알 수 있다. 관계는 연결되고 연합되거나 소속된 참여자들 서로 간의 관심이다. 그러므로 라포는 결론적으로 서로 간의 관심에 기반을 둔 참여자들 간의 상호적, 공감적, 조화적이며 친근한 연결이다.

비치료적 관계에서 상호 간의 관심은 종종 두 명 이상의 사람들을 함께 모이게 하고 관계의 기초를 형성한다. 치료적 관계에서 내담자와 치료사는 필요와 욕구에 의해 만난다. 필요와 욕구는 광범위한 항목과 주제를 포함할 수 있지만, 항상 상호적인 것은 아니다. 만약 아동이 내적 동기 없이 치료를 받으러 온다면, 상호관계는 양육자와 치료사 사이에 있는 것이지, 아동과 치료사 사이에 있는 것이 아니다. 이때 치료사는 내담자와 치료사 간에 상호 관심을 기초로 한 상호적이며, 공감적이고, 조화롭고 친근한 유대감인 라포를 형성하는 환경을 조성하는 매우 중요한 역할을 한다.

만약 내담자가 자신의 구성 요소, 특징, 스타일, 기술, 능력, 자질, 관심사를 놀이치료실로 가져오면 이런 것들이 공감대의 기반이 될 것이다. 연결은 기본적으로 내담자가 누구인지, 그리고 그들이 치료실에 무엇을 가지고 오는지에 따라 결정된다. 치료사의 작업은 가능한 한 이러한 자질들을 가장 잘 이해하여 내담자와 치료사 사이의 관계를 연결하고 형성하기 위해 노력하는 것이다.

치료사는 확실히 그들 자신의 자질을 치료실에 가지고 온다. 제3장에 열거된 5C가 충족되었거나 이를 위해 노력하는 것이 필수적이다: 치료사가 자신이 치료실로 가지고 오는 것에 대해 매우 잘 자각하고 자신감을 가질 수 있도록 교육 및 슈퍼비전을 통해 역량, 문화, 편안함, 일치성, 능력을 충족하거나 얻으려고 노력하는 것이 중요하다. 만약 내담자가 치료실에 가져온 것이 치료사의 신념과 수용 수준과 근본적으로 일치하지 않는 경우, 내담자와 라포가 형성될 수 있는지 여부를 결정하기 위해 슈퍼비전 및/또는 상담을 활용해야 하며, 관계가 형성될 수 없는 경우라면, 다른 치료사에게 의뢰하는 것이 가장 적절하다.

만약 치료사가 치료적 관계를 구축하려는 시도를 계속하는데, 내담자의 구성 요소, 특성, 스타일, 기술, 능력, 자질, 관심사를 치료사가 받아들이기 어렵다면, 부정적인 판단을 하게 된다. 이러한 판단은 인간적인 부분이고, 그것은 모든 것의 한 단면이다. 우리는 사람들의 외모, 행동, 그리고 결정을 평가한다. 우리는 우리가 아는 사람과 모르는 사람을 평가한다. 그것은 인간의 본성이고, 치료사도 그와 다르지 않다. 그러나 치료사들은 이러한 경향과 그 판단의 원인과 근거를 인식해야 한다.

가장 순수한 형태의 판단은 "분별하고 비교하여 의견이나 평가를 형성하는 과정"이다(Merriam Webster, 2019a, para. 1). 놀이치료사는 치료관계 및 임상 회기 내에서 내적인 판단을 촉발할 많은 일에 직면할 것이다. 이 정의에 따르면, 치료관계에서 이루어지는 판단은 치료사 역할의 일부로서 보장될 것이다. 만약 사회적 어려움을 겪고 있는 아동이 우노 게임 중에 자신이 좋은 카드를 가지게 될 때마다, 그리고 치료사가 좋지 않은 카드를 가지게 될 때마다 기뻐하고, 치료사가 이기면 야유하고 소리를 지른다면, 치료사는 어떤 판단을 하게 될 것이다. 판단에는 이러한 행동 상호작용 스타일에 대한 평가와 이러한 스타일이 긍정적인 사회적 상호작용을 장려하거나 저해하는지 여부에 대한 판단이 포함될 가능성이 크다. 내담자가 직면한 어려움에 기초하여, 치료사는 이러한 판단을 통해 보다 만족스러운 대인관계 상호작용에 필요한 이해와 기술을 지원함으로써 내담자에게 도움이 되도록 할 것이다. 기본적으로, 만약 아동이 더 나은 사회적 상호작용을 원하고, 과거의 행동이 또래를 멀어지게 하는 경우 관계를 개선하려는 필요와 욕구가 내담자의 의지에 따라 행동변화를 초래할 수 있다. 변화에 대한 내담자의 내적 욕망이 있을 수 있으며, 이는 추후 또래 상호작용을 통해 강화될 수 있다. 치료사의 판단 또는 비교와 분별은 내담자가 자신의 필요와 욕구를 충족시킬 수 있도록 돕는 긍정적 방식으로 사용된다.

반대로, 치료사가 자신의 필요와 욕구에 따라 판단할 때 부정적 영향을 미칠 수 있다. 정의에 따르면, 치료관계를 형성하기 위해, 치료사는 내담자가 나타내는 구성요소, 특성, 스타일, 기술, 능력, 자질 및 관심사를 이해하고 받아들이고, 회기에 통합한다. 내담자가 회기에 주제, 신념, 행동, 관심사, 또는 다른 요소를 가져오고, 치료사는 자신의 필요와 욕구에 따라 판단을 내린다면, 라포는 형성될 수 없다. 이는 놀이치료 과정에서 매우 기본적이고 중요하다.

내담자가 전날 밤에 하던 온라인 게임과 관련된 상호작용에 대한 이야기를 하는데 치료사는 역량, 문화(다양성과 겸손), 편안함, 능력(열망)의 중요한 5C 단계에 부응하지 못할 경우 부정적 판단을 내릴 수 있다. 만약 치료사가 비디오게임을 좋아하지 않거나 불편하여 내담자의 이야기를 일축하게 되면, 그로 인해 내담자의 관심과 경험들, 그리고 잠재적으로 훨씬 더 많은 것이 묵살되게 된다. 내담자는 이제 덜 연결되었다고 느끼거나, 훨씬 덜 연결되거나, 최악의 경우 치료사와의 관계가 끊어질 것이다. 기껏해야 내담자는 '전체'가 받아들여지기 어렵고, 이를 치료 회기에 가져오지 말아야 한다고 이해하게 된다. 내담자의 전체를 받아들이지 않는 시나리오는 5C에 부합하지 않는다.

우리는 회기에서 '전체'를 원한다. 놀이치료사로서 우리는 내담자가 자신의 전체 모습을 보여주고, 상호작용하고, 모든 부분에 대해 공유할 수 있는 안전한 환경을 제공하고, 따라서 가능한 가장 강력한 심리적 상호작용 과정이 가능해지는 것을 원하지 않을까? 대답이 "예"인 경우, 그것은 역량, 문화, 편안함, 일치성 및 능력 구성요소의 중요성과 치료적 신뢰관계 또는 의뢰의 적절성을 지지하고 강조한다. 놀이치료사가 모든 사람의 전부가 될 필요는 없지만, 우리는 우리 자신의 '전체 자기(whole self)'가 무엇인지, 어떤 종류의 판단을 하며, 각각이 치료 과정에 어떻게 영향을 미치는지 이해할 필요가 있다.

치료사의 전체 자기가 스스로 이해되고, 내담자가 가져오는 구성 요소와 일치된다면 그때 라포가 형성될 수 있고, 치료계획 과정에서 결정되는 내담자의 필요와 욕구에 따라 작업이 이루어진다. 작업은 회기 내에서 이루어지는 상호작용 및 도구에서 치료적 가치를 찾는 것이다. 이것은 모든 치료 도구에 적용된다.

근거 찾기

심리이론

심리학 이론은 종종 정신건강 전문가의 접근 방식과 신념 체계의 토대라고 생각된다. 일반적으로 이론은 가설을 기반으로 하는 사실 기반의 검증이 가능한 체계이며, 현상을 설명하는 데 사용된다(Cherry, 2019, para. 2). 이론은 검증을 통해 지지를 얻거나 신뢰를 잃을 수 있다. '이론'이라는 단어와 관련하여 혼란스러울 수 있는데 이는 아마도 비전문가의 용어와 과학 용어의 차이 때문일 것이다. 비전문가의 용어는 일반적으로 누군가가 가지고 있는 아이디어를 가리킨다(Ghose, 2013, para. 11). 과학적 용어로는 이론의 틀에 주요한 차별화 요소들을 포함하고 있고, 그것은 반복적으로 검증된 것이다.

일반적으로, 이러한 과학적 용어의 기반은 전문가가 행동, 생각, 감정을 이해하고 행동에 대한 설명과 예측을 제공할 수 있는 모델이나 구조를 제공한다. 현재 많은 다양한 심리 이론 유형이 있다. 여기에는 발달적(인간 발달의 전체 또는 특정 부분을 설명하는 것), 거대한(행동을 포괄적으로 설명하는 것; 종종 불충분함, 즉, 이론을 정립한 이론가들), 작은(행동과 발달의 특정 측면을 설명하는 것), 그리고 새로운 것(흔히 작은 이론들을 결합하여 형성된 비교적 새로운 이론들)이 포함된다(Cherry, 2019, para. 11).

심리학 이론의 진정한 의미는 정의하기가 매우 복잡하다. 우리가 많은 심리학 이론의 틀을 얼마나 잘 시험할 수 있을지는 의문이다. 사람들은 복잡하다. 내담자의 내부에는 수백만 개의 변수가 있다. 내담자와 그들이 회기에 가져오는 것, 치료사와 치료사가 회기에 가져오는 것, 그리고 이 모든 것들이 상호작용한다. 일상 생활에서 그 모든 것을 어떻게 설명할 것인가? 현상학적 연구 구조도 모든 변수를 설명하지는 못하지만, 적어도 이 접근법은 특정한 '주제'에 대한 조사를 개인화한다. 대규모 연구에는 훨씬 큰 N(참여자 수)이 포함되므로 특정 변수만 포함될 수 있거나 연구가 복잡해질 위험이 있다. 또한 각 회기, 각 상호작용, 각 사람 및 각 주제 집합은 새로운 변수를 도입하고 다른 변수를 제외한다. 심리학 이론을 적절하게 검증하는 것은 상당히 힘든 일이다.

아마도 이론들은 사람들이 더 자세히 조사할 수 있도록 하는 구조일 것이다. 이 조사에는 교육(정규 교육 및 개별 교육), 경험 그리고 슈퍼비전이 포함된다. 그 후 구조는 핵심 기반이 되고 내적 및 외적 타당화에 필요한 요소가 된다(어떤 작업이 왜 이루어졌는지 보여주는 좋은 이유, Merriam Webster, 2019b, para. 1). 심리 이론은 임상가가 내담자의 삶에서 무엇이 작용하고, 무엇이 작용하고 있지 않은지, 어떻게 그/그녀가 원하는 그리고/또는 필요한 변화를 도울 수 있는지, 그리고 그 변화가 내적 및 외적으로 어떻게 인식될 것인지 이해하는 데 절대적으로 중요하다. 치료 상호작용에서 일어나는 일에 대한 개념화는 치료 과정에 대한 "누구, 무엇을, 왜, 어떻게, 어디서, 언제"의 질문에 대한 공간을 만드는 데 필요하다(Stone, 2016). 이러한 것들은 치료실에서 그들이 하고 있는 것이 무엇인지, 그리고 그들이 왜 하고 있는지를 알 수 있도록 반드시 대답해야 한다.

놀이치료사 오코너와 브레이브먼은 그들의 책 놀이치료 이론과 실제(*Play*

Therapy Theory and Practice, 1997)에서 놀이치료 이론의 개념을 다룬다. 이 책에 명시된 목적은 독자들이 기존의 주요 이론과 새롭게 떠오르는 이론을 나란히 비교할 수 있도록 하는 것이다. 그들은 다음과 같이 말한다. "유능한 놀이치료사가 되려면 개인의 성격과 특정 내담자의 요구 모두에 잘 맞는 이론적 모델을 찾아야 한다는 것이 우리의 믿음이다"(O'Connor & Braverman, 1997, p. 1).

경험적 심리치료와 체계적 치료 선택

심리학 이론이나 이론을 이해하려는 탐구는 21세기에만 있는 것이 아니다. 반세기 이상 전에 임상가들은 치료 평가, 임상의 구성요소 및 내담자 기여도의 복잡성에 대해 논의하였다(Cole & Magnussen, 1966). 그 연구는 이론적 토대와/또는 개입을 엄격히 준수하는 것이 내담자에게 이익이 되는지 여부를 평가하려고 시도했다. 엄격하게 준수하는 것은 과학적 타당성보다는 치료사와 그/그녀의 훈련 및 신념을 더 많이 반영하는 것으로 밝혀졌다(Beutler, 1979; Beutler & Harwood, 2000; Beutler et al., 2007).

이러한 연구에서 경험적 심리치료와 체계적인 치료 선택이 탄생했다. 래리 버틀러(Larry Beutler)는 치료 과정에 대한 임상가 및 내담자 모두를 정의하기 위하여 이러한 주제에 대해 광범위하게 저술하였다. 내담자 요인의 중요성은 무엇보다 중요하다. 진단, 경험, 견해 등은 치료 과정에 큰 영향을 미칠 수 있다. 경험적 심리치료에서 내담자에게 최상의 서비스를 제공하기 위해 임상가는 내담자의 필요에 따라 적절하게 치료를 조정할 수 있도록 여러 가지 방식으로 유능해야 한다. 이러한 개념은 수년에 걸쳐 변형되었지만, 여전히 의문점은 남아 있다.

- 치료사의 개념화에 대한 기초를 제공하는 이론과 내담자가 가져오는 재료가 치료사가 내담자를 도울 수 있는 구조로 이어진다는 것인가?
- 그 과정은 변화의 원리와 요인을 통해 치료사와 내담자 모두에게 영향

을 미치는 이론적 기반과 더 협력적인가?

- 이론이 내담자의 욕구와 신념에 더 부합해야 하는가?
- 치료사가 치료의 한 가지 형태를 제공하고, 내담자를 신중하게 선택할 수 있는가?
- 치료사는 다양한 이론에 능숙해지고, 적절하다고 생각되는 관련 접근 방식을 적용할 수 있는가?

버틀러의 연구는 많은 사람들이 자주 숙고하지 않는 질문을 제기하므로 더 깊이 조사하고 생각할 가치가 있다. 그의 결론(그리고 많은 저서에 대한 그의 동료들의 결론)은 당신의 필요에 맞지 않을 수 있지만, 그가 제기하고 이끌어내는 질문은 치료사의 접근 방식을 알려준다. 버틀러와 하우드는 다음과 같이 말한다.

'경험적 심리치료'는 다른 이론에 걸쳐 전달될 수 있는, 경험적으로 알려진 일반적 원칙들의 집합으로부터 작용한다. 이러한 원칙은 치료사에게 전략 사용에 대한 정보를 제공하고 치료사가 자신의 특정 경험과 훈련에서 기술을 선택할 수 있도록 한다.

(2000, p, v)

많은 교육 기관들은 하나의 이론에 초점을 맞추고 이러한 질문들을 깊이 있게 다루지 않는다. 고맙게도 이 저자는 일반적인 심리학 이론과 놀이치료의 다양한 이론들뿐만 아니라 이론들을 평가할 수 있는 메커니즘도 소개하였다. 1991년 오코너(O'Connor)에 의해 소개된 이 평가 메커니즘 과정은 놀이치료 이론의 이론적 구조의 구성 요소에 대한 철저한 조사를 가능하게 한다. 그의 목록에는 철학, 성격 이론, 병리학, 목표/치료, 치료 요소, 치료사 행동, 인구, 놀이 재료, 놀이 역할, 치료 과정이 포함된다. 각 이론에 대해 이해하거나 통합하고자 하는 경우 이 워크시트를 완성하는 것이 우선이다(표

표 4.1　놀이치료 이론 연구 워크시트

이론명

기본 철학

기본 성격

이론병리학의 개념화

치료의 궁극적인 목표/치료의 치료적 요인*

치료사의 행동/상호작용 방식

그 이론이 가장 적합한 모집단

포함되는 놀이 재료

상호작용에서 놀이의 역할

치료 과정 구성 요소

출처 : O'Connor, K. (1991) Comparing Play Thearpy Theories에서 일부 수정.
*(즉, 변화의 핵심 주체 – 이 장의 뒷부분에서 논의됨)

4.1 참조). 이러한 구성 요소들은 또한 이론과 신념 체계를 구별하는 데 도움
이 된다.

경험적 놀이치료

경험적 놀이치료는 각각의 내담자에게 적절한 이론 및/또는 기술을 처방하
는 접근 방식이다. 경험적 놀이치료는 초이론적이고, 절충적이며, 통합적이
고, 증거 기반으로 간주된다(Schaefer & Drewes, 2016). 경험적 심리치료와
마찬가지로, 이 맞춤형 접근법은 놀이치료사가 내담자의 구체적이고 다양
한 필요를 충족시킬 수 있게 한다. 하나의 이론에 기반하는 것은 특정한 내
담자, 어려움 또는 필요를 배제하는 반면, 경험적 놀이치료는 이를 포함하는
것을 목표로 한다.

　경험적 놀이치료사는 교육과 경험 모두에서 폭넓은 레퍼토리를 가지고 있
어야 한다. 쉐퍼와 드류스(2016)에 따르면

　　경험적 놀이치료사들은 다양한 변화 요인을 자유롭게 사용할 수 있도

록 다양한 치료적 접근 방식을 사용한다. 그런 다음 경험적 증거, 임상 경험/전문성, 내담자 선호도/맥락 그리고 주호소 문제의 가능한 원인 등 네 가지 정보 소스를 활용하여 개별 내담자의 필요에 맞게 치료 개입을 조정한다.

(p. 236)

여섯 가지 핵심 원칙 또는 원칙이 경험적 놀이치료와 관련이 있다(표 4.2를 참조). 여기에는 개별화된 치료, 각양각색의 치료, 초이론적 접근, 통합 심리치료, 경험 일치 및 포괄적인 평가가 포함된다. 이러한 원칙은 접근법의 근본적인 초석이다(Schaefer & Drewes, 2016). 이러한 핵심 원칙을 탐색하고 임상가로서 자신을 위한 구성요소를 정의하는 것은 치료서비스를 제공하는 데 필요한 누가, 무엇을, 왜, 어떻게, 어디서, 언제라는 질문을 확고히 하는 데 도움이 될 것이다. 나의 좌우명: 당신이 무엇을 하고 있고, 왜 그것을 하는지 알아라.

경험적 놀이치료사는 자신의 전문적인 놀이 레퍼토리에 새로운 것을 계속 추가하고, 다양한 이론의 다양한 요소를 사례 내의 다른 필요에 적용하며,

표 4.2　경험적 놀이치료의 여섯 가지 원칙

원칙 1	개인별 치료	내담자의 개별적 필요, 특성 및 상황에 맞게 개입을 조정함.
원칙 2	각양각색의 치료	어떤 개입은 특정한 장애와 성격에 더 효과적임.
원칙 3	초이론적 접근	내담자를 위한 최상의 변화 요소를 기반으로 이론과 기법을 선택함.
원칙 4	통합적 심리치료	통합 개입을 활용하는 멀티모델 방식(2개 이상의 이론 결합)
원칙 5	경험 일치	내담자와 특정 장애와의 개입 일치
원칙 6	종합적 평가	여러 정보 제공자, 방법 및 진행 상황을 추적하기 위한 지속적 평가를 포함한 초기 평가

출처 : Schaefer and Drewes (2016), Prescriptive Play Therapy에서 일부 수정

여러 측면을 평가하고, 적절한 치료 계획으로 개념화할 수 있는 높은 수준의 능력을 획득해야 한다. 더 간단한 방법은 하나의 이론적 기반 내에서 치료 관점을 유지하고 모든 내담자가 동일한 치료를 받는 획일적인 접근 방식이나 특정 내담자만 치료에 적합하다고 간주되는 배제적 접근 방식에 중점을 두는 것이다. 보다 포괄적인 경로는 경험적 놀이치료 기반을 추구하고 다양한 내담자에게 도움이 될 지식과 경험을 계속 추구하는 것이다.

내담자의 언어를 말하는 것에 초점을 맞추면, 경험적 놀이치료 원칙 내에서 사용할 수 있는 유연성과 광범위한 치료적 선택지가 어떻게 선호되는 접근 방식인지 알 수 있다. 내담자의 언어가 디지털 도구를 포함하는 경우, 경험적 놀이치료사는 자연스럽게 치료 계획, 개념화 및 놀이를 포함한 맞춤화할 수 있는 정보를 찾을 것이다.

치료에서 디지털 도구의 사용과 관련하여 스톤이 언급한 바와 같이 (2020),

> 치료사가 디지털 도구와 언어의 치료적 가치를 평가할 수 있는 기본 이론과 함께 구조를 체계적으로 적용함으로써 내담자의 관심을 회기에 적절하게 통합할 수 있다. 이 구조는 기본적인 개념화, 이차적 접촉과의 의사소통 및 임상 기록 작성을 지원할 수 있다.
>
> (p. 67)

이러한 구조는 놀이의 치료적 힘 내에서 변화의 20가지 핵심 요인을 통해 찾을 수 있다(Schaefer, 1993; Schaefer & Drewes, 2014).

놀이의 치료적 힘

경험 많은 놀이치료사가 경험을 바탕으로 놀이치료의 효과를 높이 평가하게 된다. 그들은 놀이의 힘을 목격했고, 내담자들에게 이익이 되도록 계속해서 그들의 일을 연마하였다. 이러한 변화를 보지 못한 사람들과의 의사소 통에 어려움이 있을 수 있다. 게다가 이 힘이 놀이치료를 배우는 학생들에게 어떻게 전달되고 설명이 될까? 놀이치료는 '그냥 노는 것'과 어떻게 구별이 될까?

찰스 쉐퍼 박사는 놀이치료에 관한 "왜"와 "어떻게"라는 질문에 답하 는 것을 목표로 했다. 그는 "다양한 이론 체계가 내담자에게 변화를 일으키 기 위해 사용하는 공개적이고 은밀한 활동"을 발견하기 시작했다(Drewes & Schaefer, 2016, p. 35). 그 결과는 놀이의 치료적 힘과 변화의 20가지 핵심 요소 이다. 놀이치료사들은 이 구조를 회기 내에서 경험하는 것을 정의하는 방법 으로 활용할 수 있다. 변화의 20가지 핵심 요소들은 치료사가 회기에서 무슨 일이 일어나고 있는지 이해하고 그런 것들을 다른 사람들에게 설명할 수 있 는 명명법을 제공한다. 회기 기록은 또한 개입과 정당성에 초점을 맞추기보 다는 역동 및 대인관계 과정에 대한 보다 간결한 설명을 제공함으로써 이러 한 핵심 요소의 이점을 얻는다.

놀이치료에서 놀이는 진정한 변화요소가 일어날 수 있는 환경을 허락하 는 단순한 매체가 아니다. 놀이는 놀이치료 과정에 필수적이며, 놀이 상호작 용에는 변화 요인이 내재되어 있다. 이것들은 단순히 언급된 복잡한 개념들 이다. 게임, 인형, 게임기 또는 예술 재료는 '진짜 작업'을 시작할 수 있도록 어색함을 누그러뜨리기 위한 말이나 행동 또는 의도된 라포 형성 활동이 아 니다. 그러한 재료들은 놀이의 치료적 힘이 제공되는 상호작용을 촉진한다. "놀이는 그들의 '놀이의 치료적 힘'의 효과를 시작하고, 촉진 또는 강화한다" (Drewes & Schaefer, 2016, p. 38; Schaefer, 1993).

놀이의 치료적 힘과 변화의 20가지 핵심 요소

치료적 힘은 네 가지 주요 범주로 나뉜다: 의사소통을 촉진하고, 정서적 건 강을 증진시키며, 사회적 관계를 증진시키고, 개인적 강점을 증가시킨다. 그런 다음 이 네 가지 범주가 각 범주에 할당될 때 변화의 핵심 요소를 통해 더 자세히 설명된다. 놀이치료사는 예를 들어 놀이 상호작용(내담자-도구, 내담자-치료사, 내담자-치료사-도구)에서의 역동 관계가 사회적 관계를 증진시킨다는 것을 인식할 수 있다. 이 역동을 더 자세히 설명하기 위해, 치료사는 놀이의 치료적 힘 아래에 있는 핵심 요소 중에서 선택할 수 있다. 예를 들어, 토론 및/또는 메모는 놀이치료 회기가 사회적 관계 증진이라는 목표를 충족하고 적절한 핵심 요소가 놀이를 통해 이루어졌음을 설명할 것이다.

이러한 개념화 및 놀이치료 실습으로의 통합에 대한 힘을 더 이해하기 위해, 네 가지 범주의 치료 능력과 그 근본적인 변화의 핵심 요소들이 각각 논의될 것이다. 변화의 핵심 요소들은 치료법 내에서 변화를 가져오는 메커니즘이다. 회기 내에서 치료적 힘이 활성화되는 방법을 개념화할 때, 이러한 핵심 요소는 회기 기록 및 다른 사람들과의 의사소통 시 프로세스를 정의하고 소통하는 데 필요한 구조를 제공할 수 있다. 놀이 및 핵심 요소의 치료 능력에 대한 설명은 그림 4.1을 참조한다. 사례를 개념화하거나 다양한 의사소통을 준비할 때 참조로 사용할 카테고리, 변경 요소 및 원하는 세부 정보가 포함된 시트를 만드는 데 큰 가치가 있을 수 있다. 모든 놀이치료 회기에서 모든 범주 또는 핵심 요소가 활성화되지는 않는다는 점에 유의해야 한다.

의사소통 촉진

첫 번째 치료적 힘은 의사소통을 원활하게 하는 것이다. 기본적으로, 의사소통은 모든 종류의 치료의 초석이다. 이 의사소통은 언어적일 수도 있고 비언어적일 수도 있다. 자신의 진실을 전달할 수 있는 능력과 이를 수행할 수 있는 적절한 환경을 가진 내담자와 의사소통을 하고 적절하게 대응하며 정보나 경험을 치료 개념화에 통합할 수 있는 치료사는 의사소통에서 중요한 구성 요소이다. 모든 놀이치료가 이러한 치료적 힘을 얻을 수 있기를 바라며, 그렇지 않다면, 관계, 접근, 환경을 모두 재평가해야 한다.

변화의 핵심 요소들은 놀이치료에서 치료 과정을 더욱 분명히 한다. 여기

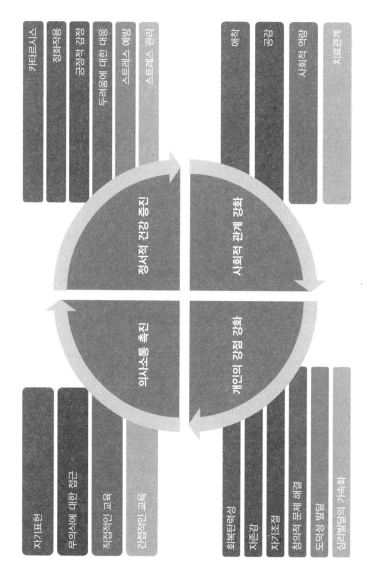

그림 4.1 놀이의 치료적 힘과 핵심 요소

출처 : Schaefer, C. E. 와 Drewes, A A. (2013)의 *The therapeutic powers of play: 20 core agents of change*와 국제 놀이치료 연구 집단에서 제시된 Parson, J. (2017)의 *Puppet Play Theapy—Intergrating Theory, Evidence and Action*에서 일부 수정.

서도 정의는 개념을 올바르게 이해하기 위해 중요하다. 다음은 쉐퍼와 드류스(2016)에서 각색한 것이다.

1) 자기 표현
   a) 안전한 환경과 관계 속에서 자신의 생각, 신념, 감정, 경험, 견해, 의견을 표현하는 것은 인정과 개인적 성장의 가능성을 허용한다.
   b) 자연어 : 놀이는 아동들, 특히 어린 아동들에게 자연스러운 표현과 언어 형태이다. 놀이치료사들은 제한된 어휘 및/또는 감정을 구분하는 지식을 가지고 있고 놀이를 통해 복잡한 개념을 보여주는 아동들을 목격한다.
   c) 3인칭으로 말하기 : 손인형, 인형, 그리고 다른 캐릭터들의 사용을 통해, 아동들은 종종 압도적이고, 어렵거나, 그들이 말을 하는 데 위협이 되는 감정, 생각, 그리고 행동을 표현할 수 있다. 이 놀이는 간접적인 표현을 허용한다.
   d) '마치' 또는 '실생활이 아닌 것 같은' 특성 : 놀이는 감정, 생각, 그리고 경험들이 보다 객관적인 방식으로 펼쳐질 수 있도록 하는 가상의 구성 요소를 가질 수 있다.
   e) 설명 불가능 : 때로는 의사소통 할 때 말로 하는 것이 충분하지 않거나 가능하지 않을 때가 있지만, 놀이는 말 없이 표현을 허용한다.
   f) 몰입 : 놀이에 몰두하는 것은 방어를 줄이고 내적 신념, 세계, 그리고 경험이 드러날 수 있다.
   g) 말하는 동안 하기 : 종종, 아동들은 무언가를 할 때 더 편안함을 느끼며, 언이 표현이 더 쉽고 더 자유로워진다.
2) 무의식에 대한 접근
   a) 투사 : 이 과정은 의식적이거나 무의식적이며 생각, 감정, 욕구 등의 속성을 포함한다. 이것은 놀잇감, 그림 또는 사람일 수 있다.
   b) 전치 : 자신의 좌절과 감정을 놀이 대상에 행동화하는 것은 덜 위협

적인 표현을 하는 경험이 된다.

    c) 상징화 : 놀이치료에서 표상은 매우 중요하며 추상적인 개념에 해당하는 상징을 확인하는 데 사용된다.

    d) 승화 : 운동이나 예술과 같은 다른 활동에 추동과 감정을 전환하는 과정

    e) 환상 보상 : 환상은 한 사람이 다른 역할을 맡거나, 다른 시나리오로 놀이하거나, 불가능할 수도 있는 것을 할 수 있게 한다.

3) 직접적인 교육

    a) 주의 집중 : 놀이 재료는 내담자의 주의를 끌고 정보를 전달할 공간과 시간을 허용한다.

    b) 감각적 입력 : 감각적 또는 경험적 경험을 통해 정보를 더 많이 기억할 수 있다.

    c) 안전한 환경 : 놀이치료실은 등급과 같은 평가 메커니즘을 포함하지 않으므로 실패에 대한 위협 및/또는 두려움을 줄인다.

    d) 적극적인 참여 : 놀이는 탐색, 참여 및 자기 주도적 학습 경험을 허용한다.

    e) 기술 강화 : 놀이를 통해 기술을 반복적으로 연습하면 해당 기술을 강화할 수 있다.

    f) 예를 통한 학습 : 교사와 학생으로서 놀잇감 모델을 활용하여 다양한 기술을 가르친다.

4) 간접적인 교육

    a) 이야기와 은유: 개념과 내러티브를 설명하거나 보여주는 데 자주 사용된다.

정서적 건강 증진

정서적 건강을 증진하는 것은 카타르시스, 절제, 긍정적인 감정, 공포 조절, 스트레스 예방 및 스트레스 관리의 과정을 통해 달성된다. 학습한 것을 드러

내고, 작업하고, 처리 및 적용하는 능력은 내담자가 경험과 기술을 습득하여 삶의 개념화 및 일상적인 상황에 통합할 수 있도록 한다.

1) 카타르시스

   a) 분노나 슬픔과 같은 감정의 방출

   b) 놀이의 역할

   i) 놀이치료실은 안전하고 지지적인 환경을 제공한다.

   ii) 상징적 놀이는 심리적 거리를 제공한다.

   iii) 놀이를 통해 나타난 긍정적인 감정은 부정적인 감정의 해소에 도움이 된다.

2) 정화작용

   a) 외상적인 사건에 대한 억압된 기억이 의식화되고 표현된다.

   b) 놀이의 역할

   i) 인지적 동화와 감정적 방출은 다음을 통해 이루어진다.

      (1) 경험의 소형화 : 경험을 표현하기 위해 작은 놀잇감을 사용한다.

      (2) 능동적 조절 및 숙달 : 시나리오에서 조절의 역할을 한다.

      (3) 반복에 의해 점점 동화됨 : 거리를 두는 것과 반복하는 것을 통해 시나리오는 응집력과 해결력을 얻는다.

3) 긍정적 감정

   a) 부정적인 감정의 균형을 유지한다.

   b) 치유력을 가질 수 있다.

4) 두려움에 대한 대응

   a) 바람직하지 않은 공포 반응을 노출을 통해 바람직하고 양립할 수 있는 반응으로 대체한다.

5) 스트레스 예방

   a) 스트레스가 많은 상황을 처리하기 위한 준비

b) 놀이의 역할

i) 익숙하지 않은 경험이 덜 무섭고 더 많이 인식된다.

ii) 대처 기술을 배우고 연습한다.

iii) 놀이의 재미와 즐거움 때문에 부정적인 감정 활성화가 감소한다.

6) 스트레스 관리

a) 놀이를 통해 상황을 극복함으로써 스트레스를 받는 상황에 대한 해결책이 된다.

b) 놀이의 역할은 다음과 같다.

i) 유머

ii) 환상의 보상

iii) 적응하는 인형놀이

iv) 자기 진정 놀이

v) 환상에서 벗어나기

사회적 관계 강화

사회적 관계는 인간이 원하는 것이다. 우리 모두는 어느 정도 긍정적인 관계를 원하며, 원하는 유형과 양은 사람마다 크게 다를 수 있다. 치료적 관계를 경험하고, 건강한 애착을 이해하고, 자아감을 얻거나 강화하며, 공감을 경험하고 이해하는 것은 자신의 사회적 관계를 크게 개선할 수 있다.

1) 치료 관계

a) 라포 없는 기술과 전략은 효과적이지 않다.

b) 놀이의 역할

i) 놀이는 라포를 형성하는 데 도움을 준다.

ii) 재미있는 치료사가 보다 더 신뢰할 수 있고 공감대를 형성할 수 있는 것으로 판명되었다.

iii) 관계는 보다 더 동등하고 계층적이지 않게 경험된다.

2) 애착

　a) 관계의 기능과 조절에 영향을 미친다.

3) 자기감

　a) 개인 정체성

　b) 놀이의 역할

　　i)　자유

　　ii) 상상

　　iii) 사고의 주요 과정 : 상상, 은유, 정서적으로 풍부함

4) 공감

　a) 타인을 조망하는 능력

　b) 사회 정서 발달의 핵심 요소

　c) 놀이의 역할

　　i)　역할놀이

　　ii) 스토리텔링

개인 역량 강화

개인의 강점은 어려운 상황을 견뎌내고, 건강한 자기감을 가질 수 있게 하며, 긍정적인 사회적 상호작용을 할 수 있게 한다. 창의적 문제 해결, 회복탄력성, 도덕성 발달, 심리적 발달의 가속화, 자기통제, 자존감 등이 모두 확고한 개인적 기반을 갖추는 데 기여한다. 이러한 기술들은 모든 연령대의 사람들이 일상적인 어려움을 헤쳐나가는 데 도움을 준다.

1) 창의석 문세 해결

　a) 증상 완화

　b) 통찰되고 분화된 사고 능력의 활용

　c) 유연성

　d) 대체 가능한 대처전략

  e) 공감적 반영

2) 회복탄력성

  a) 적응 기술

  b) 놀이의 역할

   i) 창의적 문제 해결

   ii) 기대하지 않은 것에 대한 훈련

   iii) 긍정적인 정서

   iv) 유머

3) 도덕성 발달

  a) 사회적 집단의 기대를 이해하기

  b) 사회적 집단의 기대에 순응하기

4) 심리 발달의 가속화

  a) 놀이는 발달 과업을 성취하게 해준다.

  b) 발달적 성취는 연령에 맞는 발달 수준에 도달할 수 있도록 한다.

5) 자기조절

  a) 신체적 · 정서적 반응을 관리하는 능력

  b) 놀이의 역할

   i) 가장 놀이

   ii) 사회극 놀이

   iii) 게임 놀이

   iv) 자기 진정 놀이

   v) 거칠고 과격한 놀이

6) 자존감

  a) 자기 존중감과 개인의 가치감

  b) 놀이의 역할

   i) 통제 능력

    (1) 몸의 움직임

(2) 아이디어

(3) 대상

(4) 관계

결론

내담자의 언어로 말하는 것, 경험적 놀이치료, 그리고 놀이의 치료적 힘은 모두 놀이치료사가 되는 근본적인 측면에 기여한다. 내담자가 보고, 듣고, 이해되는 것의 중요성, 내담자의 필요에 맞는 정신건강 치료를 받는 것, 놀이치료 내에서 변화의 핵심 요소를 식별하는 능력은 놀이치료사가 내담자의 삶에서 매우 견고하고 독특한 위치를 차지할 수 있게 한다. 놀이치료사의 이론적 토대가 무엇이든 치료과정과 기초에 대한 '누가, 무엇을, 왜, 어떻게, 어디서, 언제'라는 질문에 답하고 이론이나 이론 내에서 핵심 개념을 이해하는 것은 놀이치료에 대한 심사숙고된 접근방식을 제공할 것이다.

참고문헌

Beutler, L. E. (1979). Toward specific psychological therapies for specific conditions. *Journal of Consulting and Clinical Psychology, 47*(5), 882–897.

Beutler, L. E., & Harwood, T. M. (2000). *Prescriptive psychotherapy: A practical guide to systematic treatment selection.* Oxford University Press.

Beutler, L. E., Harwood, T. M., Bertoni, M., & Thomann, J. (2007). *Systematic treatment selection and prescriptive therapy.* www.apa.org/pubs/databases/psyccases/4317107-chapter3.pdf

Cherry, K. (2019, July). *10 types of psychological theories.* www.verywellmind.com/what-is-a-theory-2795970

Cole, J. K., & Magnussen, M. G. (1966). Where the action is. *Journal of Consulting Psychology, 30*(6), 539–543.

Dictionary.com. (2002). *Relationship.* www.dictionary.com/browse/relationship

Drewes, A. A., & Schaefer, C. E. (2016). The therapeutic powers of play. In K. O'Connor, C. Schaefer, & L. Braverman (Eds.), *Handbook of play therapy* (pp. 35–60). Wiley.

Ghose, T. (2013, April). "Just a theory": 7 misused science words. *Scientific American.* www.scientificamerican.com/article/just-a-theory-7-misused-science-words/

Merriam Webster. (2019a). *Judgment.* www.merriam-webster.com/dictionary/judgment

Merriam Webster. (2019b). *Justification.* www.merriam-webster.com/dictionary/

justification

Merriam Webster. (2019c). *Rapport*. www.merriam-webster.com/dictionary/rapport

Merriam Webster. (2019d). *Relationship*. www.merriam-webster.com/dictionary/relationship

Merriam Webster. (2019e). *Relation*. www.merriam-webster.com/dictionary/relation

O'Connor, K. (1991). *Comparing play therapy theories*. Course Worksheet.

O'Connor, K., & Braverman, L. D. (1997). *Play therapy theory and practice* (2nd ed.). Wiley.

Schaefer, C. E. (1993). What is play and why is it therapeutic? In C. Schaefer (Ed.), *The therapeutic powers of play* (pp. 1–15). Jason Aaronson.

Schaefer, C. E., & Drewes, A. A. (2014). *The therapeutic powers of play: 20 core agents of change* (2nd ed.). Wiley.

Schaefer, C. E., & Drewes, A. A. (2016). Prescriptive play therapy. In K. O'Connor, C. Schaefer, & L. Braverman (Eds.), *Handbook of play therapy* (pp. 227–240). Wiley.

Stone, J. (2016). Board games in play therapy. In K. O'Connor, C. Schaefer, & L. Braverman (Eds.), *Handbook of play therapy* (pp. 309–323). Wiley.

Stone, J. (2020). Video games in therapy. In A. Bean (Ed.), *Integrating geek culture into therapeutic practice: A clinician's guide to geek therapy* (pp. 57–79). Leyline.

05

양식

현재 전문용어 중 일부는 심지어 가장 노련한 놀이치료사도 혼란스러울 수 있다. 이론, 접근법, 양식, 기술, 인증 또는 자격증명과 같은 용어들이 실제 의미하는 것은 무엇인가? 나는 이 질문들에 대해 영향력 있는 놀이치료사들과 대화를 나누었으나 간단히 답을 하기는 어렵다. 놀이치료는 매우 다양한 새로운 방향으로 이야기되고, 연구되고, 탐구되는 성장기에 있다. 향후 놀이치료의 발달과 통합을 위해서는 앞에서 제시된 용어들의 차이점을 이해하는 것이 중요할 것이다.

양식과 기법

이제 우리는 DPT에 가장 적합한 것으로 보이는 '양식'과 '기법'이라는 용어에 초점을 맞출 것이다. 옥스퍼드 사전, 렉시코는 양식(modality)을 "특정한 어떤 것이 존재하는 방식 혹은 경험하거나, 경험되어지는 특정한 방식, 특별한 방법이나 과정(2019a)"으로 정의하고 있다. 그러므로 우리는 양식이 무언가 표현되고, 행해지는 특별한 방법, 특정한 방법이나 과정으로 표현되는 방법으로 생각할 수 있다. DPT는 놀이치료가 표현되거나 실행되는 양식으로, 특정한 디지털 방식으로 전달되는 방법이나 절차를 통해 존재한다.

기법(techniques)은 놀이치료사가 양식을 적용하기 위해 사용하는 특정 방법이나 과정을 의미한다. 메리엄 웹스터 사전에서는 기법을 "기술적 방법의 집합체(과학적 연구 혹은 기술 분야에서)"(2019, para. 2)로 정의하고 있다. DPT의 기법들은 다양한 하드웨어와 소프트웨어의 직접적인 사용, 다양한 관심사/사용에 관한 연구 및 이에 대한 논의 등 세 가지 수준의 DPT를 포함한다. 관심사와 용도에 관한 연구들을 포함하고 있다. DPT 양식에 포함된 기술은 훈련된 놀이치료사가 치료 회기 내에서 사용할 때 놀이의 치료적 힘을 활성화한다.

놀이치료 양식

카두슨과 쉐퍼는 15개의 주요 놀이치료 양식을 정의하였다. 그들은 놀이 양식이 놀이의 치료적 힘을 어떻게 구현하는지 알려준다고 소개하였다. 양식은 우리가 그 방에서 하는 것이다. 그것은 놀이치료를 실제로 실행하는 것이다. 스토리텔링, 모래놀이, 블록놀이, 감각놀이, 보드게임, 유도된 심상 놀이(guided imagery play), 그림 그리기, 음악놀이, 인형놀이, 드라마 놀이, 독서치료, 점토놀이, 음악/동작 놀이, 가상현실 놀이, 전자게임 놀이 등이 포함되어 있다. 카두슨과 쉐퍼에 의하면, 이런 양식은 (미래에는 점차 고전이 되어간다는 의미로) 고전 혹은 유행에 따라 개념화되었으며 이들 모두는 놀이의 핵심 특성, 즉, 긍정적 정서, 적극적인 참여, 결과보다는 과정, 비-문자성(non-literality), 본능적 동기를 포함하고 있다.

DPT에는 앞서 제시된 여러 양식이 포함되어 있다. 가상현실과 전자게임 놀이가 가장 대표적이다. 그러나 스토리텔링, 모래놀이, 이미지화 놀이, 음악놀이, 그림 그리기, 보드게임, 동작놀이와 같은 다른 놀이 양식들도 DPT라는 제목 아래에서 고려될 수 있다. 이것이 DPT의 가장 흥미로운 점 중의 하나다. 사용 가능한 프로그램(소프트웨어, 애플리케이션, 게임 등)의 범위가 광범위하고, 유닛(하드웨어, 태블릿이나 비디오게임기 등)이 매우 다양하기 때문에 많은 기술을 사용할 수 있고 많은 주제를 포함할 수 있다. 기존의 전통적 양식이나 기법에 접근하기 어렵거나 흥미가 없는 사람들을 위한 접근성을 포함하고 있으며, DPT는 내담자의 세계로 들어가기 위한, 그들의 문화를 존중하고, 이해, 수용, 변화를 촉진하기 위한 매우 광범위한 쉬운 방법이 된다. 또 DPT를 원격정신건강 설정으로 사용하는 경우, 이러한 모든 수단을 지속 사용하여 접근할 수 있다.

DPT 우산 아래

스토리텔링, 모래놀이, 유도된 심상놀이, 음악놀이, 그리기, 보드게임 놀이, 동작 놀이가 어떻게 DPT라는 우산 아래에서 고려될 수 있는지를 이해하는 것은 특히 디지털 도구를 치료적으로 사용하는 것이 처음인 일부 치료사의 경우에는 당혹스러울 수 있다. 현재 이용 가능한 프로그램들은 놀이의 치료적 힘을 활성화하고, 놀이치료의 기본원칙을 통합하는 많은 경험을 제공할 수 있다. 향후 더 많은 양식들이 DPT 안에 포함되리라고 믿는 것도 무리는 아니다. 모바일 앱의 경우 매일 평균적으로 1,434개가 새로 출시되는 것으로 보고되었다(Clement, 2019). 이런 프로그램 중 일부는 다른 놀이치료 양식에 적용하기에도 매우 적합하다. 놀이치료사는 향후 프로그램 개발의 일부를 할 수 있어야 하고, 또 그래야만 한다.

양식

디지털/전자 놀이

비디오 게임은 1980년대 후반 이후 정신건강 치료에 포함되었다(Farrell, 1989; Gardner, 1991; Resnick & Sherer, 1995; Clarke & Schoech, 1994). 패럴은 그의 1989년 연구에서 APA에서 심리학에 사용되는 150개의 소프트웨어 프로그램 목록을 발표했다는 이전의 역사를 간략히 보여주고 있으며, 이러한 도구의 통합에 대한 관심이 높아지고 있음을 보여준다. 기술의 활용은 평가에서부터 거리가 먼 시골 지역에서의 연구 참여에 이르기까지 다양하다. 패럴은 심리학에서 기술의 영향력을 알아보는 것부터 시작하였다. 기술의 대부분이 사무작업 및 실무관리(소프트웨어 종류와 사용)에 중점을 두고 있었다. 그러나 심리학자들은 기술의 임상적 사용에 대해서는 의문을 가지고 있었다. 임상적 사용은 테스트 관리 지원, 진단 분류, 내담자 데이터 수집, 바이오 피드백 및 인지 재훈련으로 분류되었다. 그는 심리학자(참여자의 30% 이상)들이 기술을 사용하지 않는 세 가지 주요 원인은 시간 부족, 경험이나 훈련 부족, 컴퓨터 통합에 드는 비용을 감당하기 어려운 소규모 임상 규모로 인해 기술을 사용하지 않는다고 했다(Farrell, 1989). 이 연구결과는 알트바테르(Altvater, 2017)에 의해 다시 확인되었다. 이는 정신건강임상에서 기술 사용에 관한 정신건강 전문가들의 태도가 놀랍게도 30년 넘게 변하지 않고 있음을 보여주는 놀라운 일이다. 이에 대한 자세한 내용은 원격정신건강 놀이치료에서 다룰 것이다.

이 책의 소프트웨어 장에서는 새로운 사용자들에게 불안을 덜어주기 위해 디지털/전자 놀이의 다양한 유형들을 복잡도에 따라 분류되었다. 그러나 그들을 분류하는 다른 방법도 있다. 하드웨어 범주, 초점 양식, 놀이 유형 등의 방법으로 분류될 수도 있다. 스노 등(2012)은 놀이치료에서 사용하는 어플을 테리 코트만이 초기에 정의한 대로 양육, 판타지, 표현력, 공격성, 공포(pp. 90-91)(Kottman, 2011; Snow et al, 2012)의 다섯 가지 범주에 따라 분류하였다. 이러한 범주화는 놀이치료사가 내담자의 흥미와 요구에 따라 프로그램 사용을 조절하는 데 도움을 준다.

심리치료에서 비디오 게임의 사용은 2010년 세라노글루(Ceranoglu)에 의해 탐구되었다. 그의 경험과 연구는 다음과 같은 결과를 보여준다. 1) 비디오 게임을 사용할 때 전통적 치료에서와 대조적으로 아동과 치료적 관계가 더 빨리 형성되고(p. 143), 2) 시지각 기술과 실행기능을 평가할 수 있고, 3) 좌절에 대한 인내력 평가, 4) 정서 조절에 대한 평가를 할 수 있다. 그는 "아동의 놀이 유형과 선택한 내용을 관찰하는 것은 정신 내적 갈등을 이해하는 중요한 단서를 제공하며, 그러한 갈등에 대해 상세하게 표현하는 데 필요한 자

표 5.1 치료에서 디지털 도구 사용에 대한 긍정적인 연구

논문 제목	저자
Screens, teens, and psychological well-being: Evidence from three time-use diary studies.	Amy Orben and Andrew K. Przybylski (2019).
The ideal self at play: The appeal of video games that let you be all you can be.	Andrew K. Przybylski et al. (2012).
What kids learn that's POSITIVE from playing video games.	Mark Prensky (2002).
Role-playing games used as educational and therapeutic tools for youth and adults.	William Hawkes-Robinson (2008).
Video games as a complementary therapy tool in mental health disorders: PlayMancer, a European multicenter study.	Fernando Fernández-Aranda et al. (2012).
Using popular commercial video games in therapy with children and adolescents.	Jason Steadman (2014).
Online video game therapy for mental health concerns: a review.	Nathan Wilkinson et al. (2008).
Video games in therapy: a therapist's perspective.	Jan-Henk Annema et al. (2010).
Technologies of inclusive well-being: serious games, alternative realities, and play therapy.	Anthony Lewis Brooks et al. (Eds.) (2014).
Game-based digital interventions for depression therapy: a systematic review and metaanalysis.	Jinhul Li et al. (2014).
Two innovative health care technologies at the intersection of serious games, alternative realities, and play therapy.	Sheryl Brahnam and Anthony Lewis Brooks (2014).
Enhancing the therapy experience using principles of video game design.	John W. Folkins et al. (2014).
Clinical psychologists see positive potential in video games as therapy.	Alex Barasch (2019).
The use of electronic games in therapy: a review with clinical implications.	Horne-Meyer et al. (2014).
Video games in psychotherapy.	T. Atilla Ceranoglu (2010).

료를 제공한다."고 하였다. 비디오 게임은 관계를 형성하고, 내담자의 인지 처리 유형을 평가하고, 내적 갈등을 상세하게 표현하고 명료화할 수 있도록 돕는 강력한 도구이다(Ceranoglu, 2010). 헐은 놀이실에서 기술사용의 이점 으로 1) 놀이실을 보다 매력적으로 만들고, 2) 치료사와 내담자 사이의 초기 유대감을 형성하고, 3) 디지털 도구가 주는 "상상력과 창의력"(Hull, 2016; Snow et al., 2012)의 세 가지를 언급하였다. 헐(2021)에 따르면, 디지털 놀이치료 또는 전자게임 치료의 사용은 정서적 문제를 해결하고, 인지 및 소통 전략을 개발하고, 건강한 두뇌 발달을 증진시키는 것을 가능하게 한다. 디지털 놀이치료를 양식으로 사용하는 것은 임상 현장에서 매우 강력하고 유용하다.

비디오게임과 치료에서 다른 디지털 도구를 사용하는 것에 대해 긍정적 영향을 보여주는 많은 논문이 있다. 쉽게 접근하여 참고할 수 있도록 여기에 제목 목록을 제공한다. 추가 정보는 이 장의 참고문헌에서 찾을 수 있다. 표 5.1을 참고하라. 여기에서 각 연구물에 대한 리뷰를 하지는 않으나, 각 논문에 대한 모든 내용을 살펴볼 것을 강력히 추천한다.

가상현실 놀이

가상현실(VR)은 일반 사람들(Stone, 2021)부터 운동장애 환자(Ortiz-Catalan et al., 2014)까지 자폐증(Strickland, 1998, Musser, 2018)에서 불안장애 환자 (Maples-Keller et al., 2017)에 이르기까지 폭발적인 성장과 연구 및 다학제적 활용을 하고 있다. 현장감 있고 창조적이며 감각적인 가상현실 경험은 독특하고도 강력한 치료적 경험을 제공한다(Lamb & Etopio, 2019, 2021).

역사적으로 노출치료와 같은 심리적 처치에서는 생체 처치(in-vivo treament)를 필요로 한다. 고소공포증이 있는 사람은 엘리베이터를 타기 위해 빌딩에 가거나 빌딩 꼭대기에서 아래를 내려다보기와 같은 훈련을 하곤 했다. VR을 활용해서 내담자는 물리적으로는 치료실에 머물면서, VR 디스플레이 장치를 머리에 장착함으로써 다른 환경으로 이동할 수 있다. 그 가능성은 단지 주어진 시간 내에 이용 가능한 소프트웨어 및 하드웨어에 의해서만 제한된다. 세계는 예술적으로 창조될 수 있으며 "3차원의 그래픽 세계는 경계도 제약도 없고, 우리가 바라는대로 창조하고 조작할 수 있다. ─우리는 그 세계를, 우리의 상상력이라는 4차원에 의해 강화시킬 수 있다"(Mazuryk & Gervautz). 하드웨어 장에서 언급했듯이, 가상세계는 정신건강치료에서 내담자의 경험을 혁신할 수 있는 가능성이 있다. 테크놀로지는 치료사를 대신하는 것이 아니라 치료사의 잠재력을 확장하여, 치료사─내담자의 경험 안에서 내담자의 경험을 더 깊게 하고 확장하고 맞춤화할 수 있도록 한다. 이것이 DPT 켄타우로스이다.

　특히 놀이치료에서 VR은 굉장한 창의성을 발휘하며 그 능력을 빛낼 수 있다. 수많은 예술 프로그램을 활용하여, 내담자는 그들이 상상한 것을 창조할 수 있고, 세계, 캐릭터, 아이템 이상의 많은 것으로 상호작용할 수 있다. 가상 모래놀이─VR 창조나 틸트 브러시 예술가의 천국과 같은 프로그램으로─내담자는 다른 매체의 제공 없이도 그 세계 안에서 바라는 것과 상호작용 하고 경험할 수 있다. 코트만과 스노우에 의해 정의된 5가지 놀이 분류─양육, 판타지, 표현력, 공격성, 공포가 VR에서는 그 욕구를 충족시키는 프로그램을 발견하거나 만드는 것으로 모두 실현될 수 있다. 모든 연령대 사람들에게 정신건강 가상현실 혹은, tVR(therapeutic VR, 치료적 VR)(Lamb & Etopio)의 미래가 어떻게 펼쳐질지 정말 궁금하다.

스토리텔링 놀이

스토리텔링은 방대하고 풍부한 역사를 가지고 있다. 누군가에게 이야기를 하는 인간에 대한 개념은 본질적이다(Mendoza, 2015). 스토리텔링은 수세기 동안 시각적 이야기(동굴화)에 초점을 맞추고 구전 전통(입으로 전해지는 구전)에서 서술(쓰여진 글자, 인쇄된 글자 등)로 발전해 왔다. 최근 기술 트렌드는 이런 모든 스토리텔링 기술이 소셜 미디어, 비디오, 사진, 블로그, 기사 등을 통해 통합되고 있다(Mendoza, 2015).

놀이치료에서 내담자는 자신의 이야기를 수많은 언어적, 비언어적 방법으로 말하고, 은유법을 자주 사용한다(Pernicano, 2016). 내담자는 경험, 꿈, 관심사나 많은 다른 가능성을 이야기로 표현하려는 마음을 가지고 올 수 있다. 그 이야기는 실제 사건일 수도 있고, 소원을 채워주는 생각일 수도 있고 은유일 수도 있다. 이야기는 말로, 행동으로, 놀이로, 춤으로, 그림으로 표현될 수 있고 혹은 회피될 수도 있다. 내담자에게 자신의 이야기를 안전하게 할 수 있는 도구와 기회가 있어야 한다는 것이 중요하다. 놀이와 스토리텔링 사이의 상호작용에 관해서 영국 놀이치료사인 소니아 머레이(Murray, 2021)는 "놀이는 이야기를 촉진하고, 이야기는 놀이를 촉진한다"고 했다(2단락).

DPT에서 우리는 다양한 수준의 스토리텔링을 이용할 수 있다. 어떤 사람은 게임 내러티브, 캐릭터, 게임 놀이, 음악, 가사, 동작, 예술 매체에 끌리고 혹은 자신이 공유하고 싶은 이야기에 관해 말하고 있는 다른 어떤 주제에 끌린다. 치료사가 이러한 의도를 충분히 수용하고, 내담자의 맥락 내에서 이해하고, 놀이치료 작업에 통합할 수 있도록 치료사가 선택한 디지털 매체를 이해하는 것이 중요하다.

다양한 어플에서 이러한 유형의 표현을 허용한다. 기본적인 워드 프로세싱은 이야기를 활자화하는 데 사용될 수 있고, 그림이나 다른 그래픽을 포함할 수 있다. 보다 강력한 경험을 위해 스토리텔링 어플과 이와 유사한 다른 어플들은 문자 그대로 이야기를 만들 수 있다. 다양한 예술 프로그램들은 사용자가 자신의 이야기를 문자 그대로 혹은 은유적으로 묘사할 수 있는 다양한 방식의 예술을 창조할 수 있도록 한다. 소셜미디어에서 게시물, 업데이트, GIF(움직이는 이미지 파일 – 역자 주), 밈(memes), 유튜브 동영상, 틱톡 게시물 등을 공유하면서 치료사가 현재의 이야기를 정리할 수 있다. 디지털 도구로 이야기할 수 있는 방식은 매우 많다.

가상현실은 스토리텔링을 한 단계 더 끌어올렸다. 대부분의 프로그램은 게임놀이나 창조를 위해서 움직임을 필요로 한다. 이것은 몸 전체를 움직이게 한다. 틸트 브러시나 SculptVR과 같은 예술 프로그램은 사용자가 정확하게 혹은 추상적 스토리텔링을 위해 복잡하고 구체적인 3차원 예술 작품을 만들 수 있도록 한다. 다양한 플랫폼의 음악과 춤 프로그램은 움직임과 음악, 가사 스토리텔링을 가능하게 한다.

모래놀이

모래놀이치료(치료적 목적으로 모래에서 하는 모든 놀이)는 여러 놀이치료 양식을 포함한다. 모래상자(sandtray)와 모래놀이(sandplay), 모래에서 하는 놀이(sand play) 모두 그들만의 철학과 원리가 담긴 치료적 가치가 있다. 모든 유형의 전통인 치료 양식에서 모래놀이는 모래를 만지고, 손가락으로 모래를 통과하고, 모래를 붓고, 움직이는 것과 같은 촉각적 경험이 된다. 많은 사람들에게 이러한 감각적 경험은 창조적이고, 치유적이다. 이것은 치료 경험에서 중요한 부분이다. 그러나 또 다른 경우에 모래를 만지는 경험은 불쾌하고 심지어 트라우마를 주기도 한다. 모래를 만지는 감각적인 경험은 압도적일 수 있고, 과부하나 조절의 어려움을 발생시킬 수 있다. 어떤 사람들에게는 모래를 만지는 것이 어렵거나 물리적 제한, 지역상의 어려움, 접촉 알러지 혹은 면역저하 시스템으로 인해 불가능한 일일 수 있다. 스위니는 전통적인 모래상자 경험을 통해 얻게 되는 놀라운 이점이 많지만, 일부 사람들에게는 "모래와 같은 재료의 감각적 경험이 압도적일 수 있음을 발견"했다고 언급했다. 그들은 "모래상자를 선호할 수도 있고, 거부할 수도 있으며", "압도될 수도 있고", "모래상자가 가진 감각적 특성이 다른 사람들에게는 매우 유익하더라도, 바로 그 감각적 특성으로 인해 매우 큰 충격을 받을 수도 있다"(Sweeny, 2021, p. 18). 감각 문제, 접근성 혹은 다른 어려움이 있는 사람들의 경우, 모래놀이를 경험할 수 있는 다른 방법을 찾는 것이 필요하다. DPT는 이러한 다른 방법을 제공할 수 있다.

저자는 모래놀이치료(sandplay therapy)에 대한 자격증을 가지고 있지는 않다. 따라서 이 장에서는 모래상자 치료(sandtray therapy)에 초점을 맞출 것이다. 스위니는 모래상자 치료에 관해 다음과 같이 설명했다. "놀랍고 적응적인 치료적 개입으로 표현적이면서 투사적인 치료방법이다"(2021, p. 9). 교차 이론적 개입인 모래상자 기법은 언어적 또는 비언어적으로 높은 유연성을 가지고 있으며, 지시적 또는 비지시적 사이 어디쯤이라도 다양한 이론적 토대의 핵심을 통합할 수 있다(Sweeney, 2021; Homeyer & Sweeney, 2017).

'세계'의 창조는 모래상자 경험에서 중요한 부분이다. 내담자는 "'자신의 머릿속에 있는 무엇이든' 만들어 낼 수 있도록 허락된다"(Lowenfeld, 1997, p. 5). 자신의 '세계'를 창조하는 경험은 사람들에게 유용함에도 여러 가지 이유로 경험이 가능하지 않을 수 있다. 그러므로 세계를 창조하는 다양한 방법들이 모색되어야 할 것이다. 이토록 창의적이고 투사적인 도구는 전통적 재료에 대한 접근성에 관계 없이 모든 사람들이 혜택을 누릴 수 있어야 한다. 로웬펠트(Lowenfeld)는 그녀의 세계 기법(World technique)에 대해 다음과 같이 썼다.

> 그러므로 아동에게 자신의 사고와 감정을 표현할 수 있는 힘을 부여하는 장치는, 지식이나 기술에 의존하지 않고, 동시적인 여러 차원의 사고를 즉각적으로 표현할 수 있어야 하며, 움직임을 표현할 수 있어야 하지만, 동시에 완전한 세계 전체를 충분히 만들 수 있어야 하고, 시각뿐만 아니라 접촉과 감각 요소들을 결합시키며 현실과의 필연적인 관계에서 완전히 자유로워야 한다.
>
> (p. 4)

사용자에게 다양한 경험을 제공할 수 있는 많은 어플과 프로그램들이 있다. 놀이치료사는 촉각과 감각의 요소에 관한 이전 문단을 참조하여 모래상자의 대안적 방법을 사용할 수 있는지 의문을 제기할 수 있다. 그러나 비록 터치스크린 태블릿, 휴대폰 혹은 컴퓨터와는 다르다고 할지라도, 접촉문제가 있다는 것을 기억하는 것은 중요하다. VR 컨트롤러의 햅틱(사용자가 뇌로 터치/압력/움직임을 인식할 수 있도록 진동을 느끼는 것) 반응, 햅틱 글로브와 바디수트와 같은 것에도 접촉 요소가 있다. 어떤 프로그램은 사용자가 바다에서 모래에 그림을 그리는 것을 가능하게 하는 반면, 가상 모래상자 어플(Virtual Sandtray App)과 같은 프로그램을 사용하면, 불, 화산, 떠다니는 행성, 번개와 같은 더 많은 아이템으로 모래상자를 만들어 낼 수 있다. 그리고 전통적 기법에서는 불가능하지만, 이전에 만들었던 모래상자를 저장하고 다시 볼 수 있다. 사용 가능한 어플과 프로그램에 대한 더 많은 정보는 소프트웨어 장을 참고하길 바란다.

유도된 심상 놀이

유도된 심상의 마음-신체 연결은 13세기 티베트 승려들까지 거슬러 올라갈 정도로 수세기 동안 인정되어 사용되었다(Guided imagery, 2013).

> 유도된 심상은 상상력을 능동적이고 긍정적인 방식으로 집중시키는 부드럽지만 강력한 기법이다. 유도된 심상은 각성된 혹은 트랜스 상태에서 나오는 단순한 이미지, 감각, 상징 및 은유를 통해 긍정적이고, 치유적이며, 동기가 있는 메시지와 같은 복잡하고 여러 수준의 의미를 담고 있는 메시지를 전달할 수 있는 기능을 가지고 있다.
>
> (Health Journeys, para. 8)

"유도된 심상은 이완상태와 생리적, 정서적, 태도적 반응을 이끌어 내기 위해 상상력과 감각기억을 활용하는 신체-마음 연습이다"(Jonas, para. 2). 정신건강, 의학, 개인 및 기타 여러 환경에서 사용되는 유도된 심상은 조절과 중신화를 목적으로 한다.

유도된 심상('가이드 명상'이라고 지칭됨)은 명상이라는 우산 아래 있다고 간주되며, 사람을 이완과 평온의 상태에 이를 수 있도록 돕는다(Mayo, 2020). 메이오 클리닉(Mayo Clinic, 2020)에서는 명상이 여러 가지 의학적 어려움으로 인해 생기는 정서적 욕구를 다음과 같이 보조할 수 있다고 발표

했다: 1) 새로운 관점, 2) 스트레스 관리 기술, 3) 자기인식, 4) 현재에 집중, 5) 부정적 감정의 감소, 6) 창의성과 상상력 증가, 7) 인내심과 참을성 증가. 전통적으로는 이런 기법들이 유도된 심상을 활용하기 위해서는 다른 누군가와 함께 있어야만 가능했었지만, 기술은 이런 가능성을 확장시키고, 이런 기술을 사용할 수 있는 사람과 사용할 수 있는 사람들이 증가할 수 있도록 하였다.

캐리스(2019)는 마음챙김이 호흡, 신체 감각, 걷기, 앉기 등에 집중함으로써 공식적 또는 비공식적인 방법으로 수행된다고 하였다. 마음챙김은 사람들이 매일의 스트레스를 다루고, 자신의 행복감을 증진시킬 수 있도록 돕는다.

> 우리가 마음챙김을 할 때, 우리는 과학자가 관찰을 하듯이, 감정에 좌우되지 않고 자신의 생각, 정서, 신체 감각에 주의를 기울일 수 있다. 이 과정은 우리가 우리 경험에 압도되지 않고, 건강한 거리를 제공한다. 향상된 인식은 습관적으로 기능하는 방식이 어떻게 갈등으로 이어지고, 치유를 위한 조건을 만들 수 있는지를 강조한다.
>
> (Carris, 2019, p. 167)

유도된 심상은 이것을 달성할 수 있는 하나의 방법이다.

치료 환경에서 유도된 심상은 무의식을 의식화하기 위해 단독으로 혹은 다른 기법들과 함께 사용된다(Mellenthin, 2021). 바이올렛 오클랜더를 포함한 많은 놀이치료사들은 가이드 이미지를 자신의 작업에 포함한다. 내담자가 자신의 셀프(self)에 연결되는 것을 돕기 위해 창의력, 문제 해결, 스토리텔링, 예술을 자주 활용하고 있다(Oaklander, 1978; Mellenthin 출판). 심리치료에서 성인들에게 도움이 되는 것으로 보았던 유도된 심상의 효과를 아동 청소년에게도 주기 위해 배우고, 활용하기를 추천하고 있다. 이러한 효과에는 신체적, 정서적 어려움 경감이 포함된다(Hanish, 2013).

휴대폰과 태블릿 어플, 웨어러블 장치(피트니스 트래커, 스마트 워치 등)

와 가상 현실 시스템은 현재 마음챙김과 유도된 심상 트렌드에 기술 공헌을 주도해왔다. 2018년 휴대장치에서 상위 다섯 가지 어플을 소개한다:

End Your Day Perfectly

Guided Imagery

Creative Space

Relax with Andrew Johnson

Simply Being

(Bailey, 2018)

가상현실에서 이완을 위해 설계된 많은 프로그램이 있다. 여기에는 시각적이나 청각적으로 즐거운 경험을 할 수 있는 프로그램이 포함되어 있다. 일부 프로그램에서는 미리 설정된 대로 유도된 경험을 제공하고, 다른 프로그램에서는 사용자 정의에 따라 달라질 수 있다. 일부 프로그램은 사용자가 단순히 앉거나 누워서 마음챙김에 집중하는 동안 프로그램을 경험할 수 있도록 수동적인 방식이며, 다른 프로그램은 사용자가 자신의 세계를 창조하고, 자신이 스스로 원하는 경험을 할 수 있도록 적극적인 방식이다. 사람들이 회의 중에, 집에서, 직장에서, 그리고 '이동 중'에도 자신의 요구사항을 충족시키는 다양한 선택지가 있다는 것은 환상적이다.

음악과 동작놀이

음악과 동작은 인간 존재의 필수적인 부분이다. 역사적으로, 사람들은 음악을 창조하고, 듣고, 즐기고, 감동을 받아왔다. "만약 음악이 언어라면, 감정의 언어이다. 음악의 리듬은 삶의 리듬이며, 사건의 시간적 전개와 함께 긴장감과 해방감, 크레셴도(점점 세게)와 디미누엔도(점점 여리게), 장조 및 단조, 지연과 침묵의 중단이 있는 음악이다"(Trimble & Hesdorffer, 2017, p. 30).

우리가 좋아하는 노래를 들을 때, 우리 몸은 정서적으로 각성되었을 때 나타나는 모든 반응을 한다. 눈의 동공이 확장되며, 혈압과 맥박이 올라가고, 피부의 전기 전도도가 떨어지고 신체 움직임과 관련된 뇌 영역인 소뇌는 이상할 정도로 활성화된다. 심지어 혈액도 우리 다리의 근육으로 다시 보내진다(일부에서는 이것이 우리가 발을 두드리기 시작한 이유라고 추측한다. 즉, 소리는 생리학적 근원에서부터 우리를 자극한다.

(Lehrerm, 2011, para. 1).

음악은 우리 존재에 지대한 영향을 준다.

테일러(2021)는 또한 호흡, 리듬 및 노래에 대한 인식과 함께 움직임과 춤을 포함하며, 이는 조화, 안전 및 애착의 중요성이 최고조에 달한다. 치료사는 내담자와의 의사소통으로서 리듬과 움직임에 대한 명확하고 미묘한 소통을 인식해야 한다.

우리의 체화된 자아는 신체 내적 감각, 자세와 몸짓, 소리의 리듬과 음색을 가지고 놀이실로 들어간다. 음악과 동작을 의도적으로 사용함으로써 내담자가 감각, 심상 및 상징 놀이를 통해 신체를 기반으로 하는 자기 발견과 자기 조절을 할 수 있다.

(Taylor, 2021, p. 195)

음악과 동작 놀이 양식은 디지털 도구 수단으로 현실화될 수 있다. 모든 하드웨어 플랫폼에서 사용 가능한 수많은 어플과 프로그램들로 음악을 즐기거나 만들 수 있다. 속도가 점진적으로 빨라질 때 사용자가 건반을 일치시키는 게임 기반 놀이이거나 음악이 재생되면서 큐브가 떨어지는 것을 맞춰야 하는 것일 수 있으며, 둘 다 신체 움직임과 적극적인 듣기가 필요하다. 웹 기반 상호소통형 경험인 구글 블랍 오페라 및 플레이 어 칸딘스키는 대면 및 원격 건강 세션(Google Arts & Culture Experiments, n.d.a; n.d.b)에서 쉽게 접근할 수 있는 빠르고 재미있고 창의적인 음악적 경험이다. 명상 혹은 창조 기반 프로그램은 음악을 사용자의 리듬에 맞게 설정해서, 사용자가 자신의 호흡, 신체, 정서, 사고에 주의를 집중할 수 있도록 한다. 대부분의 이완 어플과 프로그램은 경험의 핵심 요소로서 음악을 포함하고 있다.

비디오게임에서 음악은 게임놀이 경험에 기여하고 있다. 마르고아카와 라빠(2016)는 비디오 게임의 사운드를 세 가지 유형, 대화형, 적응형, 역동형으로 설명했다. 플레이어가 게임놀이에서 특정 동작을 하기 위해서 버튼을 누르면 소리가 나고, 그 소리는 그 행동을 설명하고 확인해 준다. 플레이어가 게임에서 어떤 행동 타입을 선택하는 것에 따라 다른 소리를 듣게 된다. 적응형 사운드는 게임놀이에 따라 달라진다. 예를 들어 시간이 제한된 미니게임의 경우에는 음악과 함께 진행된다. 미니게임이 끝날 때가 되면, 음악의 리듬이나 속도가 바뀌는 것으로 변화를 예고한다. 게임에서 역동형 사운드는 대화형과 역동형 모두를 포함하고 있고, 플레이어의 행동과 게임 자체의 흐름에 반응적이다. 플레이어들은 종종 이미지와 별개로 효과와 음악 사운드에 주의를 기울여서 의미를 처리한다(Margouakas & Lappa, 2016).

경험의 핵심적 측면이든, 주변적인 요소로 통합되었든 간에, 대부분의 어플과 프로그램은 어떤 형태로든 음악이 포함된다. 음악의 뇌-신체 경험과 관련된 작업(활동적인 작업의 부재, 즉, 명상)은 내담자와 치료사에게 강렬한 경험을 준다. 내담자는 게임놀이, 춤과 동작, 혹은 창조에 관여하고, 동시에 보다 전통적인 형식의 놀이에서 할 수 있는 것과 같이 자극에 대한 신체의 신경학적 반응을 동시에 경험할 수 있다. 가상현실에서는 헤드셋을 착용하면 "마치 아무도 보지 않는 것처럼 춤을 출 수 있다"는 느낌을 줄 수 있기 때문에 또 다른 자유로움을 느낄 수 있다. 일부 사람들은 이미 프로그램에 맞춰 몸이 움직이고 있다고 느낀다. 음악에 맞춰 자연스럽게 몸을 움직이는 것은 어떠한가?

그림

치료 환경에서 임상가의 지시에 의해서든, 내담자 스스로가 동기를 가지고 했든, 그림은 언제나 우리의 역사, 표현, 스토리텔링의 일부분으로 존재해 왔다. 아마도 동굴화는 여러 가지 이유로 공유하기 위해 기록된 경험과 이야 기를 묘사한다. 그림은 복잡할 수도 있고, 단순할 수도 있는데, 특별한 능력 이 필요하지 않고, 나이 제한이 없다. 앤 퀴토(Anne Quito, 2018)는 그림과 예술은 서로 뒤섞이고 혼돈되어 왔으며, 그림은 결과가 아닌 과정에 관한 것 이라고 설명한다. 퀴토는 그림이 "세밀한 관찰력, 분석적 사고, 인내력, 겸손 함도 키우는 학습도구이자 문제해결을 위한 도구"라고 한다.

예술치료는 정신건강 분야에서 오랜, 중요한 역사를 가지고 있다. 예술치 료에서 "그림은 무의식적인 것을 의식화해서 소통할 수 있도록 도와주고, 근 본적인 주제에 대해 통찰력을 줄 수 있다"(Jiggetts, 2021, p. 57). 꽤 자주 아 동들은 자신들의 경험과 이야기와 과정을 그림으로 그리고, 설명하고, 탐험 하는 것을 특별히 좋아한다. 어떤 이야기는 언어적으로 표현될 경우, 사라질 수도 있다. 예술의 활용은 다양한 재료나 생략, 추가, 색상 같은 더 다양한 방식으로 그 이야기를 보다 완전하게 설명할 수 있다.

하드웨어 장(이 책의 제4장)에서 논의된 것처럼, 말치오디(Malchiodi) 는 그녀의 책 예술치료와 컴퓨터 기술: 가상 스튜디오의 가능성(*Art Therapy & Computer Technology: A Virtual Studio of Possibilities*, 2000)에서 예술창조와 디 지털 매체 사이의 상호작용이라는 강력한 방법에 대해 논의했다. 그 과정은 그림과 예술작업의 전통적인 창조 과정과는 다르나, 덜 중요한 것은 아니다. 표현을 변경하고 확장 또는 수정하기 위해 예술을 조작하는 능력은 매우 강 력하다.

게다가 매우 다양한 어플과 프로그램을 선택할 수 있고, 예술작업을 저장 하고 출력하고 공유할 수 있는 것으로 경험을 보다 확장시킬 수 있는 혜택이 있다. 내담자는 이전 작업으로 다시 돌아가서 수정하고, 예전에 작업했던 것 을 완성할 수 있다. 이 작업을 안전하게 보관할 수 있다는 점은 이 작업에 대

표 5.2 2018/2019 그림 그리기, 예술 어플과 프로그램

자유롭게 그림 그리기	창의적인 스케치	안드로이드 그림	스케치	3D
Adobe Illustrator Draw	Procreate	Infinite Painter	ArtRage	ZBlush
MediBang Paint	iPastels		Autodesk SketchBook	Blender
GIMP	Zen 2 Pixelmator Pro Assembly Graphic Art Set Inkist AltStudio Brushes Redux Pixaki		Marmoset Hexels 3 Adobe Photoshop Concepts Comic Draw Photoshop Sketch Clip studio Paint EX Tayasui Sketches Paper by Fifty three Sketch Club Ibis Paint X Adobe Illustrator Aseprite Krita	Sculptris Hexagon

출처 : Format Team에서 인용(2018).

한 놀라운 은유이다. 문자 그대로 작품을 보관할 수 있다는 것은 치료사가 내담자의 성장과 새로운 이해나 치료과정의 퇴보를 목격하고 감시할 수 있다는 것을 의미한다. 그림과 예술작업을 하기 위한 수백 개의 어플과 프로그램이 있다. 각 항목을 검토하여 내담자의 욕구를 충족시킬 수 있는 프로그램을 알아보고 선택하는 것이 가장 좋은 방법이다. 표 5.2에 디지털 치료 예술 창작 여행을 시작하기 위한 몇 가지 어플과 프로그램을 제시하였다.

가상현실에는 훌륭한 그리기와 예술 프로그램들이 있다. VR 사용자들은 작품을 만들고, 이동하고, 점점 몰입하면서, 상호작용할 수 있다. 그 과정과 결과는 소름이 돋을 정도이다. Google TiltBrush, Gravity Sketch, Substance Painter, Unbound Alpha, Facebook's Quill, Oculus Medium, Mozilla A-Painter는 모두 탐색하기에 훌륭한 프로그램들이다(Harris, 2018).

보드게임 놀이

보드게임 놀이에는 내담자와 함께 소통하고, 다양한 패턴과 경향성에 대해 배우고, 적절한 개입을 할 수 있는 기회가 놀랍도록 충분하다(Stone, 2016; Stone & Shafer, 2019).

보드게임 놀이가 5,000년 이상의 풍부한 역사를 가지고 있다는 것은 인간이 이런 활동에 참여하는 근본적이고 타고난 본능 수준을 가지고 있음을 보여준다. 종종 잠복기 아이들의 경우, 발달수준에 따라 보드게임에 대한 흥미가 증가하기도 하지만 모든 연령대에서 보드게임 놀이를 즐길 수 있다.

일반적으로 보드게임은 6가지 특징이 있다: 1) 즐겁다, 2) 현실 세계에서 분리되어, 상상의 경험을 하도록 한다, 3) 게임의 체계와 구조를 위한 규칙이 있다, 4) 플레이어들 간의 경쟁이 있다, 5) 복잡한 게임은 더 높은 지적 능력, 정서 조절, 사회적 상호작용 기술을 필요로 한다, 6) 게임놀이에는 일반적으로 2명 이상이 참여한다(Schaefer & Reid, 1986). 또한 게임은 협력, 전략, 우연의 3개의 범주로 분류된다. 또한 치료적 동맹, 자기 통제, 도덕 발달, 자기 표현, 실행기능, 정서 고양, 자존감, 스트레스 해소, 애착 형성 및 사회적 기술이라는 치료적 효과를 제공한다(Stone & Shafer, 2019). 보드게임에는 치료적 용도와 효과가 매우 많다.

많은 다양한 보드게임들을 전자 보드게임 형태로 이용할 수 있다. 테이블토피아 회사에서는(https://tabletopia.com/) 700개가 넘는 보드게임들을 디지털 형태로 제공하고 있다. 파치지(https://www.youtube.com/watch?v=CwvHAlWeEKs), 체스, 주사위 게임과 같은 클래식한 게임과 또한 테라 미스티카, 투스코니, 느와르, 에잇 미닛 엠파이어: 레전드 게임과 같은 모험게임을 포함하고 있다(Tabletopia, 2020). 티켓투라이드 보드게임은 디지털 버전 게임에서도 역시 상위 리스트에 있어서, 나는 가능한 빨리 확인해보려고 한다. 디지털 버전에서도 상위 리스트에 있는 다른 보드게임은 다음과 같다. 스플렌더, 카르카손 포비든 아일랜드, 로드오브워터딥, 갤럭시, 트루커, 히로시마, 헥스, 오니림, 콜트 익스프레스, 익스폴로딩 키튼스, 팬데믹, 사이

쓰, 리스크 팩션즈, 게임오브라이프, 트와이라이트 스트러글, 테이블탑 시뮬레이터(Oliveri, 2019; Sonechkina, 2020). 또 다른 회사인 보드게임아레나(Boardgamearena.com)에서는 수백 개의 게임을 온라인으로 제공하며 내담자가 사이트 접속이 어렵거나 치료사와 같은 장소에 있지 않더라도 화면 공유 기능으로 같은 화면을 사용할 수 있도록 한다. 플레이어들은 계정을 만들지 않고 게임에 참여할 수 있고 모든 게임에는 영상 및 문서 형식의 사용법이 마련되어 있다. 이 게임들 중 일부는 특별한 기능들로 인하여 기존의 보드게임 버전보다 더 잘 묘사되어 있다.

가상현실은 보드게임 분야에도 많은 것을 제공한다. 같은 공간에서 여러 사람들이 게임으로 상호작용하고, 원격으로 참여할 수 있다. 놀이치료사로서 우리는 종종 치료실을 컨테이너로 생각하지만, 임상적으로 적절하게 확장시키는 것 또한 중요하다. 이는 COVID-19 대유행 기간 동안 더욱 초점이 되었다. 오늘날에는 실제 대면 회기 대신 원격정신건강 회기로 접근할 수 있을 뿐만 아니라, 생활 환경에서도 그 사용이 이어질 수 있다. 예를 들어, 아버지가 다른 나라에 거주하면서 가상현실 헤드 디스플레이 장치(HMD)를 가지고 있는 내담자를 만난다면, 우리는 '만날' 시간을 미리 조율해서, 아버지와 딸이 함께 게임하도록 할 수 있다. 만약 내 치료실에 헤드셋이 2개 있다면, 하나는 내담자가, 다른 하나는 내가 사용해서, 멀리 있는 아버지와 모두 함께 게임을 하는 경험을 할 수 있다. 또한 태블릿 게임을 함께 할 수도 있다. 이것은 광범위한 효과가 있는 꽤 흥미로운 발전이다.

오큘러스는 하스브로와 함께 모노폴리, 보글, 트리비얼 퍼슈트와 같은 고전적 게임들을 VR로 제공하기 위해 협력해 왔다. 오큘러스 룸스는 비밀이 보장되지 않는다는 짐을 염두에 두고 초대장을 통해 다른 사람들과 개인적으로 만날 수 있는 공간을 제공한다. 이 방은 다른 사용자들에게 방해받지 않지만, 이것이 HIPAA(Health Insurance Portability and Accountability Act, 미국 건강 보험 양도 및 책임에 관한 법)를 준수한다는 의미는 아니다. 또한 태블릿 시뮬레이터, 퀴즈 하이트 투나잇! 마스터즈 오브 체스, 체스 울트라,

어센션 VR, 로스트 시티, 핵더깁슨, 마종 VR, 던전 체스, 키즈밋 같은 다른 게임들도 이용할 수 있다.

결론

카두슨과 쉐퍼는 15개의 놀이치료 양식을 확인했다. DPT 양식을 추가하여, 열 가지 놀이치료 양식을 디지털 기법으로 아주 쉽게 변환할 수 있었다. 내담자의 문화를 포함시키는 것은 매우 중요하기 때문에 놀이치료에 이러한 선택지를 포함시키는 것은 합리적인 일이다. 접근성 또한 놀이에서 중요한 요소인데, 놀이치료 양식에 디지털 도구를 포함하면, 능력과 거리 모두에서 접근성이 증가한다. 원격정신건강 회기는 현재 사용할 수 있는 다양한 디지털 도구로부터 큰 이점을 얻었다.

참고문헌

Altvater, R. A., Singer, R. R., & Gil, E. (2017). Part 1: Modern trends in the playroom-preferences and interactions with tradition and innovation. *International Journal of Play Therapy*, *26*(4), 239–249.

Annema, J. H., Verstraete, M., Abeele, V. V., Desmet, S., & Geerts, D. (2010). *Video games in therapy: A therapist's perspective*. Academia. www.academia.edu/510695/Videogames_in_therapy_a_therapists_perspective

Bailey, E. (2018, September 10). 5 guided imagery apps. *Health Central*. www.health-central.com/article/8-guided-imagery-apps

Barasch, A. (2019). Clinical psychologists see positive potential in video games as therapy. *Variety*. https://variety.com/2019/gaming/features/clinical-psychologists-see-positive-potential-in-video-games-as-therapy-1203175911/?fbclid=IwAR1__6NcybvkoMPGxE4G6IlqB7LOou94tyDaDu4tuJY96bvimK8XnZT8W5A

Brahnam, S., & Brooks, A. L. (2014). Two innovative healthcare technologies at the intersection of serious games, alternative realities, and play therapy. *Innovation in Medicine and Healthcare*. https://pdfs.semanticscholar.org/1ccc/0ad228fbb5e2eee201611c2d213577853f03.pdf

Brooks, A. L., Brahnam, S., & Jain, L. C. (Eds.). (2014). *Technologies of inclusive well-being: Serious games, alternative realities, and play therapy*. Springer.

Carris, M. (2019). Introducing technology-delivered mindfulness interventions into the therapeutic process. In J. Stone (Ed.), *Integrating technology into modern therapies*. (pp. 166–178). Routledge.

Ceranoglu, T. A. (2010). Video games in psychotherapy. *American Psychological Association*, *14*(2), 141–146.

Clarke, B., & Schoech, D. (1994). A computer-assisted game for adolescents: Initial development and comments. *Computers in Human Services*, *11*(1–2), 121–140.

Clement, J. (2019, June 26). *Number of daily apple app store app releases worldwide 2016–2018*. www.statista.com/statistics/276705/ios-app-releases-worldwide/

Farrell, A. D. (1989). Impact of computers on professional practice: A survey of current practices and attitudes. *Professional Psychology: Research and Practices*, *20*(3), 172–178.

Fernández-Aranda, F., Jiménez-Murcia, S., Santamaría, J. J., Gunnard, K., Soto, A., Kalapanidas, E., . . . Penels, E. (2012). Video games as a complementary therapy tool in mental disorders: PlayMancer, a European multicenter study. *Journal of Mental Health*, *21*(4), 364–374.

Folkins, J. W., Brackenbury, T., Krause, M., & Hailand, A. (2014). *Enhancing the therapy experience using principles of video game design*. Bowling Green State University. www.bgsu.edu/content/dam/BGSU/health-and-human-services/document/cdis/Folkins-Brackenbury-Krause-Haviland-2016.pdf

Format Team. (2018, December 14). *The 34 best drawing apps and art apps for 2018/2019*. www.format.com/magazine/resources/illustration/drawing-apps

Gardner, J. E. (1991). Can the Mario Bros. help? Nintendo games as an adjunct in psychotherapy with children. *Psychotherapy: Theory, Research, Practice, and Training*, *28*(4), 667–670.

Google Arts & Culture Experiments. (n.d. a). *Blob opera*. https://artsandculture.google.com/experiment/blob-opera/AAHWrq360NcGbw?fbclid=IwAR3041tnHfhQ2s0p7Xggo5XcIUPVqe6uvwluzw-78fG9RLj2HSNCMO2egUc

Google Arts & Culture Experiments. (n.d. b). *Play a Kandinsky*. https://artsandculture.google.com/experiment/sgF5ivv105ukhA?fbclid=IwAR0NWpPgJZf9jzc24auAsv9pb48GISJwci-_H-XtrlsQv2d86rh5sFFnfrk

Guided Imagery. (2013, June 16). *History of guided imagery*. www.guidedimagery-downloads.com/history-of-guided-imagery/

Hanish, J. B. (2013). *Guided imagery as treatment and prevention for anxiety, chronic stress, and illness*. https://alfredadler.edu/sites/default/files/Hanish%20MP%202012.pdf

Harris, M. (2018, September 7). 7 best tools for painting, 3D modeling and sculpting in VR. *Digital Arts Online*. www.digitalartsonline.co.uk/features/hacking-maker/7-best-tools-for-painting-3d-modelling-sculpting-in-vr/

Hawkes-Robinson, W. (2008). Role-playing games used as educational and therapeutic tools for youth and adults. *Academia*. www.academia.edu/3668971/Role-playing_Games_Used_as_Educational_and_Therapeutic_Tool_for_Youth_and_Adults

Health Journeys. (n.d.). Health journeys guided imagery and mediation. *Google Play*. https://play.google.com/store/apps/details?id=com.release.healthjourneyaudio&hl=en_US

Homeyer, L., & Sweeney, D. (2017). *Sandtray therapy: A practical manual* (3rd ed.). Routledge.

Horne-Meyer, H. L., Moyer, B. H., Messer, D. C., & Messer, E. S. (2014). The use of electronic games in therapy: A review with clinical implications. *Pub Med*. https://pubmed.ncbi.nlm.nih.gov/25312026/

Hull, K. (2016). Technology in the playroom. In K. J. O'Connor, C. E. Schaefer, & L. D. Braverman (Eds.), *Handbook of play therapy* (2nd ed., pp. 613–627). Wiley.

Hull, K. (2021). Electronic game play therapy. In H. G. Kaduson & C. E. Schaefer (Eds.), *Play therapy with children: Modalities for change* (pp. 225–240). American Psychological Association.

Jiggetts, N. (2021). The use of children's drawing in play therapy. In H. G. Kaduson & C. E. Schaefer (Eds.), *Play therapy with children: Modalities for change* (pp. 55–74). American Psychological Association.

Jonas, W. (n.d.). *Guided imagery pocket guide*. https://drwaynejonas.com/wp-content/uploads/2018/05/Guided-Imagery-Pocket-Guide.pdf

Kaduson, H., & Schaefer, C. (2021). Introduction. In H. G. Kaduson & C. E. Schaefer (Eds.), *Play therapy with children: Modalities for change* (pp. 3–8). American Psychological Association.

Kottman, T. (2011). *Play therapy basics and beyond* (2nd ed.). American Counseling Association.

Lamb, R., & Etopio, E. (2019). VR has it; A framework for virtual reality integration. In J. Stone (Ed.), *Integrating technology into modern therapies* (pp. 80–93). Routledge.

Lamb, R., & Etopio, E. (2021). Therapeutic extended reality. In H. G. Kaduson & C. E. Schaefer (Eds.), *Play therapy with children: Modalities for change* (pp. 241–258). American Psychological Association.

Lehrer, J. (2011, January 19). The neuroscience of music. *Wired*. www.wired.com/2011/01/the-neuroscience-of-music/

Lexico. (2019a). *Modality*. www.lexico.com/en/definition/modality

Lexico. (2019b). *Mode*. www.lexico.com/en/definition/mode

Li, J., Theng, Y.-L., & Foo, S. (2014). Game-based digital interventions for depression therapy: A systematic review and meta-analysis. *Cyberpsychology, Behavior, and Social Networking, 17*(8), 519–527.

Lowenfeld, M. (1997). *Understanding children's sandplay: Lowenfeld's world technique*. Sussex Academic Press.

Malchiodi, C. A. (2000). *Art therapy & computer technology: A virtual studio of possibilities*. Jessica Kingsley.

Maples-Keller, J. L., Bunnell, B. E., Kim, S.-J., & Rothbaum, B. O. (2017). The use of virtual reality technology in the treatment of anxiety and other psychiatric disorders. *Harvard Review of Psychiatry*, 103–113. www.e-mence.org/sites/default/files/domain-39/Maples-Keller%20Use%20VR%20in%20disorders%202017.pdf

Margounakas, D., & Lappa, I. (2016). Music in video games. *Researchgate*. www.researchgate.net/publication/315959927_Music_in_Video_Games

Mayo Clinic. (2020). *Meditation: A simple, fast way to reduce stress*. www.mayoclinic.org/tests-procedures/meditation/in-depth/meditation/art-20045858

Mazuryk, T., & Gervautz, M. (n.d.). Virtual reality history, applications, technology and future. *Institute of Computer Graphics*. www.cg.tuwien.ac.at/research/publications/1996/mazuryk-1996-VRH/TR-186-2-96–06Paper.pdf

Mellenthin, C. (2021). Guided imagery. In H. G. Kaduson & C. E. Schaefer (Eds.), *Play therapy with children: Modalities for change* (pp. 125–140). American Psychological Association.

Mendoza, M. (2015, May 1). *The evolution of storytelling*. https://reporter.rit.edu/tech/evolution-storytelling

Merriam Webster. (2019). *Technique*. www.merriam-webster.com/dictionary/technique

Murray, S. (2021). Use of stories in play therapy. In H. G. Kaduson & C. E. Schaefer (Eds.), *Play therapy with children: Modalities for change* (pp. 93–106). American Psychological Association.

Musser, G. (2018, October 24). How virtual reality is transforming autism studies. *Spectrum News*. www.spectrumnews.org/. . ./virtual-reality-transforming-autism-studies/?format=pdf

Oaklander, V. (1978). *Windows to our children*. Gestalt Journal Press.

Oliveri, J. (2019, May 20). 10 best digital adaptations of board games. *The Gamer*. www.thegamer.com/best-digital-adaptations-of-board-games/

Orben, A., & Przybylski, A. K. (2019). Screens, teens, and psychological well-being: Evidence from three time-use-diary studies. *Association for Psychological Science*, *30*, 682–696.

Ortíz-Catalan, M., Nijenhuis, S., Ambrosch, K., Bovend'Eerdt, T., Koenig, S., & Lange, B. (2014). Virtual reality. In J. L. Pons & D. Torricelli (Eds.), *Emerging therapies in neurorehabilitation, biosystems, & biorobotics* (pp. 249–265). Springer.

ovr news. (2018, May 22). *Oculus rooms gets Boggle, more Hasbro classic games coming soon*. www.ovrnews.com/oculus-rooms-gets-boggle-more-hasbro-games-coming-soon/

Pernicano, P. (2016). Metaphors and stories in play therapy. In K. J. O'Connor, C. E. Schaefer, & L. D. Braverman (Eds.), *Handbook of play therapy* (2nd ed., pp. 259–275). Wiley.

Prensky, M. (2002). *What kids learn that's positive from playing video games*. www.marcprensky.com/writing/Prensky%20-%20What%20Kids%20Learn%20Thats%20POSITIVE%20From%20Playing%20Video%20Games.pdf

Przybylski, A. K., Weinstein, N., Murayama, K., Kynch, M. F., & Ryan, R. M. (2012). The ideal self at play: The appeal of video games that let you be all you can be. *Association for Psychological Science*, *23*(1), 69–76.

Quito, A. (2018, September 18). Drawing is the best way to learn, even if you are no Leonardo di Vinci. *Quartz*. https://qz.com/quartzy/1381916/drawing-is-the-best-way-to-learn-even-if-youre-no-leonardo-da-vinci/?fbclid=IwAR1XZuTLNhxThXeEB_sH2BEEEmSYOaN_Ukvfi7teQaDK3VGnoG7FeP3EMgk

Resnick, H., & Sherer, M. (1995). Computer games in the human services: A review. *Computers in Human Services*, *11*(1–2), 17–29.

Schaefer, C. E., & Reid, S. E. (1986). *Game play: Therapeutic use of childhood games*. Wiley.

Snow, M. S., Winburn, A., Crumrine, L., & Jackson, E. (2012). *The iPad playroom a therapeutic technique*. www.mlppubsonline.com/display_article.php?id=1141251

Sonechkina, A. (2020). The 10 best digital board games for your mobile. *Game Analytics*. https://gameanalytics.com/blog/10-best-digital-board-games.html

Steadman, J. (2014). Using popular commercial video games in therapy with children and adolescents. *Journal of Technology in Human Sciences*, *32*, 201–219.

Stone, J. (2016). Board games in play therapy. In K. J. O'Connor, C. E. Schaefer, & L. D. Braverman (Eds.), *Handbook of play therapy* (2nd ed., pp. 309–323). John Wiley & Sons.

Stone, J. (2021). Extended reality therapy: The use of virtual, augmented, and mixed reality in mental health treatment. In R. Kowert & T. Quandt (Eds.), *Video game debate* (2nd ed.). Routledge.

Stone, J., & Schaefer, C. E. (2019). Game play therapy: Theory and practice. In J. Stone & C. E. Schaefer (Eds.), *Game play* (3rd ed., pp. 3–8). Wiley.

Strickland, D. (1998). Virtual reality for the treatment of autism. In *Virtual reality in neuro-psycho-physiology*. Ios Press. https://pdfs.semanticscholar.org/358e/28df2cb7 720b7100811f4aee7af731164b08.pdf

Sweeney, D. (2021). Sandtray therapy. In H. G. Kaduson & C. E. Schaefer (Eds.), *Play therapy with children: Modalities for change* (pp. 9–24). American Psychological Association.

Tabletopia. (2020). *Online sandbox arena for playing board games just like in real life.* https://tabletopia.com/

Taylor, S. A. (2021). The use of music and movement in therapy. In H. G. Kaduson & C. E. Schaefer (Eds.), *Play therapy with children: Modalities for change* (pp. 191–208). American Psychological Association.

Trimble, M., & Hesdorffer, D. (2017). Music and the brain: The neuroscience of music and musical appreciation. *BJPsych International, 14*(2), 28–30.

Wear VR. (n.d.). *VR board games and tabletop.* www.wearvr.com/collections/ vr-boardgames

Wilkinson, N., Ang, R. P., & Goh, D. H. (2008). Online video game therapy for mental health concerns: A review. *International Journal of Social Psychiatry, 54*(4), 370–382.

06

원격놀이치료

종류를 막론하고 심리치료에서의 핵심은 치료사의 이론적 토대, 교육 그리고 경험이라고 할 수 있다. 이들 각각은 사례 개념화와 치료 계획에 대한 정보를 제공한다. 치료사의 핵심 이론(들)을 이루는 구성 요소는 다양한 매체, 환경, 내담자의 요구, 인구학적 요소, 진단 및 중재에 적용될 수 있다. 잘 알려진 바이지만, COVID-19는 정신건강 분야 종사자가 사용해오던 대부분의 전형적인 서비스 전달 방법을 다른 것으로 대체하고 있다. 신체적 가까움과 정서적 친밀함을 라포 형성에 최선의 방법으로 여겼던 우리에게 서로 가까워지는 건 더 이상 안전한 방식이 아니게 되었다. COVID-19와 이러한 변화 이전에는 놀이치료를 위해 동일한 물리적 공간 안에 있는 것으로 치료적 관계를 형성하고 유지하였고, 실재하는 물건을 이용해 중재를 수행하였다.

원격심리치료로의 빠른 전환은 많은 이의 가슴에 공포를 일으켰다. SNS는 두려움과 아이디어로 가득 찼다. 일례로 "Tele-PLAY Therapy Resources and Support"라는 페이스북 그룹은 페이지를 연 후 1개월 만에 2만 4,010명이나 되는 회원을 모았다(C. Gruhala, personal communication, January 2, 2021; Stone, 2022). 치료사들은 그들의 내담자, 가족, 자신, 침구, 생활 방식의 급변(왜 두루마리 휴지가 매진된 것인가?), 아이들 학교, 경제적 문제와 직업 등에서 많은 걱정이 생겼다. 마치 매슬로의 욕구단계설에 새로운 단계가 우리 눈 앞에 펼쳐진 것과 같았다. 짧은 기간 동안 매우 많은 욕구를 규명하고 다루어야 했다.

다수의 놀이치료사가 "치료사와 내담자가 같은 공간에 있지 않은 상태에서 서비스와 지속적인 보살핌이 가능한가?", "어떤 원격의료 플랫폼을 사용해야 하고, 도대체 그 원격의료 플랫폼이라는 것은 무엇인가?", "개인정보보호는 어떻게 해야 하고 어떻게 유지해야 하는가?", "안전 문제는 어떻게 해야 하지?", "학회, 심사평가원, 중앙정부, 면허발급기관이나 지자체에서 제시하는 윤리적, 법적 기준이 존재하는가?", "치료사는 내담자가 겁에 질렸을 때 어떻게 도울 수 있는가?" 또는 "우리 지금 뭐하고 있는 거지?"와 같은 고민으로 괴로워하였다(Stone, 2022).

몇몇 주요 지침을 적용하면 우리가 가진 핵심 토대를 새로운 욕구, 환경 그리고 중재에 적용하는 것을 원활하게 할 수 있다. 스톤(2022, 허락하에 다시 기재함)이 제시한 내용을 여기에 발췌하겠다.

1) 당신이 수련하고 경험한 기본 원리를 새로운 매체(디지털 플랫폼)에 적용하라. 이는 사례 개념화와 치료 계획에서 중재의 적용과 부수적인 접촉 상담의 전 과정을 포함한다.
2) 법적, 윤리적 요구사항을 조사하고 알게 된 것을 기록한다.
3) 2)에서 알게 된 바를 새로운 매체에서 서비스를 제공하기 위해 선택한 프로그램 및 플랫폼에 적용하고 그 선택이 당신이 조사한 바에 얼마나 부합하는지를 문서화한다. 조사는 내적으로 규정한 범위 내(예를 들어 HIPAA compliance와 같은)에서 진행해야 할 것이다.
4) 구체적인 원격의료 동의서를 포함하여 필요한 모든 종류의 법적, 윤리적 서류를 적절한 수준으로 만들어 놓아야 한다.
5) 내담자를 원격의료에 적합한 방법으로 평가해야 한다. 여기에는 안전성, 진단, 접근성, 사회-경제, 가족 내 역동과 문화에 대한 고려가 수반

되어야 한다.

6) 당신이 일하는 데 필요한 새로운 어떤 요소에 대해서든 해당 분야 전문가에게 상담하라.

원격 서비스에 대한 풍부한 역사는 놀랍게도 1900년대 초반으로 거슬러 올라간다. 어떻게 되었든지 원격의료의 역사가 길고 풍부하다는 것을 이해하는 것은 우리가 경험한 시간 속에서 운 좋은 위치에 있었다는 것을 놀이치료사가 깨닫게 할 수 있다. 지난 세기 동안 우리가 해 온 것으로 인해 우리는 내담자에게 이전 시대에는 불가능했을 지속적인 보살핌을 전 세계의 많은 기업이 제공하는 개인 단말기, 다양한 소프트웨어 선택지 및 널리 퍼진 인터넷망과 같은 기술과 결합함으로써 제공할 수 있게 되었다.

이 책의 초판은 COVID-19와 그 위험성에 대해 대중이 인지하기 전에 작성되었고, 우리는 무엇을 직면하게 될지 모르고 있었다. 당시에 원격진료 서비스는 일부에서만 제공하고 있었고 일반적인 고려사항은 아니었다. 치료에서 디지털 기기는 '그 외'로 취급하고 있었고, 분명히 '필수'는 아니었고, 이에 대한 많은 고민이 이 책에 수록되어 있었다. 그러나 COVID-19가 발생하였고 이어서 원격의료로 이행하는 상황이 벌어졌으며, 그 결과 다수의 치료사와 내담자가 원격의료 형태로 전환하는 커다란 흐름이 생겨났다. 이 장에서는 이러한 역사와 변화 과정, 디지털 놀이치료의 발생, 그리고 미래의 수평선을 바라보는 것의 중요성에 대해 다루고자 한다.

용어

줌과 같은 실시간 서비스와 이메일과 같은 비실시간 서비스를 막론하고 현재 제공되고 있는 서비스를 설명하기 위해 매우 많은 용어가 사용되고 있다. 이러한 용어에는 eHealth, mHealth, telemedicine, telehealth, telemental health, teleplay, telebehavioral health, telepsychiatry, telecounseling, computer mediated/aided, videotherapy 등 외에도 많은 용어가 사용되고 있다. 이러한 용어는 모두 "원격에서 안전하고 보호된 가상 플랫폼을 이용하여 심리 놀이치료를 제공하는 전달 수단"을 의미하고 있다(Stone, 2022, p. xiv). WeCounsel은 2021년에 telemental health를 다음과 같이 정의하였다.

> telemental health 또는 telebehavioral health는 행동치료나 심리치료를 원격으로 제공하는 방법으로, 주로 미국 건강 보험 양도 및 책임에 관한 법(HIPAA)에 의거한 화상회의 또는 문자에 기반한 메시지를 이용한다. 가상현실을 이용한 심리치료의 장점에는 사회적 비난은 감소하면서 환자의 편의는 증가하고 제공자의 효능은 증가한다는 점이 있다.
>
> (para. 1)

원격진료

토마스 버드는 1970년대에 'telemedicine'이라는 용어를 만드는 것을 지지하였다(Strehle & Shabde, 2006). 멀리 있다는 의미의 그리스어 'tele'와 치료를 의미하는 라틴어 'medicus'을 조합하여 만든 단어로, '멀리서 치료하다'로 해석할 수 있다(p. 956). 'telemedicine'이라는 용어가 생겨나기 이전에 그에 상응하는 개념은 이미 수행되고 있었다. 독일인 심리치료사인 빌렘 에인트호벤은 1906년에 전화선을 이용해 1,500미터 이상 떨어진 곳에서 심전도를 관찰(Cadogan, 2020)한 원격진료 결과를 포함하는 저서를 출판하였다(Strehle & Shabde, 2006; Einthoven, 1906; Stone, in press). 에인트호벤은 원거리에서 의료 서비스를 제공하는 첨단에 서 있었다.

이와 같은 (초기 원격진료의) 예에는 다수가 있으나, 여기에서는 이 장의 목적에 부합하는 중요한 초석에 집중하여 설명하겠다. 정신건강 측면에서 세실 휘트손 박사는 1957년 이전 어느 시기에 심리치료 과정 학생을 훈련하기 위해 폐쇄회로(CCTV)와 텔레비전을 이용하였다(University of Nebraska, n.d.). 1969년에는 매사추세츠 제너럴 병원에 원격 진료소가 만들어지기도 했다(WeCounsel, 2021; Stone, in press). 원격진료와 원격정신보건은 매우 인상 깊고 놀라우며 풍부한 역사를 가지고 있는 것이다.

IOM(Institute of Medicine)과 GOe(the Global Observatory for eHealth)와 같은 다양한 단체가 원격진료를 사용하는 방법을 모색하였다. IOM은 1996년에 원격진료를 위한 프레임워크 개발에 대한 요청을 받았고(Institute of Medicine, 1996; Field, 1996), 그들은 보살핌의 질, 관찰 지표, 접근성, 가격, 환자 및 의료인의 인식 등과 같은 주요한 개념에 대해 알아보고자 하였다. 결국 원격진료가 생명력을 가지기 위해서는 더 많은 연구와 기술 개발이 필요하다는 보고서가 발간되었다(Institute of Medicine, 1996; Stone, 2022).

GOe는 원격진료에 대한 수요가 있는지, 가격이 얼마나 될지 그리고 계속 개발할 가치가 있는지에 대해 조사하였다(World Health Organization, 2010). 그 결과 대형 기관 또는 업체에서는 현 상황의 붕괴 또는 기존의 시스템과의 경쟁상황이 발생하는 데 대한 우려의 목소리를 내었다. 원격진료는 주류 치료사의 창고 구석으로 돌아가게 되었다.

대형 기관 또는 업체 외에도 보건이라는 분야 전체가 전형적으로 전통적인 방법에 젖어있었고, 새로운 방법의 적용이 느리다는 특성이 있었다(DiCarlo et al., 2020). 1960년대부터 80년대까지 진행된 원격진료에서 파생된 프로젝트는 자생력을 가질 만큼 경제력을 가지지 못하였기 때문에 연구비가 떨어지자마자 폐기되었다(Field, 1996). 태도, 금전, 학습곡선, 소프트웨어 또는 하드웨어에 대한 접근성 및 기타 이유로 원격진료의 발달이 저해되고 있었다.

2000년에 이르러 르윈 그룹은 IOM 보고서를 다시 찾아서 업데이트 하였다(Lewin Group, Inc., 2000). 소비자가 원격 서비스를 강력히 원함에도 불구하고(Simpson et al., in press; Gustke et al., 2000), 대형 기업과 기관은 기존의 입장을 계속 강하게 주장하였다(Lewin Group, Inc., 2000). 전문적 영역과 소비자의 욕구가 서로 단절된 것으로 보였다.

20년간 이루어진 연구를 메타분석한 결과는 원격진료서비스를 도입하는 것을 지지한다(Batastini et al., 2020). 원격 서비스의 환자/내담자 만족도가 매우 높다는 것은 다수의 논문에서 반복적으로 검증되었다(Field, 1996; Gustke et al., 2000; Batastini et al., 2020; Rosic et al., 2020). 앞서 말한 단절의 원인은 무엇인가? 구스트케 등(Gustke et al., 2000)은 195명 가운데 99%가 "나는 전문가와 적절하게 소통할 수 있다"에, 98.2%가 "나는 전문가가 내가 지금 무엇 때문에 힘들었는지를 알아줄 때 편안해진다"에, 98.7%가 "원격진료는 지금 의학적 처치를 받기 쉽게 해준다"에 긍정적인 대답을 하였고, 3.3%만이 "나는 불편함을 감수하고라도 다음 진료에는 전문가를 대면하고 싶다."라고 대답을 하였다(2000, p. 9; Stone, 2022).

원격정신건강의료

높은 고객의 수요와 만족도와 낮은 전문가 집단의 적용도를 감안하면 COVID-19 이전에 매우 소수의 놀이치료사만이 원격 서비스를 제공한다는 것이 놀라운 일은 아니다. 원격 서비스를 제공하는 치료사는 가끔 지방에 있거나 특수한 요구가 있는 인구를 대상으로 서비스를 제공해 왔다. 2020년에 원격진료로의 대규모 전환이 생겨나자 치료사들은 원격으로 서비스를 제공하는 것의 예기치 못한 이점에 대해 깨닫기 시작하였다. 이러한 전환은 일부에게는 득이 되었고, 일부에게는 해가 되었으며, 대부분에게는 득실이 모두 있었다.

페어 헬스라는 기관에서 원격의료 사용을 포함하는 통계를 수집하고 보고한 바 있는데(2020a), 2019년 4월부터 2020년 4월까지의 동향을 추적한 결과 원격 서비스 이용이 주목할 만큼 증가하였다. 1년 사이에 미국 내 원격의료 서비스 이용은 0.15%에서 13.00%로 평균 8335.51% 증가하였다(Fair Health, 2020a, 2020b). 뿐만 아니라 미국심리학회에서 2020년에 조사한 바에 따르면 회원 가운데 75%가 내담자에게 원격 서비스를 제공하고 있다고 응답하였다(Edwards-Ashman, 2021). 2019년과 2020년에 가장 많이 사용된 상위 5개 CPT(Current Procedural Terminology) 코드를 비교해 보면, 2019년에는 정신보건 관련 코드가 없었지만 2020년에는 90837과 90834가 상위 5개 코드 안에 올라와 있었다(Fair Health, 2020a).

이와 같이 원격정신건강 서비스가 빠르게 적용될 수 있었던 것은 환경과 수요가 충족되었기 때문이다. 이러한 변화는 전통적인 방법에서 발전해 나가거나 점진적이지 않았다. 내담자의 수요를 포함해서 원격 서비스를 제공하도록 압박하는 환경은 당위성의 문제를 방법론의 문제로 발전하게 하였다. 즉, 원격정신건강서비스를 사용해야 하느냐 마느냐의 문제에 대한 논의는 줄어들고 "이것을 어떻게 해야 하지?"에 대한 고민이 늘어난 것이다. 사생활 보장, 보안, 질환 맞춤 서비스, 접근성, 문화적 배경 및 제공자가 지불해야 하는 수수료 등에 대한 고려가 대두되었고, 사람들은 이에 대한 지침이 필요했다(Calkins, 2021; O'Brien & McNickolas, 2020; DiCarlo et al., 2020). 미국 정부, 면허 발급기관 및 전문가 집단이 모두 치료사가 원해 마지않던 지침의 임시판을 일시적으로 발간하였다. 뿐만 아니라 스프트웨어 업체에서는 새로운 프로그램을 출시하거나 기존 프로그램을 업데이트하여 사용자의 요구에 부응하고자 하였다.

2016년에 미국심리학회 회의가 콜로라도주 덴버에서 개최되었다. 그 회의에서 한 여성이 황급히 다가와 명함을 내밀며 만나자고 하였다. 그 여성은 마를레네 마외(Marlene Maheu) 박사로, Tele-behavioral Health Institute에서 전무이사로 재직하고 있었다. 만일 홈페이지를 만들거나 관련 교육을 받지 않았다면 해보기를 강력히 추천하며, 마외 박사는 이 분야의 전문가였다.

1994년부터 이 영역에서 일해온 마외 박사는 임상가를 위한 몇 가지 중요한 권장사항을 다음과 같이 상세히 기술하였다.

1) 당신이 사용할 수 있는 원격의료(telehealth) 서비스 범위를 국가 수준에서 이해하고 있어야 한다. 당신의 자격 범위를 확실하게 하기 위해 관

련 정보를 구독해야 한다. 당신이 다른 주에 있는 사람에게 서비스를
제공하기 위해서는 추가 자격을 취득해야 하는지를 명확히 확인해야
한다. 일부 주에서는 다른 주의 치료사에게 임시 자격을 제공하고 있으
나, PSYPACT와 같은 일부 주체에서는 여러 주에서 사용할 수 있는 자
격을 제공하고 있다. "우리는 원격의료에 대한 환자 인구의 증가하는
수요를 충족할 수 있도록 치료사가 쉽게 주 경계를 넘어 원격의료를 제
공할 수 있도록 규제의 완전한 발전을 원합니다"(Pennic, 2020).

2) 내담자 소재지에서 제공하고 있거나 제공하려고 하는 서비스가 당신의
자격범위를 충족하는지 확인해야 한다. 당신의 자격범위에서 어떠한
추가적인 자격사항이나 교육이 필요한지 확인해야 하며, 어떠한 요구
사항, 자격범위, 제한, 증명사항 등이 되었든지 전문 자격 보장 회사를
통해 모두 확보해야 한다.

3) 당신이 속한 분야를 지키기 위한 어떠한 적용 표준에 대해서든 조사하
고 이해해야 한다. 주 자격 위원회, (지역 또는 국가) 전문가집단의 윤
리위원회, 필요할 때 자문을 구하는 동요 등을 통해 이와 같은 정보를
수집할 수 있다.

4) 원격의료 중에 발생하는 예기치 못한 상황 등을 포함한 정보를 내담자
에게 제공해야 한다. 여기는 안전계획에 대한 기술적인 문제 등을 포함
하여 동의서에 포함되어야 한다.

5) 타당화 연구를 통해 검증되지 않은 개발 중인 서비스를 제공하는 경우
에는 내담자에게 구두와 서면 모두로 해당 정보를 제공해야 한다. 동의
서 양식에는 "원격건강 서비스 방식에 따른 이득과 한계, 진단 및 치료
에 사용하는 전자장비의 작동불량으로 인한 잠재적 장애 발생 가능성,
법적 문제 발생 시 재판 지역 선택, 제공할 서비스와 이를 위한 장비에
대한 간략한 설명과 그에 대한 기대이득과 잠재적 위험요소 및 서비스
제공에 따르는 기타 유의사항"이 포함되어야 한다(p. 79). 반드시 동의
서 내용을 포함한 모든 법적, 윤리적 자문을 받고 내담자, 보호자 및 관

리자가 문서에 서명하도록 해야 한다.

6) 치료에 관련한 모든 정보를 "제공하는 모든 치료가 표준 치료법에 부합한다는 증거를 제공"하기 위하여 문서화해야 한다는 것을 명심해야 한다(p. 79). 여기에는 모든 종류의 내복약과 보조 자료를 포함한다. 사소하더라도 어떠한 종류의 내담자 사진이나 영상이 상시 적절한 보안과 윤리적 고려하에서 다루어지고 있어야 한다.

7) 직원이 있다면 그들이 당신 기관의 구조와 요구사항에 맞춰 항상 교육받고 있음을 분명히 밝혀야 한다.

8) 참여한 모든 교육과정, 특히 원격건강인 경우에는 이에 대한 문서를 보관해야 한다. 해당 교육과정에 법적, 윤리적 고려가 포함되어 있는지 확인해야 한다. 교육 과정은 반복해서 참여하여 최신정보로 업데이트해야 한다.

9) 내담자 정보를 보관하거나 전송할 때는 암호화된 이메일, 기록저장장치 또는 HIPAA 규약을 준수하는 플랫폼 등과 같은 적절한 보안매체를 확인하고 사용해야 한다. 기록에 대한 기밀엄수나 보안, 저장과 불러오는 과정과 슈퍼비전 과정에서 생길 수 있는 잠재적인 사고에 대해 연구하고 이해해야 하며, 이러한 내용 또한 동의서에 포함되어야 한다.

10) 동료, 윤리위원회 등으로부터 지침을 찾기 위한 당신의 노력을 문서화해야 한다. 여기에는 동의서, 진행한 모든 서비스가 들어있는 저장매체, 환자 정보의 처리, 기록과 재료 및 기타 등을 공유하는 것을 포함한다. 이와 같은 노력에 대한 기록은 당신이 해당 서비스를 제공하기 위해 얼마나 세심한 배려를 했는지를 보여주게 된다.

11) 원격건강 커뮤니티 리더에게 자문 또는 슈피비전을 받고 모든 상호작용을 문서로 기록해야 한다. 특정 문제에 대해 자문을 받았다면 어떤 권고를 받았든지 기록해야 한다. 이는 당신의 그 권고 이행 여부에 대한 근거가 된다.

12) 첨단에 서 있는 잘 디자인되고 보안에 충실한 시스템을 조사하면 잠재

적인 개인정보 누출을 줄일 수 있다.

(adapted from Maheu, 2020, pp. 78-80; Stone, 2022*)

(마외의 책에서 인용, 2020, pp. 78-80; Stone, 2022)

고려사항

원격놀이치료를 하는 치료사는 개인건강정보(personal health information, PHI), 소통 내용, 동의서 및 제공한 서비스를 포함하는 지불 관련한 보호자와의 논의 내용 등에 대한 보안에 대해 고려해야 한다. 그러나 앞서 이 책 초반에서 DPT에 대해 논의할 때 애기했던 대로 원격정신건강 서비스를 제공할 때 일부 특정 주제에 대해서는 탐구하고 색인해두어야 한다. 당신의 규칙이 원하는 요소를 묘사하는 정확한 문서작업은 내담자와 치료사로서의 당신, 그리고 당신이 제공하는 서비스를 안전하게 지켜줄 것이며, 당신이 하는 작업의 기반을 안내할 것이다. 만일 당신이 누군가에게 고용되어 일하고 있더라도 당신의 치료 범위를 명확이 밝히는 것은 당신의 책임이며, 그 방법이야말로 당신의 자격증을 명확하게 보이는 것이다. 내담자와 작업할 때 DPT와 원격정신건강에 해당하는 측면을 포함해서 당신이 현재 하고 있는 일을 반영하는 문서작업을 해야 함을 명심해야 한다.

가능한 한 보안이 되는 플랫폼과 서비스를 이용해야 하며, 이는 사업협력계약(business associate agreement, BAA) 서명이 있는 HIPAA 인증을 확인하는 것이 좋다. 완벽한 보안이란 것은 불가능하지만 중재는 임상적으로 상대적이면서 중요한 부분이기 때문에 동의서를 제공하는 것은 보호자(또는 성인 내담자)로 하여금 어떤 위험성이 있고 어떤 득이 있는지에 대해 교육을 받은 이후에 결정을 내릴 수 있도록 한다. 만일 당신이 사용하고자 하는 장치가 개인건강정보(PHI)를 수집하지 않는다면 HIPAA 인증을 받는 수준의 품질을 갖추지 않아도 되는데, PHI가 없다면 HIPAA 인증을 적용할 수 없기 때문이다. 미국에서는 1996년에 미국 건강 보험 양도 및 책임에 관한 법 (Health Insurance Portability and Accountability Act, HIPAA)에 따라 PHI를 관리해야 한다는 규정이 있다. 전술한 바와 같이 어떤 회사가 PHI를 수집한 다면 BAA 서명이 중요해지는데, 이는 각 회사에서 모든 PHI가 보안되고 있으며, 보안 속에서 현재 진행 중인 PHI 관리가 이루어진다는 것을 의미하기 때문이다.

내담자의 환경은 고려해야 할 또 다른 부분이다. 안전, 보안, 비밀유지, 경계와 기타 필요한 것이 해결되어야 한다(Langley & Timmerman, 2021). 안전이 가장 중요하다. 다른 장소에 있으면서 가능한 내담자의 환경이 안전함을 분명하게 조사하는 것이 중요하다. 또한 서비스 이전에 안전 계획에 동의를 받는 것은 필수라고 할 수 있다. '만일 환경이 안전해지지 않으면 연락할 수 있는 치료사는 누가 있는가? 그 사람과는 어떻게 연락할 수 있는가? 그 사람은 회기 진행 중에 지정된 방법으로 대기해주는 것에 협약을 할 것인가? 내담자는 어디에 있는가? 가까운 응급의료시설은 어디인가?'와 같은 질문이 당신의 안전 협약을 구성하고 정보를 제공하게 된다.

어린 내담자의 경우에는 회기 중에 어떤 일이 생겼을 때 보호자가 올 수 있는지가 중요하다. 만약에 4살짜리 아이가 뭔가를 누르고 있는데 화면이 나오지 않는다면 어른이 도와주어야 한다. 동시에 치료적 회기에서의 안전한 공간이 대면 시와 동일하게 보장되어야 한다. 지나가는 형제, 아침을 가져다주는 조부모(실제로 지난주에 있었던 일이었다!!), 혼수상태로 인해 수액을 달고 있는 부모가 있으면 치료적 환경과 결속을 만드는 데 방해가 된다. 계획된 가족회기는 완전히 다른 시나리오이며, 개인 회기에서 침입은 많은 문제를 야기하게 된다. 경계를 설정하고 보호자와 협약을 함으로써 내담자가 안전하고 개인적인 공간을 제공받을 수 있도록 하는 것이 핵심이다. 만일 이러한 조건이 깨지는 경우에는 이를 지적하기 위한 소통이 이루어져야 한다. 가족이 지나가거나 집 벽이 얇아서 소리가 들릴 가능성이 있는 경우에는 무선이어폰을 사용하여 대화를 다른 가족이 듣기 어렵게 하는 것은 매우 좋은 방법이다.

접근성

원격으로 서비스를 제공할 때 접근성은 또 다른 중요한 주제라고 할 수 있다. 여기에는 서비스 내용과 치료사 외에도 공급 상황, 하드웨어, 소프트웨어 및 인터넷 연결이 포함된다. COVID-19 기간 동안 많은 학교가 학생들에게 온라인 수업을 위한 장비를 제공하였고, 일부 기업은 인터넷 회선을 제공하였다. 그러나 우리가 내담자가 가정에서 있는 모습과 그 안에서의 역동, 그리고 매일의 일상을 관찰할 수 있었던 것처럼 우리는 또한 그들이 인터넷을 통해 접속해야 할 것과 접속하면 안 되는 것을 경험하였다. COVID-19 봉쇄로 인해 지역, 사회경제적 계층, 문화, 가족 문화, 인간관계에서의 역학 관계 등에 따라서 일부 내담자는 또 다른 어려움에 직면해 있다(O'Brien & McNickolas, 2020; Stone, 2022). 뿐만 아니라 소위 정보격차라는 개념은 중요하게 고려해야 할 여러 가지 문제를 포함하고 있다. 브리태니커 백과사전(2021)에서는 정보격차를 다음과 같이 정의하고 있다.

> 사회 내에서 정보 통신 기술(ICT)이 불균형하게 분포하는 것을 이르는 용어. 정보격차는 (1) 선진국과 개발도상국 사이(국제 격차) 또는 (2) 동일 국가 내 다양한 사회경제적 집단 사이(사회적 격차), (3) 인터넷에서 관찰되는 다양한 정치성향으로 구분되는 사람들 사이에서(정치적 격차) 나타나는 컴퓨터와 인터넷에 대한 접근성의 격차(제1 수준 정보격차)와 사용 능력의 격차(제2 수준 정보격차)를 아우른다. 일반적으로 이러한 차이는 새로운 미디어를 사용하는 집단('유산자')과 사용하지 않는 집단('무산자') 사이에 사회적 불균형을 강화하고 지속적인 정보나 지식의 격차를 유지시킨다고 알려져 있다.
>
> (para. 1)

내담자의 요구와 당신이 해야 할 사례개념화를 생각하고 창의적으로 확실하게 드러난 요구를 주어진 지표 안에서 충족할 방법을 찾아야 한다.

원격놀이치료

원격놀이치료는 치료사와 내담자가 서로 다른 공간에 있으면서 원격건강 플랫폼을 통해 치료사의 경험과 이론적 토대에 기반한 놀이치료 서비스를 전달하는 것을 포함한다. 나는 COVID-19 이후에도 원격정신건강 서비스를 제공하는 것이 잘 진행될 뿐 아니라 시간이 갈수록 확장될 것으로 생각하고 있다. 많은 기업에서 이미 여러 직원이 원격으로 업무를 처리하고 가상현실에서 회의가 열릴 수 있다는 것을 알게 되었고, 우리 영역에서도 또한 내담자, 가족 그리고 치료사가 원격정신건강 서비스를 제공하는 것의 중요한 이점을 알게 되었다.

이 책의 초반에 소개했던 치료적 관계 맺기, 라포 형성과 같은 중요한 요소는 놀이치료에서 초석으로 작용한다. 많은 사람들이 스크린을 통해서는 치료적 관계 맺음이 불가능하다고 믿었다. 다행스럽게도 많은 치료사가 같은 공간에 있지 않으면서도 치료적 관계를 만들고 유지하는 데 성공하였다. 일부 사람에게는 물리적으로 다른 공간에 있는 것에서 오는 안전이 치료 과정을 돕기도 하였다. 내담자는 자기 침대, 좋아하는 담요, 나만의 요새, 옷장 등에 파묻혀 자신만의 안전한 공간에서 치료사에게 보다 열린 마음으로 이야기를 할 수 있게 된다. 공간 안에 있는 물건은 각기 다른 사람에게는 다른 의미를 가지게 된다. 친밀감과 신체적 가까움은 일부 사람에게는 매우 불편하여 오히려 빗장을 걸어 잠그게 되는 경우가 생길 수 있다. 이러한 경우 또한 어떤 점에서 내담자가 점차 대면 회기로 전환할 수 있도록 원격정신건강 서비스를 이용하는 것이 적절할 수 있다. 원격회기의 가상공간은 특히 당면한 주제에 대해 표현하기 어려운 사람에게 보호받고 있다는 생각을 불어넣어 줄 수 있다(DiCarlo et al., 2020).

이동 측면에서 많은 가족이 직장, 학교 또는 모임에서부터 이동하는 시간을 줄인다는 이득을 얻었다. 이제 회기에 참석하기 위해 30분간 운전해서 이동하고 회기에 참석하기 위해 45~60분을 사용한 후에 돌아가는 데 또 다시

30분 이상을 소요할 필요가 없어졌다. 물론 대면회기가 최선인 내담자도 존재한다. 여기에서 가장 중요한 것은 사람들은 서로 다른 욕구를 가지고 있으며, 일부 사람을 위해서는 원격정신건강이 그들의 요구를 매우 아름답게 만족시킬 수 있다는 점이다.

원격건강 화면을 통해 내담자의 세계의 창을 여는 것은 많은 놀이치료사에게 꽤나 새로운 경험이 될 것이다. 이 창을 통해 우리는 그들의 환경, 가정, 공간, 애완동물, 가족, 애정하는 동물이나 담요 또는 때로는 이러한 것이 명백히 부족한 상황을 관찰할 수 있다. 전통적으로 가정방문 치료를 해온 사람들은 이러한 이득을 누려왔으며 수년간 이러한 어려움을 마주해왔다.

디지털 도구

디지털 도구를 원격놀이치료에 도입하면 둘 이상의 서비스를 강력하고 생산적으로 조합할 수 있다(Stone, 2022; Baker, 2019). 전화, 이메일 또는 문자메시지를 복합적으로 활용하는 복합적인 접근 치료는 대면치료나 약물과 견줄 수 있을 만큼 유효성을 보였다(Miclea et al., 2010). 우리가 보유하고 있는 강력한 장치를 조합하는 것은 우리 내담자에게 훌륭한 서비스를 제공하기 위함이다. "원격심리치료가 애플리케이션이나 가상현실(VR), 빅데이터 또는 인공지능(AI)과 같은 다른 기술영역과 통합하는 것은 정신건강을 보조하는 도구가 발전되어 있는 흥미로운 미래의 문을 열어준다(DiCarlo et al., 2020, p. 1)."

이 책의 초반에서 서술한 것처럼 디지털 놀이치료의 기반에는 치료사의 치료적 기반이 포함되어 있다. 이러한 기반은 놀이치료에서 디지털 도구를 활용하여 직접적으로 적용하는 부분이다. 이와 같은 개념을 원격정신건강 서비스에 적용하는 것은 당연히 다음 단계로 이루어져야 하는 작업이다. 확고한 이론적 기반에 따라 검증한 디지털 도구를 활용하는 것은 내담자에게 적절한 치료적 경험을 매우 풍부하게 제공할 것이다.

COVID-19 이후의 원격정신건강

오랜 시간 동안 어려운 시기에는 새로운 산업이 나타났다. 어떤 산업은 폭풍우를 이겨내지 못하였다. 많은 기업이 COVID-19 팬데믹과 그로 인한 봉쇄로 인해 문을 닫았다. 반면에 또 많은 기업이 번창하였고, 심지어 새로운 사업이 생겨나기도 하였다. 번창한 사업의 경우에는 시대의 요구에 부응하기 위한 준비가 되어 있었거나 훌륭하게 적응한 경우라고 할 수 있다. 놀이치료사 가운데 대부분은 내담자의 요구에 부응하기 위해 훌륭하게 적응하였다. 항상 표준정규분포에 이상값은 존재해 왔고, 대부분의 놀이치료사는 적응하고 내담자가 그토록 원하는 서비스를 제공할 수 있게 된 것이다.

이러한 서비스에는 디지털 놀이치료가 때로는 영상을 공유하는 형태로, 또는 다중접속 온라인게임 형태로, 또는 그 외의 다른 형태로 포함되어 있다. 치료사들은 자신의 레퍼토리와 놀잇감을 멋지게 확장하였고 일부는 자신이 로블록스에서 아바타를 만들고 있는 것에 놀라기도 하였다. 치료사들은 새로운 시대의 요구에 대한 적응 과정에서 디지털 중재와 상호작용에 가치가 있음을 발견하였다. 디지털 세계에 소통과 치유가 있었던 것이다. 굉장히 힘든 시간을 이겨내면서 엄청난 깨달음을 얻은 것이다.

결론

원격정신건강의료를 포함하는 원격의료서비스는 사람들이 생각하는 것보다 오랜 역사를 가지고 있다. 기술발전과 더불어 성장과 확장의 이번 세기는 COVID-19로 인한 시기적 어려움 속에서도 치료사가 내담자에게 정신건강치료를 계속 제공할 수 있게 하였다. 디지털 놀이치료와 원격정신건강의료서비스가 함께하는 만찬은 치료사가 골라서 사용하는 데 충분한 도구와 이를 활용하는 데 근거가 되는 이론적 토대를 가지고 있음을 확인해 주었다. 이후에 치료사가 완전 대면치료로 돌아가거나 대면-원격 혼합 형태를 사용하게 되든지 간에 지난 몇 년간의 경험은 우리, 놀이치료 영역, 그리고 우리의 적응력은 내담자의 안녕을 위해 엄청난 것을 해낼 수 있다는 것을 가르쳐 주었다.

참고문헌

Baker, L. (2019). Therapy in the digital age. In J. Stone (Ed.), *Integrating technology into modern therapies* (pp. 37–47). Routledge.

Batastini, A. B., Paprzycki, P., Jones, A. C. T., & MacLean, N. (2020). Are video conferenced mental and behavioral health services just as good as in-person? A meta-analysis of a fast-growing practice. *Clinical Psychology Review*, pp. 1–99.

Britannica. (2021). *Digital divide*. www.britannica.com/topic/digital-divide

Cadogan, M. (2020). *Willem einthoven*. https://litfl.com/willem-einthoven/

Calkins, H. (2021, January/February). Online therapy is here to stay. *Monitor on Psychology, 52*(1), 78–82.

DiCarlo, F., Sociali, A., Picutti, E., Pettorruso, M., Vellante, F., Verrastro, V., Martinotti, G., & di Giannantonio, M. (2020). Telepsychiatry and other cutting edge technologies in COVID-19 pandemic: Bridging the distance in mental health assistance. *International Journal of Clinical Practice*. https://doi.org/10.1111/ijcp.13716

Edwards-Ashman, J. (2021, January/February). Advocacy will help secure expanded telehealth coverage. *Monitor on Psychology, 52*(1), 83–85.

Einthoven, W. (1906) (Translated by Blackburn, H. W., 1955). *The telecardiogram*. www.sciencedirect.com/sdfe/pdf/download/eid/1-s2.0-0002870357903678/first-page-pdf

Fair Health. (2020a, April). *Monthly telehealth regional tracker*. https://s3.amazonaws.com/media2.fairhealth.org/infographic/telehealth/apr-2020-national-telehealth.pdf

Fair Health. (2020b). *Media outlets reference our data*. www.fairhealth.org/press-release/telehealth-claim-lines-increase-8-336-percent-nationally-from-april-2019-to-april-2020

Field, M. J. (1996). *Telemedicine: A guide to assessing telecommunications for health care*. National Academy Press.

Gustke, S. S., Balch, D. C., West, V. L, & Rogers, L. O. (2000). Patient satisfaction with telemedicine. *Telemedicine Journal, 6*(1), 5–13.

Institute of Medicine. (1996). *Telemedicine: A guide to assessing telecommunications in healthcare*. National Academy Press.

Langley, J. L., & Timmerman, B. J. (2021). Beyond closed doors: The ethics of privacy and safety of telemental health for children and adolescents. *Play Therapy, 16*(2), 20–23.

Lewin Group, Inc. HHS – 10–97–0012. (2000). *Assessment of approaches to evaluating medicine: Final report*. https://aspe.hhs.gov/system/files/pdf/139216/index.pdf

Maheu, M. M. (2020). Telehealth: Risk management in the re-tooling of health care. *Law & Governance, 7*(1). www.longwoods.com/content/16422//telehealth-risk-management-in-the-re-tooling-of-health-care

Miclea, M., Miclea, S., Ciuca, A., & Budău, O. (2010). Computer-mediated psychotherapy: Present and prospects. A developer perspective. *Cognition, Brain, Behavior: An interdisciplinary journal, 14*(3), 185–208.

O'Brien, M. O., & McNickolas, F. (2020). The use of telepsychiatry during COVID and beyond. *Irish journal of psychological medicine 27*(4), 250–255.

Pennic, F. (2020, December 30). 6 mental health & teletherapy predictions; Trends to watch in 2021. *HIT Consultant.* https://hitconsultant.net/2020/12/30/mental-health-teletherapy-predictions-trends-2021/

Rosic, T., Lubert, S., & Samaan, Z. (2020). Virtual psychiatric care fast-tracked: Reflections inspired by the COVID-19 pandemic. *Cambridge University Press.* https://www.cambridge.org/core/journals/bjpsych-bulletin/article/virtual-psychiatric-care-fasttracked-reflections-inspired-by-the-covid19-pandemic/E71B54C451DFDFA794ABD20E094EC906

Simpson, S., Richardson, L., Pietrabissa, G., Castelnuovo, G., & Reid, C. (in press). *Videotherapy and therapy alliance in COVID-19* [Manuscript submitted for publication]. doi: 10.1002/cpp.2521

Stone, J. (2022). Telemental health play therapy. In J. Stone (Ed.), *Play therapy and telemental health: Foundations, populations, and interventions* (pp. 45–67). Routledge.

Strehle, E. M., & Shabde, N. (2006). One hundred years of telemedicine: Does this new technology have a place in paediatrics? *Archives of Disease in Childhood, 91*, 956–959. doi:10.1136/adc.2006.099622. http://www2.hawaii.edu/~strev/ICS614/materials/Strehle%20Shabde%20One%20hundred%20years%20of%20telemedicine%202006.pdf

University of Nebraska. (n.d.). *Cecil L. Wittson.* https://archives.nebraska.edu/agents/people/1473

WeCounsel. (2021). *Telemental health: History.* www.wecounsel.com/telemental-health/

World Health Organization. (2010). *Telemedicine opportunities and developments in member states.* www.who.int/goe/publications/goe_telemedicine_2010.pdf

연구 이해하기

나는 이 장에 대해 존경하는 놀이치료 동료 중 한 명과 이야기를 나누었다. 사람들이 이 장을 읽도록 유도하기 위해 글을 잘 쓰는 것에 대한 긴장감을 털어놓자 그녀는 "걱정하지 마! 아무도 읽지 않을 거야"라고 말했다. 그러나 나는 진심으로, 당신이 이 장을 읽기를 바란다. 나는 이러한 정보와 지식이 우리를 더 나은 임상가, 전문가, 그리고 동료로 만든다고 생각한다. 연구 논문을 비판적으로 검토하는 것의 중요성을 이해하는 것은 우리 자신과 우리의 놀이치료 전문성을 향상시킨다. 그러니 제발 그녀가 틀렸다는 것이 증명되기를 바란다. 이 장을 읽고 당신이 지금 알고 있는 것을 다른 사람들에게 말하고, 그것을 포스팅하고, 더 많은 지식에 대한 논의를 계속하라. 당신의 더 이상 숟가락으로 떠먹는 정보를 받아먹지 않겠다는 의지를 모두에게 알려라. 당신은 교육을 받은 전문적인 소비자다!

왜 이 장이 중요한가?

놀이치료사로서 우리는 회기에서 내담자들과 함께하고 있는 것이 적절한 것인지 알기를 원한다. 우리는 제공하는 서비스의 질을 보장하는 데 도움이 되는 출처(신뢰할 수 있는 멘토, 슈퍼바이저, 이론가, 경험, 경험적 연구)에서 수집한 자료를 통한 정보를 원한다. 우리는 멘토, 슈퍼비전, 이론적 학습, 그리고 경험을 통해 그것을 찾아내는 것에 꽤 능숙하다. 그러나 많은 놀이치료사들은 연구방법 또는 통계를 평가하는 것에 대한 공식적인 훈련을 받지 않는다. 대부분의 사람들은 지루하고 복잡한 실험연구에 대해 배우고 싶어 하지 않는다. 그러나 확실한 것은 회기에서 사용하기에 더 재미있고 적용할 수 있는 기술과 같은 것을 배울 수 있다는 것이다. 이것은 너무 당연하다.

반가운 소식은 연구를 비판적으로 읽는 것을 시작하기 위해 통계학과 실험연구 방법론을 모두 이해할 필요는 없다는 것이다. 단순히 논문 초록과 논의보다는 연구 논문의 추가적인 부분을 읽을 수 있도록 몇 가지 기본적인 것들을 이해하는 것이 좋다. 이러한 중요한 요소들을 분석할 수 있는 기술을 갖춘 독자는 논문을 읽고 이해하는 것에 큰 차이가 있을 것이다.

연구 논문

연구 논문은 전형적으로 아래와 같은 요소를 포함한다(Hall, 2017) :

- 초록
- 서론
- 연구방법
- 결과
- 논의

방법론은 다른 사람이 와서 그 연구를 반복할 수 있도록 개요와 설명을 제공하는 레시피에 비유할 수 있다. 통계 분석방법은 연구 논문 안에서 명시되어야 하지만, 이 선택을 평가하는 것은 어려울 수 있다. 우리의 목적을 위해서는 분석방법 자체를 이해하는 것은 덜 중요하다. 그것은 중요한 정보이지만 통계 전문가가 아닌 대부분의 임상가들은 그 정도의 연구 조사 분석에는 참여하지 않을 것이다. 결과 부분은 통계 분석의 결과를 포함한다. 즉, 데이터를 소개하는 것이다. 논의 부분은 논문 안에서 소개한 개념을 종합하는 역할을 한다. 여기서 저자는 분석한 자료와 발견한 결과에 의미를 부여하고 추론한다. 문헌고찰, 결과, 시사점, 연구의 제한점과 후속연구를 위한 제언, 이해 상충에 관한 진술과 같은 추가 부분도 포함된다. 최근 연구는 종종 이해 상충에 관한 진술을 포함하는데, 이는 연구자가 주제와 어떤 관련이 있는지 독자에게 알려줄 수 있다. 이러한 연관성이 항상 편견으로 이어지는 것은 아니지만, 이어질 가능성은 있으며 독자가 인식하는 것은 중요한 부분이다. 또 다른 최신 개념인 사전등록은 연구에서 발생하는 문제들을 감소시키는 강력한 방법이다.

사람들은 연구자가 제공하는 결론에 초점을 맞추어 연구 논문 또는 참고문헌을 자주 읽는다. 종종 결과와 논의 부분에 많은 설명 없이 숫자와 값이 표시되며, 독자는 제공된 정보가 무엇을 의미하는지 최소한의 이해만 하게 된다. 그것은 압도적으로 다가올 수 있다. 블레어(Blair, 2017)는 다음과 같이 훌륭한 추천을 한다 :

당신이 선택했거나 할당된 논문을 적어도 세 번은 읽어라. 처음에 당신은 그 연구의 전반적인 개요를 얻기 위해 논문을 대충 훑어보고 초록, 서론과 논의 부분을 읽을 수 있다. 그다음 연구방법 및 결과 부분에 초점을 두고 본 논문 전체를 다시 읽어보라. 마지막으로, 연구자가 무엇을 했거나 또는 하지 않은 것에 대하여 질문하기 위한 시각으로 논문을 세 번째 읽어보라. 논문 저자가 제공한 결과에 대한 대안적 설명을 고려하라(para. 3).

다음을 포함한 질문을 해야 한다:

- 연구 질문은 무엇인가?
  - 이 질문은 협의의 것인가? 광의의 것인가?

- 연구는 어떻게 설계되었는가?
  - 연구설계는 완벽한가? 잘 수행되었나?
  - 연구설계는 연구질문에 적절하게 준비되었는가?
- 무엇이 포함되었거나/또는 제외되었는가?
  - 이는 사전등록된 연구에서 더 쉽게 평가될 것이다.
- 자료에 근거하여 어떤 논의가 작용하였고, 무엇이 추론되었는가?
  - 결론들은 자료의 직접적인 결과인가?
  - 저자는 연구 결과를 확대했는가? 한 가지 측면에만 집중하는가?
- 주제, 연구 또는 연구자와 관련하여 어떤 정보를 얻고 싶은가?
  - 누락된 구성 요소가 있는가?
  - 부조화되는 것이 있는가?
  - 명시된 이해 상충이 있는가?

구성요소 소개

논문초록

연구의 초록 부분은 독자들에게 핵심 요소를 알리고 그들이 더 많은 부분을 읽도록 유인하려는 의도를 가지고 간결하게 추려낸 주요 내용이다. 일반적으로 초록에는 연구동기와 이론적 근거, 인구학적 배경과 수집한 데이터에 대한 짧은 주석, 그리고 도출된 결론을 소개한다. 초록만 읽는 것은 충분하지 않으며 때로는 오해의 소지가 있다. 초록은 연구물 전체에 대한 장을 마련해 주지만 전체 결과에 대한 대체 역할을 하는 것이 결코 아니다.

서론

연구 논문의 서론 부분은 연구를 위한 이론적 근거와 지지를 제공한다. 이 부분은 어떤 혼란을 최소화하기 위해 가장 명확하고 간결하게 진술된 연구질문과 선행연구에 대한 문헌고찰을 포함한다. 문헌고찰은 현재 연구의 필요성을 지지하고, 어떻게 그 분야의 최신 지식 체계를 확장시킬 것인가를 설명한다. 만약 주제가 검토해야 할 방대한 양의 선행연구를 가지고 있지 않다면, 핵심 개념들은 독자들에게 왜 이 연구 질문이 중요한지를 설명하기 위해 서로 다른 분야의 연구를 통해 연결되어야 한다. 이 부분은 독자가 가지고 있거나 그들이 수행하고자 하는 이후의 연구에 관한 질문을 취할 수 있도록 본문의 인용문 및 참고문헌으로 가득 차 있어야 한다. 연구자는 독자가 현재 연구의 다음 부분을 살펴볼 수 있도록 식별된 주요 구성요소와 근거를 제공하여야 한다. 또한 서론은 현재 연구가 해당 분야의 지식 영역을 확장하기 위해 무엇을 제공하거나 제공할 것인지 설명해야 한다.

방법론

방법론은 연구를 수행하기 위한 체계적인 계획을 말한다. 그것은 따라 할 수 있는 레시피이다. 방법론은 다른 연구자가 연구를 재연할 수 있는 방식으로 설명되어야 하며, 따라서 독자는 연구가 어떻게 수행되었는지 이해할 수 있어야 한다. 이 부분은 메모하고 질문 목록을 작성하기에 좋은 영역이다. 예를 들어, 연구자들이 왜 이러한 모집단을 선택했는지, 모집단에 어떻게 접근할 수 있었는지, 표본 크기를 왜 그렇게 정했는지, 특정 설문지를 사용한 이유는 무엇인지 등등을 알 수 있다.

변수

변수는 측정하려는 항목, 개념 및 범주이다. 그것은 사람마다 또는 상황에 따라 가치가 다르기 때문에 변수라고 불린다. 그것은 다양하고, 그래서 변수라고 불린다. 변수에는 숫자, 측정값, 집단, 범주 등이 포함된다. 변수에 의해 발견되거나 수집된 정보를 데이터라고 한다.

변수에는 독립(x)과 종속(y)의 두 가지 주요 유형이 있다. 독립변수는 x가 변경되면 회귀선(숫자는 그래프에 기울기로 표시되어 의미에 대해 자세히 알려준다) y가 얼마나 변할 것으로 예상되는지 설명해주기 때문에 설명변수라고도 불린다(Rumsey, 2011; Helmenstine, 2018, para. 1).

만약 우리가 놀이치료 시간에 만들어서 사용하는 슬라임을 생각한다면, 우리는 슬라임의 점도(점성 및 끈적임)를 예시로 사용하여 이 개념을 설명할 수 있다. 독립변수(x)에는 슬라임을 만드는 데 사용되는 각 성분의 양, 실내 온도 또는 습도 수준이 포함될 수 있다. 점도는 x의 변화(성분의 양, 온도, 습도 등)에 따라 달라지기 때문에 점도의 변화 정도는 측정이 가능하다. 이러한 정의는 연구설계에서 중요하다. 이러한 정의가 제대로 확인되지 않으면 통계가 제대로 실행되지 않고 잘못된 결론에 도달할 것이다. 다시 말해, 접착제를 마요네즈로 바꾸고 레시피의 다른 모든 것을 동일하게 유지하면 마요네즈는 독립변수(x)가 된다. 슬라임, 즉 종속변수(y)의 점도를 측정할 때 마요네즈가 슬라임에 어떤 영향을 미쳤는지 확인할 수 있다. 우리는 마요네즈가 슬라임의 점도를 얼마나 변화시켰는지 테스트하거나 x(마요네즈)가 y(점도의 변화)에 미치는 영향을 살펴볼 수 있다. 이러한 정보를 적절히 배정하고, 정의 또는 측정하지 않을 경우, 통계는 부적절한 정보에 기초하게 되며, 결론은 잘못된 정보를 제공할 가능성이 크다. 만약 연구자들이 접착제가 마요네즈로 대체되었다고 우리에게 말하지 않고 결과를 제공했다면, 우리는 사실이 아닌 정보에 근거하여 레시피를 결정할 것이다. 표 7.1을 참고하라.

독립변수의 배정과 정의 또한 연구자들이 무엇을 찾고 있는지 알려준다. 독자는 왜 특정 변수가 포함되었는지, 포함되지 않았는지 의문을 가질 수 있다. 외상변수 또는 그 외의 변수가 포함될 수 있으며 방법론에 의문을 제기할 수 있다. 슬라임의 예는 간단하지만, 중요한 것은 연구자들이 변수와 그 변수의 역할에 대해 무엇을 보고 있는지, 그리고 그 변수를 어떻게 사용하고

표 7.1 독립변수와 종속변수

변수 유형	짧은 정의
독립변수(x)	설명변수, 예측에 사용하는 변수. x가 변경되면 y가 얼마나 변경될지 회귀선을 통해 알 수 있음.
종속변수(y)	반응변수, x에 반응하여 변화함. 이 변수는 예측을 위한 변수임.

평가할 것인지를 알려준다는 것이다.

연구자들은 무엇(연구질문과 변수)을 보고 있는가? 왜 그것들(연구질문과 문헌고찰)을 보고 있는가? 그것들을 어떻게 보고 있는가/어떻게 성분을 바꾸고 있는가/효과는 무엇인가(독립변수와 종속변수)? 실험에서 어떤 정보를 얻었는가(결과)? 결과를 어떻게 해석하고 있는가(논의)? 연구 논문의 각 부분이 중요하다.

검정력

통계적 결과는 검정력으로 해석된다. 통계적 검정력은 연구결과가 효과를 알아낼 가능성을 나타낸다. 검정력이 높을수록 유의한 결과로 간주되지 않는다. 컷오프 기준을 생각해 보자. 검정력이 높을수록 컷오프 선이 높아지며, 기준에 도달하지 못하기 때문에 더 적은 결과가 유의한 것으로 간주된다. 연구자가 기준선을 높게 설정하면 더 적은 결과가 유의한 것으로 간주되지만 포함된 결과는 더 높은 수준의 신뢰도로 받아들일 수 있다. 기준이 낮을 경우 더 많은 유의성이 보고되고 포함되지만 결과에 대한 신뢰도는 낮아진다. 통계적 역량은 연구에서 다루는 변수만을 언급하는 것이며, 외삽(extrapolation, 이용 가능한 자료의 범위가 한정되어 있어 그 범위 이상의 값을 구할 수 없을 때 관측된 값을 이용하여 한계점 이상의 값을 추정하는 것)은 매우 주의하여 수행되어야 한다. 당신에게 가장 중요한 변수가 있거나 포함되지 않은 다른 변수가 있을 수 있다.

통계적 역량의 결정 및 해석으로 인해 1종 오류, 2종 오류의 오차가 발생할 수 있다. 1종 오류는 긍정오류라고도 한다. 건강검진에서 완벽한 예를 볼 수 있는데, 임신이 아닌 사람이 임신이라는 결과를 받는 것이다. 2종 오류를 부정오류라고 하며, 그 결과는 거부되면 안 될 것들이다. 예를 들면, 실제로 임신했을 때 임신하지 않았다는 결과를 듣는 것이다(Glen, 2015).

반복연구

반복연구는 다양한 연구자들이 그들의 주장을 강화하거나 반증하기 위해 동일한 연구를 수행할 수 있도록 하므로 중요하다. 연구를 반복하는 것은 동일한 프로토콜(방법론 레시피)에 따라 서로 다른 집단에 적용하여 결과가 도출되었기 때문에 독자에게 더 견고하고 신뢰할 수 있는 결과를 제공할 수 있다. 때때로 이 과정은 새로운 질문, 구성요소 또는 변수로 주제를 확장한다.

반복연구에 의해 결론이 더 많이 뒷받침될수록, 우리는 더 많은 정보를 신뢰할 수 있고, 그러므로 우리의 내담자들에게 더 나은 프로그램과 개입, 그리고 치료를 제공할 수 있다. 휴 그린(Hue Green)이 말했듯이, "실험은 종합적으로 고려되어야 하며, 주어진 결과는 여러 번의 시연에서 가장 안전하게 도출된 결론이어야 한다"(2015, para. 8). 반복의 중요성을 설명하기 위해 버지니아대학교의 브레인 노섹(Brain Nosek)이 무상으로 공개된 자료에 대한 반복 연구를 주도했다. 그 목적은 기존의 연구들을 살펴보고, 방법론을 재연한 뒤, 연구결과를 원본과 비교하는 것이었다. 이 프로젝트는 엄청난 사업이었으며, 전 세계 270명의 연구원들이 참여하였다(Open Science Collaboration, 2015). 연구결과는 놀라웠다. 총 100회의 반복연구가 완료되었다. 이 100회 반복실험 중 36%만이 유의한 결과를 나타냈으며, 원래의 100건의 연구 모두 그들의 논문에서 중요한 결과를 다시 발표했다. 이것은 그들이 반복한 연구의 64%가 '불안정한' 것으로 밝혀졌음을 의미한다(Green, 2015). 여기에서 불안정하다는 것은 후속 연구자들이 처음에 보고된 결과는 재연할 수 없다는 것을 의미하며, 따라서 우리는 그 결과에 의존할 수 없다는 것을 의미한다. 이 반복비율이 얼마가 되어야 하는지는 분명하지 않지만(Yong, 2015), 이는 엄청난 문제이며 모든 깃에 문제를 제기한다. 최초 연구가 잘 진행되었고 초기 연구 결과가 양호하더라도, 아마도 환경, 설명되지 않은 변수 또는 다양한 인적 요인이 결과에 영향을 미쳤을 것이기 때문에, 일반화 가능성이 훼손되거나 과대 또는 과소평가될 수 있다. 우리는 우리의 신념, 이해, 그리고 임상적 방향의 많은 부분을 연구에 기초한다. 그럼에도 불구하고 이 100개의 연구 샘플은 결과의 64%가 불안정하다는 것을 보여주었다. 연구에서 우리가 정말로 의지할 수 있는 것이 무엇인지를 어떻게 알 수 있을까?

연구결과

데이터는 결과 부분의 별과 같다. 이것은 헷갈릴 수 있는 숫자, 기호, 그리고 공식을 포함하는 부분이다. 이해해야 할 중요한 개념이 많이 있지만, 이 장에서는 그중 많은 것을 다루지 않을 것이다. 이러한 개념을 더 깊이 있게 이해하고 싶다면 연구설계 및 통계과정을 수강하는 것이 좋다. 우리의 목적과 공간을 할당하기 위해서, 이 부분은 몇 가지 기본적인 사항을 제공한다. 잠시 후, 그 재미있는 작은 상징들 중 어떤 것은 당신에게 더 큰 의미가 될 것이다.

슬라임 가설

가설은 연구설계에서 매우 중요한 개념이며, 연구에서 시험하고 있는 것을 확인하는 것이다. 이 장에서 우리가 중점적으로 다룰 두 가지 주요 가설이 있다. 첫 번째 가설은 귀무가설(영 가설, null hypothesis)이고 H_0로 표시된다. 귀무가설은 현재 상황이다. 예를 들어, 한 사람이 슬라임을 만들고 그 용기가 1갤런[1]이라고 주장한다면, 1갤런의 양은 H_0가 될 것이다. 대립가설 (altenative hypothesis), 즉 H_a (또한 H_1으로 나타낼 수 있음)는 연구자가 참이라고 믿는 주장이다. 아마도 놀이치료사는 수없는 레시피를 만들어왔고, 그때마다 1갤런짜리 지퍼락 백 하나보다 훨씬 더 많은 슬라임을 만들었을 것이다. 그러므로 H_a는 레시피는 실제로 1갤런 이상의 슬라임을 생산한다는 것이다. 여기에 구하고자 하는 모수(값) 또는 모집단 평균인 μ 기호를 하나 더

---

[1] 갤런은 액체 측정치이며 지퍼백은 정확할 수도 아닐 수도 있다는 것을 유념하는 것이 중요하다. 이것은 단순한 예시에 불과하며, 실제 진정한 연구는 측정에 적절한 상관관계가 있는지 확인해야 할 필요가 있다.

포함해야 한다. H_0 또는 슬라임 레시피가 슬라임 1갤런을 만든다는 주장은 결과부분에 다음과 같이 기록될 것이다. $H_0 : \mu = 1$(1갤런). 실제로 1갤런 이상을 산출한다는 대립가설은 $H_a : \mu > 1$. 이제 여러분은 결과 부분에서 혼동하기 좋은 부분이 무엇을 의미하는지 알게 되었다!

연구자들은 그들의 H_a가 사실이며, 따라서 그들의 연구에서 도출된 근거가 그들의 주장을 지지한다는 것을 보여주는 것을 좋아한다. 우리의 경우, 우리는 레시피가 1갤런 이상의 슬라임을 만든다는 것을 세상에 보여주고 싶을 것이다. H_a가 참이 되기 위해서는 H_0이 기각되어야 한다. 여기서 p-값(p-value)이 등장한다. p-값은 μ(구하고자 하는 모수(값) 또는 모집단 평균)와 컷오프 값(어떤 결정을 내릴지 말해주는 숫자)에 대한 데이터가 무엇을 나타내는지 알려준다. $=0.05$.라는 p-값은 통계적으로 유의한지 또는 "무작위로 발생할 확률이 매우 작다"라고 정의할 수 있다(Rumsey, 2011, p. 62). p-값은 해당 확률을 나타낸다. 럼지(2011)에 따르면 다음과 같다.

1) p-값 ≤ 0.05는 가능성이 적은 것으로 간주되고, H_0을 부정하는 강력한 증거를 나타내므로 귀무가설을 기각한다. 우리의 슬라임 연구에서, 우리는 1갤런만 만든다는 주장을 기각할 수 있다고 말할 것이다. 우리는 성공했다고 느낄 것이다.

2) p-값 > 0.05는 H_0을 부정하는 약한 증거를 보여주므로 우리는 "기각하지 못할 것이다"(p. 61). 즉, 우리는 슬라임을 1갤런 만든다는 주장을 기각할 수 없을 것이다. 그렇다면 우리는 도대체 무엇을 하였기에 회사가 주장하는 것보다 더 많은 슬라임을 만들었는지, 우리가 실험실에서 또는 우리의 연구에서 무엇이 잘못되었는지 궁금할 것이다.

3) 컷오프 값 0.05에 매우 가까운 p-값은 확정적이지 않다. H_0 또는 H_a에 대한 지지를 나타낼 수 있다.

p-값은 항상 제공되어야 하며 항상 독자가 스스로 평가하고 H_a을 기각하

거나 수용할 수 있는 정도에 얼마나 가까운지 결정할 수 있게 한다.

가장 희생이 큰 통계적 오류로 간주되는, 긍정오류는 귀무가설을 잘못 기각하면 발생한다(Simmons et al., 2011). 이는 연구를 반복하기 위해 비용, 시간 및 자원이 낭비될 수 있고, 잘못된 정보를 기반으로 프로그램 및 정책 변경이 될 수 있으며, 전반적인 주제 또는 해당 분야의 신뢰성을 잃을 수 있기 때문에 대가가 크다. 한번 긍정오류 정보가 발표되면 그것을 없애기는 매우 어렵다. 이에 대한 강력한 예는 앤드루 웨이크필드(Andrew Wakefield)의 연구에서 백신 접종과 자폐증을 연관지은 광범위한 현상이다. 웨이크필드의 연구결과는 여러 차례 신빙성을 잃었지만 논쟁은 여전하고 잘못된 정보의 확산은 계속되고 있다(Zane, 2018). 비록 이러한 결과가 거짓일지라도, 많은 사람들은 여전히 백신 접종과 자폐증을 연관시키고 있으며, 이는 타당한 발견을 위한 연구를 방해할 수 있다. 게다가 만약 정말로 백신 접종과 자폐증 사이에 타당한 연관성이 있다면, 이 잘못된 정보는 물을 '흙탕물'로 만들었고 앞으로의 연구를 더 어렵게 만들어놓았다.

논의

대부분의 치료사들은 논의 부분에 익숙하다. 여기서 우리는 연구자가 발견한 것을 찾고, 이러한 발견이 이전의 이해와 어떻게 부합하는지(또는 부합하지 않는지) 판단한다. 연구자들은 인간이고, 우리 모두 편견을 가지고 있다는 것을 기억하는 것은 중요하다. 나는 대다수의 연구자들이 그들의 편견을 인정하고 통제하기 위해 노력하기 때문에 편견이 연구에 최소한의 영향을 미친다고 믿고 싶다. 그러나 이 관점은 순진하다고 판명될 수 있다. 이것이 연구 논문의 모든 부분을 이해하는 것이 중요한 근본적인 이유이다.

아마도 양심적인 연구자는 그들의 선입견 시스템에 따라 무언가를 놓치거나 데이터를 해석할 것이다. 제공된 정보에 대한 평가와 정보의 소비자로서 발생하는 질문에 대한 주의를 포함하는 작업과 같은 비판적 검토는 이러한 문제의 일부를 강조할 가능성이 높다. 추가적으로, 우리는 연구자들이 편향되지 않은 결과를 초래할 순수한 의도를 가지고 있다고 믿고 싶지만, 항상 그렇지는 않다. 어떤 사람들은 정치적, 직업적, 학문적, 재정적 이유로 어젠다를 가지고 있고, 연구는 그들의 대의명분을 뒷받침하는 역할을 할 수 있다. 연구 논문을 비판적으로 읽고 기본적인 사항을 이해하는 것은 논문의 소비자로서 당신이 연구의 수행, 과정, 결과 및 결론을 평가할 수 있게 한다.

의심스러운 연구 행위(QRPs)

의심스러운 연구 행위 또는 QRP(questionable research practices)는 연구자가 알거나 알 수 없는 행동이다(Chambers et al., 2014; Etchells, 2019). 일부 연구자들은 학습된 방식 때문에 QRP에 연루될 수 있다. QRP는 고의가 아니다. 일부 사람들은 그들의 연구물을 조작하기 위해 QRP를 사용할지도 모른다. 이러한 관행은 발생할 수 있으며 우리가 소비하는 연구에 영향을 미친다는 것을 인식하는 것이 중요하다.

시몬스 등(Simmons et al., 2011)은 QRP가 연구에 어떤 영향을 미칠 수 있는지에 대한 예를 제공했다. 그들은 비틀즈의 노래를 포함한 세 곡의 노래 중 한 곡을 들은 펜실베이니아대학교 학생 34명이 참여한 연구를 기술했다. 의도적으로 많은 QRP를 사용한 후, 적절하게 실행된 통계 분석(ANCOVA)은 사람들이 '내가 64세일 때'라는 노래를 들은 뒤 한 살 반 더 젊어진다는 것을 보여주었다. 어떤 노래를 듣고 젊어지는 것은 불가능하지만, 어떤 방식으로 연구설계의 요소가 조작될 때, 데이터는 어떤 분명한 결과를 '보여줄' 수 있음을 알 수 있다. 이 예의 오류는 명백하지만, 많은 경우는 그렇지 않다.

챔버 등(2014)은 이러한 QRP 관행에 대한 인식이 높아졌음에도 불구하고 "학계의 인센티브 구조는 이를 해결하기 위해 변화하지 않았다"(2014, p. 1)고 주장했다. 연구결과를 읽은 사람들이 QRP에 대해 인지하는 것이 중요하기 때문에 연구결과가 받아들여지지 않을 수 있는 징후를 찾을 수 있어야 한다. 학자들은 이러한 우려를 줄일 수 있는 과정을 모색해 왔고, 사전등록은 그다음 큰 단계로 보인다. 사전등록은 QRP를 최소화하는 방법이다.

사전 등록제/등록 저널(사전 연구제안서)

연구의 사전등록은 저자들이 데이터를 수집하기 전에 가설과 분석을 등록하도록 요구한다. 이 출판 모델을 등록 저널(registered reports, RR)이라고 한다. 등록 저널은 연구자가 두 단계로 논문을 제출하도록 요구한다. 1단계에서는 서론, 연구방법 및 견본 실험이 포함된 연구제안서를 제출한다. 1단계 연구 제안서가 받아들여지면 '원칙적으로 수용'되며 제안한 1단계 내용을 따르는 한 사실상 연구의 게재가 보장된다. 이 과정은 연구자들을 전통적인 기대에 부합해야 한다는 부담에서 벗어나게 하고 연구의 수행이 보다 유기적으로 전개되도록 한다. 2단계에는 결과 및 논의 부분과 함께 1단계에서 제안한 서론과 연구방법이 포함된다. 결과 부분에는 사전등록된 결과가 포함되며, 추가 결과는 '탐색적 분석(Exploratory Analyses)'이라는 제목의 다른 부분에서 소개한다. 또한 데이터는 독자가 연구, 결론 및 의미를 보다 정확하게 분석할 수 있도록 공개 포럼에서 무료로 공유되어야 한다.

 이 RR 과정은 이미 많은 저널에서 채택하였지만, 확실하게 충분하지 않다. 만약 사전 등록이나 RR 과정에 참여한 연구 논문을 발견하였다면 연구의 질에 대해 훨씬 더 확신을 가지고 읽어도 좋다. 연구자들은 RR 과정의 대상일 뿐 아니라, 투명성을 갖추기 위한 의도로 RR 과정을 밟으며 QRP를 최소화하였다. 이러한 유형의 논문을 찾아보고 당신이 좋아하는 저널에 이 과정을 소개하라.

 여느 주제와 마찬가지로, 일부 사람들은 사전등록을 위한 움직임을 지지하지만, 일부 사람들은 그렇지 않다(Gonzales, 2015). 일부 연구자들은 사전등록 과정에 필요한 제약과 탐색적 연구를 억압할 수 있는 제약에 대해 우려한다(Chambers et al., 2014). 저널에서는 완성된 원고를 보기 전에 게재를 허가하는 일에 대해 염려할 수 있다(Gonzales, 2015). 해결해야 할 우려와 과정에서의 일부 변경사항이 있을 수 있으나, 의미 있는 연구결과를 얻기 위해서는 투명성과 복제 가능성에 초점을 맞추는 것이 매우 중요하다. 수년에 걸쳐 확인된 허점과 우려는 해결되어야 하는 연구에 그림자를 드리우고 있다.

오픈 사이언스 센터는 RR 과정의 투명한 실행을 준수하는 것을 인식하기 위해 배지 계획을 구현했다. 현재 배지 시스템을 사용하고 있는 저널은 66개 이다(Center for Open Science, 2019, para. 2). RR 과정에 참여하는 모든 연구는 자동으로 사전등록 및 오픈 데이터 배지를 받게 된다. 이러한 배지에 대한 자세한 내용은 http://www.cos.io/our-services/open-science-badges/에서 확인할 수 있다. 이러한 배지는 QRP 감소와 데이터 공유 증가를 촉진시킨다. 배지에 대해 알면, 당신이 읽고 있는 논문이 RR 사전등록 과정에 참여한 여부를 빠르게 알 수 있다. 투명성은 독자가 더 높은 기준에 맞춰 연구가 진행되었다는 것을 알 수 있도록 하며 연구와 통계에 대한 약간의 지식을 갖춘 독자가 저자의 해석을 받아들이도록 남겨지지 않고, 독자 스스로 데이터와 의미를 스스로 분석할 수 있다.

RR이 줄이거나 없애는 것을 목표로 하는 몇 가지 QRP를 살펴보자.

출판편향

RR 과정에 참여하지 않는 연구자는 논문 출판을 위해 완성된 원고를 제출하고 합격 또는 불합격 심사를 기다린다. 학술지는 학문적 소비자의 관심을 끌거나 통계적 중요성에 초점을 맞춘 새롭고 흥미로운 연구결과를 출판하기 원하는 경향이 있다. 이러한 관행을 출판편향 또는 '서류함 효과'라고 한다(Ethells, 2019, p. 98). 이는 특정 매개변수에 맞는 연구를 강조하는 경향이 있다. 따라서 연구자들은 종종 출판될 확률이 더 높은 연구에 초점을 맞춘다(Kerr, 1998). 중요하지 않은 결과와 빈복연구는 파일 서랍에 자주 남겨진다(서류함 효과로 알려져 있듯). 원하는 결과를 도출하기 위한 메커니즘으로 노력을 기울이는 것은 논리적인 인간의 본성이므로, 연구자들이 주로 특정한 실험연구에 착수하고 통계적 유의성에 초점을 맞추는 것은 이해가 된다.

그러나 이 접근법의 부산물은 '대수롭지 않은' 발견 및/또는 반복연구로 인하여 무언가를 확인할 수 있는 연구들이 종종 발표되지 않는다는 것이다. 대학원에서 연구에 대해 배우고 진행할 때, 나는 의미있는 결과를 발견하지 못하는 것이 여전히 정보를 제공한다는 말을 들었던 것을 기억한다. 유의성이 부족하다는 것은 연구질문, 방법론 또는 통계 선택에 있어 어떤 것이든 변경해야 한다는 것과 우리가 선택한 변수들은 서로 다르거나 배제될 수 있다는 것을 말해준다. 이러한 정보는 이후에 유사한 일을 하는 사람들에게 도움이 될 수 있고, 그들이 다른 곳에 노력을 집중할 수 있도록 도울 수 있다. 이 말을 듣고, 유의미하게 나타나지 않는 결과의 가치를 이해하면서도, 의미를 찾고자 하는 마음이 깊이 느껴지고 소통이 되었다. 유의미하지 않은 것은 실패로 느껴졌다. 아마도 이것이 유의미하게 잘 수행된 연구를 출판하여 가치를 입증하고 향후 연구를 알리는 데 도움이 되어야 하는 또 다른 이유일 것이다.

전반적으로, 연구 출판 산업은 구식이고 개혁이 필요하다. 온라인 데이터베이스로의 전환은 정보 공유 방식에 환상적인 영향을 미쳤다. 이 저자의 의견으로는, 많은 함정을 피하고 투명성을 높이려면 연구를 사전 등록해야 한다. 연구결과가 의미 있든 그렇지 않든 잘 설계되고 잘 수행된 연구는 출판되어야 한다. 모든 사람들이 모든 논문을 이용할 수 있어야 한다. 정보 제공, 이어지는 대화(the ensuing conversations, 후속 연구 – 역자 주), 그리고 모든 사람들의 이익을 위한 미래 연구에 초점을 맞춰야 한다.

확증편향

이 모든 반복연구에 대한 이슈, 발표될 연구의 선정, 그리고 상반된 발견으로 인하여, 우리 중 많은 사람들은 무엇을 믿어야 할지 믿지 말아야 할지에 대해 혼란스러워질 수 있다. 이러한 압도적 상황에 대한 인간의 일반적인 반응은 확증편향(confirmation bias)이라고 알려진 개념으로 되돌아가는 것이다. 확증편향은 연구를 수행하는 사람들의 확증편향에 대한 우려와 관련하여 "증거 수집 및 사용에서 무의식적인 선택성"(Nickerson, 1998, p. 175) 또는 "사람들이 현재 신념에 유리한 방식으로 정보를 검색하거나 해석하는 경향"(Nelson & McKenzie, 2009, p. 1)을 의미한다. 존 P. 이오아니디스는 "주장된 연구결과는 종종 일반적인 편견이 정확하게 측정된 값일 수 있다"(Ioannidis, 2005)고 하였다. 기본적으로 우리는 우리가 알고 있는 것, 우리가 알고 있다고 생각하는 것, 가장 안전하다고 느끼는 것, 또는 우리의 신념체계에 가장 '맞는 것'을 선택하는 경향이 있다.

확증편향은 어렵거나, 직관에 어긋나거나, 혼란스럽거나, 상충되는 정보에 직면할 때 안전한 선택처럼 보일 수 있다. 이는 인간에게 있어 오래된 현상이고, 그것이 목적에 부합하기 때문에 지속되어 왔다. 그것은 우리의 기존 패러다임과 일치하기 때문에 안전하고 적합하다고 느껴지기 때문이다. 하지만 위험할 수 있다.

확증편향을 보다 이해하기 위해 니커슨은 개념을 동기 부여된 것과 동기 부여되지 않은 두 가지의 주요 범주로 분류하여 설명한다. 만약 사람들이 그들이 유지하고자 하는 신념을 옹호하려는 동기를 가지고 있다면, 확증편향은 동기로 간주된다. 예를 들어, 그들은 방어하고 싶은 선입견을 가지고 있거나, 결과에 금전적인 이해관계가 있거나, 다른 개인적인 이익을 위해 특정한 결과가 필요하다. 만약 사람들이 알려진 개인적 이익이나 물질적 이해 관계가 없다면, 확증편향은 동기부여가 되지 않은 것으로 간주된다(Nickerson, 1998). 동기 부여되지 않은 확증편향은 사람의 신념 체계와 일치하는 것만큼 간단할 수 있다. 종종 확증편향은 1) 자신의 신념과 편견에 대한 인식에 따른 자기 탐색(self-exploration, 2) 자신의 신념과 편견에 부합하거나 일치하지 않을 수 있는 정보, 아이디어, 증거 및 논의에 대한 지속적인 개방성의 두 가지 핵심 개념에 의해 균형을 이룰 수 있다.

흥미롭게도, 내가 이 장을 쓰는 중에, 내 딸은 세일럼 마녀 재판에 관한 내셔널 히스토리 데이 프로젝트를 완성하고 있었다. 니커슨의 기사를 읽으면서, 나는 그가 세일럼 재판과 관련된 역사적 확증편향을 제공한 사례를 우연히 발견했다. 세일럼 사람들은 가장 끔찍한 상황에서도 대부분 두려움 때문에 그들의 신념 체계를 고수했다. 딸의 프로젝트에서 내 딸의 입장은 자일스 코리가 마녀와 고발에 대한 세일럼의 접근 방식을 바꾸는 데 중추적인 역할을 했다는 것이다. 당신은 자일스 코리가 그의 아내가 기소되었을 때 그녀에게 불리한 증언을 한 사실을 알 수도 있고 모를 수도 있다. 그러나 나중에 그가 기소되자, 그는 재판과 고발이 엉터리라고 말하기 시작했고, 그는 자신의 태도를 누그러뜨리지 않았다. 그는 결국 돌에 깔려 죽었고 그의 혐의에 대해 탄원하지 않았다.

처음에, 그가 그의 아내에 대해 증언했을 때, 그는 다양한 동기를 가졌을 수 있다(이 내용을 읽으면서 우리 자신의 확증편향에 대해서도 고려하는 것이 중요하다). 그러나 확증편향의 요소들이 효과적으로 작용했을 가능성이 높다. 아마도 그의 아내는 그가 그녀를 의심하게 만드는 방식으로 행동했을 것이고, 마법은 그 시대의 실현 가능한 설명이었다. 아내에 대한 고소를 지지하고 집에 마녀를 두지 않는 것이 더 안전하다고 느꼈을지도 모른다. 이는 주로 동기 부여되지 않은 확증편향일 수 있다. 그는 또한 연좌에 의한 죄책감을 두려워했거나 단지 그녀와 더 이상 결혼생활을 유지하고 싶지 않았을 수도 있다. 이것은 동기가 부여된 확증편향일 수 있다. 그 자신이 마녀라는 비난을 받자 그의 입장은 바뀌었다. 자기보호에 대한 그의 욕구가 이전에 그가 해온 어떠한 확증편향보다 우선했다. 코리 부인은 기회가 없었다.

p-해킹

간단히 말해 p-해킹은 연구자가 포함시키고 싶은 데이터만 선택하고 나머지는 남겨 둘 때 발생한다. 이는 대부분의 상황에서 유의성을 보장하기 때문에 논문이 게재될 가능성이 높아진다. 이 이름은 통계적으로 유의한 것으로 보이기 위해 p 값을 해킹했다는 것을 의미한다. p-해킹의 방법으로는 추가 데이터 수집, 데이터 누락, 가능성이 낮은 측정 제외, 결과를 보고 난 후의 데이터 분석 변경 등이 있다. 수집된 데이터에 대한 이러한 유형의 조작은 흔히 긍정오류라는 결과를 초래한다(Cummings, 2016).

예를 들어, 숫자 목록의 평균을 찾고 그 결과가 큰 숫자가 되기를 원하는 과정과 유사하다. 이 목표에 도달하는 방법은 방정식에 큰 숫자만 포함시킴으로써 숫자 목록의 큰 평균을 보장하는 것이다. 이는 예상하는대로 '원하는' 결과가 나오지만, 누락된 숫자는 존재하면서도 포함되지 않았기 때문에 불완전하고 부정확하다. 결과 평균은 부풀려지지만, 독자는 결과를 얻기 위해 사용되는 과정은 알지 못한다.

HARKing

HARK는 '결과를 알고 난 후 가설화하기(Hypothesizing After Results are Known)'의 약자로, 1998년 노버트 커(Nobert Kerr)에 의해 제시되었다. 이 개념은 특히 데이터 수집 후에 (먼저 있었던 사건을 근거로 드는 설명, post hoc) 형성된 가설을 데이터 수집 이전에(연역적으로, priori) 형성된 것처럼 제시하는 관행을 말한다. 다섯 가지 유형을 더 설명했는데, 그중 두 가지는 여기에서 소개하겠다. 다른 것들은 더 복잡하며 원문에서 찾을 수 있다. 우리의 목적을 위해 우리는 1) 순수한 HARKing, 2) 기각된 가설을 숨기는 것에 대해 논의할 것이다.

순수한 HARKing은 의도적이고 조작적이다. 연구자는 데이터 수집 후 연구자는 가설이 어떤 면에서 불충분하다는 것을 인식하고 수집된 결과와 가장 일치하도록 변경한다. 그 예로 "가설이 결과와 일치하지 않기 때문에 더 잘 일치하도록 가설을 변경하는 것"이 있을 수 있다. 기각된 가설을 숨기는 것은 데이터에 의해 기각된 가설을 삭제하고 그렇지 않은 가설을 유지하는 과정이다(Kerr, 1998). 예를 들어, "이 가설은 수용되어야 하고, 나는 그것을 지킬 것이다. 다른 가설은 그렇지 않기 때문에, 나는 그들이 존재하지 않았던 것처럼 행동할 것이다."

연구지 HARKs가 발생하면, 귀무가설을 잘못 기각할 확률이 증가하고 효과 크기가 왜곡된다(Bout, 2013). 이는 데이터에 대한 잘못된 결론을 도출하고 전체 연구 프로젝트를 의심하게 만든다. 또한 게임의 규칙이 경기 도중에 바뀌었고 다음 선수를 위해 기록되지 않았기 때문에 반복 연구가 불가능하다. HARKing은 앞서 언급한 100개의 연구 복제 평가에서 문제가 될 수 있다.

오벤과 프지빌스키

에이미 오벤(Amy Orben)과 앤드루 프지빌스키(Andrew Przybylski)는 'Association Between Adolescent Well-being'과 'Digital Technology Use'(2019)라는 제목의 환상적인 논문을 출판했다. 이 논문은 청소년 복지 및 디지털 기술 사용을 다룬 가장 저명한 연구에 대한 환상적인 리뷰일 뿐만 아니라 연구, 데이터 수집 및 데이터 분석의 함정에 대하여 주목할 만한 분석과 교육을 제공한다. 이 논문을 읽으면 이 장에서 제기한 많은 우려 사항에 대해 더 자세히 이해할 수 있을 것이다. 그들의 분석은 놀라울 정도로 잘 이루어졌다. 오벤과 프지빌스키는 보다 신뢰롭고 반복연구가 가능하며, 유용한 연구 탐색과 발견을 향한 학술적 연구계의 의미 있고 중요한 일원이다.

결론

당신이 이 장을 읽고 연구에 대한 귀중한 지식을 얻었기를 진심으로 바란다. 화려한 헤드라인, 세련된 데이터, 그리고 타인이 내린 결론에 대한 비판적인 소비는 내담자들과의 일상 업무, 전문 커뮤니티에서의 위상, 그리고 놀이치료 분야 전반을 개선하는 데 도움이 된다. 이러한 주제에 대해 배울 수 있는 정보가 매우 많으므로, 가능한 한 많은 교육을 받을 것을 권장한다.

참고문헌

Blair, K. L. (2017, July 19). How to summarize a psychology article. *Pen & the Pad.* https://penandthepad.com/summarize-psychology-article-7199463.html

Bout, J. (2013, September 18). Why HARKing is bad for science. *Good Science Bad Science.* http://goodsciencebadscience.nl/?p=347

Center for Open Science. (2019, December 12). *What are open science badges?* https://cos.io/our-services/open-science-badges/

Chambers, C. D., Feredos, E., Muthukumaraswamy, S. D., & Etchells, P. (2014). Instead of "playing the game" it is time to change the rules: Registered reports at AIMS neuroscience and beyond. *AIMS Neuroscience*, *1*, 4–17.

Cummings, G. (2016). A primer on p-hacking. *Method Space*. www.methodspace.com/primer-p-hacking/

Etchells, P. (2019). *Lost in a good game*. Icon.

Glen, S. (2015, April 2). False positives and false negatives: Definitions and examples. *Statistics How To*. www.statisticshowto.datasciencecentral.com/false-positive-definition-and-examples/

Gonzales, J. E. (2015, August). The promise of preregistration. *American Psychological Association*. www.apa.org/science/about/psa/2015/08/pre-registration

Green, H. (2015, September 14). It's not the lack of replication, it's the lack of trying to replicate! *Social Science Space*. www.socialsciencespace.com/2015/09/its-not-the-lack-of-replication-its-the-lack-of-trying-to-replicate/

Hall, S. (2017, March 23). Definition of a research article. *Pen & the Pad*. https://pen-andthepad.com/definition-research-article-2711.html

Helmenstine, T. (2018, October 7). What's the difference between independent and dependent variables? *Thoughtco*. www.thoughtco.com/independent-and-dependent-variables-differences-606115

Ioannidis, J. P. (2005). Why most published research findings are false. *PLOS Medicine*, *2*(8), e124. https://journals.plos.org/plosmedicine/article?id=10.1371/journal.pmed.0020124

Kerr, N. L. (1998). HARKing: Hypothesizing after the results are known. *Personality and Social Psychology Review*, *2*(3), 196–217.

Nelson, J. D., & McKenzie, M. N. (2009). Confirmation bias. In M. Katten (Ed.), *The encyclopedia of medical decision making* (pp. 167–171). Thousand Oaks, CA: Sage Publications. www.jonathandnelson.com/papers/2009confirmationBias.pdf

Nickerson, R. S. (1998). Confirmation bias: A ubiquitous phenomenon in many guises. *Review of General Psychology*, *2*(2), 175–220.

Open Science Collaboration. (2015). Estimating the reproducibility of psychological science. *Science*, *349*(6251). https://science.sciencemag.org/content/349/6251/aac4716.full?ijkey=1xgFoCnpLswpk&keytype=ref&siteid=sci

Orben, A., & Przybylski, A. (2019). The association between adolescent well-being and digital technology use. *Nature Human Behavior*. www.gwern.net/docs/psychology/2019-orben.pdf

Rumsey, D. (2011). *Statistics for dummies* (pp. 43–63). Wiley.

Simmons, J. P., Nelson, L. D., & Simonsohn, U. (2011). False-positive psychology: Undisclosed flexibility in data collection and analysis allows presenting anything as significant. *Association for Psychological Science*, *22*(11), 1359–1366.

Yong, E. (2015, August 27). How reliable are psychological studies? *The Atlantic*. www.theatlantic.com/science/archive/2015/08/psychology-studies-reliability-reproducability-nosek/402466/

Zane, T. (2018, April 18). The vaccine and autism connection: The Wakefield study once again discredited. *Cambridge Center for Behavioral Studies*. https://behavior.org/sfaba-vaccine/

08

테크노패닉

" **공** 포는 굉장히 강력하게 동기를 부여하는 힘이다"(Thierer, 2012, p. 311). 다시 한번 명백한 사실을 말하자면, 놀이치료사들은 어떤 이론적 토대를 가지고 있는지와 상관없이 해를 끼치고 싶지 않은 욕구가 있다. 이를 정말로 이해하기 위하여, 우리는 잠재적인 위해가 무엇인지, 이는 어디서 발생하는지, 그리고 이것에 대해 어떤 조치를 취할 수 있는지 점검할 필요가 있다. 이러한 탐색과 정의는 테크노 중심적인 세계에서 전진하려는 우리 분야를 준비하도록 할 것이다.

당신은 아마 왜 우리가 DPT에 관한 이 책에서 테크노패닉(technopanic), 도덕적 공황(moral panic), 사회의 적(folk devils)과 같은 개념을 탐색하는지 궁금할 것이다. 이러한 개념들은 우리가 사용하지 않더라도, 놀이치료에 기술적인 도구들을 통합할 때 바로 이러한 개념들이 우리 분야에서 두드러진다. 한 사회이자 한 분야로서 우리는 세계 주요 뉴스 헤드라인의 선정성에만 초점을 맞춰서는 안 된다. 우리들이 사회가 디지털 세계로 전환하고 있는 사회 변화에 대한 근본적인 우려를 이해하지 못한다면 그것이야말로 위험하다. 세계의 주요 뉴스 헤드라인은 현재 인류가 당면한 진정한 근본 문제가 아니다. "테크노는 해롭다." 무엇이 해로운가? 누구에게 해로운가? 어떤 종류의 해로움인가? 어떤 상황에서 해로운가? 우리는 (제7장 '연구 이해하기'에서 인용한) 중요한 질문 또는 가장 중요한 구성 요소에 대하여 다양한 방법으로 살펴보지 않고 있다. COVID-19 대유행으로 인해 온라인 플랫폼으로 이동하는 전세계의 직장과 학교, 서비스 산업 환경의 단기 및 장기효과는 어떨까? 많은 변수를 어떻게 정의하고 설명하고 제시할 것인가?

사회의 적과 도덕적 공황

사회의 적(folk devils)과 도덕적 공황(moral panic)이라는 용어는 사회학자 스탠리 코언(Stanley Cohen)의 책, 사회의 적과 도덕적 공황(*Folk Devils and Moral Panics*, 1972, 1982, 2002), 제3판에서 광범위하게 다루고 있다. 코언의 연구는 영국에서 10대들이 두 집단으로 나누어져서 대립한 것과 다양한 정치적 사건들이 발생하는 현상에서 비롯되었고, 두려움에 기반한 인간의 행동 및 반응 경향성이 어떠한지 탐구하는 진지한 사회학적·철학적 여정이었다. 그의 연구 중 일부는 진부하고 일부는 영국에 국한되지만, 대부분은 인간의 본성과 전반적인 경향성에 적용된다. 코언은 자신의 연구 대부분을 앞서 언급한 이슈에 대해 미디어가 관여하고 책임지는지에 집중했기 때문에, 이러한 개념은 일반적으로 미디어 연구에 적용된다. 그가 언급한 대립은 무엇보다도 영국 사회가 알고 있던 영국의 부패와 청소년 집단 사이의 연결고리로 공포와 분노를 일으켰다.

일부 사람들에게 그의 개념에 대한 어려움은 '도덕적 공황'이라는 용어에 있다. 이는 편협하고 비합리적이며 경멸적인 의미를 뜻할 수 있다(Critcher, 2008). 따라서 그 의미와 함의를 명확히 하는 것은 중요하다. 코언의 개정판(2002)의 상당 부분은 지난 30년간의 비평가들을 다루는 데 할애하였다. 코언의 주장에 따르면,

> 어떤 것을 '도덕적 공황'이라고 부르는 것은 이것이 존재하지 않는다거나 전혀 일어나지 않는다는 것을 의미하지 않는다. 도덕적 공황이라는 라벨의 특성은 '사물'의 범위와 중요성이 a) (신뢰할 수 있고 타당하고,

객관적인 다른 출처와 비교하여볼 때) 그리고/또는 b) 다른 심각한 문제
들과 비교하여 볼 때) 그 자체로 과장되었음을 의미한다"

(p. vii).

즉, 도덕적 공황은 존재하거나 존재하지 않을 수 있으며, 만약 존재한다면
과장된 것이다. 선정주의를 지적받을 정도로 과장되었을 뿐만 아니라 실제
적이고 근본적인 이슈와 우려에 대해서는 탐구하거나 관심을 갖지 않을 정
도로 과장되어 있다. "사회의 적"은 희생양이다. 사회의 적은 다른 구성 요
소들에 대한 탐구 없이 부정적인 관점에서 주목받고 공격받는 주제, 집단,
또는 사람이다. 사회의 적은 도덕적 공황의 대상이다.

일탈

일탈(deviance)은 민중의 악마가 무엇이며 누구인가를 결정하기 위한 매커니
즘 중 하나이다. 일탈이라는 개념은 '일탈이란 무엇인가' 그리고 '누가 그 조
건을 정의하는가' 등의 질문을 제기한다. 이와 같은 상황에서, 일탈은 문화
적 규준이나 기대를 벗어난 행동을 보이는 개인이나 집단 또는 주제를 뜻한
다. 집단의 절차, 판단규준, 정의와 같은 행동을 평가할 때 사회적 맥락은 중
요하다. 집단마다 규범과 기대가 다르기 때문에 행동을 평가하고 그에 따라
일탈을 정의하는 것이 중요하다(Crossman, 2018).

일탈과 관련하여, 코언은 상징적 상호작용주의 이론과 일탈로 여겨지는
집단과 행동에 참여하는 것을 선택한 개인의 동기를 탐구하는 것에 아주 큰
관심을 보였다. 코언은 상징적 상호작용주의에서 파생된 사회학적 낙인이론
(sociological labeling theory)이 왜 일탈을 하는 사람들이나 집단이 그러한 행
동(예 : 옷 입는 방식, 행동하는 방식, 그들과 연관된 범죄들의 방식 등)에 참
여하는 이유를 일부 설명한다고 믿었다. 낙인 이론은 "일반적으로 개인은 다
른 사람들이 자신을 바라보는 시각과 일치하는 방식으로 행동한다"로 정의
된다[응용범죄학(crimninal justice), 연도불명, 제2항; Heslin, 2007]. 기본적

으로, 만약 당신이 개인이나 집단이 '지금과는 다른' 상황을 설정한 후 개인이나 집단에 대한 가설을 세운다면, 그 개인이나 집단은 그들에게 주어진 낙인에 맞는(또는 가까운) 생활을 할 것이다. 그들은 종종 그들에게 정의된 일부분의 역할을 해낼 것이다. 코언은 일탈이론 혹은 하위문화 이론을 확장하여, 주류의 규범에서 벗어나 그 자신만의 하위문화를 창조하는 집단(종종 청소년)을 정의하였다(Cohen, 1972; Critcher, 2008). 청소년들은 "상반되는 사회의 두 세력 사이의 대립을 증폭시키는 상징이 되고" 두 세력의 대립은 주로 권력 투쟁으로 묘사된다(Drotner, 1999, p. 597). 만약 이들이 구성요소라면 과연 어떤 행동이나 다른 것들이 일탈이라고 누가 결정할 수 있겠는가? 어디에 선이 그어져 있는가? 하위 문화는 언제 지배적인 문화가 되는가?

지난 60년간 기술적인 측면에서, 역사는 하위문화에 소속된 사람들이 진보하고자 노력했고 어떤 면에서는 사회의 규범을 벗어났다는 사실을 증명한다. 그들은 어떤 범죄도 저지르지 않았지만, 그들은 보편적인 사람들이 이해하지도, 원하지도 않는 진보에 참여하였다. 1990년대에 주류가 되기 위한 여러 종류의 디지털 테크노의 초기 시도는 성공적이지 않았다. 종종 테크노를 자신의 삶에 통합시킨 사람들은 컴퓨터광, 너드, 게이머 등등, 하위문화의 일부가 되었다. 이러한 하위문화에 속한 사람들에 대한 지속적인 악마화가 있었다. 이들은 코헨의 일탈 이론으로 적절하게 설명될 수 있다. 디지털 도구의 사용이 주류 문화의 초점이 되기 전까지, 이 모든 것들은 한동안 소외되었다.

2020년에는 이러한 하위문화 집단들이 규준이 되며 판도를 변화시키고 있다. 이 책의 다른 부분에서 논의했듯이, 디지털 네이티브들은 테크놀로지가 없는 삶을 결코 알지 못하기 때문에, 시간이 흐를수록 표준에는 여러 유형의 디지털과 관련된 도구늘이 포함될 것이다. 규준은 시간이 지나면서 변화한다. "새로운 대중 매체가 사회 현장에 등장할 때마다 그것은 사회문화적 규준에 대한 공개 토론을 하도록 자극해왔고, 바로 이러한 규준들을 반영하고, 협상하고, 수정하는 역할을 하는 토론을 주도해왔다"(Drotner, 1999, p. 596).

영속화

다양한 디지털 도구들을 포함하는 새로운 사회 규범으로 가는 것이 추세라면, 왜 그러한 갈등이 있는 것처럼 보이는 걸까? 나는 성인들이 청소년들이 디지털 도구들을 사용하는 것에 대해 불평하는 것을 듣고 읽을 때 혼란스럽다. 하지만 나는 공공장소 어디를 가든, 성인들이 그들의 전화기나 노트북과 태블릿을 사용하는 것을 본다. 주관적인 가치가 대화가 되는가? 성인은 디지털 도구로 가치 있는 일을 하지만 청소년은 그렇지 않다는 믿음이 있는 걸까? 누가 그 가치를 결정하는가? 아마도 청소년들은 스냅챗을 통해 관계를 탐색하고 스스로를 주장하는 방법을 배우고 있을 것이다. 이러한 상호작용은 그들의 현재, 그리고 미래의 상호작용 기술에 큰 가치를 가질 것이다. 아마도 그들이 하고 있는 게임은 좌절 인내력을 가르칠 것이다. 위험하다는 근거 없는 사회통념과 현실은 반드시 정확히 묘사되어야 한다(Boyd, 2008). 손가락으로 사회 바깥쪽을 가리키는 것으로 무슨 일이 일어나고 있는지 우리 중 누가 어떻게 알 수 있겠는가?

테크노패닉

테크노패닉은 무엇인가?

앨리스 마웍(Marwick, 2008)은 그녀가 인식한 테크노 기술에 대한 도덕적 공황에 대해 언급하고 있었다. 그녀는 이러한 종류의 공황을 테크노패닉으로 명명하였다. 그녀는 인터넷 콘텐츠에 관한 입법은 도덕적 공황과 직접적인 관련이 있고, 이 공황은 테크노가 아동에게 해롭다는 미디어 기사를 통해 더욱 불이 붙는다는 사실을 보여주는 주요한 두 가지 사례에 초점을 맞췄다. '1996년의 사이버포르노패닉'과 '디지털아동성착취자(online predators)와 마이스페이스에 대한 현대의 공황(para. 22)'이 그것이다. 두 경우 모두에서 마웍은 다음과 같이 주장한다.

"두 가지 공황 모두 합당한 우려에 근거를 두고 있지만, 저는 주로 알려진 피해의 범위에는 크게 집중하지 않습니다. 하지만 저의 연구는 이러한 문제를 통제하기 위해 제안된(또는 통과된) 법안이 극히 이례적인 대응이고, 잘못된 방향이며, 많은 경우 근본적인 문제를 은폐하고 있음을 증명합니다."

(para. 22).

그녀는 이러한 언론의 헤드라인들과 주장이 정책에 영향을 미치고 중요한 근본적인 문제를 은폐하는 쪽으로 확장되는 것에 대해 염려하였다. 오늘날에도 비슷한 문제가 계속 발생하고 있다.

몇몇 개인이 테크노패닉을 정의하는 데 관심을 가져왔다. 마윅의 정의는 다음과 같다(2008).

"테크노패닉은 다음과 같은 특성을 가지고 있습니다. 첫째, 테크노패닉은 현재 컴퓨터를 매개로 하는 기술의 형태를 취하는 새로운 미디어 형식에 초점을 두고 있습니다. 둘째, 테크노패닉은 일반적으로 청소년들의 미디어 사용(예: 해킹, 파일 공유, 폭력적인 비디오 게임 등)에 대해 병리화합니다. 셋째, 이러한 문화적인 불안은 청소년이나 미디어 제품의 제작자 또는 창작자를 통제함으로써 청소년의 행동을 수정하거나 규제하려는 시도로 나타납니다."

(2008, para. 26).

티어러(Thierer, 2013)는 테크노패닉을 다음과 같이 정의한다. "미디어 또는 테크노 기술이 등장하고 사용하는 것에 대하여, 특히 청소년들에게 강도 높은 공공, 정치 및 학술적으로 대응하는 것"(p. 311)이며 "단순히 그 테크노 기술이나 매체 전반에 흐르는 콘텐츠가 아니라 특정한 현대 기술(또는 필연적 기술 활동)에 대한 사회관습적인 공포를 중심으로 하는 도덕적 공황"이다

(Thierer, n.d., para.1).

테크노패닉이라는 용어는 우리 삶에 있는 디지털 도구의 성장과 관련된 미디어의 선정성을 묘사하는 데 사용된다. 코언의 도덕적 공항과 마찬가지로, 이 용어는 주제와 관련된 잠재적인 이슈들에 대해 부정하는 것이 아니다. 테크노패닉은 다른 측면은 악화되고 있는 반면, 특정 측면에 대해 생성된 소란에 초점을 맞춘다. 입법, 자금 지원, 프로그램, 치료, 중재, 그리고 진단에 대한 결정은 불완전하거나 종종 잘못된 정보를 기반으로 이루어진다. 오브린은 다음과 같이 제안하였다. "테크노패닉을 동반하는 편집증과 공황은 종종 과장되어, 이러한 새로운 디지털 공간을 탐구할 때 필요한 토론과 검토 및 비판을 없애 버리기 때문에 문제가 됩니다"(2019, para. 4).

티어러(2013)는 테크노패닉을 상승시키는 여섯 가지 요소를 제시하였다. 각 항목은 다음의 항목을 기반으로 작성되었고 함께 복합적인 이슈에 대한 추세를 생성하는 것을 목적으로 한다. 그 예는 다음과 같다.

1) 세대 차이 : 조지 오웰은 그의 저서 당신의 코앞에서(*In Front of Your Nose*)에서 "각 세대는 스스로에 대해 이전 세대보다 더 똑똑하고 이후 세대보다 더 현명하다고 상상한다"(2000, p. 51)고 말했다. 세대 차이는 또한 "주베노이아(juvenoia)"-아동과 청소년에 대하여 사회적 변화가 미치는 영향을 과장되게 두려워하는 것-이라는 용어를 만든 데이비드 핀켈호르에 의해 강조되기도 하였다(Finkelhor, 2011, p. 13; Thierer, 2013).

2) 과도한 향수병, 비관적인 편향, 그리고 가벼운 기계화 반대운동 (ludditism) : 과도한 향수병은 테크노 기술 사용을 포함한 새로운 모든 것에 대한 거부감을 일으킬 수 있다. 인간은 일반적으로 알고 있는 것에 더 편안함을 느낀다. 전통적인 가치와 규범에 도전하는 것에 대한 두려움이 있을 수 있다. 역사는 새로운 것에 대한 두려움이, 두려움으로 인한 혼란과 후속 세대가 말세라는 주장을 야기시켰다는 것을 반복

해서 보여주었다. 과거의 긍정적인 면과 현재/미래에 대한 부정적인 면 모두에 명백한 과장이 있을 수 있다.

3) 부정적인 기사 판매 : 언론, 지지자 및 청취자의 역할−두려움에 기초한 헤드라인은 대중으로 하여금 무언가를 놓치고 잘못된 결정을 내리고 궁극적으로 해를 입힐 수 있다는 두려움에 주의를 기울이게 한다. 대부분의 사람들은 좀 더 부정적인 사건이나 믿음, 그리고/또는 정보에 더 집중하는 경향성이나 어느 정도 부정적인 편향에 영향을 받는다.

4) 특수 이해 관계 및 업계 내 내분의 역할 : 어떤 그룹은 특정 정보가 빅뉴스가 됨으로써 이익을 얻을 수 있다. 특정 '질병'을 퇴치하거나 치료하기 위한 서비스를 제공하는 기업은 그들이 치료하고자 하는 질병의 위험성을 강조하기 위한 보상을 제공한다.

5) 학계와 지식인의 엘리트주의적 태도 : 자신이 지위가 높고 학력이 높다고 생각하는 사람들은 종종 그렇지 않은 사람들의 길을 안내하고 지시하고자 할 것이다.

6) 제3자 효과 가설(third-person-effect hypothesis) : 이는 확증편향(confirmation bias)과 매우 유사하다. 이는 사람들이 보고 듣는 것을 기존의 믿음에 일치시키려는 현상이다(Thierer, 2013, pp. 333−345).

공포에 호소하는 주장

티어러(2013)는 코언의 이전 작품(Cohen, 1972, 1987, 2002)과 월턴(Walton)의 논증 체계(argumentation schemes)(2012)에 기초하여 공포에 호소하는 주장의 평가 과정을 소개하였다. 그는 상황에 대한 개인의 비판적 평가를 건너뛰는 과정이 공포에 기초한 세 가지 부분으로 구성되어 있다고 주장하였다.

1) 이 상황은 당신에게 공포스럽다: 공포 상황에 대한 전제
2) 만약 당신이 X를 한다면, 공포 상황의 결과가 당신에게 일어날 것이다: 조건부 전제

3) 따라서 당신은 X를 하면 안 된다: **결론**

티어러는 이 공포에 호소하는 주장을 아동이 폭력적인 미디어를 보거나 놀이하는 것이 그들의 일상 생활에서의 폭력을 일반화하는 것에 대한 널리 알려진 걱정에 적용하였다. 그는 다음과 같은 공포에 호소하는 주장을 제안하였다.

> 공포 상황에 대한 전제 : 아동이 폭력적인 TV 프로그램이나 영화를 보거나 폭력적인 비디오 게임을 하게 하면, 아동의 실제 생활에서 그들을 폭력적으로 만들 것이다.
>
> 조건부 전제 : 만약 당신이 아동에게 폭력적 내용을 포함하는 게임을 하게 허락하면, 아동은 나중에 공격적으로 행동하거나 폭력을 행사할 것이다.
>
> 결론 : 우리는 아동들이 폭력적인 TV 프로그램이나 영화를 보게 하거나 폭력적인 게임도 하게 해서는 안 된다.
>
> (Thierer, 2013, p. 313)

티어러는 이 특정한 폭력이 — 폭력을 — 초래한다는(violence-begets-violence) 공포에 호소하는 주장과 관련하여 많은 문제를 제시했다. 1) 공포 상황과 조건부 전제는 확실한 경험적 증거에 기초하지 않을 수 있다. 폭력적으로 묘사된 것을 보는 것과 폭력적으로 행동하는 것 사이의 연관성은 결정적이지 않은 것으로 확인되어왔다. "논리적 오류가 여기에도 적용될 수 있는데, 왜냐하면 A가 B를 선행한다는 것이 A가 B를 유발한다는 것을 의미하지 않기 때문이다. 상관관계는 본질적으로 인과관계와 동일하지 않다"(2013, p. 314). 2) 다른 잠재적 원인들이 반드시 탐색되어야 한다. 3) 아동은 각자 다르기 때문에 시각적 자극에 대해 서로 다른 이해와 반응을 보일 것이다(2013).

티어러(2013)가 제시한 또 다른 예는 디지털 아동 성착취자에 대한 두려움이다. 비록 전형적인 디지털 아동 성착취 상황의 범위를 한정하는 정보들이 있음에도 불구하고, 일반화된 공포는 산불처럼 퍼져나갔다.

> 공포 상황에 대한 전제 : 디지털 아동 성착취자들은 당신의 아이를 데려가기 위해 밖에 나와있고 그들은 온라인 어디에서나 도사리고 있다.
> 조건적 전제 : 만약 당신이 자녀에게 SNS를 사용하도록 허용하면 디지털 아동 성착취자들은 당신의 자녀에게 접근하여 학대할 수 있다.
> 결론 : 당신은 자녀가 절대 SNS를 사용하도록 해서는 안 된다(그리고 아마도 정책 입법자들은 아동에 의한 SNS 접근을 제한하는 것을 고려해야만 할지도 모른다).
>
> (p. 323)

재닛 월악 박사는 이 주제를 광범위하게 연구하여, "성범죄자가 온라인에서 청소년 피해자를 만나는 인터넷 기반 성범죄에 대한 현실은 다르고, 복잡하며, 심각하지만 이러한 범죄에 대하여 알려진 것이 시사하는 것보다는 덜 공포스럽다"(Wolak et al., 2012, p. 28)고 제안한다. 연구자들은 "피해자들은 이전에 학대를 당했거나 이미 학교나 가정에서 문제가 있는 고위험군의 청소년들"이라는 것을 밝혔다(p. 34). 이것은 가장 중요한 차이를 보여준다. 공포에 호소하는 주장을 기술하거나 테크노패닉에 이의를 제기하는 것은, 걱정할 이유가 없다고 제안하거나 말하는 것이 아니다. 디지털 아동 성착취자들에 대한 마지막 예시에서는, 일반 아동 사용자에게 초점을 맞출 수 있고, 다양한 요인을 더 심도 있게 고려하지 않고 그에 따라 광범위한 공황이 발생할 수 있으며, 요인을 조사하여 보다 효과적인 접근방식을 목표로 할 수 있다. 이 사례에서, 월악 등은 체포, 위험 요인, 인터넷 성범죄 등에 관련된 자료를 분석한 후 정부에 정보를 제공했다. 그들의 연구결과는 정부가 특정 집단을 대상으로 전문적인 중재, 교육, 지원 및 법 집행 정책을 제공할 수 있도록 도움을 주었다.

감자

헤드라인에는 "스크린도 감자만큼 정신건강에 해로울 수 있다"라고 쓰여 있었다(Gonzalea, 2019). 이것이 의미하는 것은 곤잘레스가 2019년에 옥스퍼드 인터넷 연구소에 에이미 오번과 앤드루 프지빌스키가 발표한 논문을 참조하고 있는 것이다. 청소년의 행복감(well-being)과 디지털 테크노 기술 사용 간의 연관성은 세 개의 "대규모의 전형적인 데이터 세트"(p. 2)를 검토하고 분석하여 "청소년에게 디지털 테크노 기술이 미치는 영향에 대한 상관관계의 증거를 엄격하게 조사"(p. 1)했다. 연구 이해와 관련하여 앞 장에서 언급한 바와 같이, 이것은 경이로운 논문이다.

이 논문의 전제와 기초적인 분석은 아동의 심리적 행복감에 스크린 타임이 미치는 영향과 관련한 연구와 일치하지 않는 것을 조사하는 것이었다. 그들은 미래 모니터링(Monitoring The Future, MTF), 청소년건강행태조사(Youth Risk and Behavior Survey, YRBS), 그리고 밀레니엄 코호트 연구(Millennium Cohort Study, MCT) ─ 앞의 두 개는 미국 연구이고, 세 번째 것은 영국의 연구 ─ 를 분석하고 평가하였다(Orben & Przybylski, 2019). 그들은 이러한 각 대규모 연구에 대한 주요 분석 판단을 확인하였다. 놀랍게도, 그들은 YRBS는 372개의 '타당한 기준'을 갖췄고 MTF는 4만 966개의 '타당할 법한 기준'을 갖췄으며 MCS는 6억 397만 9,752개의 '방어 가능한 기준'을 가지고 있다는 점을 발견했다. 이것은 각 연구에는 x개의 가능한 특정 데이터에 대한 정의를 가지고 있다는 것을 의미한다. 독립변수와 종속변수를 살펴볼 때 MCS 연구의 기준 가능성은 2조 5,000억 개까지 증가한다. 전통적인 통계 분석은 이 많은 경로를 탐색할 수 없기 때문에 연구자들은 특정 변인의 경로를 선택하고 그 경로를 활용한다.

오벤(Orben)과 프지빌스키(Przybylski)는 "양적 데이터를 분석할 때 정당하게 취해질 수 있는 이론 주도 분석 결정의 합계를 도표로 제시하는 SCA(specification curve analysis, 규격곡선분석) 분석 방법을 사용하였다.

연구자들은 가능한 모든 분석 경로들을 구분한 다음 각각의 결과를 계
산했다. 연구의 소수의 분석 내용을 작성하는 대신, 그들은 이론적으로
방어할 수 있는 모든 분석 결과를 보고한다"

(2019, p. 2).

청소년 정신건강과 관련된 다른 변인과의 연관성을 비교하고자, 연구자들
은 규격곡선을 MTF, YRBS, MCS의 항목과 다음의 항목들을 비교하였다:
싸움, 폭음, 흡연, 마리화나 흡입, 괴롭힘, 체포됨, 감자 먹기, 체중 인식하
기, 우유 마시기, 천식 여부, 숙제하기, 종교, 음악 듣기, 영화관 가기, 키, 손
놀림, 안경 착용 여부, 자전거 타기, 채소 먹기, 과일 먹기, 아침 먹기, 충분
한 수면 취하기. 흥미롭게도,

세 개의 데이터 세트 모두 마리화나를 피우고 또래를 괴롭히는 것은 테
크노 기술을 사용하는 것보다 청소년의 행복감에 훨씬 큰 부정적 영향을
미쳤다(YRBS에서 각각이 ×2.7, ×4.3으로 나타남). 행복감의 긍정적인
조건적 요소도 똑같이 설명됐다. 충분한 수면과 정기적으로 아침을 먹
는 것과 같은 간단한 행동이 테크노 기술 사용의 평균적인 영향보다 행
복감과 훨씬 더 많은 긍정적인 연관성을 갖는다(전체 데이터 자료에서
×1.7에서 ×44.2까지의 범위만큼). 중립적 요소는 테크노 기술에 참여
하는 효과를 판단하는 데 가장 유용한 맥락을 제공한다. 규칙적으로 감
자를 먹는 것과 행복감의 연관성은 테크노 기술 사용과의 연관성(×0.9,
YRBS)만큼 부정적이었고, 그리고 안경 착용은 행복감과 더 부정적인
연관성이 있었다(×1.5, MCS).

(pp. 5-6).

즉, 테크노 기술의 사용은 10대의 정신건강에 규칙적으로 감자를 먹는 것
과 거의 비슷한 부정적 연관성을 가진다. 규칙적으로 감자를 먹는 것은 10대들
의 정신건강에 테크노 기술 사용과 거의 같은 영향을 끼쳤다. 안경 착용은 청소

년의 정신건강에 테크노 기술 사용보다 더 부정적인 영향을 미쳤다.

이러한 연구 결과는 테크노 기술 사용에 부정적인 측면이 없다고 주장하는 것은 아니지만 1) 연구 수행 방식, 2) 연구 보고 방식, 3) 연구결과 해석 방식, 4) 초점이 특정 영역, 테크노패닉 영역만을 향한다는 점에서 유의미한 문제가 있음을 말해주고 있다. 도대체 이렇게 많은 혼란스러운 정보를 가지고 우리가 어떻게 테크노 기술의 사용과 테크노 기술의 영향을 분석할 수 있는가? 이러한 이유 때문에 나는 이 책의 한 장을 문헌고찰에 할애하지 않았다. 그것에는 우리가 그 뜻을 파악하거나 신뢰할 수 없는 서로 상충되는 정보들이 뒤죽박죽 엉켜있었을 것이다.

결국 오벤과 프지빌스키는 다음과 같이 결론지었다:

> 우리는 테크노 기술 사용이 증가하면 행복감이 낮아지는지, 낮은 행복감이 테크노 기술 사용의 증가로 인한 것인지, 혹은 세 번째 교란변수(confounding factors)가 둘 다에 해당하는지 여부에 대해 알지 못한다. 우리는 본질적으로 복잡한 것을 조사하고 있기 때문에, 테크노 기술 사용과 행복감 모두에 영향을 미치는 미처 파악되지 않은 요인이 발생했을 가능성이 높다. 따라서 우리의 연구결과에서 나타난 연관성과 이전 저자들의 연구에서 연관 있다고 주장한 결과는 허위일 가능성이 있다.
>
> (2019, p. 7)

앞서 언급한 곤잘레스는 이 인용문을 제공하지만 참고문헌은 제공하지 않는다. 그것은 오벤과 프지빌스키의 분석에 대한 응답인 듯하다. 테크노 기술이 아동의 발달에 어떤 영향을 미치는지 연구한 캘리포니아대학교 심리학자 캔디스 오저스(Candice Odgers)는 "이 연구에서 참고한 문헌들의 관련성 수준은 우리가 스크린 타임과 같은 상황에서 볼 수 있는 공포 수준과 일치하지 않는다"고 말했다. "그것은 대중적 영역에서의 대화와 대부분의 데이터가 우리에게 보여주는 것 사이의 단절을 강조한다"(Gonzalez, 2019, para. 11).

오벤은 테크노 기술의 사용에 관한 전 세계적인 질문들을 음식이 당신에게 좋은지 나쁜지 여부에 비유한다. 이 질문에 누가 답할 수 있는가? 주의할 점, 묻고 대답해야 할 질문, 수집해야 할 정보가 매우 많다. 테크노 기술과 관련하여 더 중요한 질문은 다음과 같다. 어떤 종류의 기술이 사용되고 있는지, 누가 그것을 사용하고 있는지, 그리고 어떻게 사용되고 있는지(Gonzalez, 2019)이다. 오벤은 또한 다음과 같이 제안했다:

> 모든 테크노 기술의 사용이 동등하다고, 또는 똑같이 나쁘다고 가정하기보다는, 이러한 문제를 논의할 때 좀 더 미묘한 접근법을 취해야 할 것이다. 예를 들어, 우리는 서로 다른 유형의 스크린 타임과 각 텍스트, 도구 및 공간의 경제성에 대해 고려할 수 있다.

"만약 아동과 성인이 이 콘텐츠를 함께 소비하는 데 시간을 보냈고, 경험에 대해 대화를 나눈다면 아마도 우리는 스크린 타임에 대해 보다 잘 이해할 수 있을 것이다"(2019, p. 7).

놀이치료사의 역할은 무엇인가/결론

기술과 테크노패닉과 관련해서 놀이치료사의 역할은 내담자의 언어를 이야기하고, 내담자의 문화를 존중하고, 놀이의 치료적 힘을 활성화하기 위하여 놀이치료 안에서 관련 정보를 숙지하고 디지털 도구를 적용하는 것이다. 헤드라인에 인용된 원문 연구를 찾아서 비판적으로 읽고, 연구에서 데이터를 분석할 때 소수의 통계 경로를 추적했을 가능성이 높고 출판 편향과 같은 이슈 때문에 그들의 가설을 지지하는 통계 경로만을 인용했을 가능성이 높다는 사실을 이해해야 한다. 놀이치료사들은 놀라울 정도로 강력한 위치에 있다. 치료사는 치료적으로 강력한 디지털 도구를 제공할 수 있고, 디지털 도구 사용에 대한 원칙과 토대를 이해할 수 있으며, 가족을 교육하고, 상담 회기 안팎에서 디지털 도구 사용에 대한 적절한 후속 연구를 구체화할 수 있다.

참고문헌

Boyd, D. M. (2008). *Taken out of context: American teen sociality.* www.microsoft.com/en-us/research/wp-content/uploads/2016/02/TakenOutOfContext.pdf

Cohen, S. (1972). *Folk devils and moral panics* (1st ed.). MacGibbon and Kee.

Cohen, S. (1987). *Folk devils and moral panics* (2nd ed.). Basil Blackwood.

Cohen, S. (2002). *Folk devils and moral panics* (3rd ed.). Routledge.

Criminal Justice. (n.d.). Labeling theory and symbolic interaction theory. *iResearch.* http://criminal-justice.iresearchnet.com/criminology/theories/labeling-theory-and-symbolic-interaction-theory/2/

Critcher, C. (2008). Moral panic analysis: Past, present, and future. *Sociology Compass, 2*(4), 1127–1144. www.penelopeironstone.com/Critcher.pdf

Crossman, A. (2018, April 23). Sociology of deviance and crime. *Thoughtco.* www.thoughtco.com/sociology-of-crime-and-deviance-3026279

Drotner, K. (1999). Dangerous media? Panic discourses and dilemmas of modernity. *Paedagogica Historica, 35*(3), 593–619.

Finkelhor, D. (2011, January). *The internet, youth safety, and the problem of juvenoia.* www.unh.edu/ccrc/pdf/Juvenoia%20paper.pdf

Gonzalez, R. (2019). Screens might be as bad for mental health as . . . potatoes. *Wired.* www.wired.com/story/screens-might-be-as-bad-for-mental-health-as-potatoes/

Heslin, J. (2007). *Sociology: A down to earth approach* (8th ed.). Pearson.

Marwick, A. E. (2008, June 2). To catch a predator: The MySpace moral panic. *First Monday.* https://firstmonday.org/article/view/2152/1966

O'Byrne, I. (2019, June 14). Addressing technopanic in the age of screentime. *Literacy Worldwide.* www.literacyworldwide.org/blog/%2fliteracy-daily%2f2019%2f06%2f1 4%2faddressing-technopanic-in-the-age-of-screentime

Orben, A., & Przybylski, A. K. (2019). The association between adolescent well-being and digital technology use. *Nature Human Behavior.* www.gwern.net/docs/psychology/2019-orben.pdf

Orwell, G. (2000). *In front of your nose.* Godine.

Thierer, A. (n.d.). Ongoing series: Moral panics/techno-panics. *Tech Liberation.* https://techliberation.com/ongoing-series/ongoing-series-moral-panics-techno-panics/

Thierer, A. (2013). Technopanics, threat inflation, and the danger of an information technology precautionary principle. *Mercatus.* www.mercatus.org/system/files/Technopanics-by-Adam-Thierer_MN-Journal-Law-Science-Tech-Issue-14–1.pdf#page=71

Walton, D. (2012). Using argumentation schemes for argument extraction: A bottom up method. *Semantic Scholar.* https://pdfs.semanticscholar.org/da5a/fc5074b71463c-da7cc35805781cbbd333a5e.pdf

Wolak, J., Evans, L., Nguyen, S., & Hines, D. A. (2012). Online predators: Myth versus reality. *Purdue.* www.purdue.edu/hhs/hdfs/fii/wp-content/uploads/2015/06/s_mafis03c03.pdf

09

하드웨어

제9장은 DPT 여정을 시작하는 사람들을 위한 출발선이라고 볼 수 있다. 이 책의 1판이 인쇄되기도 전에 컴퓨터, 태블릿 등에 관한 인식이 꽤나 바뀌어 있을 상황을 고려하여, 이 장은 일반적인 가이드 정도로 생각하는 것이 바람직할 것이다. 이 장의 정보를 바탕으로 당신이 편하게 다룰 수 있는 게임, 컴퓨터에 적용시키기거나, 관련 전문가에게 이러한 분야의 최신 버전은 무엇이냐고 문의할 수 있을 것이다.

내가 가장 힘주어 말하고 싶은 권장 사항은 당신의 업무 환경과 시스템에 맞는 장비를 갖추는 것이다. 돈을 절약하기 위한 방법으로 많은 사람들이 업무 목적과 개인적 필요를 둘 다 채울 수 있는 태블릿이나 노트북을 구입한다. 이것은 단기적으로는 해결책이 될 수 있지만, 장기적으로는 문제의 소지가 있다. 업무 목적의 데이터와 개인적 사항을 분리하는 것은 중요하기 때문이다. 이는 보드게임 및 기타 장난감의 사용 여부에 있어서도 마찬가지이다. 이동을 하다가 또는 집으로 가져오자마자 바로 부서지거나 망가지거나 잃어버린 경험이 다들 한 번쯤 있지 않은가? 이러한 이유로, 캔디랜드라는 게임을 한다면, 집 계정과 업무 계정을 따로 두는 것이 낫다. 마찬가지로, 업무용 태블릿을 따로 마련하기를 추천한다. 개인용과 업무용을 분리하면 어떤 일을 추진 및 유지하기가 훨씬 수월하다. 예를 들어 보자. 내담자에게 모래상자를 찍은 사진을 파일로 전송했다. 이미 전송이 완료되어야 할 시점인데 무슨 이유에서인지 전송이 늦어지고 있고 있다면 무슨 상황일까? 같은 날 저녁, 당신의 8살 아이가 당신의 태블릿으로 게임을 하고 있는데 당신은 거기서 그 모래상자 사진을 발견한다. 이런 일은 일어나서는 안 되는 일이지만, 개인용과 업무용을 분리하지 않고 사용하면 충분히 일어날 수 있다. 삶이 점점 복잡해지는 오늘날 심플하게 분리된 시스템을 갖추는 것이 일의 효율성을 높인다. 업무용은 놀이치료실(회사)에, 개인용은 집에 전자기기를 두는 것도 하나의 방법이다.

업무용과 업무 외 용도를 효율적으로 분리하는 문제는 재택근무 상황에서 그 경계가 불분명해지는데, 원격정신건강이라는 문제도 고려하면 더 혼란스러워질 수 있다. 원격정신건강 상담을 위한 업무 공간을 만드는 것이 중요한 것처럼 DPT를 위한 장비도 그렇게 분리되어 있어야 한다. 솔직히 디지털 놀이치료사는 좀 특별한 장비를 가지고 있고 가족 구성원이 그 도구 사용의 유혹에 빠질 수 있기에 경계와 구분에 있어 매우 신중해야 한다. 다시 말하지만 개인용은 집 공간에, 업무용은 회사 공간에 있어야 한다. 특히 원격정신건강 서비스 때문에 재택근무를 해야 할 때는 가정과 직장 생활 사이에 구분선이 흐려질 수 있으며 이러한 경계를 지키는 것은 가족의 전반적인 공통의 삶 및 정신건강을 지키는 데 도움이 된다.

업무적 투자 및 지출의 가치에 대한 논의로 이어나가자면 나는 2019년에 매우 신뢰하고 존경하는 동료 몇 명과 함께 프레젠테이션 패널에 있었을 때의 일인데, 그분들 중 한 분께서 심원한 말씀을 해주셨다. 어느 심리학자가 정신건강 제공자에 대해 일반적으로 이야기를 하면서, 정신건강 제공자가 되는 여정으로 수업을 성실히 듣고, 임상 시간을 채워 자격증을 받고 나면, 상담소에 들어가거나 본인이 차리게 되고, 그 공간에 필요한 것들을 채우는 것으로 우리는 준비를 마쳤다고 믿는다. 이후에 상담자로서의 기간에 크게 지출될 비용이 있을 거라고 생각하지 않고, 사실 실제로 상담자에게 드는 초기 비용은 그렇게 크지 않을 거라고 여긴다. 검안사가 되어 안경점에서 일하는 것과 비교를 해보아도, 실습의 비용, 사무실, 장비, 비품, 직원 고용 등, 초기 비용이 굉장하게 높아, 대개 대출을 끼고 업무를 개시하는데, 나는 초기 비용을 고려할 때 이런 식으로 생각하지 못했었다. 이 진술에 정말로 충격을 받았다. 일반적으로 상담자가 처음 임상을 시작하는 단계에서 대단한 필수 장비나 시설이 별로 필요하지 않다는 것은 사실이다. 놀이치료사 자신, 놀이치료를 할 공간, 장난감이 아마 필수 조건일 것이고, 원격정신건강에 참여하면 컴퓨터, 노트북, 태블릿과 같은 기기 및 필요한 소프트웨어 비용 정도이다.

장난감에 드는 비용에 대해 이야기하면 끝이 없지만, 이 부분을 내가 간과하거나 경시한다는 것은 절대 아니다. 다만, 검안사가 안과 검사의 장비를 생각하면 기본 수천 수백 달러를 생각하는 것에 비하면, 장난감 및 모래 상자 도구에 1,000달러 정도 드는 것이 (비싸면서도) 다른 직업군의 초기 비용과 비교해보면 비싸다고 말할 수 없다. 이는 곧 사고 방식으로 귀결된다. 우리의 사고 방식으로는 시작 비용이 많이 들지 않을 것으로 예상하면, 막상 큰 지출을 해야 할 때 충격을 받을 수 있다.

잠시 벗어난 얘기지만 실상 많은 놀이치료사들이 본인이 제공하는 서비스에 대해 충분한 대가를 청구하지 않는다고 말하고 싶다. 나 같은 경우에는 사적인 개인 상담은 얼마를 청구해야 하는가에 대한 문제 때문에 곤욕을 겪었다. 현행 청구액은 어떻게 되는가? 현재 시세는? 내 상담료의 가치는 어떻게 정하는가? 놀이치료사가 하는 일의 가치에 대한 의문 제기는 보험을 들 때 보험 회사만 하는 게 아니라, 다른 놀이치료사들 또한 이런 질문을 늘 가지고 있다고 생각한다. 획기적으로 성공적인 상담을 마쳐서 기분이 최고일 때의 가치라기보나 본인의 상담에 대한 전반적인 가치를 말하는 것으로 마사지를 예를 들어 볼 수 있다. 나는 종종 마사지를 받으러 다니는데, 내 마사지사는 기가 막힌다. 시골이라는 지역적 특성상 아마 요금이 다른 지역보다 훨씬 더 낮겠지만 그래도 시간당 80달러를 청구한다. 이 마사지사의 기술은 그만한 가치가 충분하다. 특히나 스트레스를 엄청 받은 내 근육을 풀어주는 것은 쉬운 일이 아니다. 나의 마사지사나 마사지 치료 분야를 비하하려는 의도는 없는데, 마사지 요금이 대개 시간당 80달러인 것과 놀이치료의 청구액을 비교해보면, 이 불일치가 어디서 비롯되었을까?

다른 직업군의 가치에 대해 논의하자는 게 아니라, 놀이치료사의 가치에 대한 논의이며 우리가 제공하는 서비스의 합당한 지불선에 관한 문제이다. 석사, 박사 과정을 거쳐서 등록된 놀이치료사를 다른 분야와 비교한다면 놀이치료사에게 시간당 20달러 정도를 지불하는 것이 말이 되는가? 나는 몇 년 전에 메이저 정신건강 회사에서 프로그램 기획이사로 임명되었는데, 임상 및 감독 작업을 포함하는 역할이 맡겨졌다. 당시 20년 이상의 경력이 있고 박사 학위를 받은 나는 시간당 26달러를 제안받았다. 나는 제안을 수락하지 않았다. 마사지가 80달러인데 정신건강 서비스는 30달러 미만이다? 배관이나 전기 또는 건설과 같은 다른 서비스 산업을 생각해도 지불 요금 비교는 혼란스럽다. 다시 말하건대, 다른 직업을 비하할 의도는 전혀 없고, 나는 오히려 그들이 제공하는 서비스에 감사한다.

어떤 직업군에 이렇게 낮은 요금이 책정되어 있다면, 이것은 무엇을 말하는가? 사회적으로 무엇을 말하고 있는가? 이 모든 것이 현재 직면하고 있는 정신건강 위기 문세에 어떻게 영향을 끼치는가? 의료 보험 상환 제도나 저소득층을 위한 프로그램 얘기는 할 것도 없는데, 이곳 콜로라도의 경우, 박사 학위가 있는 전문가의 상담 세션은 31달러를, 석사일 경우 이보다 낮은 정부 보조금을 지원받는다. 30년 전 나의 포닥 시절 내담자는 세션당 150달러를 냈는데, 나는 8.24달러를 받았다. 그것은 30년 전이었다. 나는 그때 이미 박사 학위가 있었고, 2,000시간 이상의 경력이 쌓여 있었지만 자격증이 없었기 때문에 시간당 8.24달러를 받았다. 현재도 시스템은 다르지 않다.

이 계산식에는 구조적이고 정치적인 여러 문제가 있으며 한두 단락의 논의로 해결할 수는 없지만 놀이치료사들은 우리가 하는 일이 큰 가치가 있음을 깨달아야 할 때라고 생각한다. 우리가 주도해서 추진하는 변화, 헌신, 투자하는 시간, 에너지, 돈, 이것들은 다 숭고한 가치다. 논의를 시작할 때 "저는 놀이치료사입니다만…"으로 시작하기보다 "내가 바로 놀이치료사입니다!"로 시작하면 어쩌면 현재의 시스템들이 변하기 시작할지도 모른다.

마찬가지로 놀이치료라는 우리의 비즈니스에 투자라는 가치를 대입해 볼 필요도 있다. 프리랜서나 계약직으로 근무할 때 도움이 되는 것 중에는 놀이치료를 위해 구입한 도구를 세금 정산 시 공제 가능 비용으로 인정받을 수 있다는 점을 기억해야 한다. 따라서 공제 가능 방법을 찾는 것이 도움이 될 것이다. 당신의 회계사와 상담해서 무엇이 가능한지 알아보면 좋을 것이다. 당신의 경력 목표의 큰 그림에 기여하는 장비에 무엇이 있는지 스스로에게 물어보는 것 또한 중요하다. 나는 내담자들에게 양질의 상담을 제공하고 싶다 (앞에서 말했던 5C를 얻으려고 노력한다는 뜻이다). 내담자의 언어로, 그들의 문화를 존중하는 시스템이 갖춰진 권위적인 치료를 제공하면서 내담자 각자의 서로 다른 필요를 충족시키는 접근을 가능하게 하는 노력을 계속하고 싶었다. 그래서 나의 사업을 성장시키고 전문성을 확보한다는 목적으로 나는 연간 예산을 더 크게 잡아 필요한 장비에 투자할 수 있는 자금을 확보했다.

내담자들이 더 활동적인 야외 놀이를 경험할 수 있게 어마어마하게 큰 커넥트 포라는 장난감을 구입한 경우도 있었다. 매우 비쌌다. 그렇지만 내 내담자들에게 중요한 경험이라고 느꼈으므로 주저 없이 구입했다. 연간 예산을 늘렸다면 현명하게 소비하는 것이 중요한데 최저 가격 검색 등을 통해 자금을 최대한 현명하게 관리해야 한다. DPT 장비가 조금 부담스럽고 가격이 나갈 수 있기는 하지만 당신의 내담자들을 위한 문화에 특화된 장비를 제공하는 투자가 필요하다. 시장 지식과 장비에 대한 이해를 바탕으로 한 구매는 예산을 효과적으로 운용하도록 한다. 끊임없이 변화하는 기술의 긍정적인 면 중에 하나는 기술 애호가들은 장비를 자주 업그레이드하고 '오래된' 장비는 무난한 가격으로 판다는 것이다. 기술 애호가들의 경우 그렇다는 것이다. 놀이치료사들은 그렇지 않다. 우리 치료사들은 물건을 영원히 남겨 둔다. 내 사무실에는 1990년대 플레이모빌 장난감이 아직도 있다.

하드웨어

이 절에서는 이전에 작성된 원고에 따라(2019년 말 집필 후 2021년 수정) 하드웨어 및 소프트웨어를 소개할 것이다. 다음과 같이 하는 것이 중요하다.

1) 비용, 공간, 이동성, 용도, 수량 등을 열심히 찾고 연구하는 것이 중요하다.
2) 여러분이 제공하고 싶은 치료 방법과 접근 가능성에 어떻게 관련되는지 살펴보면 좋겠다.
3) 여러분의 비즈니스를 위한 장기 목표를 아는 것이 좋다(즉, 오래 사용할 수 있도록 미리 투자하거나, 더 고차원의 프로그램을 처리할 수 있는 등 머지않은 미래에 쉽게 바뀔 수 있는 '스타터'를 구입하면 좋다).
4) 어떤 종류의 프로그램(소프트웨어)을 사용하고 싶은지 알아보면 어떤 하드웨어의 종류가 필요한지 알 수 있을 것이다.
5) 장기 및 단기 목표가 있어야 한다. 예를 들어, 올해는 특정한 것에 투자하고 다음 해에 다른 것에 투자한다. 20XX년까지 교육 시간 완료 및 슈퍼비전 받기와 같은 목표뿐만 아니라, '사무실에 가, 나, 다를 들여놓는다'와 같이 매해 설정 목표를 달성하기 위하여 의도적으로 열심히 한다.

디지털 카메라

디지털 카메라는 대부분 스마트폰으로 대체돼 버렸다. 디지털 카메라를 아직 포함하는 이유는 놀이치료계에서 독보적인 발전을 가져왔기 때문이다. 모래 놀이치료와 같은 장면을 직접 그려야 하는 날이 이제는 없다. 내담자의 작업을 보존하는 빠르고, 이동, 다운로드 및 인쇄 가능한 방법이 절대적으로 자유로워지고 중요하였다. 내담자의 작업을 설명할 때는 백문이 불여일견이기에 보호자나 감독관에게 사진을 직접 보여주는 것이 낫다. 도표 및 묘사로는 설명되지 않는 게 항상 있었기 때문이다. 중요한 변화는 내담자의 의료정보를 보호하는 방법을 찾는 것이었다.

대부분의 치료사는 이제 전자 건강기록을 사용한다. 그렇지 않은 치료사들도 언젠간 전환해야 할 것을 알기 때문에 적어도 전자 건강기록을 검색한 경우가 있을 것이다. 당신이 수기 작성을 얼마나 좋아하는가와 별개로 현재 추세는 전자 기록을 쓰는 방향으로 가고 있다[개인적인 영역이지만 나는 여전히 종이와 연필로 연간 플래너를 쓴다. 미국 건강 보험 양도 및 책임에 관한 법(HIPPA)을 준수하는 전자 건강기록 서비스를 사용하기는 하지만 내겐 노트가 훨씬 편하다]. 제3장에서 말했듯이, 나는 테크 미니멀리스트(techno-neccessit)이지만, 우리 삶과 작업에 테크 기반의 필요성을 인정한다. 제1장에서 말한 것과 같이 그렇게까지 많이 다른 사람들과 연락할 필요를 못 느껴 휴대폰을 거부했었는데, 휴대폰은 이제 나를 미소 짓게 한다. 이제 필요성이 느껴졌기 때문이다. 필요할 뿐만 아니라 타인과 소통하고 싶기 때문이다. 개인적으로 최신 모델과 최고 사양의 전자 기기를 필요로 하진 않는다. 나에게 필요한 기능이 있기에, 의도된 목적과 필요를 충족시키는 전자 기기면 충분하다.

디지털 카메라는 필요를 충족시키는 것 이상의 기능을 하기도 한다. 특히 정보 전송을 위하여 더 새로운 블루투스나 무선 기능을 갖춘 도구가 그러하다. 사무용 전화기를 딱히 원하지 않은 경우에 새로 나온 디지털 카메라가 필요한 기능을 대체할 수 있다. 오랫동안 묵혀두었던 사무용 전화기 또한 목적에 맞게 사용할 수 있다(예 : 사진을 다운로드하기 위해). 와이파이나 케이블로 전화를 연결하면 이미 지정된 업무폰(work phone)의 목적을 충족시킬 수 있고 업무 전용 도구로 활용할 수 있다. 데이터 전송 및 보존에 특화된 가장 간단한 프로세스를 고려하여 설정값을 정하는 것도 방법이다. 프로세스가 복잡하면 장기간 사용한다고 따져봤을 때 효과가 떨어지기 때문이다. 개인적으로 일을 열심히 하기보다는 영리하게 할 수 있는 방법을 찾는 것을 중시한다. 특히 내담자 관리와 함께 동시에 여러 가지 업무를 처리해야 할 때 프로세스의 간편화 방법은 효율적이다.

스마트폰

니콜라 테슬라(Nikola Tesla)는 1926년 1월 30일 콜리어즈(*Collier's*)라는 잡지 인터뷰에 참여했다 (Kennedy, n.d.; Nguyen, 2019). 원본은 1926년 잡지인 데 잡지의 사본을 못 구해 언급했던 다른 저자에 의해 확인 후 존 케네디가 올린 인터뷰 녹취록을 아래에 인용하였다. 놀랍게도 이 인터뷰에서 테슬라 는 스마트폰을 예측한 것으로 보인다. 그 인터뷰는 다음과 같다:

> 무선통신 기술이 완벽하게 적용될 때 전체 지구가 하나의 인간 두뇌처 럼 작용할 것이다. 사실 그것은 모든 것이 실제적이고 패턴을 가진 전체 의 입자가 되는 것이다. 거리에 상관없이 즉시 소통하기가 가능할 것이 다. 뿐만 아니라 수천 마일의 거리에도 불구하고 텔레비전 및 전화로 얼 굴을 마주한 듯 완벽할 정도로 서로 보고 들을 수 있을 것이다. 그리고 이것을 가능하게 할 장치는 현재의 전화기보다 훨씬 더 간단할 것이다. 이런 장치는 양복 주머니에 넣어 다닐 수 있게 될 것이다.
>
> (Kennedy, n.d., para. 9; Nguyen, 2019, para. 2)

그는 미래를 미리 내다봤음이 틀림없다.

스마트폰에는 상상 이상의 기능이 들어 있다. 나는 최초의 자동응답기, 양 방향과 3방향 통화, 통화 대기, 호출기 등을 기억한다. 앞에서 말한 것처럼 수십 년 동안 나는 휴대폰과 인터넷 서비스를 거부하였다. 내 논문을 더 쉽 게 완성할 필요를 느끼게 됐을 때까지는 말이다. 이렇게 말하면 여러분은 내 가 '나 때는 말이야'라고 말할 것이라 예상하겠지만 나는 (아직은) 그런 꼰대 는 되지는 않았다. 기술의 창의성과 성장은 단지 지난 몇 수십 년 만에 폭발 했고, 인류는 이를 잘 활용하는 방법을 알아내기 위해 노력하고 있다. 나는 그냥 단지 시류에 빨리 편승하지 않았을 뿐이다.

앞에서 언급했듯이 놀이치료에 카메라 대신 휴대폰을 사용할 수 있다. 휴 대폰의 기능에는 의사소통, 인터넷을 활용한 정보 검색, 여러 애플리케이션의 실행, 영상 시청 등이 있다. 내담자 개인 건강 정보, 일반적인 기밀 유지 및 사전 동의와 관련된 도의적 책임이 처리된 한 미국 정보에 관련된 권리를 보장하기 위한 법(HIPAA)을 준수하는 범위 내에서 스마트폰 사용은 매우 효과적일 수 있다. 디지털 카메라를 얘기하면서 나는 치료 상담 내에 업그레이드된 휴대폰을 가지고 있거나 중고로 구입한 스마트폰의 사용 가능성을 언급하였다. 상담용 휴대폰의 긍정적인 면은 업무 목적과 개인적인 것을 분리하는 것뿐만 아니라 애플리케이션, 연락처, 사진 등을 정신건강 및 놀이치료 초점에 구체적으로 맞출 수 있다는 점을 들 수 있다. 휴대폰의 와이파이를 켜고 끄는 것으로 상담 세션에서 휴대폰 사용 여부 또한 치료사 마음대로 조절할 수 있다.

　스마트폰은 원격정신건강 상담에서도 큰 가치가 있다. 텔레헬스 플랫폼(예 : 줌)에 접속을 하는 것부터 애플리케이션 및 웹 기반 게임 사용, 화면 공유까지 원격정신건강 서비스에 있어서 스마트폰은 작고 편리한 가젯이다. 내담자가 스마트폰이 없는 경우, 또는 치료 상담에 필요한 특정 스마트폰이 없는 경우도 있다(이용하고자 하는 애플리케이션이 모든 소프트웨어에서 가능하지 않고 특정 소프트웨어에서만 기능할 수도 있다. 그래서 애플 OS 기반이나 안드로이드 OS 기반의 소프트웨어 등의 설정이 필요한데 자세한 정보는 소프트웨어 장에서 다루겠다). 이런 경우, 내담자에게 치료사가 치료용 스마트폰을 대여해 줄 수 있는데, 통신사를 거치지 않고 인터넷에 연결하여 내담자가 원하는 프로그램에 접근할 수 있게 된다. 치료 목표를 달성할 수 있는 애플리케이션은 큰 가치가 있으며 치료 상황에서 환상적인 옵션이 된다.

RxTxT

파슨 등(Parson et al., 2019)은 현대 심리치료에서의 기술 통합(*Integrating Technology into Modern Therapies*)이라는 책에서 치료 상담에서 스마트폰을 사용하는 것과 특히 청소년 내담자와 치료적인 메시지(RxTxT)로 소통하는 것에 대해 설명했다. "인간은 현실세계와 디지털세계를 넘나들기 때문에 치

료사들이 상담에서 여러 디지털 통신 보조 장치를 통합하는 것은 적절한
지 (적절하면 언제 활용하는 게 좋을지) 고려해야 한다"는 의견을 피력했다.
(Parson et al., 2019, p. 67). RxTxT는 치료 상담 세션 및 치료사–내담자의
일반적인 관계에 긍정적인 효과가 있으며 근접성이 떨어지는 내담자에게 도
움이 될 수 있다.

청소년 내담자들이 특히 경험, 감정 및 내성을 유지하는 데 어려움을 겪고
있다는 것을 알게 되었다. 치료사와 내담자가 관계를 맺는 것과 유지하는 데
'단순한' 이미지나 짤 같은 메시지로도 무언가를 문자로 소통한다는 영향력
을 느낄 수 있다. 그러나 디지털 통신에 경계를 정하는 것이 중요하다. 나는
실전에서 이러한 경계와 용도를 다음과 같이 정한다:

1) 내담자는 나에게 언제든지 연락할 수 있다. 답장을 빨리 할지 그렇지
   않을지는 나에게 달려 있으나, 메시지가 전송되었다는 것은 가능하다
   면 내담자가 알 수 있게 한다. 나는 스마트폰에 '메시지 읽음' 기능을
   쓰지 않는다. 따라서 휴대폰 알림 기능을 기반으로 내가 언제 메시지를
   읽었는지 내담자는 알 수 없다.

2) 상담하면서 문자로 소통하는 목적은 다음과 같다: 가) 업데이트, 나) 상
   담과 상담 사이에 다음 상담에서 할 이야기를 잊어버리지 않도록 생각
   및 경험 공유, 다) 약속 날짜, 시간 등 문의. 문자 상담 치료가 아니므로
   실제 상담 시 처리할 것을 문자로 하지 않는다.

3) 내담자는 문자 내용이 개인 정보 보호 설정, 비밀번호 및 전문적인 소
   프트웨어를 통해 보호된다는 것을 알아야 하며, 이는 개인이 각자의 삶
   에서 개인 정보를 보호하는 방법과 다를 수도 있다는 것을 알면 된다.
   휴대폰을 타인과 함께 사용하는 사람도 있을 수 있다. 내담자는 치료
   사가 보낸 문자를 타인이 읽고 공유할 수 있다는 사실을 인지해야 하
   며 치료사와 문자로 소통하는 상황에서도 일어날 수 있기에 이러한 가
   능성을 고려해야 한다. 어떤 소프트웨어 프로그램은 내담자가 치료사

에게 문자를 보내려면 로그인을 해야 한다. 이것은 이상적인 방법이다. 하지만 이렇게 보안 설정을 해도 부모가 로그인 정보를 가지고 있는 경우 내담자 자녀가 쓴 문자를 읽을 수 있다. 즉, 치료사가 전문적인 서비스 프로그램을 통해 아무리 개인 건강 정보와 문자 내용을 보호하려고 해도, 내담자 자신의 스마트폰 설정 때문에 본인의 개인 정보가 보호되지 않을 수도 있다는 것을 알아야 한다. 또한 내담자의 부모는 동의서를 작성하고 이에 대한 설명을 듣는 과정에서 위와 같은 잠재적인 문제에 대해 숙지해야 한다. 소프트웨어가 개선될수록 이런 분야의 잠재적 해결책도 증가할 것이다. 지금까지 스마트폰의 긍정적인 면을 살펴보면서, 꼭 필요한 안전 문제도 함께 논의하였다.

내담자의 욕구가 변화하고 있다. 따라서 정신건강 분야에서 어떤 욕구가 있는지, 그 욕구를 적절하게 충족시키는 방법엔 무엇이 있는지 고민해야 할 때이다.

태블릿

1987년에 태블릿의 초기 버전이 탄생하였다. "리누스 라이트 톱"은 녹색 화면과 스타일러스를 가지고 있었다. 스타일러스로 화면에 글씨를 쓰면 컴퓨터는 필기를 인식할 수 있었다. 2년 후 팜이라는 회사가 만든 그리드팟이라는 제품이 나왔다. 1993년에 애플은 개인 정보 단말기(PDA)도 될 수 있는 뉴턴 메시지 패드라는 PDA(personal digital assistant), 즉 휴대용 디지털 기기를 출시했다. 이후 팜 파일럿과 같이 한때 잘 나갔던 많은 PDA가 출시되었다(Bort, 2013).

2000년으로 거슬러 올라가면 빌 게이츠가 현재 우리가 잘 알고 있는 사랑스러운 태블릿의 전신을 공개했다. 그 사이에 몇 가지 태블릿이 출시되었고 2010년에 애플은 최초의 아이패드를 출시하였다(Bort, 2013). 그 이후로 수많은 회사가 다른 버전을 출시했으며, 다양한 특성과 크기 및 사용하기 쉬운 기능으로 업그레이드된 여러 버전도 생겼다. 복잡하고 거추장스러우며 사용하기 불편하고 매우 제한된 기능의 태블릿이 현재의 태블릿이 되기까지 아주 긴 여정이었다.

태블릿은 여러 분야 및 직업에서 환영을 받은 가젯이 되었다. 태블릿은 정보 제공 및 결제 기능, 프로그램 실행, 데이터 공유 등을 위하여 휴대용 방식으로 사용할 수 있다. 사용 가능 환경에는 서비스 산업, 병원, 상점, 연구소 및 교육 기관이 있다. 터치스크린을 통해 하드웨어 및 소프트웨어를 다른 식으로 이용할 수 있다. 더 이상 사람-마우스-컴퓨터로 형성되는 삼각형 연결 모형의 시대는 지났다. 이제는 사람과 터치 스크린의 듀얼 시대가 되었다. 스마트폰도 이런 효과가 있기는 하지만 태블릿은 큰 화면의 이점과 함께 더 다양한 기능을 제공한다.

2000년에 캐시 말치오디(Cathy Malchiodi)는 예술치료와 컴퓨터 기술 : 가상 스튜디오의 가능성(Art Therapy & Computer Technology: A Virtual Studio of Possibilities)이라는 제목의 근사한 책을 출판하였다. 이제는 구식이 되어버린 책이지만 미술치료에서 디지털 도구의 이용법 및 디지털 가젯의 새로운 가능성 제공 방법의 장을 열어주었다. 말치오디는 "컴퓨터 기술을 지원군으로 여긴다면, 예술치료사들의 작업 환경을 새로운 가능성의 세계로 확장시킬 수 있는 잠재력을 가지고 있다"고 말한다(p. 30). 태블릿 절에서 내가 말치오디의 책을 언급하는 이유는 그가 내담자, 치료사, 아트 이미지의 '인터플레이'가 매우 잘 설명되어 있고, 사용된 아트 이미지가 획기적이기 때문이다. 말치오디는 미술치료에서의 컴퓨터 사용에 대해 피력하였는데, 당시엔 오늘날과 같은 태블릿이 출현하기 이전이지만, 이 책의 논점은 충분히 오늘날 적용 가능하다. 말치오디는 다음과 같이 설명한다.

만들어진 이미지와 마우스 사이의 공간 분화는 내담자-치료사-이미지 간의 3방향 인터플레이에 본질적으로 다른 퀄리티를 생성한다. 화면 속 이미지에 치료사와 내담자가 동등하게 접근 가능하고, 이 3방향 인터플레이로 지각 유연성을 획기적으로 확장시킨다.

(p. 95)

이는 상담 치료 중에 태블릿 사용이 가능한 많은 프로그램에 적용된다. 기술이 발전하면서 삼각형 연결 모형의 시대에서 듀얼 시대로 전환되었고, 특수 공간 분화의 장점 및 인터플레이 속성의 변화를 눈으로 확인하게 되었다.

나는 사무실에서 아이패드를 몇 년 동안 아주 성공적으로 사용하고 있었다. 지금은 아이패드 프로 12.9형을 제일 좋아한다. 종종 태블릿을 켜는 방법이나 화면 전환을 위해 화면을 옆으로 미는 동작과 같이 배워야 할 새로운 기능이 출시되기도 하지만, 아이패드는 새로운 버전이 출시되어도 사용법과 기능이 지난 버전에서 업데이트되기 때문에 아이패드를 선호한다. 아이패드의 일관적이고 표준화된 사용법 덕분에, 태블릿을 업그레이드할 때 다시 배울 필요가 없다는 점이 좋다. 나는 화면 크기 때문에 아이패드 프로 12.9인치를 선호한다. 일반 대중에게는 화면 크기가 과도하여 10인치나 11인치 형이 더 대중적이지만, 12.9인치는 아트 작업이나 모래상자 놀이 작업, 게임 활동을 할 때 더 넓은 화면을 제공한다. 치료사가 7.9형 아이패드 미니를 사용하면 내담자는 쉽게 아이패드에 몸을 웅크릴 수 있고 치료사의 시야 확보를 어렵게 할 수 있다. 유익한 면도 물론 있지만, 활동 과정과 내담자-치료사 커넥션에 방해가 된다. 이런 화면 크기의 문제는 원격정신건강 서비스에서는 덜 중요하다. 오히려 사용자의 선호도를 훨씬 더 따라간다.

아이패드 메모리의 필요성에 대하여 묻는 치료사가 많다. 이 질문에 전반적으로 대답하는 것은 어렵다. "초콜릿 케이크 한 조각의 크기로 가장 적당한 양은?"과 같은 질문과 비슷하다고나 할까? 메모리가 과도하게 필요하지 않지만, 너무 적어서도 안 되는데 어쨌든 너무 빨리 부족해지지 않을 정도?

충분한 만큼. 이게 두 질문의 대답이 될 수 있기는 하지만 충분한 해결책은 아니다. 더 효과적인 답변은 아마 여러 가지 선택을 할 수 있다는 것이다. 현재 아이패드는 32GB, 64GB, 128GB, 256GB, 512GB, 1TB 옵션이 있다.

필요한 메모리는 실행하고자 하는 프로그램과 아이패드로 무엇을 수행하려 하는가에 따라 달라진다. 수백 개의 애플리케이션을 생성, 저장, 실행하고, 모든 치료 상담을 기록하고, 촬영한 동영상을 아이패드에 저장하는 등의 기능을 만족하려면 1TB를 선택해야 한다. 인터넷에 검색하거나 간단한 프로그램을 실행하려면 32GB 아이패드면 충분할 것이다. 선택을 위한 질문은 다음과 같다: 1) 아이패드로 어떤 종류의 프로그램을 실행하고 싶은가?(게임 앱? 무거운 전문적인 앱? 프리젠테이션 전용?) 2) 아이패드를 사용하여 내담자에게 전송하는 일(예 : 전자 건강 기록)을 얼마나 자주 할 건가? 아이패드는 구입한 후에는 메모리를 업그레이드할 수 없으니 나중에 메모리를 추가하는 것이 불가능하다. 메모리가 부족해지면, 새 태블릿을 구입하거나 기존의 파일과 애플리케이션 등을 삭제해야 할 때라고 생각해야 한다.

또 다른 문제는 애플이 정기적으로 아이패드의 새 버전과 업그레이드된 운영체제(iOS)를 출시한다는 것이다. 새로운 기능과 가용성 확보로도 볼 수 있지만, 꽤 오래된 버전의 것들은 어떤 시점에 쓸모가 없게 된다는 뜻이기도 하다. 앱스토어(아이튠즈)에서 사용할 수 있는 애플리케이션(앱)에는 애플에서 지정한 최소 요구사항이 있기 때문이다. 즉, 어떤 애플리케이션은 원래 아이패드 2세대 시스템으로 실행할 수 있게 만들어졌는데 에어 2와 같이 새 버전이 출시될 때 그 애플리케이션의 업데이트가 안 되는 경우가 생길 수 있다. 이런 경우 새로운 아이패드를 구입해야 한다. 요점은 "새로운 아이패드를 구입해야 하는 시기는 언젠가 오는데, 지금 실행하고 싶은 것을 위하여 충분한 메모리(용량)가 얼마냐"는 것이며, 교체 시기가 그렇게 자주 찾아오지는 않는다. 나는 64GB 아이패드 프로를 약 5년 이상 사용해왔는데 아직도 잘 쓰고 있다. 메모리 문제는 충분히 고심해서 결정할 문제이다.

다른 회사들도 태블릿을 생산하며 그중에도 좋은 태블릿이 있다. 아이패드에 초점을 맞춘 이유는 프로세서(CPU라는 코어 처리 장치)가 한결같고 같은 회사에서 만들어졌기 때문이다. 안드로이드 OS 기반의 태블릿은 여러 회사가 만들기 때문에 프로세서들이 다 다르다. 이것이 왜 중요한지 궁금할 수도 있다. 프로세서는 장치의 뇌이다. 계산을 수행하고 프로그램을 실행한다. 프로세서는 태블릿을 사용할 때의 경험과 프로그램 실행의 용이성과 간단함에 영향을 미친다. 치료 환경에서 사용되는 디지털 도구는 가능한 간단해야 한다고 생각한다. 애플리케이션을 이용할 때 버퍼링이나 이상 현상은 항상 존재할 것이다. 모든 하드웨어 및 소프트웨어 플랫폼에서 이런 문제가 발생하기 마련이다. 그러나 이런 문제를 최소화할 수 있는 방법이 있다면 그것을 적용해야 하고, 적용에 대한 기대 효과에는 치료 과정의 변화도 포함된다. 디지털 도구를 사용할 때 우리는 흥미, 몰입도, 집중도, 높은 동기 부여 효과를 기대하는데, 성능이 안 좋은 것으로 이런 효과를 기대하기는 어렵다.

태블릿을 구입할 때 아이패드냐 안드로이드 OS 기반 태블릿이냐의 문제는 내담자의 필요 및 개인의 치료 목표, 다른 시스템과의 호환 여부에 따라 선택하면 된다. 앱스토어와 구글 플레이에서 제공되는 앱을 살펴보는 것도 필요하다. 확실한 정보를 바탕으로 결정을 내리게 되면 디지털 놀이치료 여정이 한결 편해질 것이다.

실제로 상담할 때 내 놀이치료실에서는 태블릿을 책장에 기대어 둔다. 마치 놀이방에 있는 다른 물건들 중 하나처럼 상담 중에 할 것을 내담자가 마음대로 선택할 기회를 준다. 내담자가 정체기를 경험하고 있거나 마음의 문을 닫았거나 (부모화 등 문제로) 어떻게 놀아야 할지 '모르는' 내담자인 경우 나는 종종 조금 더 지시적인 접근법을 구사한다. 이런 내담자에게는 태블릿이나 다른 디지털 놀이치료 도구로 게임을 하는 것을 제안하는데 게임 플레이에 참여할 수 있는지를 확인할 수 있다.

평행놀이나 1인놀이 시에도 내가 개입하여, 도움을 호소하는 대화를 시도하는데, 이러한 나의 시도는 내담지가 나와 가까워지고 놀이를 시작할 수 있게 하기 위함이다. 이러한 전략은 꽤 잘 먹힌다. 원격 정신건강 상담 시에는 내담자에게 내가 어떤 하드웨어 및 소프트웨어를 보유하고 있는지 알려주고 어떤 것을 쓸지 함께 결정한다. 어떤 프로그램은 여러 플랫폼으로 이용 가능한데, 서로 다른 하드웨어를 이용하는데도 같은 프로그램을 이용할 수 있다는 것이다. 마인크래프트가 그중 하나이다.

실제로 상담에 디지털 도구를 포함하면 내담자가 가젯 대신 놀이방에 있는 다른 것들을 이용하고 싶지 않을 거라고 우려할 수 있는데 나의 경험에 의하면 신기할 정도로 전혀 그렇지 않다. 방 안에 있는 여느 다른 물건처럼 1주일 동안 디지털 도구를 한 번도 사용하지 않은 경우도 있다. 마치 어떤 주기나 일정이 있는 것처럼 하나의 도구에 아무도 손을 대지 않는 때가 있는가 하면, 누가 언제 썼는지 알 턱이 없는데도 어느 순간부터 하루 종일 모든 내담자가 이용하는 때도 온다. 디지털 도구도 마찬가지다. 새로운 것이 들어오면 누구든지 그것에 빠지다가도 어느 순간 인기가 점점 떨어지고 무언의 주기에 따라 사용 빈도가 달라진다.

콘솔 게임기

콘솔 게임기는 대개 TV 화면이나 모니터와 연결하는 가젯과 게임을 할 수 있게 하는 컨트롤러로 구성된다. 컨트롤러는 유선(선으로 게임기에 연결)이 될 수 있고 무선(충전식 배터리로 구동)도 될 수 있다. 컨트롤러는 캐릭터가 움직이거나 점프, 싸움 등을 할 수 있도록 'X', 'Y', 'A' 및 'B' 버튼이 있는 전형적인 컨트롤러가 될 수도 있고 조이스틱(예를 들면 비행기 제어용)이나 핸들 모양으로 특화될 수도 있다.

첫 번째 게임기인 마그나복스 오디세이는 1972년에 출시되었다. 그때의 게임들은 매우 기본적이며 CPU도 없었다(태블릿 절 참조). 1979년부터 1980년대에 첫 번째 아타리 시스템으로 획기적인 진전을 이뤄냈다. 게임기 시장에는 소강상태가 있기도 했지만 1980년대를 지나며 소니와 세가가 개발을 지속하였다. 1994년에 플레이스테이션이 탄생했고 게임기는 수백만 명의 가정용품이 되었다. 엑스박스, 플레이스테이션 및 닌텐도는 자체 하드웨어 및 소프트웨어를 계속 개발하여 시장을 점유했다(Nijiri, 2016).

비디오 게임 장르 장에서 말한 것처럼, 많은 비디오 게임 장르는 정신건강 분야 특히 디지털 놀이치료에서 큰 가치가 있다. 직접 대면하며 상담하는 경우에 종종 게임기가 차지하는 공간을 많은 놀이치료사가 꺼려한다. 기존에 큰 모니터나 TV 화면이 설치되어 있지 않으면 놀이방에 전형적인 게임기를 들이는 것은 최선의 선택이 아닐 수도 있다. 큰 화면이 이미 있거나 디지털 놀이치료 전용실을 설치하기로 결정했다면 게임기는 아주 다양한 게임 컬렉션을 제공한다. 컨트롤러는 '스킨'을 바꾸며 원하는 대로 커스터마이징할 수 있는데, 이때 포장지 또는 스티커를 사용하여 원하는 대로 바꿀 수 있다.

휴대용 게임기

닌텐도 스위치 출시 전에는 디지털 놀이치료에서 휴대용 게임기를 다룰 거라는 생각을 하지 못했다. 지금은 나의 놀이치료 세션 중 대면 상담과 원격 상담 모두에서 환상적인 도구로 추가되었다. 실제 대면 상담 세션에는 휴대용 화면 양쪽을 분리할 수 있는 조이콘 컨트롤러가 있는 닌텐도 스위치를 선호한다. 스위치는 콘솔은 한 사람이 들거나 조이콘을 빼내어 쓸 수도 있고, 화면을 팝업해서 쓰거나 각자 콘트롤러를 따로 들 수도 있다. 나는 대면 상담에서 스위치를 사용할 때 이 방법을 중시한다. 놀이치료실에 큰 화면이나 TV가 있으면 스위치 화면을 띄울 수 있다. 원격정신건강에서 온라인 접속으로 여러 플레이어가 함께 게임에서 만날 수 있다.

　1970년대 후반은 많은 컴퓨터 중심 회사에게 호시절이었다. 1979년 첫 휴대용 게임기는 마이크로비전에서 출시했다. 기법상의 문제 및 매우 제한된 게임 공급 문제로 이 획기적인 장치는 종말을 맞이했다. 몇 가지 다른 게임기도 출시되었는데 1989년에 탄생한 게임보이를 시작으로 이 산업의 인기가 다시 상승할 수 있었다. 수년 동안 게임보이는 컬러, 어드밴스 등 많은 버전을 출시했다. 닌텐도의 DS(듀일 스크린)와 플레이스테이션의 PSP(플레이스테이션 휴대용) 장치도 이 경쟁에 뛰어들었다(Codex Gamicus, 2019).

　이러한 장치들은 디지털 놀이치료에 긍정적으로 평가될 수 있는데 분리 가능한 조이콘 컨트롤러가 있는 닌텐도 스위치가 출시되기 전까지는 이전에 아이패드 미니에서 말했던 문제와 같은 이슈가 쉽게 발생할 수 있었다. 이 장치는 사이즈가 작아 세션에서 쉽게 제외되곤 하였다. 말치오디가 설명한 것처럼 내담자와 치료사가 모두 화면을 볼 수 있으면, 둘 다 놀이에 관여하고 참여할 수 있다. 분리 가능한 스위치 조이콘의 긍정적인 면은 치료사 및 내담자 모두 화면을 볼 수 있고 각 참가자는 컨트롤러를 가질 수 있다. 이러한 디자인에 더해 환상적인 부속 장치들이 있는데, 컨트롤러마다 다른 기능을 제공한다. 가령 내가 '젤다의 전설'이라는 게임 속 주인공 링크(Link)를 돌아볼 수 있는 컨트롤러를 가지고 있다면 내담자는 링크를 걸 수 있는 컨트롤러를 가지고 있을 수 있다. 서로 소통하지 않으면 링크는 아마 절벽에서 떨어지거나 위험한 곳을 걷게 될 것이다. 선택적으로 함구하는 내담자 2명이 있었는데 젤다의 전설이 가진 높은 동기 속성 덕분에 이 게임을 통해 처음으로 나에게 말을 걸었다. 그 내담자들은 나에게 말하는 것에 대한 두려움보다 링크의 움직임이나 방향을 전달하고 싶은 욕구가 더 컸기 때문에 입을 뗐다.

대면 상담 세션에 사용하기 위해 닌텐도 스위치는 내 치료실 책장에도 있는데 다른 도구와 똑같이 무언의 사용 일정에 따라 책장에서 나왔다 들어갔다 한다. 원격정신건강 상담 시 용이하게 사용할 수 있도록 스위치와 충전선은 가까이에 둔다. 스위치에 이용할 수 있는 소프트웨어가 많으며 소프트웨어 장에서 말한 것과 같은 규칙이 여기에 적용돼서 게임을 사용하기 전에 사전조사해야 한다.

닌텐도 스위치 사용에 대한 팁을 주자면, 게임 구입은 닌텐도 e숍에서 한다는 것이다. 스위치가 인터넷에 연결되어 있으면 e숍을 이용해 바로 설치할 수 있다. 게임을 e숍으로 구입하면 그 프로그램이 바로 스위치에 로딩된다. 실제 가게나 온라인에서 카트리지를 구입하면 잃어버리거나, 망가지거나, 더 운이 안 좋으면 도난을 당할 위험도 있다. 카트리지는 아주 작다. 게임을 하려면 카트리지가 있어야 하니까 잃어버리면 게임을 사용할 수가 없다. 그러나 닌텐도 e숍에서 구입했다면 잃어버릴 일이 없고 계정에 로그인한 후에 다른 스위치에 다시 로딩할 수 있다. 내가 고생해서 알아낸 사실이다.

컴퓨터

효율성의 필요에 의해 컴퓨터가 탄생한다. 초기 컴퓨터에 사용되었던 펀치 카드는 1801년 조셉 마리 자카드에 의해 직물 디자인을 자동으로 베틀에 짜기 위해 고안되었다. 1880년에 펀치 카드 시스템이 활성화되었는데, 정부가 인구조사에 있어서 전통적 방식보다 인구조사를 더 빨리 완료할 수 있는 방법이 필요한 것과 시기가 맞았다. 펀치 카드 시스템으로 7년이 걸리던 계산 과정은 3년으로 단축되었다. 컴퓨터의 제작과 부속품 문제를 넘어 컴퓨터 프로그래밍 언어도 발명돼야 했고 크기 및 비용도 획기적으로 줄여야 했다. 1880년의 컴퓨터와 현재의 컴퓨터 사이의 획기적인 발전사를 말하자면, 컴퓨터는 과학, 수학, 끝이 없는 인간의 필요와 욕구를 충족시키려는 결단의 경이로운 결정체다. 최초의 컴퓨터 칩이 1958년에 만들어졌고 최초의 마우스가 1964년에 만들어졌다는 것을 알고 나는 꽤 놀랐다. 1만 8,000개의 진공관이 포함된 약 22평 방 사이즈(20×40 feet)의 컴퓨터에서부터 주머니에 쏙 들어갈 수 있는 스마트폰까지는 참으로 놀라운 발전이었다(Zimmerman, 2017).

데스크톱은 디지털 놀이치료에서 쓸모가 있을 수도 있고 없을 수도 있다. 데스크톱은 프로세서와 컴퓨터의 모든 내부 작업을 저장하고 모니터가 책상 위에 있는 전형적인 대형 기계라 할 수 있다. 개인 데스크톱 컴퓨터에서 이용할 수 있는 게임은 제한되어 있고 마우스 사용이 게임에 최적의 환경은 아니다. 태블릿이나 닌텐도 스위치가 없었을 때는 컴퓨터가 꽤 유용했다. 나는 거추장스러운 컴퓨터와 책상, 의자 두 개가 놀이치료실의 핵심이 되는 것을 원하지 않아서 그것을 피했다. 현재 VR 전용으로 지정된 컴퓨터가 있지만, 개인 컴퓨터(PC) 게임을 할 수 있는 용도는 아니다. 누군가는 이 분야에서 좋은 결과를 얻을 수 있겠지만 나는 아니다. 놀이방에 있지도 않은 VR 컴퓨터는 고사하고 필요한 장비 구입을 하나하나 다 찾아서 실행해 보고 싶은 마음이 아직 없다. 책장에 기대어 놓은 태블릿은 책상과 관련된 다른 흔한 용품들과는 달리 나의 놀이방에 색다른 시각적 경험을 선사한다. 그렇지만 나는 어떤 가젯들이 특이하거나 우월해 보이기보다 전체의 일부가 되기를 원한다. 이 장치들은 또 다른 도구일 뿐이다. 방에 기존의 도구들과 가능한 대로 잘 어우러져야 한다.

노트북은 확실히 데스크톱보다 다른 경험과 실행성을 제공할 수 있다. 노트북(및 태블릿)은 현재 정신력 측정검사에 자주 사용하며 원격정신건강 상담에서 자주 활용된다. 대면 상담 시 터치스크린 노트북은 화면을 눌러서 원하는 것을 조작할 수 있기 때문에 치료사 및 내담자의 참여를 증가시킨다. 노트북은 보관하기 쉽고 방의 일부로 어울릴 수 있다. 나는 내담자가 이용할 수 있는 컴퓨터나 노트북을 사용하지 않는다. 가상현실(VR)에 대한 얘기를 빼면 태블릿, 휴대폰, 닌텐도 스위치 정도면 우리의 필요를 충분히 충족시킬 수 있다고 생각한다.

가상현실, 증강현실 또는 혼합현실 = 확장현실

디지털 놀이치료 도구 중에 가장 기대되는 것에는 확장현실이 포함된다. 꼬리꼬리한 숙성된 치즈 덩어리에 존재하는 구멍같이 100년이 넘은 정신건강 치료서에도 여기 저기 갭이 존재하는데 나는 가상현실의 몰입과 확장성이 이 격차를 메워줄 것이라고 생각한다. "상상해보세요" 또는 "머릿속에 그림을 그려보세요"라고 말은 할 수 있어도, 결국엔 내담자의 작업을 직접 볼 수 없고 과정을 이해했는지 알 수가 없는 그런 시대는 이제 갔다. 내담자가 상상하는 것을 그리거나 만들어도 그림 실력, 제공되는 재료(예 : 크레용, 마커) 또는 종이와 기타 문제로 상상한 것을 옮기는 것에 한계가 있다. 물리적 묘사가 별로 중요하지 않은 경우가 있는가 하면 매우 중요한 경우도 있다. 이제 VR을 통해 내담자와 치료사가 시각적, 감정적으로 볼 수 있으며 장면을 생성, 참여, 공유, 경험, 관여시킬 수 있다. 많은 분야에서 확장현실이 특히 정신건강 분야에서의 활용 가능성은 초기 단계이지만 빠르게 성장하고 있다.

1935년에 스탠리 지 와인바움(Stanley G. Weinbaum)은 피그말리온의 안경(*Pygmalion's Spectacles*)이라는 단편 소설을 썼다. 고글로 '홀로그래픽, 냄새,

미각, 촉각을 통한 가상의 세계'를 경험하는 한 남자에 대한 공상 과학 소설
이다. 와인바움은 한 세기도 채 지나지 않아 상상한 것은 현실이 될 거라는
것을 알 수가 없었을 것이다. 오늘날의 기술은 맛을 제외하면 각각의 경험을
제공할 수 있다. 맛이 중요한 특징이 될지는 모르겠지만 홀로그램, 냄새, 촉
각 모두 포함 가능하다. 냄새 기능은 알버트 '스킵' 리조 박사와 그의 팀과 함
께 서던캘리포니아대학교의 연구소 같은 곳에서 사용되고 있지만 아직 소비
자를 위한 단계는 아니다. 피그말리온의 안경에서 미래 현실이 어떨지에 대한
아주 초기의 관점을 제공한 셈이다.

가상현실

1985년 쯤에 재런 러니어는 (수잔 랭거에게 영감을 주는 공로를 인정받
아) '가상현실' 또 VR이라는 문구를 만들었다(Virtual Reality Society, n.d.;
Langer, 1955). VR 경험은 몰입도 있게 360도 시야각의 비디오를 활용한 몰
입 경험으로, 활용되는 콘텐츠는 컴퓨터로 생성될 수도 있고, 현실적인 콘
텐츠를 사용할 수도 있으며, 이 둘을 조합한 콘텐츠도 가능하다. 가상현실
의 이용은 정신건강 분야에서 기대하는 많은 욕구를 채워주고, 기계와 사용
자 사이의 분리도 줄여준다. 이는 어느 때보다 기술과 직접적이고 직관적인
상호작용을 구현한다(Bricken & Byrne, 1993). 센서는 손, 머리, 몸의 움직임
을 자연스럽게 추적하기 위해 고안되어 일치감과 몰입감을 경험하게 해준다
(Maples-Keller et al., 2017).

VR 헤드 마운티드 디스플레이(이하 VR 헤드셋)는 사용자가 여러 가지 감
각을 활용할 수 있다. 사용자가 가상세계에 있고 높은 절벽 위에 있을 때 자
율 신경계가 활성화되고 심박수가 증가하며 속이 타들어가는 느낌뿐만 아
니라 다른 공포감과 각성 반응이 수반된다. 위험한 환경에 있다는 것을 느낄
때 나타나는 본능적인 반응인데 VR에서 느낄 수 있는 이유는 몰입감의 효과
로 시나리오가 현실이라고 착각하여 믿기 때문이다.

가상현실은 대면 상담 및 원격정신건강 상담에서 이용될 수 있다. 대면 상

담에서 치료사가 VR 헤드셋을 적절하게 청소하는 방법이 있는 것이 중요하다. 대면 상담에서 '클린 박스(살균기)' — 분리 가능한 실리콘 얼굴 커버 — 와 소독제는 필수다. 클린 박스는 "거리, 강도 및 시간의 공식에 따라 특허 받은 UVC 처리로 로그 5 킬 99.999% 비율로" 제거하여 VR 헤드셋을 청소한다(Cleanbox, 2020, para. 1). 실리콘 얼굴 커버는 다음 날이나 다음 내담자와의 만남 이전에 분리하여 청소할 수 있고, 소독제는 헤드셋의 다른 표면을 청소할 수 있다(헤드셋의 손상 방지를 위해서는 장치 권장 사항을 읽으면 된다).

원격정신건강 상담의 경우에 내담자는 본인이 사용할 수 있는 개인 헤드셋이 있어야 하고 그 헤드셋은 치료사의 헤드셋과 호환될 수 있어야 한다. 예를 들면 내담자는 휴대폰을 카드 보드지에 붙인 종이 헤드셋을 가져왔는데 치료사는 오큘러스 퀘스트 2를 가지고 있으면 두 헤드셋은 아마 호환되지 않을 것이다. 상담하기 전에 내담자가 어떤 헤드셋을 가지고 있는지 먼저 물어보면 호환성 여부를 살펴볼 수 있다. 특히 VR을 통해 좋은 결과를 보여주는 내담자를 위하여 대여용 헤드셋을 추가 구입하는 치료사들도 있다.

증강현실

증강현실(AR)은 물리적 환경의 중첩으로 보이는 컴퓨터로 생성된 콘텐츠이다. 이 컴퓨터로 생성된 콘텐츠는 환경과 상호작용하지 않으며 실제 물리적 환경 위에 있는 층처럼 나타나기 때문에 오버레이(overlay)라고 한다. 예를 들어, AR에서 컴퓨터로 토끼라는 콘텐츠를 생성하면, 마치 화면에 카메라 기능을 사용하여 토끼가 보이듯이 화면에 토끼가 나타난다. 다른 용도로는 AR 프로그램을 사용하여 한 언어에서 다른 언어로 정보를 번역할 수 있는 것이다(Irvine, 2017). 이 경우에는 스마트폰이나 태블릿 카메라를 글 위에 대고 프로그램으로 번역하는 방식이며 번역은 카메라 앞의 이미지 위에 오버레이하여 새 층으로 표시한다.

혼합현실(MR)

혼합현실은 중첩 및 컴퓨터로 생성된 것의 환경과 상호작용이 가능하다는 점을 활용한다(Irvine, 2017). 컴퓨터로 생성된 토끼 예로 돌아가면 혼합현실에서 토끼는 의자 뒤나 테이블 아래로 뛰어갈 수 있다. 반면에 증강현실에서 토끼는 물질계에 실제 존재하는 테이블에 겹쳐서 보일 것이다. 중첩은 컴퓨터로 생성된 것과 실제 환경을 더 상호적합하게 혼합한다. 어바인은 MR과 AR에 대해 다음과 같은 정보를 제공한다. "일반적인 차이점은 모든 MR은 AR이지만 모든 AR이 MR은 아니라는 것이다." AR은 합성물이다. MR은 상호적이다. 더들리(Dudley, 2018)에 따르면, 사용자가 "자체적인 인공 환경에 갇힐" 필요가 없기에 AR과 MR은 더 유용할 수 있지만(p. 6) 치료 과정을 이끌어내기 위해서는 VR의 밀폐된 환경이 필요한 몰입과 흐름을 허용한다고 주장할 수 있다.

VR 헤드셋은 머리에 쓰는 디스플레이 기기와 HMD 장치라고 부르는 것이다. 역사적으로 거추장스럽고 불편하며 비싼 장치였다(Virtual Reality Society, n.d.; Brooks, 1999; Mandal, 2013). VR 관련 활동의 폭발적인 증가는 1960년대에 시작되어 1990년대 후반에 사라졌다. 사라진 이유로는 비싼 가격, 번거롭고 불편한 장비, 사용 가능한 소프트웨어와 실제 몰입의 부족과 여러 가지 다른 이유 때문이었다. 다행히도 파머 럭키(Palmer Luckey)라는 18세 청년이 먼지가 수북히 쌓이도록 잊혀진 아이디어들을 다시 파내어 그의 차고에서 새로운 종류의 HMD를 만들었다(Dudley, 2018; Rubin, 2014). 이전의 VR은 거대한 장치로 학문, 연구, 산업 실험실에 한정되어 있었는데 럭키는 개인 컴퓨터를 사용하여 상업적으로 사용할 수 있는 시스템을 만들었다. 럭키는 본인이 만든 시스템을 개발하고 생산하기 위해 킥스타터 캠페인을 시작했고 얼마 지나지 않아 마크 주커버그가 2억 달러 이상으로 이 스타트업을 인수했다(Dudley, 2018). VR 생성 및 판매는 빠르게 폭발적인 시장으로 성장하였으며 많은 기업이 일상적인 사용을 위해 HMD를 만들려고 한다.

VR 헤드셋 장치를 출시된 순서대로 몇 가지 소개하는 것보다는 품질 및 제공하는 경험에 따라 소개하겠다. 특히 가격만 고려하기보다, 치료 환경에서 필요한 VR 헤드셋 장치의 특성에 주의를 기울일 필요가 있다. 전반적으로 정신건강 치료사들은 표 9.1에 묘사된 것과 같은 특징을 고려해 볼 필요가 있다.

기본적으로 치료사는 다음 사항에 집중하면 된다. 어떤 사용으로 인해 필요한가? VR을 사용하면 어떤 치료 목적을 달성할 수 있으며 선택한 장치가 이러한 필요를 충족하는가? VR의 치료적 사용은 치료 목표를 최대한 달성

표 9.1 가상현실 하드웨어를 선택할 때의 특징

하드웨어 요소	서술
시스템 구성 계획	선택한 시스템에 필요한 공간은 얼마나 되는가? 사무실의 시각적·미적 요소에 어떤 영향을 미치는가? 영구적으로 장착되거나 이동성이 필요한가?
사용 가능한 소프트웨어의 복잡성	현재 테더링된 장치는 더 복잡한 프로그램을 실행할 수 있는데, HMD가 사용하고 싶은 소프트웨어를 지원하는가?
컴퓨터 연결 장치 또는 일체형 장치	HMD 및 컨트롤러를 사용하려면 컴퓨터가 필요한가? 컴퓨터에 연결되거나 테더링한 HMD는 확장 가능하며 더 복잡한 프로그램을 실행할 수 있다. 자체 포함 장치(일체형)는 확장 불가
무선 또는 유선 헤드셋	HMD가 컴퓨터에 테더링되어 있는가? 답은 생각만큼 간단하지 않다. 무선 헤드셋은 자유로운 동작 범위를 가지고 있지만 자주 전원을 꽂고 충전해야 한다. 유선 헤드셋을 사용하면 더 복잡하고 정교한 경험을 할 수 있으며 충전할 필요가 없다. 테더링된 헤드셋을 위한 무선 어댑터도 있다.
실내용 센서의 설치 여부	센서 박스는 방에 장착해야 하는가? 이 환경에서 가능한가? 센서 박스는 HMD 및 컨트롤러 핸드셋의 움직임을 추적한다. 센서는 사용자의 경험에 영향을 미치는 시야와 동작 범위에 기여한다.
햅틱 수준	세트에는 컨트롤러가 한 개인가 두 개인가? 사용 가능한 햅틱 수준은 장치에 따라 다르다. 햅틱은 몰입에 기여한다.
컨트롤러 민첩성	컨트롤러 사용의 학습곡선은 어떻게 되는가? 대부분의 경우 더 복잡한 컨트롤러를 사용하더라도 학습 곡선은 매우 짧다. 움직임은 사용을 통해 강화된다. 컨트롤러가 복잡할수록 가상세계와 더 많은 상호작용을 할 수 있다. 덜 복잡한 컨트롤러는 민첩성이 덜 요구되고 가상세계 내에서 상호작용이 제한된다.

할 수 있을 때 고민 없이 선택할 수 있을 것이다. 일반적으로는 현재 개발 중인 고급 컴퓨터로 실행하여 테더링으로 VR을 설정할 때 그래픽, 메모리 및 속도에 많은 전력을 줄 수 있고, 결과적으로 풍부하고 원활한 실행 능력을 통해 복잡한 경험을 가능하게 한다. 이것 때문에 자체/일체형 장치는 상당한 개발을 이뤘음에도 불구한 한계가 있다. 네이처트렉스와 같이 이완을 위한 간단한 프로그램에도 이런 한계를 보이는데, 메모리 및 프로세서의 한계 때문에 자체 HMD 장치는 뚝뚝 끊기는 데모 버전의 프로그램이 제공된다.

VR 사용의 치료적 목적에 따라 어떤 장치(들)을 선택할지 정한다. 예를 들면, 병원용 또는 이동용(환자 집 방문)으로 특정 프로그램을 쓰기 위해 HMD를 고른다면, 무선 독립 시스템이 보다 복잡한 프로그램을 쉽게 구동시킬 수 있다는 점에서 가치 있다. 그러나 장치가 한 장소에 견고하게 장착되어 있으며 복잡한 프로그램을 사용하여 몰입도 높은 옵션을 원한다면, 값이 꽤 나가는 고급 장치이자 분리형 HMD가 더 적합할 것이다.

HTC 바이브 및 오큘러스 리프트 S는 컴퓨터 연결형이고 테더링된 헤드셋과 컨트롤러를 2개 가지고 있는 센서 감지형 VR 장치이다. 장치의 주요 긍정적인 면은 더 복잡한 프로그램을 실행하고 향상된 상호작용성과 몰입도를 경험할 수 있다는 것이다. HTC 바이브 및 오큘러스 리프트 S의 경우에 HMD 자체는 특히 안경을 착용한 사람들에게 효과적인 적응성을 제공해서 이러한 향상된 맞춤화와 편안함은 더욱 통합된 경험으로 이어진다. 헤드셋은 머리에 '얹는 것'이기보다 머리의 연장선처럼 느껴진다. 위생을 위해 닦을 수 있는 페이스 커버도 있다.

HTC 바이브 및 오큘러스 리프트 S는 제일 복잡한 소프트웨어 프로그램을 실행할 수 있다. 온라인 매장 '스팀', '바이브포트' 또는 '오큘러스'를 살펴보면 많은 프로그램이 특정한 HMD 시스템에서 사용하도록 고안되었음을 알 수 있다. 개발자는 여러 시스템으로 실행할 수 있는 소프트웨어를 프로그래밍한 반면에 여러 가지 다른 이유로 그런 프로그래밍을 하지 않은 개발자도 있다. 각 시스템은 자체 개발 매개변수와 요구 사항이 있으며 일부 프로그램은 특정한 시스템에서 가장 잘 실행된다.

바이브 및 리프트 S에는 치료사가 다른 HMD(소프트웨어 허용)를 통해 내담자와 VR 프로그램에 들어가거나 컴퓨터 화면에서 볼 수 있는 가능성이 있다. 가젯이 컴퓨터에 다운로드되면 프로그램에 특별히 온라인 구성 요소가 없는 한(예 : 세션 룸 외부의 다른 사용자와 팀플레이) 인터넷 연결이 필요하지 않다. 내담자의 관점을 치료사가 볼 수 있기 때문에 두 사람의 상호작용은 내담자가 말하기, 치료사가 말하기 또는 둘 다 말하기가 모두 가능하다.

오큘러스는 최근에 (2020년 9월) 미국에서 오큘러스 퀘스트 2를 출시했다. 이 HMD는 기능적인 면에서나 사용 가능한 소프트웨어에 있어서나['고 (Go)'의 경우] 기능이 한정적이었던 오큘러스 퀘스트 및 오큘러스 고의 진화된 버전이다. 퀘스트 2는 특히 프로세서에서 매우 필요한 개선 사항을 포함하고 있다. 그러나 페이스북 소유의 회사인 오큘러스는 이때까지 사용자의 오큘러스 퀘스트 및 페이스북 계정을 퀘스트 2와 통합하도록 요구해 왔다. 치료사들은 이를 주의 깊게 탐색하고 개인 및 업무가 혼합되지 않도록 업무를 위한 페이스북 계정을 만드는 것을 고려해야 한다(소문에 따르면 이 페이스북 정책이 곧 변경될 예정이다). 긍정적인 면은 퀘스트 2의 가격은 퀘스트 1보다 낮지만 어떤 사람들은 퀘스트 1의 기능을 (머리둘레 사이즈의 헤드 스트랩 등) 중시한다고 했다는 점이다. 그래서 퀘스트 1과 퀘스트 2 둘 다 시도해 볼 만한다.

퀘스트에서 AA 배터리로 작동하는 컨트롤러 2개 및 헤드셋과 (바이브나 리프트 S만큼 잘 맞지 않지만) 조절할 수 있는 끈이 포함되어 있고 퀘스트 2에서 개선된 프로세서도 포함되어 있다. 더 복잡한 소프트웨어는 데모 버전으로도 제공하며 전반적으로 리뷰가 긍정적이다. 최근 오큘러스 베타 업데이트에서는 사용자가 컨트롤러 없이 손 트래킹 기능이 가능하도록 출시했는데 환상적이기는 하지만 상담 치료에서 이용하기까지는 몇 가지 개선이 필요해 보인다.

치료사는 가족 상담에서나 치료사도 참여할 수 있게 (소프트웨어 부가 기능 및 추가 구매가 필요할 수 있음) 퀘스트 헤드셋을 연결할 수 있거나 이미지를 스마트폰이나 모니터와 같은 장치로 "캐스트(공유)" 할 수 있으며 사용자의 관점을 볼 수 있다(인터넷 연결이 필요). 캐스팅 기능이 작동하지 않는 경우도 있다. 이런 경우에 치료사는 내담자가 하는 작업, 보고 있는 것과 경험하고 있는 것을 볼 수가 없다. 구글 크롬캐스트 장치를 사용하면 이러한 경우가 발생할 가능성을 줄일 수 있다. 캐스팅은 장치의 동일한 인터넷 회선이 요구되므로 원격 상담에서 이용하기가 불가능하다. 하지만 내담자는 집에서 부모나 다른 사람이 볼 수 있게 캐스팅하거나 치료사가 적절한 원격정신건강 플랫폼을 사용하여 캐스팅할 수 있다.

치료 사용을 위하여 평가할 때, 테더링되지 않은 VR 시스템은 휴대성과 설정 용이성 측면에서 많은 긍정적인 면이 있지만 정신건강 환경에서 중요할 수 있는 더 복잡한 프로그램을 실행할 수 없다. 또한 내담자가 프로그램을 실행하거나 스스로 여러 가지 옵션을 활용할 줄 모르면 퀘스트를 이용하는 것은 어려워진다. 내담자가 이용하고 있는 하드웨어와 하드웨어에 관한 지식을 이해하는 것 및 필요한 지원을 준비하는 것이 반드시 필요하다.

치료사가 고려할 사항은 구입한 시스템을 전력이 유지할 수 있는지의 여부다. 시스템이 이용하고 싶은 유형의 소프트웨어를 실행할 수 있는가? 시스템은 장시간 지속되야 하거나 기술의 요구 및 기능에 따라 업그레이드를 자주 해야 하는가? 나의 치료 환경에서 공통적인 요구 조건과 특수한 요구 조건은 어떤 것이 있는가? 이 책을 쓰는 시점에는 기대되는 발전이 많다. 기업들은 점점 더 섬세하고 중요한 기능을 갖춘 VR 헤드셋을 생산하기 위해 속도를 가하고 있다. 치료에서 필요한 것이 무엇인지를 찾아낼수록 곧 다가올 발전을 더 효과적으로 이용할 수 있을 것이다.

나 같은 경우에는 이 책의 첫 판이 나왔을 때도, 증보판이 나왔을 때도 바이브를 메인으로 쓰고 있다. 컴퓨터가 제자리에 있을 때 센서들을 장착하기가 간단하고 컨트롤러 핸드셋을 사용하기가 쉽고 제일 복잡한 프로그램을 실행할 수 있는 HMD를 바로잡기도 쉽다. 실행을 위해 따로 책상이 필요하지 않고, 사용하지 않을 때 밀어놓을 수도 있다. 3년 동안 같은 장치를 사용하면서 하드웨어 업데이트나 장비를 바꿀 필요가 없었다. 반면에 치료에서의 활용도를 살펴보기 위해 오큘러스 오디세이, 오큘러스 고, 퀘스트 1 및 퀘스트 2를 구입하다 보니 오디세이와 고는 퀘스트와 퀘스트 2로 금방 바뀌었다. 결국에는 HMD와 컨트롤러를 구입하는 데 바이브 구입했을 때보다 훨씬 더 많은 돈을 소비했다. 테더링이 불필요한 일체형 헤드셋은 상당히 매력적이며 많은 발전이 앞으로 분명히 있을 것이다. 그러나 현재에 실제로 만나는 내담자들은 루틴처럼 퀘스트를 사용하는 것으로 상담 세션을 시작했는데 한계가 느껴져서 바이브를 요청했다. 사회 기술 훈련이나 외상후 스트레스장애를 위한 프로그램과 같이 특정 치료 프로그램들을 생성할수록 치료적인 측면을 연구할 수 있는 더 복잡한 시스템이 필요할 것이다. 사무실의 컴퓨터에 대한 나의 이전 진술을 명확히 하자면 VR 셋업 박스는 놀이치료실에 없다.

VR 컴퓨터

가상현실 시스템에 필요한 컴퓨터는 데스크톱 타워형 장치든 노트북이든 고급 게이밍 컴퓨터에 해당한다. 고품질 프로세서(CPU), 영상 카드 및 메모리(램)가 필요하다. 컴퓨터를 구입하는 과정을 시작할 때, 먼저 구입하고자 하는 테더링 헤드셋을 결정하고, 헤드셋과 관련된 컴퓨터 활용법 설명서 또는 웹사이트에 있는 최소 컴퓨터 사양을 살펴보는 것이 좋다(테더링이 필요 없는 헤드셋의 경우에 링크 케이블로 컴퓨터에 연결하는 경우가 아니라면 컴퓨터가 따로 필요하지는 않을 것이다).[1] 확실히 중요한 투자이지만 이익은

---

[1] 최소 요구 사양은 VR 헤드셋 제조업체의 웹사이트를 참조하면 된다. '최소 사양'에는 가젯 사용에 필요한 최소 사양이 포함되어 있으며 원하는 경험(처리 속도, 그래픽 등)을 제공하지 않을 수도 있다는 것을 기억하는 것은 중요하다. 예를 들면 VR 실행이 가능하고 영상 카드와 프로세서가 이미 포함된 노트북을 구입했는데 VR 애플리케이션을 시작하려고 할 때 비로소 원활하게 실행하지 않았다는 것을 깨달을 수 있다. 해결책은 SSD 카드를 고사양 버전으로 바꾼 적이 있었다. VR 애플리케이션이 이제서야 원활하게 실행되었다(C. Ewing, personal communication, May 29, 2021).

증가된 전력과 향상된 치료 경험이다. 증가된 전력이 더 몰입적인 경험으로 이어지고 몰입적인 경험은 수행 작업에 대한 완전한 참여를 가능하게 한다.

가능하면 완제품 컴퓨터를 구입하지 않는 것이 낫다. 컴퓨터 부품을 따로 구매해서 전문가에게 조립을 맡길 수 있지만 부품의 가용성이 달라질 수 있으며 연구와 다양한 시도를 해보려면 어느 정도 시간을 투자해야 한다.[2] 완제품 컴퓨터에는 부품의 필요한 조합이 거의 없으므로 특정 부품을 업그레이드할 수 있어야 하는 가능성 여부를 고려하는 것이 중요하다.

어떤 컴퓨터 부품이든 다음날 구식 장치가 될 수 있으니 신뢰할 수 있는 컴퓨터 전문가에게 문의하면 된다. 이 책의 출간일에 최고급인 SSD 드라이브는 내일 등장한 더 강력한 드라이브 때문에 구닥다리가 될 수도 있다. SSD 드라이브가 무엇인지 몰라도 상관없으나 발전 속도가 빨라질 수 있다는 정도는 알아 두면 좋다. 새로운 제품이 나옴에 따라 고성능 고사양의 부품을 구입할 수 있게 되는 경우도 있다.

이 장의 정보가 부담스럽다면 다음의 요점 정리가 도움이 될 수 있다.

1) 당신이 필요로 하는 컴퓨터 사양을 살펴보아라. 필요한 것, 문의할 것을 더 구체화할 수 있다.

2) 여러 가지 이유로 공급 부족이 있을 수 있다. 이는 구입 시 가격에 큰 영향을 미칠 수 있다. 여기저기에서 '품절' 표지가 보이는 것은 안 좋은 신호다. 가끔 웹사이트를 확인해서 다시 재고가 들어왔을 때 구입할 수 있도록 하라. 몇몇 기업은 제품의 재고가 생기면 알림을 받을 수 있는 기능을 제공한다.

---

[2] 컴퓨터 부품, 가격 및 각각의 가용성의 조합 때문에 필요한 것에 대한 이해가 충분히 되었다면, 현재 가능한 권장 사항을 항상 조사해야 한다. 먼저 '20XX년에 가상현실 컴퓨터 만들기'(연도를 선택함)와 같은 문구를 온라인으로 검색하면 좋다. 이 책의 2판 출시 때 이미 그래픽 카드가 심히 부족해져서 1) 거의 찾을 수 없고, 2) 가격이 엄청나게 올랐으며, 3) 현재 구매 가능한 완제품 노트북을 구입하는 것이 나아 보인다(C. Ewing, personal communication, May 29, 2021).

3) 프로그램이 원활하게 실행되지 않는 경우 등 컴퓨터가 이상할 때는 온라인으로 질문을 검색하거나 신뢰할 수 있는 컴퓨터 전문가에게 문의하라. 부품을 교체하거나 업그레이드하는 것처럼 간단히 해결될 수도 있다.

결론

하드웨어는 이용하려는 소프트웨어를 실행하도록 전력 및 장치를 제공한다. 이 분야에 대한 기본 지식을 갖추면 대면 상담과 원격 상담 모두에서 디지털 놀이치료 경험이 향상될 수 있다. 소프트웨어의 구동성은 하드웨어에 의해 결정된다. 가젯마다 서로 다른 몰입 경험을 제공하는데, 이 범위는 사용자에 따라, 치료사에 따라, 둘의 관계성에 따라 달라진다. 미래에 나올 가젯에 대한 지속적인 관심과 연구는 적응성과 적용성을 높여 궁극적으로 디지털 놀이치료사가 치료에 맞게 적절한 가젯을 사용하도록 하는 데 도움이 된다.

참고문헌

Bort, J. (2013, June 2). The history of the tablet, an idea Steve Jobs stole and turned into a game-changer. *Business Insider*. www.businessinsider.com/history-of-the-tablet-2013-5

Bricken, M., & Byrne, C. M. (1993). Summer students in virtual reality: A pilot study on educational applications of virtual reality technology. In A. Wexelblat (Ed.), *Virtual reality applications and explorations*. Academic Press Professional.

Brooks, F. P. Jr. (1999, November/December). What's real about virtual reality? *Computer Graphics and Applications Special Report*. www.cs.unc.edu/%7Ebrooks/WhatsReal.pdf

Cleanbox. (2020). *UVC light and cleanbox engineering*. https://cleanboxtech.com/uvc-light-and-cleanbox-engineering

Codex Gamicus. (2019, November 4). The history of handheld game consoles. *Fandom*. https://gamicus.gamepedia.com/History_of_handheld_game_consoles

Dudley, D. (2018, December). Virtual reality used to combat isolation and improve health. *AARP Magazine*. www.aarp.org/home-family/personal-technology/info-2018/vr-explained.html

Irvine, K. (2017). *XR: VR, AR, MR: What's the difference?* www.viget.com/articles/xr-vr-ar-mr-whats-the-difference/

Kennedy, J. B. (n.d.). *When woman is boss.* Twenty-First Century Books. www.tfc-books.com/tesla/1926-01-30.htm

Langer, S. K. (1955). *Feeling and form: A theory of art.* Scribner.

Malchiodi, C. A. (2000). *Art therapy & computer technology: A virtual studio of possibilities.* Jessica Kingsley.

Mandal, S. (2013). Brief introduction of virtual reality & its challenges. *International Journal of Scientific & Engineering Research, 4*(4), 304–309. www.ijser.org/researchpaper/Brief-Introduction-of-Virtual-Reality-its-Challenges.pdf

Maples-Keller, J. L., Bunnell, B. E., Kim, S. J., & Rothbaum, B. O. (2017). The use of virtual reality technology in the treatment of anxiety and other psychiatric disorders. *Harvard Review of Psychiatry, 25*(3), 103–113.

Nguyen, T. (2019, June 25). A brief history of smartphones. *Thoughtco.* www.thoughtco.com/history-of-smartphones-4096585

Njiri, M. (2016, February 15). The history of gaming consoles. *Techinfographics.* https://techinfographics.com/the-history-of-gaming-consoles/

Parson, J., Renshaw, K., & Hurt, A. (2019). RxTxT: Therapeutic texting. In J. Stone (Ed.), *Integrating technology into modern therapies* (pp. 64–79). Routledge.

Rubin, P. (2014). *The inside story of oculus rift and how virtual reality became reality.* www.wired.com/2014/05/oculus-rift-4/

Virtual Reality Society. (n.d.). *The history of virtual reality.* www.vrs.org.uk/virtual-reality/history.html

Weinbaum, S. G. (1935). *Pygmalion's spectacles.* Project Gutenberg.

Zimmerman, K. A. (2017, September 7). History of computers: A brief timeline. *Livescience.* www.livescience.com/20718-computer-history.html

10

소프트웨어

활용할 수 있는 하드웨어들을 살펴보았고 이제 소프트웨어를 집중적으로 보자. 소프트웨어는 "컴퓨터가 다양한 기능을 할 수 있도록 하는" (typesof, n.d., para. 1) 다양한 프로그램을 포함한다. 하드웨어를 뇌의 변연계로, 소프트웨어는 전두엽이라고 생각해보자. 하드웨어는 소프트웨어 없이 복잡한 기능을 실행할 수 없다.

운영 및 응용 소프트웨어처럼 다양한 유형의 소프트웨어가 있다. 이 두 가지를 간략하게 설명할 것이다. 다른 유형의 소프트웨어도 있지만 관련된 후속 연구를 살펴보았을 때 우리의 목적과는 직접적인 연관성이 없었다. 유형을 나누는 것은 저자의 능력 밖이지만 비중 있게 다룰 만한 문제는 전혀 아니다. 그것보다 프로그램을 사용하며 적절히 실행할 수 있기를 바란다. 왜냐하면 소프트웨어의 유형보다 '버퍼링(glitches)'과 같은 현상의 영향을 더 많이 받기 때문이다.

이 장의 후반부에는 놀이치료사들이 사용해보고 추천한 프로그램과 앱 목록을 제시했다. 그리고 몇 가지를 간단히 소개하고 정교함의 수준에 따라 분류했다. 이 목록은 어떤 프로그램이 출시되어 사용할 수 있는지, 보유하고 있는 하드웨어 유형, 디지털 놀이치료에 대한 지식 수준, 내담자의 욕구에 따라 다를 수 있다.

운영 소프트웨어

드라이버(하드웨어 사용 설명서와 유사한데 내부적으로는 하드웨어에 '명령을 내림')와 유틸리티 프로그램이 운영 소프트웨어에 해당한다. 이 유형은 기기의 "하드웨어와 다른 소프트웨어를 제어 및 관리"(Fisher, 2019, para. 1)하고 "메모리 공간을 관리 및 할당"(Amuno, 2019, para. 9)한다. 윈도우, 리눅스, 안드로이드, 맥 운영체제 프로그램이 이 유형이다. 운영 소프트웨어는 일반적으로는 기기마다 다르기 때문에 앱 소프트웨어는 흔히 어떤 운영 시스템이 필요한지를 명시한다.

응용 소프트웨어

응용 소프트웨어에는 스프레드시트, 데이터베이스, 문서 작성이 포함된다. 이런 프로그램은 보통 마이크로 오피스 365 제품처럼 여러 용도로 활용하는 제품군으로 판매한다. 이 제품의 프로그램들은 서로를 보완하며 호환이 가능하다는 특징이 있다. 기업용 소프트웨어는 데이터 공급 및 배포나 정보를 이리저리로 옮기는 방식으로 회사를 지원하고 돕는다. 이런 소프트웨어는 주로 규모가 매우 큰 사업체에서 활용한다. 그리고 교육용 소프트웨어는 학생을 위한 교육적 용도 및 개인적인 용도로 개발된다(Techopedia, n.d.).

발생할 수 있는 문제

모든 하드웨어와 소프트웨어에서 의도하지 않은 문제가 발생할 수 있다. 배터리나 메모리 부족처럼 확인이 쉬운 경우도 있고 '오류'나 업데이트, 고장 문제일 때도 있다. 여기에서 하드웨어 영역으로 잠시 돌아가 보고자 하는데 소프트웨어의 내용과 서로 보완되는 것이라 상충되지 않는다. 발생할 수 있는 하나의 문제는 하드웨어, 소프트웨어에서 또는 둘의 상호작용에 의해 나타날 수 있다는 점이다. 이런 경우에 선택한 소프트웨어의 사용에 문제가 될 수 있다. 가장 좋은 해결책은 소프트웨어의 카트리지 상자나 웹사이트, 앱 스토어, 구글 플레이 스토어에 제시된 하드웨어 최소 사항을 확인해보는 것이다. 그러면 기기에 대한 자세한 설명이나 사양을 볼 수 있을 것이다. 일반적으로는 기기의 환경설정 폴더의 '정보' 항목이나 장치의 모델 번호를 간단히 검색해 보면 확인할 수 있다. 따라서 권장하는 사양으로 사용하고 있는지를 확인할 수 있기 때문에 많은 문제를 해결하는 데 유용하다. 메모리나 처리 성능이 낮은 수준이면 하드웨어나 소프트웨어 성능에도 많은 영향을 미친다.

배터리 수명

치료 세팅에서는 배터리를 충전 상태로 유지하는 게 매우 중요하다. 태블릿이나 닌텐도 스위치가 켜지지 않을 때 내담자가 실망하거나 기회를 날린 것에 대한 감정이 회기 동안 가득할 수 있기 때문이다. 원격 회기에 기기를 충전하면서 사용할 수도 있지만 게임의 배터리 소모량과 배터리 충전 속도를 고려하면 충분한 배터리가 필요할 수 있다. 가장 좋은 방안은 하루 종일은 아니더라도 전원을 콘센트에 연결해두는 것이다. 무선충전이 가능한 기기가 많은 경우라면 무선충전 패드에 기기를 놓아둘 수 있어 편리하다.

메모리 부족

너즈 온 콜 사이트에는 메모리를 이해할 수 있는 좋은 문구가 있다.

메모리는 램이라고 하며 컴퓨터 전원이 켜져 있을 때 사용되는 부품이다. 컴퓨터는 램에서 인식하는 모든 것을 저장한다. 프로그램이 실행 중이거나 인터넷 화면이 켜진 상태라면 램을 사용하고 있는 것이다. 램에는 컴퓨터에서 실행하는 모든 것이 담겨있다. 컴퓨터 전원이 꺼져 있는 경우 램은 비어있는 상태가 되고, 무언가를 인식하기 위해 대기하는 상태가 된다. 컴퓨터의 메모리 용량이 클수록 많은 것을 동시에 인식할 수 있고 그만큼 복잡한 프로그램을 여럿 사용할 수 있다.

(Callnerds, 2019, para. 2)

치료사의 입장에서는 심리측정학, 신경학 및 교육 영역에서 사용하는 작업기억 용어로 메모리를 생각하면 이해가 쉽다.

메모리의 용량은 컴퓨터를 제외한 대부분의 기기에서 고정되어 있다. 램은 업그레이드가 거의 불가능하고 기기가 조금 오래되어 작동이 느려진 상태라면 램이 부족한 것일 수 있다. 만약 1세대 아이패드를 구입했다면 램의 용량은 256MB이다. 신형 아이패드는 모델에 따라 그 용량이 2GB 이상이다. 소프트웨어가 더 정밀해질수록 그래픽은 덜 깨지고 프로그램을 적절히 구동할 때 필요한 많은 메모리와 처리 능력이 집약될 수 있는 환경이 된다. 보다 단순한 프로그램은 최소 사양으로도 실행할 수 있지만 요즘 대부분의 프로그램은 그 이상의 사양이 필요하다.

사용 가능한 메모리 부족

기기가 느려지면 사용하지 않는 프로그램은 종료하도록 한다. 이 방법으로 현재 작업에 필요한 메모리를 더 많이 활용할 수 있다. 사용하지 않는 프로그램을 제거하는 방법도 있지만 삭제-설치-삭제를 반복하는 '재미있는' 놀이가 되기도 한다. 이는 하드웨어(제9장) 부분에서처럼 어느 수준이 지나치고, 충분한지에 대해 생각하게끔 한다. 프로그램이 복잡하며 시각적인 자극이 많을수록 더 많은 메모리를 사용한다.

저장공간(스토리지)

저장공간은 기기의 옷장에 해당한다. 즉, 넣을 수 있는 것을 담아둘 뿐이다. 너즈 온 콜 사이트에서 한 번 더 유용한 설명을 가져와보면 다음과 같다.

저장공간은 장기 저장을 의미한다. 컴퓨터가 현재 인식하고 있는 상태가 아니면서 알고 있는 모든 것은 하드 드라이브(HDD)에 기록되어 저장공간에 있게 된다. 하드 드라이브는 영구적인 저장공간으로 전원이 꺼진 상태이더라도 전원이 켜져 있을 때와 동일한 정보를 보유한다. 하드 드라이브에서 실질적으로 바뀌는 것은 없다. 즉, 하드 드라이브에서 정보가 나와 램/메모리로 향한다. 메모리에 있는 동안 정보를 바꿀 수 있고 정보를 저장할 때 달라진 버전의 정보가 하드 드라이브로 다시 전송된다. 하드 드라이브가 많을수록 컴퓨터에 많은 것을 저장할 수 있다. 하지만 컴퓨터의 성능에는 거의 영향을 미치지 않는다. 즉, 1GB의 램을 보유한 컴퓨터는 저장공간이 2GB이든 2,000GB이든 같은 속도로 작동한다.

(Callnerds, 2019, para. 4)

처리장치(프로세서)

처리장치는 하드웨어 부분에서 조금 다룬 바 있다. 처리장치는 컴퓨터의 두뇌이며 CPU나 '칩'이라고도 부른다.

CPU는 프로그램이나 앱의 명령을 받아 작동한다. 이 과정은 세 가지 주요 단계로 구분할 수 있다. 즉, CPU는 램에서 명령을 불러온 다음 명령을 해독하고 관련 영역을 실행한다.

(Martindale, 2020, para. 6)

위의 내용은 오래되고 성능이 낮은 기기는 처리장치를 포함한 새로운 프로그램을 실행하기 어려울 수가 있다는 것을 말해준다.

그래픽

신형이나 기존의 컴퓨터를 평가할 때 그래픽 카드(또는 비디오 카드)를 고려할 수 있다. 대부분의 기기(태블릿, 콘솔, 휴대폰 등)에는 제조사에서 정한 그래픽 카드가 장착되는데 컴퓨터에는 부품을 제거하고 교체할 수 있는 슬롯이 있다. 슬롯의 개수는 제한적이라 3개의 슬롯이 있다면 메모리의 전체 용량 수준을 정하고 3개의 슬롯이 모두 필요하다면 그에 맞추어 메모리 카드를 선택할 수 있다. 그래픽 카드의 경우에도 슬롯이 있을 것이므로 재고만 있다면 업그레이드가 수월하다. 그래픽 카드는 시각 자료를 눈으로 볼 수 있도록 변환해주며 좀 더 현실적이고 복잡하며 보통은 시각적으로도 만족스러운 장면의 경우에는 그래픽 카드가 더 많은 작업을 하는 셈이다. 저성능 그래픽 카드는 크레용으로, 고성능 그래픽 카드는 유화 물감으로 작품을 그리는 것에 빗대어보면 둘 다 충분히 괜찮은 방법이지만 시각적인 경험에는 차이가 있다. 이와 더불어 그래픽 카드의 성능이 충분히 좋지 않은 경우라면 소프트웨어 프로그램이 제대로 실행되지 않을 가능성도 있다.

프로그래밍/개발 오류 및 버퍼링

이 부분은 우리가 필요로 하는 수준보다 훨씬 더 복잡하고 난해하지만 알아두면 유용하다. 프로그램과 앱 소프트웨어는 몇 가지 유형의 플랫폼 시스템으로 개발된다. 또한 소프트웨어를 배포하는 회사는 몇 가지 유형의 플랫폼 시스템을 보유하고도 있다. 게다가 하드웨어는 자체적으로 시스템을 업데이트하는 몇 가지 메커니즘이 있다. 여러 시스템들 간에 호환되며 잘 기능할 때도 있고 문제가 발생할 때도 있다. '오류(Bugs)'는 많은 시스템에 변화가 있거나 소스 코드(소프트웨어 작성)에 문제가 있을 때 발생한다.

버퍼링은 컴퓨터의 뇌 부위인 CPU에서 정보가 적절하게 처리되고 있지 않을 때 발생한다. 일시적인 버퍼링은 어떤 현상인지 밝히기 어렵다. 그래서 일반적으로 권고하는 방법은 기기를 리셋하는 방식만큼이나 효과 있는 '재부팅'(기기를 종료시킨 후 다시 작동시키거나 프로그램을 닫고 다시 시작하는 것)이다. 버퍼링이 계속된다면 소프트웨어의 업데이트 내용을 찾아보자. 문제를 회사에서 인지하고 해결했거나 해결하는 과정 중일 수도 있다. 업데이트가 없다면 회사에 그 문제를 알릴 수 있다. 그리고 규모가 큰 회사라면 정보를 찾고 공유하는 게시판(같은 프로그램의 사용자들이 유용한 정보와 문제점을 올린다)이 있는데 가끔 검색해보면 문제와 관련된 정보를 찾을 수도 있다.

시스템에서 문제가 발생하면 어쩔 수 없이 종료를 하게 되는데 이때 가장 좋은 방법은 당황하지 않고 내담자와 그 상황에 적절하게 반응하는 것이다. 가능하다면 프로그램이 갑자기 중단되어서 정보가 사라지지 않도록 프로그램을 사용할 때 주기적으로 저장하자. 디지털 원주민이라면 프로그램이 갑자기 멈추는 상황을 감안하겠지만 특히나 치료 세팅에서는 가능하면 그런 상황이나 부정적인 영향을 방지할 수 있기를 바란다.

사전 준비

디지털 놀이치료사라면 기기를 충전된 상태로 준비하고 충분한 메모리, 저장공간, 처리장치, 그래픽의 필요성도 인지하고 있을 것이다. 만약 프로그램이 적절히 실행되지 않으면 기초부터 시작해서 작업기억을 소모시키는 불필요한 프로그램을 종료하자. 그리고 가끔씩 기기를 리셋하고 재부팅하자. 이렇게 설정을 한번 마치면 시스템을 교체할 때까지는 신경 쓸 필요가 없다. 만약 문제가 발생하면 작업을 자주 저장하는 방식의 안전장치를 고려하고 상담에서는 역동에 적합한 반응을 하자.

앱과 프로그램

표 10.1에 살펴볼 만한 앱과 프로그램을 간단히 제시했다. 놀이치료사가 회기에서 유용하게 사용한 항목들이고 몇 가지는 치료에서 무엇이 가능한지에 대한 아이디어를 제공하고자 후반부에 좀 더 설명했다. 단순한 수준, 중간 수준, 그 이상의 세 부분으로 나누었다. 단순한 수준은 소프트웨어를 사용할 때 최소한의 기술이 필요하다는 것을 의미한다. 중간 수준은 좀 더 높은 수

표 10.1 초보자용 앱 샘플(Stone et al., 2019)

앱	아가리오
Best Behavior	Breathe2Relax
Bubbles	Calm
Castle Story (Farm Story, all this genre)	Chicken Scream
Clash Royale	Crack and Break It
Dumb Ways to Die	Finger Fights
Fingle	Felt Board
Fluid	Fluidity
Hidden Folks	Instant Heart Rate
June's Journey	Memorise
Moving Child	My PlayHome
Plants v Zombies 1	Pictorial
Puppet Pals	Red Hands
Sand Draw	Sesame Street Breathe
Snap's Stories	Storybird
Thumb War	Touch and Learn Emotions
Virtual Sandtray (Including the AutPlay expansion pack)	Zones of Regulation
Virtual Reality	TheBlu
NatureTreks	Beat Saber
Virtual Sandtray	Tilt Brush
Bogo	Job Simulator
Vacation Simulator	Minecraft
Wander	Google Earth
Bait	First Steps
Oculus First Contact	Richie's Plank Experience (intense, but useful in certain cases, determine

준의 기술이 필요하지만 고도의 기술이나, 지식, 편의가 필요한 것이 아님을 의미하고 여기의 항목도 상대적으로는 단순하다. 그 이상의 수준에서는 중간 수준보다는 한층 높은 단계이지만 매우 복잡한 수준은 아니다. 여기에서는 모든 것에 튜토리얼(게임 설명)과 관련 영상이나 강좌가 있다는 것을 기

억하는 게 중요하다.[1] 놀이치료에 이런 도구를 어떻게 통합시킬지 배우는 과정에서 혼자가 아니다.

간단한 수준

버블스

호그 베이 소프트웨어사에서 개발한 버블스는 매우 간단하고 만족스러운 앱이다. 화면을 터치하면 비눗방울이 생기고 터치하면 터진다. 팡하는 효과음도 있다. 휴대폰이나 태블릿을 회전시키면 비눗방울의 움직임이 빨라지거나 느려진다. 비눗방울을 여러 곳으로 흩뿌리며 철자를 쓸 수도 있고 단순히 비눗방울을 만들었다 터트릴 수도 있다.

플루이드

네뷸러스 디자인에서 나온 플루이드는 간단하면서도 만족스러운 앱이다. 화면을 터치하면 다채로운 액체가 화면을 가로질러 흐른다. 액체의 색상과 밝기는 화면을 터치할 때마다 달라진다. 이 효과를 보면 북반구의 오로라가 떠오른다.

샌드 드로우

모래 그리기 앱이 다양하게 있어서 살펴본 후에 사용할 앱을 결정하는 것이 좋다. 그중에는 해변을 테마로 해서 기기를 흔들면 파도가 모래 위의 그림을 사라지게 하거나 미리 설정된 배경으로 모래의 종류나 그림을 강조하는 앱도 있다.

브리드 투 릴렉스

브리드 투 릴렉스는 사용자의 호흡 연습을 돕고 스트레스가 신체에 미치는

---

[1] 모든 앱 정보는 아이튠즈 애플 앱스토어, 안드로이드 기반의 구글플레이 스토어, 오큘러스 스토어, VR 게임 플랫폼인 스팀, www.virtualsandtray.org 사이트를 통해 수집했다.

영향을 알려준다. 신규 업데이트에서는 애플 워치와 연동하여 사용할 수 있도록 한다. 이 앱은 미국 국립원격의료기술원에서 개발했다.

캄

캄은 Calm.com 사이트에서 제공하는 시각 및 청각 체험으로 호흡, 수면, 명상, 음악을 활용한다. 캄 키즈, 캄 마스터클래스, 캄 바디와 같은 구체적인 프로그램과 호흡 운동도 있고 다양한 소리와 장면도 선택할 수 있다. 무료 버전과 프리미엄 버전이 있고 한시적으로 프리미엄 버전을 무료로 배포할 때가 있어서 치료사의 경우 무료 버전을 신청할 수 있다.

구글 아트 앤 컬처

구글 아트 앤 컬처에는 블롭 오페라, 나만의 하모니 만들기, 칸딘스키의 세 가지 프로그램이 있다. 블롭 오페라와 나만의 하모니 만들기는 내담자(그리고 치료사)가 회기 내에서 음악의 힘을 활용하도록 한다. 내담자가 직접 연주하거나 원격정신건강의료를 통해 연주할 수도 있는 간단한 게임이다. 조절이 주된 사용법이지만 맞다고 생각하는 대로 활용할 수도 있다! 그리고 칸딘스키는 감정에 색깔을 맞춰보는 방법 등 다수의 요소를 포함한다. 새로운 프로그램이 계속 추가되므로 확실하게 확인하도록 하자.

순간 심박수

아즈미오에서 개발한 순간 심박수 앱은 10초 내에 심박수를 알려준다. 한정적인 바이오피드백 정보를 제공받을 수 있는 간단한 방법이다. 그래프와 차트로도 심박수를 볼 수 있다. 내담자가 본인의 기기에 정보를 저장하고 혼자 보유하는 게 가장 좋다. 앱에서는 계정을 무한징 민들 수도 없고, 신원 확인용 정보를 입력할 필요가 없다고 하더라도 앱에서 정보를 탐색하는 것이 어려울 수 있다.

더블루

더블루는 위VR에서 개발한 가상현실 프로그램이다. 저자는 사람들과 이 프로그램으로 시작하는 걸 선호하는데 그 이유는 컨트롤러를 사용할 필요가 없기 때문이다. 내담자가 사용할 수 있게 나의 컴퓨터로 프로그램을 실행하고 내담자가 HMD(Head Mounted Display, 머리에 착용하는 디스플레이)를 쓰고 손에 컨트롤러를 쥐도록 한다. 그러면 앉아 있는 상태로 시작하고 적응한 다음에 서 있을지의 여부를 결정할 수 있다. 컨트롤러가 필수는 아니지만 햅틱(무언가를 만지고 있는 것처럼 생각하게 만드는 진동 느낌) 반응이 물고기나 말미잘을 건드릴 때 작동해서 대부분의 경우에는 재미있는 경험이다. 여기에는 거북이, 물고기, 쥐가오리, 해파리가 있는 수중, 고래가 가까이에서 당신을 관찰하며 헤엄치기도 하는 침몰선, 빛이 나는 물고기 등이 있는 깊은 수중의 세 가지 배경이 있다. 이 프로그램은 평화롭고 시각적으로도 아름답다.

완더/구글 어스

오큘러스의 완더와 구글의 구글 어스는 서로 다른 시스템에서 사용할 수 있는 유사 프로그램이다. 어떤 주소나 유명한 장소를 입력하면 그곳으로 '데려다 준다는' 것이 기본 전제이다. 이리저리 돌아다니거나 구조물의 위에 있거나 익숙하거나 낯선 지역도 탐색할 수 있다. 하지만 사유지나 누군가의 집에는 발을 들일 수 없다. 정신건강 세팅에서 이 프로그램을 다양하게 활용할 수 있다. 먼저 한때 살았던 집이나 다녔던 학교를 보는 건 재미있긴 하지만, 그리운 장소를 떠나 이사했거나(예로, 위탁 보호소에 있던 어린이, 이사를 자주 한 경우, 노인 등) 가보고 싶었던 곳에 여행가 보지 못했거나(특히 노인들), 현재 거주 중인 집이나 근처의 명소를 치료사에게 보여주고 싶어 하는 경우를 생각해보면 이 프로그램을 제한적으로 사용할 수 있을 것이다. 가상현실이기 때문에 거리를 내려다보거나 언덕을 올려다보거나 에펠탑을 보면 진짜 그 장소에 있는 듯한 느낌을 받을 것이다.

우노프리크

우노프리크는 전통적인 카드 게임인 우노의 웹 버전이다. 2개의 기기로 직접 또는 원격정신건강의료를 통해 플레이 할 수 있다. 게임 방법은 간단한데 선택하고 싶은 카드를 누르고 '우노!'를 외치는 규칙이다. 적절하다고 생각되면 온라인 우노도 해볼 수 있다.

홉스카치(사방치기)

홉스카치는 간단하게 해볼 수 있는 다양한 게임이 시스템 내에 포함된 원격의료 플랫폼이다. 홉스카치의 공동설립자이자 최고경영자(CEO), 말라 베이어에 따르면

> 홉스카치는 미국 건강보험 양도 및 책임에 관한 법을 준수하는 플랫폼으로 어린이와 청소년을 대상으로 하는 행동 관련 의료 제공자가 다양한 연령대, 상태와 유형, 치료적 개입을 포괄하여 성장을 촉진하는 치료적 디지털 훈련, 활동, 게임 및 중재 자료들을 이용할 수 있도록 한다. 제공자는 이 콘텐츠로 가상 또는 대면 회기에서 몰입을 높일 수 있다. 그리고 홉스카치를 통해 내담자와 양육자가 서로 분리된 보안 로그인을 이용하도록 하여 내담자는 다음 회기 이전에 추가 훈련 및 도구를 확인하고 양육자는 최근의 경과를 확인하고 부모가 하는 중재 등의 내용을 이용할 수 있다.
>
> (개인적인 연락, 2021년 5월 31일)

중간 수준

스토리버드

스토리버드는 다양한 이야기를 만들 수 있도록 배경, 환경, 캐릭터를 제공하는 재미있는 앱이다. 이 앱은 개발자 매지키드가 만들었다. 스토리버드에서는 만화 소설이나 일러스트가 있는 시를 만들 수 있다. 이런 활동은 회기에서 단독 혹은 협동하여 만들거나 집에서 연습할 용도로 유용하다. 이야기는

저장, 인쇄, 공유가 가능하고 원하는 경우 출판할 수도 있다.

준의 모험

게임회사 우가에서 제작한 숨은 물건 찾기 게임은 장단점이 있다. 부분으로 시작해 전체를 이루고, 디테일한 요소를 중시하는 내담자에게는 매우 좋은 게임이다. 화면 속에는 게임이 진행되면서 숨을 물건을 찾을 수 없도록 방해하는 물건들로 가득하다. 많은 레벨과 여러 주변 요소들이 게임을 매력적으로 만든다. 레벨에 따라 게임 플레이에 제공하는 에너지가 제한되어 있기 때문에 게임에 소요되는 시간도 제한적이다. 단점이라 할 만한 것은 줄거리이다. 어떤 내담자의 경우에는 내가 화면을 눌러 줄거리를 넘기는데 이야기의 초점이 1920년대 가족의 비밀과 음모에 있기 때문이다. 만화 같은 장면이고 대부분은 무해한데 때로는 피로 얼룩진 손수건이나 바닥에 있는 사람이 있기도 하다. 그래서 치료에 활용하기 전에 미리 모든 게임을 플레이 해보기를 강력 권고한다. 그러면 어떤 내담자에게 게임을 활용할지 결정하기에 수월할 것이다. 부분으로 시작해 전체를 이루고, 디테일한 게임을 하고 싶다면 다른 선택지도 있다.

네이처 트렉스 가상현실

개발사 그리너게임즈에서 만든 네이처 트렉스는 환상적이다. 여기에서의 가상현실 경험은 간결함과 상호작용이 결합된 것이다. 사용하는 가상현실 시스템에 따라 많거나 적은 프로그램이 제공된다. 기본이 되는 요건은 HMD를 착용한 사람이 선택할 수 있는 다양한 자연환경을 제공하는 것이다. 자연환경을 선택하면 360도의 각도로 볼 수 있다. 사용자는 세계를 돌아다니며 나무, 바위, 꽃, 동물, 건물, 물과 같은 지형에 가까이 다가갈 수 있다. HMD에서는 몰입을 높이도록 장면에 맞는 소리가 나온다. 그리고 바위, 나무, 꽃의 배치, 조명 변경, 날고 있는 나비 등처럼 사용자가 원하는 대로 바꿀 수 있는 상호작용적 특성을 띠는 공간도 있다.

가상의 모래상자 앱 및 가상현실 프로그램

가상의 모래상자 프로그램의 목적은 기존의 방식으로 모래치료를 진행하기 어려운 대상이나 장소에서도 효과가 검증된 모래치료를 제공하고, 디지털 원주민에게 친숙한 매체를 제공하는 것이다. 더욱이 이런 전문적인 프로그램으로 기존 방식에서는 불가능했던 상자를 내담자가 만들 수 있다. 내담자들은 치료사의 태블릿/계정으로 보안된 로그인을 하고(다른 곳에서 계정에 로그인 불가) 그 이후에도 모래상자를 사용할 수 있도록 저장해둘 수 있다. 무료 클라이언트 버전에 원격으로 연결하면 원격정신건강의료 시에도 활용할 수 있다. 슈퍼비전과 훈련은 대면으로도 가능하지만 원격으로 타인이 모래상자를 살펴보는 방식으로도 가능하다. 이는 개인 정보 보호 및 기밀 보호 조치를 엄격하게 고려한 것이다.

내담자는 가상현실 프로그램으로 좀 더 확장된 경험을 할 수 있다. 나무, 집, 사람, 동물, 울타리, 용, 불, 특수효과 등(현재 9,000여 개 이상의 3D 모델을 이용할 수 있음)으로 세상을 창조하고 그 안에서의 체험도 가능하다. '신 모드(God mode)'(저자가 만든 용어가 아님)에서는 세상을 내려다보거나 모래 위에서 이리저리 돌아다닐 수 있다. 가상현실에서의 몰입 경험은 내담자가 계획을 세워 사람, 동물, 건물과 실제로 상호작용하는 것처럼 느낀다는 부가적인 특징의 도움을 받을 수 있도록 한다.

조절 영역

셀로소프트에서 만들었으며 단독 혹은 감정 탐색이라고 하는 프로그램과 함께 판매한다. 이 앱은 레아 큐퍼스의 조절 영역 개념을 기반으로 사용자가 감정을 범주로 나누어 감정의 인식 및 대처 기술을 발달시키도록 한다. 내담자의 개인 기기에 설치하는 방식이 가능한 경우, 가장 효과적으로 활용할 수 있다.

보고 가상현실

보고는 오큘러스에서 만든 반려동물 체험 프로그램이다. 가상의 반려 외계인은 큰 눈과 성장함에 따라 피부색이 변하는 작고 귀여운 몸을 소유하고 있다. 이 프로그램은 모든 연령대에서 꽤나 인기 있고 재미있다. 내담자가 원한다면 회기 내에 모든 프로그램을 완료할 수 있다. 프로그램 내에는 반려동물의 돌봄을 미리 정해진 방식으로 보충하면서 사용자의 몰입수준을 유지하고 활발히 활동하도록 하는 미니게임도 있다. 점차 보고가 원하는 것을 파악하게 되고, 배를 쓰다듬어 달라고 바닥에 등을 대고 누워 있는 등 게임 내의 강화요소에 의해 사용자는 보고가 원하는 것을 만족시켜주고자 한다.

치킨 스크림

퍼펙트 탭 게임즈에서 만든 치킨 스크림은 목소리로 주요 캐릭터인 닭에게 명령을 내리는 간단한 게임이다. 목소리가 클수록 닭은 더 많이 달리거나 점프하고 소리가 작으면 느리게 움직인다. 닭은 여러 난이도의 길을 다니면서 물과 다른 장애물을 피하려 한다. 이 게임은 자기 조절 방법과 원인 및 결과를 학습하는 것에 초점을 두고 있으며 쉬우면서도 상호작용적이고 재미있다.

손가락 인형 2

폴리쉬드 플레이에서 출시한 것으로 여러 캐릭터와 장면을 선택해 자신만의 인형극을 만들 수 있다. 인형극 영상은 저장하고 공유할 수도 있다. 그리고 개인 사진이나 배경으로 나만의 인형을 만드는 것도 가능하다. 이 앱은 간단한 방식이지만 자신의 이야기를 들려줄 수 있다는 매력이 있다.

모여봐요 동물의 숲

모여봐요 동물의 숲은 2020년 코로나 사태가 시작된 직후에 출시되었다. 관련 설명은 다음과 같다.

모여봐요 동물의 숲은 닌텐도에서 닌텐도 스위치용으로 2020년에 개발
및 출시한 일상 체험 게임이며 동물의 숲 시리즈의 다섯 번째 메인 게임
이다. 사용자는 너굴에게 이주 패키지를 구입해 무인도로 이주하게 된
캐릭터를 조작하고 비선형적인 방식으로 게임을 진행하여 자신이 선택
한 대로 섬을 발전시킨다. 물건을 수집하고 만들며 섬을 원하는 대로 조
성하면서 의인화된 동물들의 마을로 만들 수 있다.

(Wikipedia, 2021, para. 1)

 이 게임은 닌텐도 스위치에서 실행할 수 있다. 그리고 단독으로 플레이 하
거나 닌텐도 온라인 구독 서비스를 이용하여 서로의 섬에 방문할 수도 있다.
보다 많은 정보는 원격정신건강의료 사례를 참조하자.

복잡한 수준
식물 대 좀비
이 앱은 오랫동안 저자가 회기에서 가장 선호했던 게임이다. 일렉트로닉 아
츠에서 제공하며 은유가 많다. 회기에서 활용할 때에는 오리지널 버전을 선
호하지만 당연히 그 이후의 버전을 살펴봐도 된다. 첫 번째 버전을 좋아하는
이유는 단순해서다. 이 앱은 침입하는 좀비를 막기 위한 특정한 물건을 선
택하고 집을 보호하는 상황을 전제로 한다. 좀비는 만화처럼 귀엽고 잔인하
지 않다. 물건들에는 좀비를 물리치기 위해 두는 식물처럼 특정한 기술이 있
다. 내담자와 함께 게임을 하고자 한 사람은 태양을 모으고(게임 내 화폐) 다
른 사람은 보호를 위한 식물을 심도록 할 때가 종종 있다. 스스로를 안전하
게 지키기 위해 필요한 건 무엇일까? 50단계의 레벨 그리고 정원 꾸미기 같
은 여러 미니게임이 있어 흥미를 끌고 재미도 있다. 한 번은 덴마크에 방문
해 놀이치료사로 가득한 곳에서 교육을 한 적이 있는데 모두들 이 게임을 좋
아했다.

직업 및 휴가 체험 가상현실

이 두 게임은 기본 요건이 꽤 비슷하다. 모두 아울케미의 개발자가 출시했고 사용자에게 말을 건네며 게임 플레이를 안내하는 봇들이 특징이다. 직업 체험에서는 4개의 직업(요리사, 자동차 정비사, 매장 직원, 사무직 직원)으로 근무해볼 수 있다. 그리고 제시된 업무를 수행하거나 공간을 탐색할 수도 있다. 음료수 병을 열어 음료를 따르거나 음식을 '먹을' 수 있고 복사도 가능하며 자동차를 칠할 수 있는 등 많은 작업이 가능하다. 휴가 체험에서도 그 방식과 그래픽이 동일하다. 봇들은 4곳의 휴가 장소(산, 해변, 숲, 마지막으로 리조트)로 안내한다. 사용자는 캐릭터의 피부, 헤어, 눈의 색깔, 옷과 액세서리를 원하는 대로 꾸밀 수 있다. 매우 재미있는 게임이라 두 가지 모두 해보기를 권장한다.

비트 세이버

저자의 아이들이 맨 처음 비트 세이버라는 것을 알려주었을 때는 낯설게 들렸다. 비트 게임즈가 개발했고 동작, 액션, 집중을 지향하는 협응 게임으로 관심을 꽤나 유발한다. 처음에는 음악에 맞추어 사용자를 향해 다가오는 파란색과 빨간색의 단순한 정육면체로 시작한다. 사용자는 양손을 사용해 맞는 색상의 광선검을 휘둘러 정육면체를 자른다. 음악의 속도를 바꾸고 실패하지 않는 옵션을 택하거나 폭탄(자를 수는 없고 피할 수 있으며 폭발하지 않음)처럼 좀 더 어려운 방해물을 제거하는 등 치료에서 유용한 방식으로 변경할 수 있다. 회기에서 활용하거나 개인 운동을 할 때에도 유용하다.

젤다의 전설, 야생의 숨결

젤다의 전설, 야생의 숨결은 다양한 닌텐도 기기에서 할 수 있고 저자는 닌텐도 스위치를 회기 내에 활용하는 방법을 가장 좋아한다. 주인공 링크(Link)가 하이랄 왕국을 재건하기 위한 모험을 떠나는 것이 이 게임의 주된 내용이다. 주인공의 임무는 자원을 찾고 전투에서 스스로를 보호하며 퀘스트를 완료하는 것이다. 하드웨어 장에서 설명한 것처럼 각각의 플레이어가 조이콘을 손에 쥐고 이 게임을 할 때, 치료사가 다루고자 하는 여러 기술과 성향, 그리고 기법을 회기 내에서 촉진할 수 있다. 내담자와 함께 발견한 재미있는 팁은 닭을 붙잡은 채로 절벽이나 지붕에서 뛰어 내리면 닭을 낙하산처럼 사용할 수 있다는 점이다. 엄청나게 웃길 것이라 생각한다.

불멸의 베이더 시리즈

불멸의 베이더 시리즈는 3부작으로 오큘러스에서 구할 수 있다. 흥미로운 부분은 영화 스타워즈의 매력을 넘어 통제력과 힘을 키울 수 있다는 점이다. 힘을 얻게 된 사용자는 다스 베이더의 요새로 들어가 동맹과 함께 적에 대항한다. 그리고 광선검과 힘으로 여러 레벨을 통과하며 스타워즈 왕국에서 최종적으로 승리를 거두게 된다.

마인크래프트

마인크래프트는 모장 스튜디오에서 만든 샌드박스 게임이다. 샌드박스 게임에서는 제한이 많지 않은 상태에서 게임을 즐길 수 있다. 마인크래프트는 사용자가 "블록과 기타 개체들로 이루어져 어떠한 변경도 가능한 3차원 환경과 상호작용하는 게임이라고 설명할 수 있다. 사용자나 게임 플레이 방법을 선택함으로써 무한한 가능성이 열린다.

마인크래프트에는 지금도 유효한 자바용, 베드락용, 교육용의 세 가지 버전이 있다"(Gamepedia, 2021, para. 1). 마인크래프트는 멀티플랫폼에 해당하여 개인이 직접 또는 원격정신건강의료 회기에 게임 플레이를 하거나 공공 또는 개인 서버에서도 플레이할 수 있다. 자세한 내용은 개입(제13장) 부분을 참조하라.

로블록스

로블록스는 게임계의 유튜브다. 로블록스는 사용자가 만든 엄청나게 많은 게임을 포함하고 800만 명의 개발자(아이들도 개발 프로그램으로 게임을 만들 수 있다), 그리고 2008년을 기점으로 306억 시간의 플레이 기록이 있다 (Roblox, 2021). 그리고 다양한 게임 유형별로 많은 게임들이 있다. 로블록스에는 치료 회기와 개인적으로 사용할 때 유용한 몇 가지 보호자 설정이 있다. 자세한 내용은 원격정신건강의료 사례(15장) 부분을 참조하라.

비대면 원격정신건강의료

위에서 제시한 앱들을 비대면 원격정신건강의료에서 활용할 때 멀티 플레이어 기능, 화면 공유, 다른 사람이 볼 수 있도록 기기를 들고 있는 방법을 사용할 수 있다. 줌에서처럼 비대면 플랫폼에 공유 기능이 있으면 두 사람이 동시에 같은 화면을 볼 수 있다. 지금까지는 줌의 화면 공유 기능이 다른 플랫폼보다 광범위하게 적용되고 사용하기에 쉽다고 생각한다. 물론 이후에는 다른 회사에서도 공유 기능을 더 쉬운 방식으로 제공할 것이다. 몇몇 기기 (애플은 제외)에서는 다른 사람이 기기를 원격으로 제어할 수 있다. 원격 제어는 멀티 플레이어가 아니더라도 프로그램을 활용할 수 있다는 것을 의미한다. 이름과 (또는) 기기의 모델명+원격 제어+방법을 간단히 인터넷에 검색해 보자. 예를 들어, '아이패드 에어 원격 제어하는 방법'으로 검색할 수 있다. 기기 자체에서 원격 제어가 가능하거나 추가 소프트웨어가 필요한 경우도 있을 것이다.

만약 앱과 프로그램에 직접 가입하거나 비대면 원격정신건강의료를 통해 본인의 캐릭터로 게임을 하고 싶다면 멀티플레이어 옵션이 있는지 확인해야 한다. 멀티플레이어+게임명 또는 멀티플레이어+기기의 모델명+게임명으로 검색하면 가능 여부를 알 수 있을 것이다. 예를 들어 코로나바이러스감염증-19 사태의 초기에 스위치+멀티플레이어+게임명으로 멀티플레이가 가능한 게임목록을 검색한 적이 있다. 그런 다음에 내담자에게 1) 닌텐도 스위치 보유 여부, 2) 소장하고 있는 게임, 3) 온라인 구독 서비스 가입 여부를 물었다(이 글을 쓰는 시점에서 12개월 이용권의 금액은 19.99달러이다. 같은 물리적 공간이 아닌 원격 통신을 위해 온라인 구독이 필요하다. 기기 내에서 게임을 구입했음에도 내 인터넷을 사용하면서 매년 19.99달러를 지불해야 하는 이유는 모르겠지만 내담자와 원격으로 연결할 수 있어 유용했다. 과다한 비용은 아니지만 의문스럽다). 이 시점부터 온라인 멀티플레이어로 어떤 것을 함께 할 수 있는지 알게 되었다.

저자는 내담자에게 어떤 게임을, 어느 기기로 하는지 질문하고 목록을 모두 적었다. 그리고 나서 게임명, 기기, 소프트웨어, 가장 선호하는 것을 스프레드시트에 정리해서 치료적 상호작용을 위해 필요한 다음 단계를 평가하도록 했다. 여러분도 기억하고 있을 텐데, 내담자와 임상가가 회기에 가져오는 어떤 것으로도 디지털 놀이치료가 이루어진다. 내담자가 활동을 제시하고 주도하는 경우라면 임상가는 내담자가 특정 활동이나 캐릭터, 이야기 등에 마음이 가는 이유와 어떤 상호작용이 일어나고 있는지, 그 역동 속에서 내담자는 어떻게 상호작용하며 스스로를 다루는지 등에 초점을 둔다. 임상가가 활동을 소개하거나 제시하는 경우라면 상당한 수준의 신중을 기한 것이어야 한다. 즉, 해당 활동을 회기 이전에 살펴봤어야 한다는 것이다.

실사

실사(due diligence)는 "특히 법적인 책임의 발생을 막고자 구입, 판매, 전문적인 조언 등을 하는 자가 발휘하는 상당 수준의 주의와 신중함"과 "신뢰할 만한 관련 정보를 축적하고 드러내는 과정"(Dictionary.com, 2021, para. 1)으로 정의한다. 우리에게는 임상가로서 치료적 상호작용에서 사용하기 위해 제시하는 개입에 대한 실사의 윤리적 및 전문적 의무가 있다. 여기에는 연구, 게임 플레이나 관련 영상을 유튜브로 시청하기, 어떤 자료든 비판적으로 읽는 것(연구 장에서의 다양한 부분 참조), 제품의 웹사이트와 평가등급 확인, 내담자에게 보여주기 전에 먼저 사용해보기가 포함된다. 저자의 머릿속에는 대학원 시절 교수님의 "놀고, 더 놀고, 좀 더 놀아라"는 조언이 머릿속에서 끊임없이 들리는 듯하다. 실사를 통해 우리는 놀이의 치료적 힘, 변화의 핵심 요소, 상호작용이 활성화하고/또는 가져다준다고 믿는 기본적인 토대를 확인하게 된다.

전체 자료의 정리

위의 자료를 정리할 때 유용한 방법은 표 만들기였다. 스프레드시트의 왼편에는 애플리케이션, 프로그램 등의 소프트웨어 목록을 적고 상단에는 중요한 요소들을 적으면 된다. 저자는 하드웨어 유형에서부터 시작하여 프로그램을 실행할 수 있는 기기도 파악하고자 했다. 각각은 웹기반(파이어폭스나 크롬과 같은 웹브라우저에서 접속), 아이패드/아이폰, 태블릿, 안드로이드 휴대폰, 닌텐도 스위치, 가상현실(VR), 멀티플랫폼(마인크래프트처럼 다양한 기기에서 실행할 수 있음) 등으로 표기했다. 그리고 멀티플레이어 항목을 구성해 'Y(예)' 또는 'N(아니요)'로 표기하고 게임을 함께 할 수 있는지를 파악했다. 이어서 상단에 놀이의 치료적 힘(제4장 참조), 치료 동맹, 자기 조절, 도덕성 발달, 자기 표현, 실행 기능, 심리 상태의 증진, 자기 존중감, 스트레스 해소, 애착 형성, 사회적 기술과 같은 게임 놀이의 치료적 힘(Stone & Schaefer, 2020), "숙달감, 좌절 인내력, 대처 기술, 전략 능력, 대략적인 IQ 추정치, 사회적 상호작용 능력, 경쟁심, 규칙 준수 정도, 라포의 수준, 발달"과 같은 평가 영역(Stone, 2016, p. 313) 등을 기재했다. 세로열에는 간단히 'Y'(예), 'N'(아니요), 가능성이 있는 경우는 "M(어느 정도)", 알 수 없는 경우에는 '?'로 표기해 게임의 다양한 요소를 정리했다. 게임의 장르도 기입했는데 자세한 내용은 제11장을 참고해 달라. 그리고 나면 내담자가 특정 게임을 소장하고 있거나 특정 게임을 하고 싶어 하면 표를 빠르게 훑어 하드웨어, 소프트웨어, 치료적 요소에 대한 정보를 모을 수 있고, 사례개념화와 치료

y=예 m=어느 정도 n=아니오 ?=할 수 없음

게임/앱/프로그램명	하드웨어 유형	소프트웨어 유형	양육	좌절감 안내	전략	상호작용/사회적 기술	대처 능력	교육	예술	이야기	캐릭터의 성장	역할 연습
동물의 숲	스위치	온라인스토어 다운로드	y	y	y	y	y	m	y	y	y	m
보고	VR	VR 프로그램	y	n	m	y	m	m	n	n	n	n
버블스	휴대폰/태블릿	앱	n	m	m	n	m	n	n	c	n	n
감	휴대폰/태블릿	앱	n	n	m	n	m	n	n	m	y	m
캐슴 스토리	휴대폰/태블릿	앱	y	m	y	y	y	m	n	y	y	n
치킨 스크림	휴대폰/태블릿	앱	n	n	y	n	n	n	n	c	n	n
블루이디티	휴대폰/태블릿	앱	n	n	m	y	n	m	n	y	y	m
헨리(Henry)	VR	VR 프로그램	y	y	n	n	n	n	n	n	n	m
준의 모험	휴대폰/태블릿	앱	y	y	n	m	m	m	n	y	y	n
게임/앱/프로그램명	하드웨어 유형	소프트웨어 유형	양육	좌절감 안내	전략	상호작용/사회적 기술	대처 능력	교육	예술	이야기	캐릭터의 성장	역할 연습
네이처 트렉스	VR	VR 프로그램	n	m	m	n	y	m	?	m	m	n
식물 대 좀비 1	휴대폰/태블릿	앱	m	m	m	y	y	y	n	m	y	y
손가락 인형 2	휴대폰/태블릿	앱	m	m	m	m	m	?	?	y	m	m
스토리버드	휴대폰/태블릿	앱	m	m	m	n	m	y	n	m	m	m
더블루	VR	VR 프로그램	n	m	m	y	y	m	m	n	m	n
틸트브러시	VR	VR 프로그램	n	n	m	n	y	y	m	y	y	m
직업/증가 체험	VR	VR 프로그램	m	m	m	y	y	y	n	y	m	m
불멸의 베이더 시리즈	VR	VR 프로그램	m	y	m	y	y	y	n	m	y	y
가상의 모래상자	아이패드	앱	m	m	m	m	m	m	m	m	m	m
원더	VR	VR 프로그램	m	m	m	c	y	y	n	n	m	m
젤다의 전설, 야생의 숨결	스위치	온라인스토어 다운로드	n	y	m	y	y	m	n	y	y	y
조절 영역	휴대폰/태블릿	앱	n	n	m	m	m	y	n	m	m	m

그림 10.1 디지털 놀이치료의 치료적 요소 예시표

계획에 적용할 수 있다. 편의를 위해 색상을 교대로 적용하는 방법을 권장한
다(예로 파란색과 밝은 파란색의 연속). 표에 게임과 치료적 요소를 추가할
경우 매우 커질 수 있는데 색상이 교대로 나오면 어디쯤을 보고 있었는지 기
억할 수 있다. 그림 10.1에 제시한 예시표를 참고해 달라. 디지털 놀이치료
의 치료적 요소 일부를 예시로 든 것이지만 표를 예상해보고 여러분만의 목
록을 만들 때에도 유용할 것이다.

결론

소프트웨어를 신중히 선택하고 잠재적인 위험을 알고 있으면 놀이치료사가
디지털 놀이치료 매체를 치료적으로 포함시킬 때 만반의 준비를 할 수 있다.
어떤 소프트웨어를 선택하든 "먼저 플레이하고, 자주 플레이하고, 더 많이
플레이하자"라는 주문이 적용된다. 새롭고도 신나는 프로그램은 내담자가
좀 더 몰입할 수 있도록 동기를 부여할 수 있고, 프로그램의 다차원적 특성
은 대면이나 원격정신건강의료의 여부와는 상관없이 임상적으로는 엄청난
수준으로 적합한 요소가 될 것이다.

참고문헌

Amuno, A. (2019, February 8). Five types of system software. *Turbofuture*. https://
turbofuture.com/computers/The-Five-Types-of-System-Software

Callnerds. (2019). *What is the difference between memory and storage?* https://call-
nerds.com/whats-difference-memory-storage/

Dictionary.com. (2021). *Due diligence*. www.dictionary.com/browse/due-diligence

Fisher, T. (2019, November 8). Types of software. *Lifewire*. www.lifewire.com/
operating-systems-2625912

Gamepedia. (2021). *Minecraft wiki*. https://minecraft.fandom.com/wiki/Minecraft_Wiki

Martindale, J. (2020, March 14). *What is a CPU?* https://sports.yahoo.com/cpu-
210041849.html

Roblox. (2021). Powering imagination. *Roblox*. https://corp.roblox.com/

Stone, J. (2016). Board games in play therapy. In K. J. O'Connor, C. E. Schaefer, &
L. D. Braverman (Eds.), *Handbook of play therapy* (2nd ed., pp. 309–326). Wiley.

Stone, J., Gran, R. J., Goodyear-Brown, P., & Hull, K. (2019, October 5). *Play it for-*

ward: Incorporating therapeutic digital tool benefits and client driven interests in play therapy conference session. Association for Play Therapy Conference, Dallas, TX.

Stone, J., & Schaefer, C. E. (2020). *Game play: Therapeutic use of games with children and adolescents* (3rd ed.). Wiley.

Techopedia. (n.d.). *Application software.* www.techopedia.com/definition/4224/application-software

typesof. (n.d.). *Types of software.* www.typesof.com/types-of-software/

Wikipedia. (2021). *Animal crossing: New horizons.* https://en.wikipedia.org/wiki/Animal_Crossing:_New_Horizons

11

비디오 게임과 장르

누군가가 비디오 게임을 한다거나 '게이머'라고 하면 대다수의 사람들은 몇몇 생각과 신념, 장면을 떠올린다. 하지만 비디오 게임이라는 용어는 매우 모호하며 명확하지 않다. 사용되는 소프트웨어 및 하드웨어 종류나 플레이 유형, 빈도, 길이 등에 관한 아무런 정보가 없기 때문이다. 놀이치료사가 다양한 유형의 비디오 게임, 캐릭터, 줄거리, 목표, 게임 플레이를 알고 있다면 내담자와의 대화와 놀이 모두에서 유리한 입장이 된다.

몇 가지 비디오 게임의 장르를 알고 있으면 내담자와 관계를 맺는 데 유용하고 더 나아가 게임 플레이에서의 치료적 특성을 명확히 할 수 있다. 유능하며 지식이 풍부한 디지털 놀이치료사들은 내담자의 세상으로 들어가 관심을 보이는 게임 캐릭터와 플레이에 대해 얘기할 수 있을 것이다. 또한 디지털 놀이치료사는 게임 속 캐릭터의 성장, 줄거리, 플레이 경험의 치료적 가치도 발견할 수 있다. 비디오 게임의 장르는 제10장에 있는 디지털 놀이치료의 치료적 요소 표에 추가 기입해도 된다.

비디오 게임은 "플레이어가 비디오 화면의 이미지를 조작하는 전자 게임"(Merriam-Webster, 2019)으로 정의한다. 이 책에는 수많은 일상적 의미가 담겨 널리 사용되는 용어가 가득하다. 누군가 '비디오 게임'이라는 단어를 쓰면 머릿속에 컴퓨터로 게임을 하는 사람의 이미지가 떠오른다. 하지만 우리가 정말로 비디오 게임이라고 정의하는 요소를 떠올리는 것이라면 1) 전자 게임, 2) 이미지를 조작하는 플레이어, 3) 비디오 화면에서 움직이는 이미지를 말하고 있는 것이다. 이러한 정의를 고려해보면 컴퓨터나 포켓용 콘솔, 콘솔, 태블릿, VR 헤드셋으로 비디오 게임을 하는 것과 더불어 휴대폰으로 테트리스나 캔디 크러쉬 게임을 하는 것도 비디오 게임으로 간주할 수 있다. 비디오 게임은 어디에나 있고 위의 정의에 따르면 우리 대부분은 여러 형태로 비디오 게임을 하고 있는 것이다.

비디오 게임이라는 용어는 분석해 볼 만한 여러 주요 요소들을 포함하는 매우 포괄적인 개념으로 보이기 때문에 여러 다양한 게임 유형을 목록으로 제시할 것이다. 이 분야는 끊임없이 변화한다. 그리고 매일 새로운 프로그램이 출시되고, 업데이트되고 발견된다. 이 포괄적인 용어 안에 있는 여러 장르와 그 의미에 대해 좀 더 알고 있으면 놀이치료 회기에서 내담자와 말할 때, 여러 디지털 도구를 활용할 때, 치료적으로 포함시킬 만한 게임을 찾는 데 유용할 것이다. 용어의 의미는 중요하다. 나의 경우 '게임 플레이'라는 같은 두 단어의 차이점을 찾아본 적도 있는데 단어의 뉘앙스를 제대로 알고 있는지 확인하려면 백 번가량은 관련 자료를 살펴보아야 할 것이다. 게임 플레이는 게임을 하는 행위 또는 게임을 하는 행위 등을 묘사하는 것이다.

> 게임 플레이는 플레이어가 게임, 특히 비디오 게임을 대하는 독특한 방식이다. 그리고 게임 규칙, 플레이어와 게임 간의 연결, 도전과 극복, 줄거리와 플레이어의 연결로 정의된 패턴이다.
>
> (Wikipedia, 2019)

장르

놀이치료사가 다양한 유형의 비디오 게임, 게임 플레이를 이해하고 있는 것이 중요하다. 이는 특히 처방적인 관점에서 내담자와 보다 잘 맞는 개입을 할수록 개입과 치료 과정이 결과적으로 좋을 수 있기 때문이다. 이것이 제 10장에서처럼 표를 만들어 두는 것이 매우 유용한 이유이다. 몇 가지의 중요한 기본 지식을 예로 들어본다면 내담자가 회기에서 MMORPG 게임이 재미있다고 말할 때 관련 지식이 있는 디지털 놀이치료사는 어떤 유형의 게임을 하는지를 알 것이다. 전문가가 아니더라도 약어에서 힌트를 얻을 수 있다. 즉, MMORPG는 RPG로 끝나고, RPG는 "일반적으로 관리자가 지켜보는 가운데 플레이어가 컴퓨터화된 특정 판타지 배경에서 모험을 하는 가상의 캐릭터 역할을 맡는 게임"(Lexico, 2021, para. 1)이라 정의하는 '롤플레잉 게임'을 의미한다. MMO는 '멀티플레이어 온라인 접속'을 나타내고 전 세계에서 수천 명의 사람들이 24시간 내내 접속 중인 매우 큰 규모의 온라인, 멀티플레이어 게임이라는 의미이다. 따라서 MMORPG에 대해 초반에는 두렵고 무능력한 느낌을 받을 수 있는데 실제로는 전혀 두려워할 필요가 없다. MMORPG는 많은 사람들이 온라인으로 접속해 다양한 캐릭터의 역할을 하는 게임이다. 게임의 장르는 내담자가 말하고 있는 것이 무엇인지에 대해 알려주기 때문에 내담자와 관련된 무언가가 된다.

비디오 게임에 내재된 문제나 몇몇 논쟁이 있긴 하지만 보통은 게임을 장르로 구분한다. 대부분의 경우는 게임 플레이에서 중점을 두는 부분이 다른 두 부류에서의 논쟁이다. 한 부류에서는 게임의 방식과 규칙을 중시하고 게임 연구 영역에서는 루돌로지학(Ludology) 또는 게임학(study of game)이라고 한다. 루돌로지학파는 플레이어가 게임 플레이에서 무엇을 하는지가(플레이어의 선택, 조치 등) 가장 중요한 요소를 내포한다는 확고한 견해를 보인다. 반면, 내러톨로지학파(Narratologist)는 줄거리, 정서, 은유, 연출을 제일 중요한 것으로 여긴다. 내러톨로지는 여정, 즉 줄거리에 관한 연구다. 위의 두 가지 개념에서 중요한 것은 비디오 게임 플레이에서 어떤 일이 일어나는지에 대한 인식에 있다. 분명 시각적 요소와 더불어 보통은 음향과 햅틱 반응(컨트롤러의 진동)이 동반된다. 또한 퀘스트와 전투, 목표를 자극하는 줄거리도 있다. 개인적으로 게임의 방식 및 규칙을 줄거리, 정서 등의 것과 구분하려

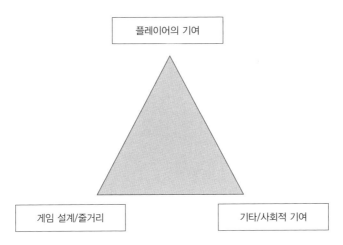

그림 11.1 게임 장르 분류의 복잡성

는 시도는 예상 밖이다. 둘의 협력이 플레이어의 경험에 영향을 미치며 구체화한다.

　토마스 애펄리(Thomas Apperley, 2006)는 게임 장르에 대한 2006년 이전의 역사적 관점으로 볼 수 있는 훌륭한 분석 글을 남겼고 향후 비디오 게임의 범주화를 제안했다. 그리고 루돌로지와 내러톨로지의 두 관점을 보다 포괄적인 접근으로서 통합하는 것이 최선일 수 있음을 제시하며 비디오 게임의 많은 측면에 상호작용적 요소가 있다는 '상호작용성(interactivity)'이라는 개념을 도입했다. 그림 11.1을 참조해주길 바란다. 중요한 사실은 게임이 복합적이라는 점이다. 그래서 범주 내에 꼭 들어맞지는 않는다. 비디오 게임을 장르로 구분하는 방안은 원래 영화 산업에서 영화 부문을 체계화한 방식에 기인한다. 영화가 하나 이상의 범주에 해당될 수 있지만 일반적으로는 가장 유력한 주요 주제나 접근이 있다. 반면에 비디오 게임은 다면적이고 보통은 여러 영역으로 확장된다. 게임 플레이는 플레이어의 선택, 캐릭터, 기술, 성장에 기반하여 다양한 방향으로 향할 수 있다. 덧붙여 다른 요소들을 게임 플레이로 가져다 주는 사회적, 역할 및 팀적인 측면이 있다. 또한 게임 설계와 줄거리는 동등한 위치가 된다. 수백만 가지의 가능성이 있기에 결과는 복잡하고 늘 변화한다.

　루돌로지와 내러톨로지의 중요성은 게임 플레이의 구성 요소가 무엇인지 설명하는 핵심, 즉 주요 요소의 확인에 있다. 요소가 분명해지면 놀이치료사 등은 게임 플레이의 치료적 요소를 보다 잘 알아볼 수 있을 것이다. 일단 치료적 요소를 확인할 수 있다면 보다 적절한 연구 설계 및 규정이 가능할 것이다. 그리고 비디오 게임 플레이의 요소를 교육받고자 하는 놀이치료사들은 방대한 양의 치료적 매체 및 상호작용의 선택지를 발견하게 될 것이다. 임상가들은 치료사가 게임의 치료적 측면을 파악하고 치료에 활용하는 동안 내담자를 위해 맞춤 처방할 수 있다. 제10장에서의 표가 앞의 모든 것을 종합한다.

GAMER 장르

워싱턴대학교에는 '정보 학교' 프로그램이 있다. 정보 학교는 '게임 메타데이터 연구 집단' 또는 'GAMER 집단'이라고 부르는 집단을 운영한다. GAMER 집단과 시애틀 상호작용 미디어 박물관의 팀원들은 비디오 게임의 분류 항목과 설명을 위해 12개의 측면과 358개의 초점을 포함하는 복합적인 체계를 수년간 개발해왔다(Ha Lee et al., 2014; Ha Lee, 2015a). 앞서 언급했듯이 비디오 게임을 연구의 관점으로 생각해보면 게임과 게임 플레이의 다양한 요소를 상세히 기술할 수 있을수록 변수와 가설 설정이 보다 구체화될 것이다. 일부 집단은 인기도에 기여하는 게임 구성 및 설계 요인을 확인하는 방법으로 의욕이 생긴다. 다행히도 이러한 분류는 놀이치료사가 치료적 활용을 위한 결정을 내리는 데 유용하다.

　대부분의 비디오 게임 설명에는 제목, 연령대, 필요한 플랫폼(게임을 실행할 장비), 대략적인 장르, 예상되는 플레이어의 게임 세계 경험, 줄거리와 같은 정보를 포함한다(Ha Lee et al., 2014). 치료 평가를 위해 치료사는 관련된 놀이의 유형에 대해 더 알고 싶을 것이다. 비록 범주가 검색 범위를 좁히는 데 유용하더라도 치료 목적의 포함을 위해 게임을 평가하는 가장 좋은 방법은 게임 플레이 영상을 보고(게임 이름이나 범주를 인터넷에서 검색하고 '영상'을 선택한다), 궁극적으로는 게임을 직접 해보는 것이다. 종종 놀이치료사가 아닌 사람들이 강조하지 않는 요소들이 있기도 해서 직접 경험을 해보는 것이 중요하다.

　다음은 비디오 게임 장르의 확인 및 치료 계획서에 포함시킬 때 고려해야 할 것들에 관한 권장사항이다.

　　내담자가 말하거나 회기에 가져오는 게임의 장르를 찾아본다.

　　온라인으로 게임 플레이 영상을 본다. 보통 유튜브에는 수백 개의 선택지가 있다. 소리가 나거나 음소거 상태로 영상을 볼 수 있다. 종종 블로거의 말이 끊임없이 이어지는 게 지나치기도 하고 어떤 때에는 이야기가 매우 유익하기도 하다.

　　게임에 대한 정보(권장 연령대, 장르, 내용, 초점, 플랫폼 등)를 검색해 본다.

　　치료적 가치가 있기를 바라는 게임의 장르를 조사한다.

　　첫 번째 권장사항과 동일한 과정을 수행한다.

　　게임을 구입하고, 친구나 동료에게 빌리거나 도서관에서 대출하거나 다른 곳을 출처로 하라. 어떤 스토어에서는 중고 게임도 판매한다. 반품 정책에 대해 꼭 물어보도록 하라.

　　가장 좋은 계획은 회기에서 활용하기 전에 게임을 해보는 것이다. 게임 방법에 신경이 쓰이지 않을 때까지 해보자(즉, 걷는 방법, 점프하는 방법 등). 목표는 게임 방법이 아닌 앞으로 전개되는 과정, 상호작용, 그리고 플레이 성향에 집중하는 것이다.

(Stone, 2016)

내담자가 함께 하려고 게임을 가져오면(논의 — 디지털 놀이치료 1단계 혹은 회기에 실제 게임을 가져오는 것 — 디지털 놀이치료 2/3단계) 다음과 같이

하자.

  a) 다른 것들과 동일하게 내담자가 함께 하고자 가져온 것들을 경청, 탐색, 논의하기

  b) 내담자가 게임의 최신 기술을 보여줄 수 있도록 하기. 내담자가 다음을 발견할 수 있도록 돕기

    ⅰ) 게임 플레이에서 즐기는 것

    ⅱ) 게임 플레이에서 여러분과 함께하고 싶은 것

    ⅲ) 게임 플레이에서 도전하게 되는 것, 위안이 되는 것 등

  c) 회기 이외의 시간에 그 게임에 대해 찾아보기

현재의 장르들

현재 비디오 게임 장르의 목록은 길고 정보를 제시하는 가장 좋은 방법을 결정짓는 데 시간이 소요된다. 만약 내가 자료에 표식을 남긴다면 알파벳순으로 정리된 목록을 훑어보고 장르를 발견하는 방식을 선호할 것이다. 그러니 지금 목록을 여러 번 읽고 나중에도 참조할 수 있도록 정리되어 있는 셈이다. 게임이나 프로그램에 대한 해설을 읽거나 사례를 기록할 때, 혹은 부수적인 관계자 그리고/또는 양육자와의 면담을 준비할 때, 내담자와 논의할 경우 설명을 위해 이 목록이 분명 필요할 것이다. 목록이 길기는 하지만 모든 장르를 완전하게 포함한다거나 장르의 구분이 명확한 것은 아니다. 즉, 상호 배타적인 것이 아니다. 상호작용적 특성을 보이는 비디오 게임 목록은 매우 훌륭해 보일 수도 있겠지만 목록이 매우 길어지고 변화가 많은 프로젝트가 될 것이다. 따라서 이 목록은 각각의 게임에 대해 좀 더 알아볼 필요가 있음을 나타내며 본인이 직접 탐구해보는 방식이 매우 유용하다. 단일(혹은 다수)의 범주에 여러 게임이 속하기 때문에 하나의 예시로 내담자가 회기 내에 가져온 게임이 게임 내용이나 장치, 소프트웨어 호환 문제로 적합하지 않은 경우에 어떤 게임을 찾아야 할지를 알고 있다면 회기에서 활용하기에 적절하면서 유사한 플레이 스타일의 게임을 찾을 수 있을 것이다.

비디오 게임 장르[1]

디지털 놀이치료사는 특정한 내담자에 대해 각각의 장르별로 다음의 질문과 개념을 탐색해볼 수 있다.

1) 내담자가 어떤 종류의 게임 플레이를 선호하는가?

2) 내담자가 해당 유형의 게임 플레이를 선호하는 이유는 무엇인가?

3) 게임 플레이가 현실의 경험을 재현하고 있는가, 아닌가?

4) 게임 플레이가 현실과는 다른 경험을 탐색할 수 있도록 하는가?(즉, 다른 역할, 관점, 접근법, 기술을 살펴보는 것)

5) 해당 유형의 게임 플레이 결과가 활동, 상호작용, 기술 개발 등의 긍정적인 측면을 강화하는가, 아닌가?

6) 해당 유형의 게임 플레이(디지털 게임 또는 그 외의 것)는 내담자가 다른 곳에서도 찾는 게임인가? 내담자에게 그 경험은 어떠한가? 그 경험이 어떻게 유사하고 다른가?

7) 내담자가 치료실 외의 장소에서 해당 게임을 한다면 게임의 사회적 측면은 무엇인가(해당하는 경우)? 게임 내 채팅 기능이 있는가? 어떤 경험을 하는가? 어떤 친구들을 사귀는가? 친구들은 어디에 거주하고 있나? 어떤 대화를 나누는가?

8) 게임 캐릭터는 어떻게 성장하는가? 내담자가 캐릭터를 만들고 특성을 선택했는가? 만약 그런 경우라면 해당 선택을 한 이유는 무엇인가? 내담자에게는 어떤 의미가 있는가?

9) 내담자는 협동 플레이를 하는가? 그렇다면 내담자 역할의 특징은 무엇인가? 내담자는 팀의 일원으로 어떤 경험을 하는가?

10) 게임 플레이가 내담자의 평소 생활에서의 모습과 일치하는가, 아닌

---

[1] Ha lee et al., 2014; Ha Lee, 2015a, 2015b; Grace, 2005; Bean, 2018, 20189; Jackson & Games, 2015; Stone, 2016, 2019의 내용을 번안함

가? 그 이유는 무엇인가?

11) 게임을 하는 동안이나 논의를 할 때 어떤 주제가 나타나는가?

12) 치료사는 비판적인 반응을 이끌어 내거나 개입을 하게 되는 게임 플레이 상호작용에서 무엇을 할 수 있고, 할 수 없는가(플레이모빌 놀이 등에서처럼)?

13) 내담자의 좌절감 인내 수준은 어떠한가?

14) 내담자의 숙달 수준은 어떠한가?

15) 내담자의 대처 기술은 무엇인가?

16) 내담자의 전략 기술은 무엇인가?

17) 내담자의 사회적 상호작용 능력은 어떠한가?

18) 내담자의 경쟁심 수준은 어떠한가?

19) 내담자의 규칙 준수 능력은 어떠한가?

20) 위의 모든 질문에 대한 답이 내담자의 삶에 어떤 영향을 미치고 있으며 어떤 영역에서 기술을 개발하는 것이 이로울까?

장르

*4X−4개의 X는 탐험(explore), 확장(expand), 섬멸(exterminate), 개발(exploit)을 의미한다. 외교와 정복 게임은 제국을 만들기 위해 4X를 이용했다. 이 전략 게임 장르는 내담자가 목표를 확인하고 성취하는 방식을 탐색할 수 있다는 장점이 있으니 어떤 게임을 회기에 포함시킬지를 신중하게 결정하자.

액션−이 유형의 게임은 보통은 일정 시간 내에 눈과 손의 협응 및 빠른 반응 속도를 주된 특징으로 하여 캐릭터가 일사불란하게 신체를 움직이는 빠른 속도 경험을 중점으로 하는 이야기를 포함한다. 여러 액션 게임은 메인 게임에 더해 퍼즐, 경쟁, 도전과제를 포함한다.

*모험−모험 게임은 줄거리가 중요한 핵심이기 때문에 디지털 놀이치료에 매우 적합하다. 플레이어는 장애물을 넘고 퀘스트를 완료하기 위해 아

이템을 모으고 수집하며 이 모든 것이 모험의 완성을 향하는 이야기로 이어진다. 플레이는 순차적이며 줄거리 중심이다. 특히 닌텐도 스위치의 콘솔을 각각의 플레이어가 들고 캐릭터의 움직임과 진행을 위해 조정하기 위한 대화를 해야 할 경우 놀이치료에 적절하다.

*액션-모험-액션-모험 게임도 디지털 놀이치료에서 액션을 좀 더 원하면서도 완전한 액션 게임의 강도보다는 낮은 수준을 원하는 내담자에게 매우 적합하다. 이는 액션 게임과 모험 게임의 요소들이 결합된 것이다. 어떤 사람들은 모험 게임의 속도나 빠른 움직임이 부족한 것에 지루함을 느낄 수 있어서 액션을 다소 첨가한다. 여기에는 영웅, 적, 영웅이 구해야 하는 누군가나 무언가를 포함한 줄거리가 있고 보통 영웅은 게임을 플레이 하는 사람이다. 도전에는 머리를 써야 하는 문제와 목표를 향해 나아가는 것이 포함된다.

아케이드-고전 아케이드 게임에 그 뿌리를 두고 있다. 일반적으로 그래픽은 단순하고 목표는 높은 점수를 획득하는 것이다.

*예술-디지털 놀이치료에 적절한 장르인 예술 게임은 다양한 매체를 활용하여 창조적 표현을 하거나 작품을 창작하는 것에 초점을 둔다. 보통 작품을 저장하고 또 다른 때에 작업을 지속하거나 출력, 그리고/또는 내담자의 파일에 보관할 수 있다.

벽돌 깨기-일반적으로 벽돌을 깨기 위해 전략적으로 움직이는 라켓이나 공을 활용하여 점수를 획득한다.

*보드게임-디지털 놀이치료에 유용한 이 게임들은 테이블 위에서 하는 고전적인 보드게임이 기원이다. 특히 놀이치료에서 지속적으로 활용하기에 좋은데 많은 게임들이 태블릿처럼 하나의 기기에 저장되어 있기도 하고 보드게임의 부품 하나라도 사라지지 않기 때문이다.

싸움꾼-전투를 중심으로 하며 손이나 무기를 활용한다.

*육성-동물과 다른 생물을 돌보고 키우며 성장시키는 것에 초점을 둔다. 이런 유형의 게임은 누군가의 욕구를 확인하고 충족시킨다는 점에서 매

우 유용하다.

*카드 게임 – 보드 게임 장르와 유사하며 이 게임은 테이블 위에서 하는 고전적인 카드 게임에 뿌리를 두고 있고 카드를 잃어버릴 염려가 없다.

*건설 & 관리 시뮬레이션 – 건축자나 설계자 혹은 관련 기술을 연습하고자 하는 사람에게 좋다. 자원 관리와 여러 가지 업무를 하는 것이 주된 초점이다.

범죄 – 범죄를 저지르는 것이 초점이다. 연구에서는 폭력과 게임과의 연관성을 지지하지 않음에도 둘 간의 관련성에 대한 비난을 받았다. 어떤 종류의 폭력을 행사하는 사람은 비슷한 게임을 할 가능성이 더 높다(플레이어가 어떤 성향, 기존의 정신건강 문제 등이 있는 경우).

*사이버펑크 – 게임의 주제와 줄거리가 미래와 관련되며 컴퓨터 중심의 공상과학 기반 인간 – 기술 상호작용을 활용한다. 그리고 공상과학 소설을 좋아하는 내담자의 관심을 사로잡을 수 있다.

*댄스 – 춤은 환상적이다 – 일어나서 움직인다! 이 게임들은 게임의 지시를 따라 동작을 흉내내는 것이든 자유롭게 추는 것이든 춤이 중점이다.

*다크 판타지 – 이야기를 중심으로 한 판타지 게임 세계에서는 무섭고, 어두우며 고딕풍의 주제와 요소를 포함한다. 나이대가 있는 내담자에게 더 적합하다.

*다큐멘터리 – 다큐멘터리 게임은 이야기를 전달하는 방식으로 역사적 또는 사실적인 관점을 취한다. 역사에 많은 관심이 있지만 신중하게 게임을 선택해야 하는 내담자에게 유용할 수 있다.

연극 – 이 시뮬레이션 게임은 젊은 성인을 대상으로 한 사회적 상호작용 연출에 초점을 두는 경향이 있다. 극적인 상황을 접하고 이에 대처하는 다양한 방법들이 있겠지만 이런 유형의 게임은 분명하게 논의를 위한 자료를 제시한다.

*운전/레이싱 – 컴퓨터나 사람과의 경쟁에서 이기는 것을 목표로 하여 결승선을 먼저 통과하기 위해 매우 숙달된 방식으로 차량을 운전하게 된

다. 이런 게임은 경쟁적이고 전략적이다. 그리고 독자적이거나 다른 게임의 일부로 흥미를 느끼게 할 수 있다.

교육-교육 자료의 소개, 연습 및 숙달에 집중한다.

운동-운동을 목표로 한다. 운동게임의 요소는 심신의 움직임과 연결을 위한 치료에서 유용할 수 있지만 신중하게 선별할 필요가 있다.

*동화-사전에 철저히 준비되어 이 게임들은 전통적인 민속 이야기와 관련 요소를 기반으로 한다. 보통 말하는 동물, 생명체, 요정, 마법을 포함한다. 디지털 놀이치료에 활용하기에 매우 좋다.

*판타지-마술, 마법, 용, 여러 신화 속 생명체를 포함한다. 다양한 판타지 세계의 하위 장르가 있다.

*전투-플레이어가 하나의 캐릭터 또는 팀을 조작하며 다른 캐릭터와의 전투에 참여한다. 캐릭터는 미적인 부분, 스타일, 스킬을 고려하여 선택한다. 전투가 모두의 취향은 아닐 수 있지만 캐릭터 선택이나 전략적 접근이 몇몇 치료적 상호작용에서 유용할 수 있다. 전투게임은 신중하게 선택하고 다른 것들과 함께 구성하여 개입해야 한다.

1인칭 슈터-1인칭 슈터는 게임 내에서 본인이 총을 쏘는 사람인 것처럼 동작하는 플레이어를 말한다. 플레이어의 시선에서 캐릭터의 움직임은 마치 자신의 몸, 팔, 다리 등을 보는 것 같다.

*비행 시뮬레이션-이 게임들 중 일부는 더 현실감이 있고 어떤 것은 좀 더 액션 위주의 것이고 어느 쪽이든 비행을 시뮬레이션 하는 것이다. 노출치료를 위한 가상 현실에서 특히 유용하다.

*전통-전통적인 문화 이야기, 전설, 그리고 특정 지역의 이야기에 바탕을 두고 있으며 디지털 치료에서 매우 좋다.

*퀴즈쇼-TV에서 방영한 퀴즈쇼를 모델로 만들어져 매우 재미있을 것이다!

도박-전통적인 도박 게임에 기반을 두고 있다.

*신 게임-플레이어는 전능한 존재로 세계와 상호작용하게 된다. 신중하

게 선택한다면 이런 게임 유형은 권한을 부여하여 타인을 위해 통제, 조
직, 멀티태스킹할 수 있도록 한다.

핵앤슬래시 – 고대 로마인과 한번에 많은 적에 대항하는 한 사람의 전투를
떠올려보라. 이런 유형의 게임은 여러 레벨의 빠른 전투를 중심으로
한다.

*하이 판타지 – 선과 악 사이의 투쟁이 중심이며 판타지 세계를 기반으로
한다. 덕망 높은 영웅이 악에게 복수하기 위해 떠난다. 연령에 적합한
내용이라면 이런 장르가 디지털 놀이에 유용할 수 있다.

역사 – 게임 플레이의 이야기가 과거에 일어나는 내용이다.

공포 – 공포 영화처럼, 이런 종류의 게임은 겁을 주려고 하며 초자연적인
물질을 활용하는 이야기를 포함한다.

상호작용 영화 – 플레이어가 내리는 결정에 따라 영화의 내용이 바뀐다. 디
지털 놀이치료를 위해 만든 특별한 자료가 있다면 추후 훌륭한 장르가
될 가능성이 있다.

*일본 롤플레잉 – 보통은 일본에서 계획한 게임으로 로맨스와 극적인 개인
이야기에 초점을 둔다. 주로 시각적 표현에 중점을 둔 애니메이션 스타
일로 묘사되며 애니메이션에 관심이 있으면서 나이대가 있는 내담자에
게 유용할 수 있다.

라이트 건 슈터 – 물체나 적을 쏘기 위한 외부의 총이 있다(플레이어가 총
을 들고 있지 않음).

로우 판타지 – 이 판타지 세계는 마법적 요소는 거의 없고 다른 판타지 요
소도 최소한에 그친다.

마스코트 전투 – 유명 캐릭터들이 난투극의 형태로 전투에 참여한다.

대규모 멀티플레이어 1인칭 슈터 – 1인칭 시점으로 수많은 플레이어들과 온
라인상에서 동시에 슈팅 게임을 하는 것이다.

*대규모 멀티플레이어 온라인 롤플레잉 게임 – 전 세계의 많은 사람들이 함께
온라인 게임에 참여하는 것을 포함한다. 캐릭터의 선택과 성장 그리고

팀플레이에도 관련이 있다. 캐릭터, 전략, 사회적 상호작용에 대해 회기 내에서 논의하기에 적합하며 게임 플레이를 짧게 시연하는 것도 유용하기는 하지만 온라인 게임 플레이나 팀플레이가 있어서 직접적으로 활용하는 것은 적합하지 않다.

*미로－미로를 완성하고 탐험하는 것 또는 미로에 초점이 있다. 이런 유형의 게임은 문제 해결 기술에 유용할 수도 있다.

밀리터리－무장 세력이 무력 충돌에 가담한다.

밀리터리 SF－공상 과학세계나 배경에서의 무력 충돌을 포함한다.

밀리터리 시뮬레이션－전략적인 군대 게임으로 현실성 있는 사건을 시뮬레이션 한다.

*멀티플레이어 온라인 전투 경기장－3인칭 시점으로 온라인 플레이어가 목표에 도달하거나 지배를 위해 서로 경쟁하는 두 개 이상의 팀 캐릭터를 컨트롤한다. 게임 플레이에 대해 논의할 가치가 많기는 하지만 회기 내에서 적합하게 사용하기 어렵다.

음악－음악, 박자와 리듬이 플레이 경험에서의 핵심 요소이다.

*미스터리－단서를 찾고 탐색, 조사하며 플레이어가 미스터리 또는 퍼즐을 풀 수 있도록 한다. 게임 내용에 따라 디지털 놀이치료에서 유용할 수 있다.

*파티－미니 게임 모음들로 소규모 모임에서 활용하는 용도이다. 내용에 따라 집단 혹은 가족치료에서 좋은 활동이 될 수 있다.

핀볼－옛날 핀볼 기계를 직접 시뮬레이션 하는 게임이다.

*플랫폼－플랫폼 게임 플레이어들은 한 플랫폼에서 다른 플랫폼으로 이동하면서 장애물을 탐색한다. 손과 눈의 협응을 연습하고 발달시키는 데 매우 유용하다.

프로그래밍 게임－컴퓨터 코드 프로그래밍을 주된 플레이 내용이자 다양한 목표를 달성하는 방법으로 활용한다.

피즐　퍼즐 조각을 정리하고 퍼즐을 푸는 데 초점을 둔다. 이런 종류의 게임은 전략, 조직, 부분과 전체의 개념화, 전체와 부분 그리고 작업 기억 능력에 집중했을 때 도움을 받을 수 있는 내담자에게 유용하다. x개의 조각을 포함하는 말 그대로 퍼즐게임이거나 조작과 재구성을 통해 풀어가야 하는 미스터리와 같은 유형도 있다.

레일 슈터－레일은 정해진 코스를 말한다. 플레이어는 다양한 임무에 참여한 다음에 정해진 코스를 따라 나아가게 된다.

실시간 전략게임－차례를 지키는 순서로 진행되지 않는다. 플레이어는 다른 플레이어가 무언가(움직임 등)를 하는 것을 기다리지 않고 실시간으로 목표를 위한 전략을 세운다.

*리듬－플레이어가 리듬에 맞추어 동작을 수행한다. 자신의 신체 혹은 다른 사람의 리듬에 맞추거나 협응 작업을 해야 하는 경우에 유용할 수 있다.

*롤플레잉 게임－롤플레잉 게임은 매우 인기가 있고 테이블 위 롤플레잉 게임과 관련이 있으며 게임 세계를 탐험하는 동안 캐릭터가 레벨을 높이는 것에 초점을 둔다. 디지털 놀이치료 치료사가 캐릭터의 성장에 대한 논의에서 얻을 수 있는 정보는 경이롭다. 롤플레잉 게임은 이런 유형의 정보를 이끌어내는 데 완벽하다.

*로그라이크－무작위로 생성된 장소에서 플레이어가 아이템과 보물을 찾도록 한다. 회기 내에서 논의하기에 유용하기도 하지만 너무 많을 수도 있다.

*로맨스－친밀한 관계, 데이트, 그리고 다른 관련 상호작용에 중점을 둔다. 내용과 내담자의 요구에 따라, 나이가 있는 내담자에게도(나이에 적절하다면) 좋을 수 있다.

*샌드박스/오픈월드－여기서의 샌드박스는 모래상자와 혼동해서는 안 된다! 이 게임 플레이에서 플레이어들은 오픈월드를 탐색하고, 창조하며 자유롭게 행동하도록 한다. 내용에 따라 디지털 놀이치료에서 매우 가치 있을 수 있다.

SF-과학, 첨단 기술, 우주여행, 외계인, 그리고 미래형 장치들의 세상에서 일어난다.

슈터-플레이어는 목표물과 물체를 향해 총을 쏘면서 게임을 진행한다.

*시뮬레이션-실제 또는 허구의 현실을 행동이나 상황으로 시뮬레이션 한다. 내용에 따라 디지털 놀이치료에서 가치 있을 수 있다.

*소셜 시뮬레이션-사회생활, 상호작용, 그리고 상황을 그려낸다. 내용에 따라 이런 유형의 게임 플레이는 투사적 그림 기법이 유용한 것과 유사하게 내담자의 가족 및 사회적 역동에 대해 알려줄 수 있다.

스포츠-스포츠 게임을 그려낸다.

*은폐-은폐게임은 임무를 수행하면서 발견되지 않는 것이 중요하다. 이런 유형의 게임은 내용에 따라 디지털 놀이치료에서 유용할 수 있지만 놀이치료의 특정 상황 전개에서도 도움을 받을 수 있는 장르이기도 하다.

스팀펑크-빅토리아 시대와 에드워드 시대의 공학적 개념과 미학이 이 장르의 게임 플레이에서 활용된다.

*전략-전략적 결정과 개입이 목표 달성을 위해 사용된다. 전략은 디지털 놀이치료에서 배우고 연습하기 위해 중요한 기술이며 이후 실생활에서도 적용할 수 있다.

*생존(서바이벌)-제한된 자원과 어려운 상황이 생존게임에서의 주요한 특징이다. 조직, 관리, 전략 등과 같은 수많은 기술들을 연령에 적합한 내용으로 배우고 연습할 수 있다.

전술 슈터-전술 슈터는 전술적 또는 군사적 환경을 시뮬레이션 하는 슈팅게임이다.

전술-소규모의 충돌은 플레이어가 목표를 달성하는 데 초점을 두고 자산을 배치하고 관리하도록 한다.

*시간 여행-시간 여행 혹은 조작이 이야기의 주요 줄거리이며 다수의 시간대를 포함한다. 이런 유형의 탐험 게임은 내용에 따라 디지털 놀이치료에서 매우 유용할 수 있다.

*타워 디펜스-타워와 같은 장소를 공격으로부터 방어하는 데 초점을 둔다. 연령에 적합하다면 이런 유형의 게임은 디지털 놀이치료에서 매우 유용할 수 있다. 스스로를 보호하기 위해 기술을 익히고 늘리며 사용한다는 개념이 매우 유익하다.

*고전-고전 게임은 현실에 존재하면서 디지털의 형식으로 만들어진 것이다.

잡다한 상식퀴즈(트리비아)-잡다한 상식퀴즈 게임은 모호한 질문에 대답하는 것을 기본으로 한다.

*턴방식 전략게임-플레이어/캐릭터가 차례가 없는 실시간 방식 대신에 차례로 당면한 과제를 수행하도록 한다. 이는 차례로 하는 것, 순서를 기다리고, 인내심을 가지는 것 등이 어려운 내담자에게 유용할 수 있다.

전투차량-차량 간의 전투에 초점을 둔다.

*가상세계-아바타의 생성을 통해 플레이어는 시뮬레이션으로 삶을 통제해본다. 보통 서로 상호작용하는 많은 아바타들이 있는 온라인 게임 플레이다. 특히 아바타 생성과 온라인에서 상호작용하는 방식에 대해 논의할 수 있는 중요한 소재이긴 하지만 내담자의 개인 정보를 보호하기 위한 적절한 예방적 조치가 없다면 온라인 사용을 고려했을 때 회기 내에서의 사용으로는 유용하지 않다.

서부시대-서부시대 비디오 게임에서는 카우보이, 말, 그리고 법과 함께 남북 전쟁 이후 시대의 서부시대 지역에 초점을 맞춘다.

*서부시대 롤플레잉 게임-캐릭터의 성장과 커스터마이징에 초점을 둔다. 사실적인 시각 스타일과 오픈월드가 창조성과 탐구를 허용한다. 내담자의 연령과 게임의 내용에 따라 디지털 투사 과정으로서 완벽한 것일 수 있다.

　　　여기에서 별표(*)는 디지털 놀이치료에서 유용함을 나타낸다.

롤플레잉 게임

롤플레잉 게임은 저자가 치료적 가치를 가장 많이 발견하는 유형의 비디오 게임이다. 이 유형은 테이블 위 게임에서의 풍부한 역사도 있다. 테이블 위에서 비디오 게임으로의 변화는 모든 유형의 플레이어들을 위한 놀랄만한 캐릭터, 게임 플레이, 줄거리라는 결과로 이어졌다. RPG는 사람들이 서로 대결하기보다는 하나의 팀으로 함께 일하는 게임을 하고 싶은 바람으로 발전할 수 있었다. 이는 '논제로섬' 게임 또는 '단일한 최적의 전략이 없으며 예측 가능한 결과가 없는' 게임이라고도 한다(Stanfordedu, n.d., para. 1).

사라 린 바우만(Sarah Lynne Bowman, 2010)은 일반적인 롤플레잉의 기본적인 세 가지 기능을 정의했다.

롤플레잉은 "의례적인 틀 안에서 이야기를 재연하는 방식으로 집단의 공동체적 응집력을 강화"시킨다.

(p. 1)

롤플레잉은 "복잡한 문제의 해결을 촉진하고 참여자에게 시나리오의 재연을 통해 광범위한 기술을 배울 수 있는 기회를 제공"한다.

(p. 1)

롤플레잉은 "참여자에게 정체성 변화라는 방식으로 페르소나가 번갈아 나오는 안전한 영역을 제공"한다.

(p. 1)

사람들이 구체적으로 표현할 수 있도록 사회와 문화가 제공하는 역할은 다소 제한적일 수 있다. 판타지에 몰입하면 이러한 제약이 일정 시간 동안 사라지게 된다. 그 시간 동안 인간은 이러한 탈출 메커니즘을 예술, 춤, 음악, 글짓기, 영화, 텔레비전, 취미, 일 등 여러 유형을 통해 추구해 왔다. 지난 40년 동안 롤플레잉 게임은 엄청난 인기를 끌었다. 이러한 종류의 게임들은 사람들이 자신의 다른 정체성을 표현하는 것에 적극적으로 참여하고 잠재적이거나 억압된 자신의 일부를 탐색하고 일상생활에서의 여러 기대로부터 벗어날 수 있게 한다. 롤플레잉은 여러 유형의 게임의 일부가 될 수 있다: 테이블 위 게임, 가상현실, 라이브. 보통 게이머들은 LARP나 라이브를 떠올린다: 캐릭터로 분장하고 시나리오나 사건에 참여하는 것, 그러나 놀이치료사로서 우리는 사무실에서 일어나는 다양한 형태의 라이브 액션 롤플레잉 게임에 대해 생각할 수 있다(Bowman, 2010). 우리는 LARP 마스터다!

롤플레잉은 정체성 변화로 부르는 과정을 통해 본래의 신분 외에 누군가나 무언가가 머릿속을 차지하도록 한다. 롤플레잉에 참여하는 것은 큰 위험을 수반하지 않으면서 다양한 인지적, 개인적, 대인관계, 직업적 기술을 연습할 수 있도록 한다. 플레이어는 그들의 일상생활로 일반화될 수 있는 기술을 탐색, 학습, 숙달할 수 있다. 롤플레잉, 즉 RPG는 탐색, 발달, 기술 형성, 창의성, 자기 표현, 책임감, 집단에서의 소통의 건강한 표현수단을 제공하는 중요한 기능을 한다(Bowman, 2010).

롤플레잉 활동 자격이 생기면 플레이어는 본래의 자기를 변화시키고 "공동으로 창작한 이야기 공간"에서 활용하기 위한 대체 자기를 만들어 역할을 맡아야 할 것이다(Bowman, 2010, p. 12). 공동으로 창작한 이야기는 한 참여자가 만들었을 수는 있지만 "참여자들의 상호작용과 창의성이 개입된 끊임없는 과정을 통해 발전된다. 따라서 롤플레잉 게임에서의 '시청자'는 이야기를 구상하고 경험"(p. 13)한다. 역사적으로 우리는 동화, 민화, 전설, 신화를 인간 경험의 표현이라고 보았다. 이 이야기들은 세대를 거쳐 전해 내려왔고 계속해서 의미를 지니고 있다. 그것들은 일반적으로 반복되는 원형, 메시지, 의식, 구조를 포함한다.

원형과 상징은 개념, 생각, 이야기, 정서, 경험 등의 많은 것들을 나타내기 위해 사용된다. 모래치료 작업을 하는 경우에는 이런 개념이 매우 익숙하다. RPG와 다른 비디오 게임 유형은 원형과 상징의 활용에 크게 의존한다. 몇몇은 게임에 특화되어 있지만 많은 것들은 수세기 동안 살아남은 것들이다. 그것들은 경험의 의미와 목적, 정체성 변경의 실현 가능성, 플레이의 몰입 수준에 기여한다. 일상생활에 대한 생각을 멈추고 제시된 이야기를 온전히 표현할 수 있을 때 몰입할 수 있다. 롤플레잉은 플레이어의 인생 개념화, 자기 이미지, 관계, 소망, 경험, 신념을 들여다보는 창을 제공할 수 있다.

바우만(2012)은 토너(Torner)와 화이트(White)의 책, **몰입형 게임플레이**(*Immersive Gameplay*)에서 롤플레잉 게임과 융의 이론을 매우 철저히 살펴본다. 융의 이론을 공부할 때처럼 핵심을 몇 가지로 간추리기에는 그것들이 깊이 있고, 연결되며 복잡하다. 하지만 이 장에서는 몰입의 중요성, 그리고 몰입의 과정이 "롤플레잉이 개별적이기보다는 집단적인 세팅에서 이루어진다는 사실에서 구분될 뿐, 융의 적극적 상상이라는 개념과 거의 동일하다"는 점에 대해 논의한다(Bowman, 2012, p. 35). 융 분석가, 대릴 샤프(Daryl Sharp, 2019)에 따르면 적극적 상상은 "어떤 형태의 자기표현을 통해 무의식적인 내용(꿈, 환상 등)을 동화시키는 방법"(2019)이며, 이 과정은 개인의 자아 정체성을 해체하는 것이다(Bowman, 2012). 원형은 자아 정체성이 자리를 떠나 있을 때 개인적 무의식을 통해 접근하게 되는 집단적 무의식에 존재한다. 롤플레잉은 자아 정체성과 개인적 무의식을 제쳐두고 '타인'의 체현을 통해 안전한 공간에서 집단적 무의식에 도달하는 방법이다. 이런 체현으로부터 생겨나는 것들을 통해 새로운 내적 균형을 달성할 수 있다(Bowman, 2012).

나에게 있어 우리가 스스로 심리적인 상처를 치유하고 새로운 삶의 방식을 취하며 더 완전하고 온전한 사람이 되는 능력으로 '다른' 무언가를 자유롭고 안전하게 탐구 및 체현한다는 점에서 중요한 개념화이다. 이것이 내가 정신건강 세팅에서 롤플레잉 게임에 매우 유용하다고 여기는 근본적인 이유다. 치료사로서 우리가 할 일은 내담자가 이러한 과정에 접근할 수 있도록 돕고 안내하며 필요한 영역에 도움을 주고 새로운 존재, 인식, 상호작용 방식으로서의 삶으로 그들을 되돌려 보내는 것이다. 만약 롤플레잉 비디오 게임이 내담자의 어느 영역에서라도 위의 과정이 일어나도록 한다면 나는 게임을 활용할 것이다. 특정한 게임 장르가 다수 인간의 기본적인 욕구와 경험을 반영한다는 사실은 게임의 임상적 활용에서 목격한 힘이 오래된 개념에 기반하고 있다는 것을 말해준다. 디지털 도구는 놀이 장면에서는 상대적으로 새로운 것일 수 있지만 인간의 경험은 이용 가능한 프로그램에서의 많은 것들과 뒤섞여있다.

롤플레잉 게임은 여러 다양한 욕구를 충족시킬 수 있는 가능성을 지니고 있다. 어떤 사람들은 캐릭터의 성장과 이야기 때문에 RPG 게임을 즐긴다. 또 어떤 사람들은 성취감과 숙달감까지도 느낄 수 있는 문제 해결, 기술 습득, 전략 세우기를 즐긴다. 일부는 자기반성과 분석을 위해 게임의 구성요소, 특히 정체성 변화를 활용한다. 그러나 다른 이들은 주로 팀원들과 함께 플레이 도중(그리고 밖에서)에 대화를 나누며 동지애와 타인과의 연결감을 즐긴다. 여러 다양한 욕구들은 RGP 게임을 하며 충족할 수 있다. 롤플레잉 게임은 재미있고 즐거우며, 연결되고 흥미를 이끌면서 '타인'의 체현이 가능하다. 놀이치료 회기에서 직접적으로 활용하고 게임 플레이에 대해 내담자와 대화하며 치료적 가치에 대해 지속적으로 알아간다면 놀이치료사에게 큰 도움이 될 것이다.

결론

비디오 게임이 가볍든(오락 목적으로 판매) 진지하든(교육 또는 치료 목적으로 판매) 게임의 장르, 치료적 요소, 치료적 환경에서의 목적은 가장 중요한 요소이다. 이러한 게임이 내담자의 관점과 욕구를 분명하게 보여주면서 다면적이고 복잡하다는 것을 인지하고 있는 임상가는 게임 플레이와 게임 플레이 상호작용을 매우 유용하게 활용할 수 있을 것이다. 게임을 연구하고 플레이하는 것으로 임상가는 치료적 요소를 확인하고 그 안에서의 변화를 위한 핵심 기제를 인식할 수 있을 것이다. 디지털 놀이치료의 구성요소 표(제9장에서 설명함)를 만들어두면 다양한 디지털 도구를 의도적이고 치료적으로 활용할 수 있을 것이다.

참고문헌

Apperley, T. (2006). Genre and game studies: Toward a critical approach to video game genres. *Simulation and Gaming*, 6–23.

Bean, A. M. (2018). *Working with video gamers and games in therapy: A clinician's guide*. Routledge.

Bean, A. M. (2019). I am my avatar and my avatar is me: Utilizing video games as therapeutic tools. In J. Stone (Ed.), *Integrating technology into modern therapies* (pp. 94–106). Routledge.

Bowman, S. L. (2010). *The functions of role playing games*. McFarland & Co.

Bowman, S. L. (2012). Jungian theory and immersion in role-playing games. In E. Torner & W. J. White (Eds.), *Immersive gameplay* (pp. 31–51). McFarland & Co.

Grace, L. (2005). *Game type and game genre*. http://aii.lgracegames.com/documents/ Game_types_and_genres.pdf

Ha Lee, J. (2015a). *Video game metadata schema: Controlled vocabulary for gameplay genre, v. 1.1*. https://gamer.ischool.uw.edu/wp-content/uploads/2018/04/VGMS_CV_ Genre_v.1.1_20150622.pdf

Ha Lee, J. (2015b). *Video game metadata schema: Controlled vocabulary for narrative genre, v. 1.2*. https://gamer.ischool.uw.edu/wp-content/uploads/2018/04/VGMS_ CV_NarrativeGenre_v.1.2_20150622.pdf

Ha Lee, J., Karlova, N., Clarke, R. I., Thornton, K., & Perti, A. (2014). Facet analysis of video game genres. *Ideals*. www.ideals.illinois.edu/bitstream/handle/ 2142/47323/057_ready.pdf

Jackson, L. A., & Games, A. I. (2015). Video games and creativity. In G. P. Green & J. C. Kaufman (Eds.), *Video games and creativity*. Academic Press.

Lexico. (2021). *Role-playing game*. www.lexico.com/en/definition/role-playing_game

Merriam-Webster. (2019). *Video game*. www.merriam-webster.com/dictionary/ video%20game

Sharp, D. (2019). *What is active imagination?* www.carl-jung.net/active_imagination. html

Stanford.edu. (n.d.). *Non-zero-sum games*. https://cs.stanford.edu/people/eroberts/ courses/soco/projects/1998-99/game-theory/nonzero.html

Stone, J. (2016). Board games in play therapy. In K. J. O'Connor, C. E. Schaefer, & L. D. Braverman's (Eds.), *Handbook of play therapy* (pp. 309–323). Wiley.

Stonc, J. (2019). Digital games. In J. Stone & C. E. Schaefer (Eds.), *Game play* (3rd ed., pp. 99–118). Wiley.

Wikipedia. (2019, December 18). *Gameplay*. https://en.wikipedia.org/wiki/Gameplay

12

디지털 시민성과
공동 놀이의 중요성

놀이치료사는 회기 안팎으로 정한 치료 목표를 향해 내담자를 안내한다. 내담자와 가족은 종종 디지털 생활의 요소를 정하고 균형을 맞추고 싶을 때 지침을 찾는다. 디지털 시민성을 이해하면 내담자, 가족, 치료사가 내담자와 가족의 요구를 디지털 세상에서 경험한 것과 예상하는 것에 맞추어 조정할 수 있게 된다. 책의 앞부분에서 언급한 것처럼 가족이 갈등을 경험하며 힘겹게 나아갈 때 되도록이면 편파적이지 않은 정보를 제공하면서 가족의 가치 체계를 존중하는 것이 중요하다. 놀이치료사가 만나는 모든 내담자들의 전반적인 발달이 매우 중요하고 그 안에 디지털 시민성이라는 새로운 세계, 디지털 생활의 가능한 영향력, 회기 안팎에서의 부모와 세대 간 관여의 중요성이 담겨있다.

디지털 시민성

디지털 시민성은 다양하게 정의 내릴 수 있다. 그러나 일반적으로는 디지털 생활에서의 접근법과 행동방식에서의 중요한 점을 다룬다. 디지털 시민성의 원리를 취하는 사람은 자신의 디지털 세상에서 믿을 만하고 도덕적이며 책임감 있는 존재가 되고자 한다. 디지털 시민성은 이용자의 안전을 위해 중요한 것들을 물론 포함하지만 온라인에서 배려심 있고 깨어있는 존재로 있는 것에 좀 더 초점을 두고 있다. 어떤 사람은 '디지털' 요소가 불필요하며 다음 내용은 시민성의 원리라고 보기도 하지만 디지털 시민성 연구소는 디지털 생활이 특수 상황이 발생하는 일상생활과는 상당히 다르다고 주장했다(Curran et al., n.d.). 디지털 영역에서는 사람들이 본인, 상호작용, 존재의 다른 측면들을 탐색할 수 있기 때문에 상황이 각기 다른 행동 체계의 이유가 된다.

커랜 등은 세 가지의 핵심 주제와 9개의 디지털 시민성 요소를 확인했다. 세 가지의 핵심 주제는 존중, 훈련, 보호이며 주제마다 아홉 가지 요소가 있다.

1) 존중

   a) 에티켓

      ⅰ) 디지털 세상 이전의 상호작용에 대한 사회적 규범과 기대를 포함

      ⅱ) 디지털 세상 이후의 상호작용에 대한 사회적 규범과 기대를 포함

   b) 접근

      ⅰ) 자원과 정보에 접근함

      ⅱ) 하드웨어, 소프트웨어, 대역폭

   c) 법

      ⅰ) 개인 정보 수집 및 공유

      ⅱ) 저작권 및 기타 보안 자료

      ⅲ) 사기, 해킹, 온라인 신원 도용

      ⅳ) 섹스팅, 사이버 폭력 등

      ⅴ) 주법 및 연방법

2) 교육

   a) 디지털 활용능력

      ⅰ) 정보를 다양한 방식으로 평가하고 통합

      ⅱ) 디지털 도구를 평가하고, 다루고, 활용하기

      iii) 온라인 자원을 평가하고, 다루고, 활용하기

      iv) 미디어 및 시각 자료 판단 능력

   b) 의사소통

      ⅰ) 정보를 명확히 하고, 공유하며, 처리하는 효과적이고 적절한 방법

      ii) 가능한 창의적이고, 명확하고, 폭넓게 소통하는 것

      iii) 평가할 수 있는 대부분의 정보인 메시지가 온라인 활동의 핵심이다.

   c) 온라인 상거래

      ⅰ) 개인정보 사용

      ii) 디지털 발자국

      iii) 온라인 금융 수단에 대한 위험성을 이해하기

      iv) 개인 정보를 보호하는 방법을 이해하기

 3) 보안

   a) 디지털 권리와 책임

      ⅰ) 온라인상의 문제를 인식하고 유의하기

      ii) 디지털 활용능력의 원리에서 발생하는 문제 해결하기

   b) 디지털 보안

      ⅰ) 방화벽과 바이러스 방지

      ii) 온라인상에서의 개인 정보 공개 수준

   c) 디지털 건강과 건강관리

      ⅰ) 균형의 중요성

      ii) 신체 건강을 추적 관찰하고 개선하기

      iii) 정신건강을 추적 관찰하고 개선하기

      iv) 신체적, 사회적, 대인관계에서의 잠재적 불균형 이해하기

커먼 센스 미디어는 2009년에 어린이를 위한 미개척지 백서를 발행했다. 저자들은 우리의 삶과 아이들의 미래에 디지털 도구를 통합하는 것이 중요하

다고 보았고 기존의 읽기, 쓰기, 수학, 과학과 더불어 혁신, 의사소통, 창의성, 시민 참여, 비판적 사고를 21세기의 중요한 도구로 포함했다. 또한 아이들이 미래를 대비하기 위해 관련 영역의 기술과 교육이 필요할 것이라 예측했다. 제시한 계획으로는 1) 디지털 시민성과 디지털 활용능력을 도입하도록 모든 미국 학교의 교육과정 개편, 2) 디지털 시민성, 활용능력, 윤리에 대한 정보를 학생, 교사, 부모에게 보급하기가 있다.

> 디지털 미디어의 교육적 및 창의적인 힘을 가장 잘 이용하는 아이들이 있다면 그 나라는 21세기의 경제 및 교육의 성공 이야기를 쓸 것이다. 디지털 미디어는 아이들의 삶과 배움의 방식에 중대한 변화를 가져오고 있다. 그리고 그러한 변화는 기회를 창출하거나 잠재적인 위험도 내포한다. 앞으로 교사, 교육과정, 아이들이 본인의 삶에 미치는 미디어의 역할을 이해하고 관리하는 능력을 가르치는 양육 도구에 자금을 마련해 줄 필요가 있다. 디지털 활용능력과 시민성이라는 새로운 분야가 준비의 핵심이다.
>
> (Common Sense Media, 2009, p. 12)

위의 자료는 이 책의 2판 발행으로부터 12년 전에 발행되었음에도 그 의견은 계속 유효하다. 아이들의 삶은 디지털 도구의 활용과 통합되어야 할 것이다. 디지털 시민성을 고수하며 지속적으로 교육하며 기대하는 것은 아이들의 긍정적인 경험을 늘리고 모두를 위한 환경을 조성하는 데 도움을 줄 것이다.

디지털 발자국

대다수의 사람은 온라인에 무언가를 게시하면 평생 남을 거라는 식의 경고를 듣는다. 이것은 누군가의 디지털 발자국이다(Impero, n.d.). 일반적으로 누군가가 충분히 열심히 찾아본 경우라면 온라인에 발자국이 남지만, 그 사람이 누구인지는 완벽하게 예측할 수 없다. 발자국에는 보통 개인은 공유하지 않는 것, 오히려 그들의 가족, 친구, 적 혹은 낯선 사람이 공유하는 것이 포함된다. 타인은 당사자에 대해 알지 못하면서 그 사람을 사칭하거나 스크린샷을 찍고 사진이나 영상을 촬영하며 정보를 공유할 수 있다. 디지털 발자국은 디지털이건 아니건 시민성의 필요성과 중요성을 강조한다. 개인이 행동하는 방식, 말하고 행한 것들은 원했든 원치 않았든지 간에 몇 초 만에 온라인 자료가 될 수 있다. 지금은 그 어느 때보다도 너 빠르게 정보가 공유되는 시대이다. 대학, 스포츠팀, 직장, 인맥 등에서 원하는 위치는 온라인상의 모습으로 인해 크게 영향 받을 수 있다.

온라인 프로필

디지털 발자국은 원격정신건강의료에서의 또 다른 중요성을 지닌다. 온라인 게임을 할 때 인터넷을 기반으로 하든, 애플리케이션(앱), 혹은 여러 형태의 온라인 또는 MMO(멀티플레이어 온라인 접속)이든 계정을 만들어 전용 서버(공간) 등에서 만나게 되면, 디지털 발자국을 신중하게 고려해야 한다. 보통 계정에는 어느 정도의 개인 정보가 필요하다. 어떤 계정은 이메일 주소, 사용자명, 비밀번호처럼 무해한 것들을 포함하지만 생년월일, 이름, 비밀번호 힌트, 주소나 전화번호와 같은 정보를 포함하는 계정도 있다. 저자는 치료사와 내담자가 둘 다 자리에 앉아 계정 생성에 필요한 온라인 프로필을 만들기를 권고하며 표 12.1을 참조하길 바란다. 이는 내담자와 양육자가 함께할 수 있는 훌륭한 활동이다. 디지털 시민성에 대한 논의를 진행하면서 프로필을 생성하며 의견을 같이할 수 있다. 프로필을 생성한 경우, 일관적인 온라인 계정으로 사용할 수 있기 때문에 정보를 쉽게 기억할 수 있다. 또한 하나의 세트이기 때문에 떠올리기도 수월하다.

간혹 내담자가 기존 계정을 사용하고 싶어 할 수 있다. 아예 새로운 계정을 만들지 않고 기존의 게임 세계, 캐릭터, 업적 등을 보여주고 싶을 수 있기에 일리가 있다. 이것으로 내담자 및 양육자와의 중요한 대화를 이끌 수 있

표 12.1 디지털 놀이치료에서 비식별(신원을 확인할 수 없는) 온라인 프로필 생성하기

자주 묻는 정보	비식별 정보를 기입하는 것이 핵심이다.
이메일	비식별 야후나 지메일 계정 만들기(즉, 실제 이름 사용하지 않기)
이름	재미있는 비식별 이름은 무엇일까?
사용자명	이미 등록된 사용자명인 경우를 대비해 조금씩 다른 비식별 사용자명을 3~5개 정하기
비밀번호	계속 사용할 만한 것
비밀번호 힌트	다른 중요 자료에서 사용되지 않는 내용
온라인 생일	실제 생일이 아닐 것
프로필 사진	바꿀 수 있지만 고민하고 논의하는 것이 중요하다.
드물게 묻는 정보, 그럼에도 아래의 정보를 제공하지 않는 것에 관한 대화를 시작하기에 유용하다	디지털 시민성에 관한 대화와 분석을 이끄는 어떤 것이든 중요하다!
주소	실제 주소가 아닐 것
전화번호	실제 전화번호가 아닐 것

다. 가능한 경우에 기존 계정 정보 중 일부를 내담자나 양육자가 작성한 비식별 온라인 프로필과 동일하게 변경할 수 있다. 일반적으로 이메일, 비밀번호, 프로필 사진과 같은 내용은 쉽게 변경할 수 있다. 하지만 생일은 보통 이용약관의 내용에 기반하여 이용자의 연령을 확인하는 데 사용되므로 특정 연령 미만의 경우 프로그램을 이용할 수 없고 생일을 변경할 수 있다면 약관 위반이다. 연령을 제한하는 회사는 평판과 법적 책임을 이유로 경계선을 유지하려 한다. 사용자명 변경은 부과 비용이 있거나(게임화폐 또는 실제 화폐) 변경 횟수 제한이 있다. 온라인 프로필을 만들고 나서 기존의 프로필을 계속 유지하기로 결정했다면 양육자는 해당 프로필을 사용한다는 사전 동의서를 제출하도록 한다. 임상가는 사전 동의서의 원칙(장점, 단점, 비밀보장, 위반 시 처리방안 등)을 마련해야 하고 양육자는 아이에 관한 정보를 검토해야 한다. 그리고 사전 동의서를 공식적으로 기록해두는 것이 중요하다.

임상가로서 고정 프로필은 개인 정보 보호에 유용하고 내담자가 임상가의 다른 모습을 알아볼 수 있도록 한다. 나의 온라인 프로필에는 사무실에 익숙한 사람만이 알 수 있는 연결고리가 있다. 이름은 사무실의 고양이와 관련된 것으로 대부분의 내담자가 잘 알고 있다. 원격정신건강의료만 받는 일부 내담자들은 사무실 공간을 실제로 방문하지는 않았지만 원격 플랫폼을 통해 고양이를 본 적이 있다. 그리고 이미 등록되었을 경우를 대비해 고양이 이름을 조금씩 다르게 변형하여 사용자명을 만들었다. 이메일은 디지털 놀이치료에서만 활용할 지메일을 만들었다. 온라인 생일의 경우 정부나 다른 공공문서를 제외한 모든 곳에서 쓰고 있던 날짜다. 오랫동안 사용한 생일이라(페이스북, 인스타그램, 마트의 포인트 카드 등) 가족과 친구들 중 많은 이들이 그 날짜를 나의 진짜 생일로 알고 있다. 인생의 현시점에서 그것을 사실로 알고 있는 것이 내 의도였기 때문에 괜찮다.

내 프로필은 고양이 사진이다. 개인 공간을 만들 때는 내 사무실이 있는 거리의 이름을 사용하고 고양이와 관련된 비밀번호를 사용한다. 프로필을 일관적으로 만들기에 온라인 페르소나조차도 일관되며, 안정적이고 예측할 수 있다. 이를 사전에 공식화해두면 괜한 추측이나 걱정을 덜 수 있다.

온라인 프로필을 양육자(특히 어린 내담자)와 함께 만드는 과정은 양육자와 내담자에게 어느 정도 잠재적으로 새로운 관점을 제시한다. 양육자는 아이의 온라인 세상과 다른 모습을 처음으로(보통의 경우) 언뜻 보게 된다. 또한 플레이하는 게임을 소개하고 논의할 수 있게 된다. 어떤 부모들은 이미 알고 있고 아이와 공동 놀이를 하는 경우도 있기는 하지만 그렇지 않은 경우도 많다. 게다가 이 장에서 논의한 디지털 시민성의 개념을 소개하고 지속적으로 논의할 수 있다. 온라인 공공장소에서 사람들은 놀이터에서처럼 다른 플레이어와의 긍정적 및 부정적 경험을 하게 된다. 그러나 온라인상에서는 익명성 수준이라는 새로운 요소가 있다. 사람들은 '불쾌한 모자'를 써보는 경우가 있는데, 이는 자신의 분노나 다른 정서를 온라인에서의 상호작용으로 흘려보내고 그날 마주치는 사람들에게 못되게 굴기로 결심하여 그들을 함부로 대하거나 자신의 감정을 표출하는 것을 의미한다. 가능하면 우리의 내담자가 그런 것들을 치료사나 부모와 함께 다룰 수 있는 자리를 갖도록 하는 것이 중요하다. 이러한 대화를 나누게 되면 상호작용을 위한 공간과 용어를 마련하게 된다.

SAFE 체계

SAFE 체계는 청소년을 대상으로 개발된 디지털 시민성 척도이다. 연구자들은 '청소년의 정서적 측면'에 초점을 두고 이전에 확인한 구성요소와 결합하고, 청소년의 특징과 결합하여 이 체계를 개발했다. SAFE는 S-자아정체성(self-identity), A-온라인 활동(activity online), F-디지털 환경에서의 능숙도(fluency), E-디지털 환경에 대한 윤리(ethics)를 의미한다(Kim & Choi, 2018, p. 162). 해당 연구와 조직화가 한국에서 이루어졌기에 일부 표현, 단어 선택, 개념이 한국어와 한국 문화에 특화되었을 수 있다. 저자는 읽기 쉽도록 문법을 다소 변경했지만 내용은 건드리지 않았다. 청소년의 디지털 시민성 척도 개발 및 교육 환경을 위한 함의 논문이 완벽하다고는 볼 수 없지만 이 논문에서 확인된 구성요소를 보면 우리의 목적에 유용할 수 있다. SAFE 체계 각 사분면의 항목을 나열한 것을 보면 독자는 1) 연구의 변수가 무엇인지 이해하고, 2) 내담자(및 우리 모두)에게 영향을 미치는 디지털 세상 및 온라인 생활의 다양한 측면을 인식할 수 있다. 다음은 김과 최(2018, p. 162)의 논문을 재구성한 것이다.

1) 자아정체성-디지털 평판과 정체성을 쌓고 관리하는 것
   a) 기본 및 동등한 디지털 권리를 유지
   b) 디지털 보안 획득
   c) 개인 정보 보호
   d) 디지털 소유권 추구
   e) 개인 관리 수행

  f) 신체적 및 심리적 건강 위협의 제한

 2) 온라인 활동 – 긍정적 및 안전한 행동

  a) 디지털 의사소통

  b) 온라인 상거래

  c) 적절한 의사결정

  d) 정치적, 경제적, 문화적 참여

  e) 균형 있는 디지털 활용

  f) 건강하고 안전한 관계

 3) 디지털 환경에서의 능숙도 – 디지털 활용능력에 관한 지식

  a) 디지털 건강과 건강관리

  b) 디지털 이용

  c) 디지털 활용능력

  d) 전문적인 기술

  e) 기술을 사용한 학습

  f) 기술을 사용한 최신 정보 유지

 4) 디지털 환경에 대한 윤리 – 권리와 의무를 이해하고 존중하기

  a) 디지털 법률 책임

  b) 디지털 인식

  c) 디지털 에티켓

  d) 타인을 존중하기

  e) 사이버 폭력 금지

  f) 도용 금지

  g) 피해 입히지 않기

  h) 윤리적인 디지털 사용

디지털 시민성에 대한 열망은 놀이치료사에게 회기 내에서 디지털 도구를 활용하는 지침을 제공하며 내담자가 디지털 도구를 자신의 개인적 삶에서

사용하도록 하고 부모는 적절하다고 생각되는 때 디지털 도구를 가족의 가치를 충족시킬 수 있도록 활용한다. 이것이 많은 이들을 위한 초점임을 이해하고 온라인에서의 상호작용이 상대적으로 익명임에도 여전히 중요하다는 것을 이해하는 것은 도움이 될 수 있다. 이용자/참여자가 온라인에서 다른 이들을 대하는 방식과 타인이 그들을 대하는 방식은 타인의 건강관리 및 자신의 건강관리에도 기여한다.

정체성

디지털 시민성 대화에서의 흥미로운 부가적 내용은 정체성의 개념에 관한 것이다. 정체성을 보호하는 것이 중요한 요소이기는 하지만 여기에서는 자아정체성의 개념 중 탐색 영역에 관해 보도록 하겠다. 자아정체성은 무엇이며 그 의미는 무엇인가? 그 구성요소는 얼마나 유동적이고 어떻게 묘사되며 받아들여지고 형성되는가? 우리는 분명 여기에서 모든 질문에 대한 답을 내리지는 않겠지만 지금의 전문적 시기에서 흥미로운 논의다. 온라인 생활에서 사람들이 공유하고 찾고 탐색하고 배우고 실험하고 경험하는 접근방식은 발달과정을 분명 변화시켰다. 10~20년을 되돌아보고 그 여정을 보여주는 것도 매우 흥미로울 것이다.

청소년의 발달과 관련하여 에릭 에릭슨의 발달 단계를 살펴볼 수 있다. 대학원 시절의 기억을 더듬어보면, 12~18/19세의 이 단계를 에릭슨이 정체성 대 혼란 단계로 나누었음을 떠올릴 수 있다(Cherry, 2019). 이 단계에서 가장 중요한 것은 자아정체성이다. "청소년들은 자기감을 확립하려고 하며, 이때 십 대들은 다양한 역할, 활동, 행동을 경험할 수 있다. 에릭슨에 따르면 이러한 경험은 확고한 정체성을 형성하고 삶의 방향 감각을 발전시키는 과정에서 매우 중요하다"(para. 5).

초기 청소년(11~14세)은 가족과 가족 내에서 자신의 역할을 별도로 정의하고 싶어 하며 또래집단에서의 중요한 일부가 되고 싶어 한다. 그들은 자기와 새롭게 형성되는 자신의 가치관을 주장하고 싶어 한다. 14~18세에는 각자가 다른 역할을 맡고 어떤 측면이 보다 일치하는지 선택하는 여정을 시작한다. 그들은 중요한 문제에 대한 입장을 표명할 수 있고 각기의 다양한 환경에서도 일관된 정체성을 드러낸다. 18~24세 청소년은 에릭슨의 정체성 대 혼란 단계에서 친밀감 대 고립 단계로 이동한다. 정체성과 관련하여 이 단계에서는 성인 역할, 경력, 친밀한 관계, 미래의 모습이라는 맥락에서 신념 체계를 보다 현실적으로 형성한다. 이 시기의 청소년들은 종종 특정 문화 및 하위문화 집단에 헌신한다(Williams, 2018).

> 보통 젊은이들은 정체성에 대해서는 많은 생각을 하지 않고 있다가 여러 정체성을 탐색하는 과정에 적극적으로 참여하게 된다. 이러한 변화는 세상에서 자신의 위치를 생각하게 만드는 충분한 갈등을 유발하는 때론 긍정적이고 때론 부정적인 경험에서 촉발될 수 있다.
>
> (para. 6)

온라인 세상은 오늘날 청소년들에게 사치 그리고 다른 방식으로의 존재(being)를 탐색하는 자유라는 잠재적 유혹을 제공한다. 디지털 시대에 자아정체성을 확인하는 과정은 게임, 캐릭터 표현, 소셜 미디어, 다른 경험과 상관없이 좀 더 경험적인 탐색 과정이라는 점에서 엄청나다. 또한 이 과정은 정체성이 취약하고 아직 형성되지 않았을 뿐더러 지원 없이는 탐구하기가 어려울 수 있기 때문에 잠재적인 유혹이다. 이는 치료사가 큰 도움을 줄 수 있는 또 다른 영역이다. 여러 디지털 환경에서의 자아정체성 형성 과정을 어떻게 겪는지에 대한 내담자와의 논의 그리고 직접 경험하는 것을 통해 치료사는 경험을 처리하고, 안내를 제공하고 (본인과 타인을 위한) 디지털 시민성의 요소를 강조할 수 있다.

공동 놀이의 중요성

공동 놀이(co-play)는 동시에 게임을 함께 하는 것 또는 같은 게임을 차례로 하는 것을 가리킨다(Wang et al., 2018; Chambers, 2012). 접두사인 'co'는 함께, 혹은 공동의 의미를 가리킨다(Merriam-Webster, 2020). 또 다른 용어로는 'JME(joint media engagement, 공동의 미디어 참여)'가 있다(Ewin et al., 2020). 어린이와 놀이하는 것의 장점은 놀이치료사가 잘 알고 있고 놀이의 치료적 힘이 나타나는 것이다. 놀이치료 작업은 공동 놀이에 초점을 맞춘다. 우리는 프로 가족 게임 나이트 북에서 한 '페이지'를 빌려 가족 공동 놀이 장점의 혜택을 얻고 놀이치료 과정에 적용할 수 있다. 가족 공동 놀이에서 장점으로 내세우는 것들 중 몇 가지는 다음과 같다. 1) 품위 있게 이기고 지는 법을 배워 줏대 있는 성향을 발달시키기, 2) 전략을 세우고 비판적 사고를 통해 문제해결 능력을 증진시키기, 3) 함께 즐겁게 웃음으로써 스트레스 감소시키기, 4) 공동의 목표를 위해 작업하며 긍정적인 방향에 에너지를 집중시키기, 5) 공동의 목표를 함께 향해 가면서 차례로 긍정적인 사회적 기술을 촉진하고 모방하기, 6) 목표에 도달하고 전략을 논의하는 등의 협상 단계를 통해 상호작용 기술을 강화시키기, 7) 지속적으로 놀이를 반복하며 가족의 유대, 단란함, 가족의 전통을 촉진시키기(Atkins, 2017). 이를 디지털 놀이치료에 적용하고 가족에게 공동 놀이를 권고하는 것은 매우 영향력 있는 개입이다.

왕 등(2018)은 가족 구성원 간의 비디오 게임 공동 놀이에 대한 효과를 살펴보고자 했다. 그 이전의 대부분 연구에서는 폭력적인 내용(p. 4075)과 같이 '전통적인 미디어의 영향력 이슈'에 초점을 둔다. 테크노패닉 장에서 논의한 바와 같이 그러한 미디어의 영향력 이슈에 주된 초점을 두는 것은 다른 가능한 요인을 탐색할 공간을 그다지 없게 한다. 가족과 세대 간의 공동 놀이는 함께 작업하는 가족을 보조하고 치료사–내담자 공동 놀이의 효과를 강조한다는 점에서 놀이치료에서 중요한 초점이다.

왕 등(2018)은 가족 친밀감(응집력)과 가족 만족도를 연구를 위한 목적으로 구분지어 정의했다. 이런 유형의 정의는 그들이 제시하는 연구를 이해함에 있어 중요하다. 연구자들은 가족의 친밀감은 "자녀가 느끼는 부모의 따스

함과 개입, 그리고 부모와 자녀 간의 관계"라고 정의했다(Wang et al., 2018, p. 4078; Strage, 1998). 가족 만족도는 "가족 구성원이 행복감을 느끼는 수준과 가족 간의 결속력, 유연함 및 의사소통이 충만한 정도를 의미한다"(Wang et al., 2018, p. 4078; Olson, 2004; Carver & Jones, 1991). 이 연구는 비디오 게임 공동 놀이가 가족 간의 친밀감과 결속력을 촉진하는지의 여부에 초점이 있다.

결과적으로 왕 등(2018, p. 4086)은 "비디오 게임은 가족 친밀감과 가족 만족도 측면에서 가족 관계를 개선시키는 데 유용하다고 밝혔다"(2018, p. 4086). 비디오 게임은 "가족에게 중요한 선택권을 제공함으로써 다른 재미있는 활동을 하는 것" 그리고 "비디오 게임을 함께 하는 것이 가족 구성원들을 서로 연결시키고 생각과 감정을 공유할 수 있게 해주는 중요한 자원이 될 수 있다"는 것만큼이나 비디오 게임은 가족 구성원 간의 긍정적으로 연결감에 기여하는 것으로 보인다(p. 4087). 연구의 참여자들은 비디오 게임 공동 놀이가 재미있고 협동적이며 서로 대화할 수 있는 방식이라는 것을 알게 되었다. 한 부모는 다음과 같이 얘기했다, "아이들과 함께 대화할 수 있는 기회입니다"(p. 4087).

2015년에 제인 맥고니걸(Jane McGonigal)은 슈퍼베터 : 게임처럼 살아가는 것의 힘(*Superbetter : The Power of Living Gamefully*)이라는 책을 발행했다. 이 귀한 책은 나에게 흘러 들어왔다. 이 책은 컨퍼런스에서 알았다. 테크노패닉과 공포에 대한 발표에 참석했고 어떤 중요 화제가 있을지 듣고 싶었다. 내 옆자리에 있는 남성분이 몇 가지 중요한 내용을 주장하며 이 책을 언급했고 쉬는 시간에 나가셨다. 그 분을 찾아 친해지고 대화를 할 수 있으면 싶었지만 찾을 수 없었다. 나는 바로 이 책을 주문했고 책이 도착했을 때 펼쳐보기까지는 긴 시간이 걸렸다. 책 표지, 색이나 텍스트의 분량 등 모든 것이 마음에 끌리지 않았다. 말 그대로 표지로 그 책을 판단했다. 어느 날 내 아이들 그리고 친구들과 함께 아이스 스케이트를 타러 가며 그 책을 챙겨갔다. 그날 스케이트를 타지 않을 것이었고 무언가 할 것이 필요했기 때문에 그 책을 펼

처보게 되리란 건 알고 있었다. 나는 책에 사로잡혔다. 강조 표시를 멈출 수 없었고 심지어 테리 코트만 박사에게 연락해 이렇게 말했다. "이 책은 꼭 읽으셔야 해요! 근데 표지는 보시지 말고요."

이 책을 강력 추천한다. 2015년 이후에 책 표지는 바뀌었지만 내가 보기엔 큰 개선까지는 아니었다. 그림에 대해 어떻게 생각하는지 모르겠지만 수많은 보물 같은 내용과 생각할 거리로 가득하다. 맥고니걸의 TED 강연, 저작물 등이 있지만 이 책에서의 내용이 나를 활기차게 만든다. 이 재미난 책에 오래된 교과서의 표지라도 씌워서 다 읽어버리자. 보물로 가득한 내용 중 일부는 다른 사람과 비디오 게임을 하는 것이 미러링과 정서 및 생리적 연결을 촉진한다는 연구 결과를 포함한다. 사람들이 같은 공간에서 게임을 한다면 호흡과 심장 박동 속도가 맞춰지고 표정과 몸짓이 서로를 비춰줄 것이다 (McGonigal, 2015). 여러분을 위해 내용을 더 밝히지는 않겠다. 찾아서 잘 읽어보길 바란다.

COVID-19 사태 동안 사람들이 집에서의 제한적인 시간을 더 보내거나 바깥 활동을 줄이면서 예상치 못하게 공동 놀이가 증가했다. 영국의 리처드 젠킨스(2020)가 작성한 글은 부모가 아이들과 비디오 게임을 하며 보낸 시간에 관한 연구를 인용했다. 아쉽게도 해당 연구가 캐드버리 히어로즈라는 기업에서 의뢰한 연구로 보이는데 원문을 발견하지는 못했다. 비학술적인 자체 여론조사라 원문을 찾기 어려운 것으로 보인다. 그래서 연구 방법이나 다른 부분에 대한 비평은 어려워서 이 점을 '감안하고' 결과를 이해해야 한다. 그럼에도 머지않아 다양한 곳에서의 여러 학술 정보를 이용할 수 있을 것임은 분명하다. 원문을 발견하기 전까지는 이 여론조사에서 2,000명의 부모들이 이 조사에 응했다고 말하겠다. 60퍼센트는 아이들과 비디오 게임을 함께했고 좀 더 가까워진 느낌을 받았다고 보고했다. 일부는 2020~2021 COVID 시기 이전에 아이들과 비디오 게임을 한 적이 없었다고 답변했다. 57퍼센트는 아이들이 부모와 함께 디지털 게임을 할 때 더 재밌어 하는 것 같다고 보고한 반면 30퍼센트는 COVID 이전에는 아이들이 좋아하는 것을 할 충분한 시간이 없었다고 언급했다. 연구자들은 비디오 게임 공동 놀이가 아이들로 하여금 그들의 흥미가 가치 있다는 것을 보여주는 방식임을 보여주었다. 다섯 가족 중 한 가족은 공동 놀이에 조부모와 함께하는 세대 간 요소도 포함했다(Jenkins, 2020). 아이들의 세계로 들어가 함께한 부모들은 이런 활동으로 인한 즐거움과 연결감이라는 성과가 있었다.

세대 간 단절?

세대 간의 게임 플레이는 연구자들이 흥미를 보이는 영역이었고 젊은 사람(디지털 원주민)과 디지털 이민자 간의 분리의 원천이 게임 플레이에 대한 두 집단의 지식, 경험, 익숙함의 차이라고 보았다. 이는 몇몇 놀이치료사와 내담자 사이에도 동일하게 말할 수 있는 부분이다. 따라서 이 부분을 좀 더 탐색하고자 한다. 보통 내담자는 디지털 원주민이고 치료사는 디지털 이민자이거나 신기술 반대자(luddite, 현대 기술을 거부하는 경우), 신기술 회의론자(technoskeptic, 현대 기술에 회의적인 경우), 신기술 혐오자(technophobe, 현대 기술을 두려워하는 경우)일 수 있다. 그들을 부정적으로 구분하려는 목적이 아닌 명확성을 위해 위의 용어를 제시한다.

비오다와 그린버그(Vioda & Greenberg, 2012), 아샌드(Aarsand, 2007), 코스타와 벨로조(Costa & Velso, 2016)는 세대 간 비디오 게임 공동 놀이의 중요한 가치를 발견했다. 나이 든 사람과 젊은 사람처럼 다른 세대가 공동 놀이를 할 때 불안 감소, 다른 집단에 대한 관심 증가, 긍정적인 태도 변화라는 결과가 있었다(Chua et al., 2013). 즉 세대 간 공동 놀이에서 각각의 참여자들은 배울 점이 많았다.

해당 시점에서 세대 간 상호작용의 감소와 관련하여 비오다와 그린버그(2012, pp. 1-2)는 발달적 관점과 그 중요성을 제시했다. 또한 "다른 세대에 속하는 개인들의 상호작용은 인간의 건강관리에 매우 중요하고" "나이 든 사람과의 상호작용은 젊은 사람들이 만나는 사람에 대한 다양성을 확장시키는 중요한 기회를 제공한다"고 하였다. 이 연구는 많은 세대 간 연구가 장거리 상호작용(예로 화상 채팅 등)에 초점을 둔 반면, 같은 공간에서의 세대 간 상호작용에 초점을 두었다는 점에서 주목할 만하다. 그리고 다른 연구에서는 두 세대 차이(조부모-손주)에 초점을 두었다면 한 세대 떨어진(부모-자녀) 사람들에 초점을 두었다.

비오다와 그린버그(2012)는 세대 간 참여자의 역할을 나누어 1) 결정자/협상가, 2) 설정자/방관자, 3) 교육자/학습자, 4) 실망한 게이머/격려자, 5) 행위자/시청자의 다섯 가지 역할로 구분했다. 이는 특히 디지털 놀이치료사에게 흥미로울 수 있는데 이는 우리가 치료적 상호작용에서의 치료사의 역할, 내담자의 역할, 회기 밖에서 내담자, 부모, 또는 타인이 게임할 때 맡을 역할에 대해 협의하기 때문이다. 여러분이 표 12.2의 역할 설명을 읽을 때 어떤 역할이 디지털 놀이치료의 역동에서 가장 적합할 것 같은지 탐색해보자. 개인적으로는 놀이치료사와 내담자가 디지털 놀이치료에서 유동적으로 상호작용하며 여러 역할을 맡기를 희망한다.

비오다와 그린버그의 연구결과는 세대 간의 게임이 "개인의 건강관리에

표 12.2 게임 플레이 역할 관계

결정자/협상가	이 역할에서의 결정에는 1) 게임의 시작과 종료 시점, 2) 게임할 차례, 3) 플레이할 게임, 4) 캐릭터나 역할을 맡을 사람, 5) 게임에서 할 구체적인 행동이 포함된다. 협상가는 결정자의 선택을 수락 혹은 거절한다. 성인/성숙한 어른이 게임의 시작과 종료 지점을 결정하고 대부분의 다른 결정은 어린 플레이어에게 맡기도록 한다.
교육자/학습자	교육자는 가르치고, 학습자는 가르침을 배우고자 한다.
행위자/시청자	행위자는 기념 행사에서 신나게 춤추는 것 등의 게임 플레이에서의 일부를 극적으로 연출한다. 시청자는 그 행위를 관찰한다.
설정자/방관자	설정자는 게임 환경을 세팅한다. 그리고 게임 콘솔 교체, 캐릭터 프로필 선택 등을 맡고 다른 게이머는 방관자로서 곁을 지키며 기다린다.
실망한 게이머/격려자	실망한 게이머는 게임 플레이에서 낙담하는 역할이며 일반적으로는 성인이나 성숙한 어른이 격려자나 전략가의 역할을 맡는다.

출처 : Vioda, A., & Greenberg, S. (2012). Console gaming across generations: Exploring intergenerational interactions in collocated console gaming. *Universal Access in the Information Society, 11*(1), 45-56. 논문에서 번안함.

중요한 발달적 이익"(Vioda & Greenberg, 2012, pp. 24-25)을 제공할 수 있음을 시사한다, 예를 들자면 다음과 같다.

> 젊은 세대의 게이머는 더 나이 든 세대의 게이머에게서 이러한 특징을 볼 수 있다.
>> 친사회적 행동 모델
>> 지식 공유
>> 경험 공유
> 나이 든 세대의 게이머들은 이전의 전통적인 게임 세팅보다 더 유연하게 다른 역할을 맡게 된다.
>> 젊은 세대의 게이머가 좀 더 리더의 역할을 맡고 친절한 전문가, 인내심 있는 교사, 사려 깊은 호스트를 연습해 볼 기회를 갖는다.
>
> (2012, pp. 24-25)

디지털 격차와 사회적 공간

아샌드(2007)는 조부모와 손주처럼 다른 세대가 포함된 가족 구성원 간의 놀이가 '디지털 격차'를 감소시킨다고 보았다. 디지털 격차는 세대 간에 발견되는 디지털 정보와 경험에 대한 지식과 익숙함의 측면에서의 큰 차이를 말한다. 이는 IT(information technology) 세상에서의 '제4의 기술문화(Fourth Cultural Technique)'로 불린다(Scavenius, 1998; Aarsand, 2007). 제4의 기술문화에 대한 관심은 수학, 쓰기, 읽기에서의 차이가 수학, 쓰기 읽기의 차이와 관련이 있다는 염려에서 비롯되었다. 디지털 도구의 경험과 교육을 강조하면 학생과 전문가는 기회와 지식에 대한 보다 동등한 접근이 가능하다. 제4의 기술문화와 관련하여 저자는 "정보화 사회에서의 권력, 즉 정보와 지식이라는 가장 중요한 자원에 접근할 수 있게 되면, 양극화를 피할 수 있을 것"이라 제안한다(Scavenius, 1998, para. 5).

아샌드(2007)는 디지털 격차와 격차를 발생시키는 요소에 초점을 둔 연구를 수행했다. 일반적인 조부모, 부모, 아이 등과 같은 세대별 차이점으로는 충분하지 않았다. 그리고 어떤 요소가 디지털 격차를 만들고 기여했는지 밝히고자 했다. 연구에는 두 명의 자매와 어머니가 참여했다. 나이와 경험이 더 많은 언니는 '지식의 불균형을 이용'하여 교육자가 되었다(p. 243). 한 참가자가 맡은 과제에 대해 더 많이 알면, 지식의 불균형을 인식할 수 있다(Aarsand, 2007). 이런 불균형은 놀이에서 계급을 구분할 때 활용할 수 있다. 즉, 한 플레이어는 선생님 역할을 맡고, 다른 플레이어는 배우게 된다.

이 관계에서 어머니의 역할은 '알 수 없음'으로 분류되는데 큰딸이 컴퓨터 게임에 대한 가장 많은 지식을 보유하고 있기 때문이다. 보통 지식을 더 많이 보유하는 것은 성인이기 때문에 이러한 관계 변화는 여러 반응을 이끌어 낼 수 있다. 이는 어머니의 입장에서는 지식의 부족으로 인해 알 수 없는, 무언가 불편한 상황으로 바라보게 된다. 어머니는 이 실험에서 컴퓨터 앞에 앉아 있는 아이의 뒤에 서 있으면서 게임 플레이나 다양한 상호작용에는 직접적으로 참여하지 않는 방관자가 된다. 어머니는 상호작용에 추가적인 요소를 더하면서 참여를 시도할 수 있다. 즉, 게임에 대한 간단한 질문을 건네며 배고프지는 않은지 여러 번 묻는 방식 등이다. 여동생은 최소한으로만 대답하고 큰딸은 대답이 없다(Aarsand, 2007). 큰딸은 게임 플레이에 너무 몰입하여 어머니의 말을 듣거나 관심을 기울이지도 않지만 어머니가 음식에 대한 피드백을 요청하는 방식 또한 부적합할 수 있다는 해석을 쉽게 할 수 있다. 이야기를 살펴보면 어머니는 상황에서 본인이 배재된 불편함을 기반으로 요구했고, 아이들은 그 어떤 것보다도 부적합한 반응에 대한 더 많은 반응(무시하기)을 보일 수 있었다. 만약 아이들이 축구를 하며 운동장에 있는데 어떤 아이가 게임을 하러 와서는 공룡 애기를 하고 싶어 하면 아이들은 관심을 보이지 않거나 아주 최소한의 관심만을 보일 수 있다. 그 이유는 이미 공을 들이고 있는 과업에 대해서는 부적절한 내용이기 때문이다.

방관자로서 어머니는 두 아이 사이의 상호작용에는 직접 참여하지 않았지만 놀이에 들어간다면 이야기는 매우 달라질 수도 있다. 놀이에 참여하여 여동생과 함께 배우고 사회적 공간에 들어가고 딸들과 함께 들어가 볼 수도 있다[사회적 공간을 만드는 것은 유능한 참가자 역할을 하는 참가자들을 포함한다(Aarsand, 2007)]. 어머니의 역할로 간식 챙기기가 중요하다고 생각한다면 "게임하면서 간식 먹고 싶은 사람 있니?"라고 말하며 잠깐 끊는 방식을 썼을 때 기존과는 다르게 받아들여졌을 수도 있다. 그리고 같은 방식의 부적절함을 경험하지는 않았을 것이다. 즉, 게임 중단이 아니라 게임 진행 중에 요소가 추가된 것이다. 저자는 많은 놀이치료사들이 디지털 도구를 치료에 포함하면 어머니와 유사한 역할을 하게 될 것을 염려한다고 생각한다.

궁극적으로 아샌드는 다음과 같이 결론지었다.

> 아이들은 컴퓨터 게임을 할 때 부모가 보유하고 있지 않은 유능감을 드러내므로 부모와 아이 간의 전통적인 지식 불균형이 나타날 수 있다. 그러나 사실상 세대 차이가 존재하는 것은 아니다. 즉, 성인은 이 분야에서 지식이 부족한 반면 아이들은 최상의 지식을 보유하는 흑과 백의 상황은 아니라는 것이다. 오히려 디지털 격차는 아동과 성인의 만남에서 나타나는 공동 작업의 결과로 볼 수 있다. 말하자면 아이는 알고 있는 자, 성인은 지식이 덜한 사람의 위치인 것에 동의하는 것이다.
>
> (2007, p. 251)

아샌드는 디지털 격차가 서로 다른 세대가 함께 하지 못하는 방식으로 분열시킨다기보다는 오히려 격차로 인해 참여자의 역할을 정의하며 상호작용을 하는 데 유용하다는 것을 발견했다. 그리고 다음과 같이 주장했다.

> "실제로 디지털 격차는 아이들과 성인이 모두 활동에 지속적으로 참여하도록 하는 자원이 된다. 디지털 격차는 본질적인 차이라거나 세대 간의 변함없는 격차가 아니며 사회적 행동에서 불균형한 관계로 해석되는 것으로 보인다."
>
> (2007, p. 251)

우리는 DPT에서 치료사가 상호작용으로 발현되는 치료적 힘과 더불어 활용 가능한 하드웨어와 소프트웨어에 대해서도 가능한 잘 알고 있기를 바란다. 위의 연구에서 어머니의 역할을 맡지 않도록 할 것이다. 치료사에게 익숙하지 않은 상황에서 가장 좋은 계획은 아샌드가 제시한 바와 같이 디지털 격차가 자원이 되는 방식이다. 이와 더불어 우리는 치료사가 방관자이거나 "오늘 쉬는 시간엔 어땠어?" 등의 방식으로 말하면서 '보다 치료적인' 특성을 더하려다가 방해하는 사람이 되지 않기를 바란다. 놀이치료사는 상호작용과 게임 플레이에 온전한 참여자로서 공동으로 만든 사회적 공간에 참여해야 한다. 이 공간에서 내담자와 치료사는 놀이의 치료적 힘을 활성화시키고 경험할 수 있을 것이다. 보충적인 대화의 경우에도 게임 플레이와 일치하거나 일상의 경험과 유사한 것이어야 하고 게임의 흐름 및 역동과 불일치하지 않고 일치하는 것으로 경험해야 한다. 이는 '실제 작업(the real work)'의 개념과 유사한데, 즉 전형적인 예로 실제 작업으로 넘어가기 위한 노력으로 아이스 브레이킹 또는 라포 형성을 목적으로 보드게임을 하는 것을 들 수 있다. 해당 시나리오에서는 보드게임 놀이가 실제 작업이다. 게임 플레이에는 치료적 요소와 가치가 있으며[이 분야에 대한 보다 많은 활용법이 필요한 경우 도서 게임놀이와 아동심리치료(3판)을 참조하길 바란다)], 치료 목표를 향한 치료적 상호작용으로 활용할 수 있다.

디지털 원주민과 디지털 이민자

마크 프렌스키(2011)는 디지털 언어를 모국어로 하는 사람 또는 '디지털 원주민(digital natives)'이라는 용어에 대해 논의했다. 이와 대조적으로 '디지털 이민자(digital immigrants)'는 디지털 세상에서 태어나지 않았지만 디지털 세계의 측면에 관심을 가지고 그들의 삶에 통합하려는 자들에 해당한다(Prensky, 2011). 디지털 원주민과 디지털 이민자의 등장은 현재의 디지털 공동 놀이에 매우 중요하다. 어느 시점에는 디지털 공동 놀이에 관련된 모든 사람은 디지털 원주민이 되고 또 다르게 정의 내리는 구분이 생길 것이다.

현재 자격증을 취득하여 등록된 대다수의 놀이치료사는 디지털 이민자다. 우리는 디지털 세상에서 태어나지는 않았지만 치료 활동에 있어 여러 측면들을 적절하게 통합하며 적용하고자 노력하고 있다. 그럼에도 불구하고 다음 세대의 놀이치료사들은 대부분이 디지털 원주민일 것이며 앞서 언급한 바와 같이 디지털 도구가 놀이치료에 더 많이 활용되지 않는지에 대해 질문할 것이다. 이 책의 제1판에서 저자는 "흐름이 매우 확실하게 바뀔 것이다"라고 언급했다. 이번 제2판에서는 흐름이 바뀌고 있는 중이라고 쓸 수 있어 매우 기쁘다. COVID-19 사태의 긍정적인 부산물로 인해 치료 전반, 그리고 놀이치료에서의 디지털 도구의 인식, 채택 및 수용이 증가했다. 흥미진진한 시기다.

결론

비교적 새로운 디지털 세상을 탐색하는 것이 놀이치료사에게 중요하다. 디지털 놀이치료 상호작용에 있어 임상가의 치료적 기반에 있는 치료적 가치를 살펴보자. 연구를 살펴보면 우리는 공동 놀이 상호작용 그리고 윤리적 및 책임감 있는 온라인 행동의 중요성과 같은 놀이치료 영역 외에서의 기본적인 결과물들에 의존해야 했다. COVID-19 시기와 그 이후에 진행된 연구는 지속적으로 탐색을 통해 임상가와 내담자 개인의 경험과 더불어 디지털 도구를 정신건강 치료에 통합시키는 것에 대한 정보를 제공할 것이다. 개인적으로, 그리고 하나의 영역으로 이러한 개념을 지속적으로 탐색하는 것은 놀이치료사가 일치성, 능력, 역량을 추구하는 것에도 기여할 것이다.

참고문헌

Aarsand, P. A. (2007). Computer and video games in family life: The digital divide as a resource in intergenerational interactions. *Childhood: A Global Journal of Child Research, 14*(2), 235–256.

Atkins, M. (2017). *Benefits of family game night.* Mommy University. https://mommyuniversitynj.com/2017/02/01/benefits-of-family-game-night/

Carver, M. D., & Jones, W. H. (1991). The family satisfaction scale. *Social Behavior and Personality: An International Journal, 20*(2), 71–83.

Chambers, D. (2012). Wii play as a family: The rise in family-centred video gaming. *Leisure Studies, 31*(1), 69–82.

Cherry, K. (2019, December 7). Stage 5. *Very Well Mind.* www.verywellmind.com/identity-versus-confusion-2795735

Chua, P. H., Jung, Y., Lwin, M. O., & Theng, Y. L. (2013). Let's play together: Effects of video-game play on intergenerational perceptions among youth and elderly participants. *Computers in Human Behavior, 29*(6), 2303–2311.

Common Sense Media. (2009). *Digital literacy and citizenship in the 21st century.* www.katyisd.org/parents/Documents/Digital%20Library.pdf

Costa, L., & Veloso, A. (2016). Being (grand) players: Review of digital games and their potential to enhance intergenerational interactions. *Journal of Intergenerational Relationships, 14*(1), 43–59.

Curran, M., Ohler, J., & Ribble, M. (n.d.). White paper: Digital citizenship: A holistic primer. *Impero.* https://kc0eiuhlnmqwdxy1ylzte9ii-wpengine.netdna-ssl.com/us/wp-content/uploads/sites/16/2017/03/Digital-Citizenship-A-Holistic-Primer-v1.9.2.pdf

Ewin, C. A., Reupert, A. E., McLean, L. A., & Ewin, C. J. (2020). The impact of joint media engagement on parent-child interactions: A systematic review. *Human Behavior & Emerging Technology, 3*, 230–254.

Impero. (n.d.). *Being a good digital citizen and why students should care.* www.impero software.com/us/blog/being-a-good-digital-citizen-and-why-students-should-care/

Jenkins, R. (2020, October 30). *Parents spend extra five hours playing video games to connect with their children.* www.mirror.co.uk/news/uk-news/parents-spend-extra-five-hours-22933170

Kim, M., & Choi, D. (2018). Development of youth digital citizenship scale and implication for educational setting. *Educational Technology & Society, 21*(1), 155–171.

McGonigal, J. (2015). *Superbetter: The art of living gamefully.* Penguin.

Merriam-Webster. (2020). *Co.* www.merriam-webster.com/dictionary/co

Olson, W. H. (2004). *Family satisfaction scale (FSS).* Life Innovations.

Prensky, M. (2001). Digital natives digital immigrants. *On the Horizon (MCB University Press), 9*(5), 1 6. www.marcprensky.com/writing/Prensky%20-%20Digital%20Natives,%20Digital%20Immigrants%20-%20Part1.pdf

Scavenius, C. (1998). IT: The fourth cultural technique. *Educational Media International, 35*(4), 289–291.

Strage, A. A. (1998). Family context variables and the developments of self-regulation in college students. *Adolescence, 33*(129), 17–31.

Vioda, A., & Greenberg, S. (2012). Console gaming across generations: Exploring inter-generational interactions in collocated console gaming. *Universal Access in the Information Society*, *11*(1), 45–56. https://amy.voida.com/wp-content/uploads/2013/04/consoleGamingAcrossGenerations-uais.pdf

Wang, B., Taylor, L., & Sun, Q. (2018). Families that play together stay together: Investigating family bonding through video games. *New Media and Society*, *20*(1), 4074–4094.

Williams, J. L. (2018, September 4). Developing adolescent identity. *Center for Parent and Teen Communication*. https://parentandteen.com/developing-adolescent-identity/

Scavenius, C. (1998). IT: The fourth cultural technique. *Educational Media International*, *35*(4), 289–291.

Strage, A. A. (1998). Family context variables and the developments of self-regulation in college students. *Adolescence*, *33*(129), 17–31.

Vioda, A., & Greenberg, S. (2012). Console gaming across generations: Exploring inter-generational interactions in collocated console gaming. *Universal Access in the Information Society*, *11*(1), 45–56. https://amy.voida.com/wp-content/uploads/2013/04/consoleGamingAcrossGenerations-uais.pdf

Wang, B., Taylor, L., & Sun, Q. (2018). Families that play together stay together: Investigating family bonding through video games. *New Media and Society*, *20*(1), 4074–4094.

Williams, J. L. (2018, September 4). Developing adolescent identity. *Center for Parent and Teen Communication*. https://parentandteen.com/developing-adolescent-identity/

13

디지털 놀이치료의 개입 2

대부분의 놀이치료사들은 특정 개입에 대해 배우는 것을 좋아한다. 그러나 디지털 놀이치료(DPT)를 사용할 때 사용 가능한 하드웨어와 소프트웨어는 빠르게 발전할 수 있다. 몇 가지 매우 구체적인 개입을 제공하는 것은 시간이 지남에 따라 도움이 되지 않을 수 있다. **디지털 놀이치료**의 초판에서 업데이트된 이 장은 새로운 저자, 새로운 개입 및 일부 업데이트된 개입을 포함한다. 다음의 개입들이 어떤 면에서 구식이 되기까지는 그리 오래 걸리지 않을 것이다. 다양한 장르의 디지털 놀이를 사용하는 것에 대해 생각할 수 있는 방법을 제시하고, 임상가들이 더 자신 있게 현재의 선택지를 탐색할 수 있기를 바란다.

다양한 개입에 대해 배우는 것은 임상가가 내담자의 필요에 따라 맞춤으로 제공할 수 있도록 하는 데 정말 유용하다. 이러한 맞춤화는 치료사가 일련의 옵션을 제공한다는 점에서 보다 비지시적이거나, 한두 가지 옵션을 제공함으로써 보나 지시적일 수 있다. 치료사마다 다른 방식으로 개입할 것이며, 다른 사람들이 하고 있는 것을 읽어보는 것은 경이로운 일이 될 수 있다. 이러한 이유로 정신건강 회기에서 기술을 적극적으로 사용하는 사람들로부터 개입의 아이디어를 요청했다. 레이철 알트바터 레슬리 베이커 박사, 엘리 핀치, 테레사 프레이저, 패리스 굿이어-브라운, 피오나 힐, 케이트 존스, 하이디 카두슨 박사, 에이리얼 랜드럼 소니아 머레이, 레슬리 심슨-그레이, 로렌 스토클리, 제니퍼 테일러에게 특별한 감사를 전하며, 이 장에 기여한 린 루이스 원더스에게 감사드린다.

개인 정보와 윤리적 고려 사항

- 비밀보장은 가장 중요하며 디지털 놀이치료에도 동일한 규칙이 적용된다.
- 성실하고 내담자의 신원을 보호한다.
  - 여기에는 사용자 이름, 암호 및 등록 정보가 포함된다. 제12장에서 설명한 대로 온라인 프로필을 만든다.
- 라이선스 기관에서 정의한 HIPAA 규정 및 윤리 지침을 따른다.
- 치료사의 정보에 새 계정을 등록하거나 프로그램에 규정된 정신건강 관련 기밀 유지 기능이 없는 경우 익명으로 등록한다.
- 내담자 기록에 포함하기 위해 모든 창작물을 저장, 전송 또는 인쇄한다.
- 하드웨어의 카메라 롤에서 이미지를 삭제하고 저장, 전송 또는 인쇄한다. 대부분의 전자 건강 기록 시스템에서는 이러한 항목을 업로드할 수 있다.

개입

당신의 밈을 보여주세요

저자 : 레이첼 알트바터 심리학 박사, RPT-S

하드웨어 : 컴퓨터 또는 스마트 기기

소프트웨어 : 인터넷

사용 가능 연령 : 모든 연령대 가능

근거 : 밈은 메타포이고, 메타포는 놀이의 언어이다. 위키피디아에 따르면 :

> 인터넷 밈은 단순하게 밈이라는 말로 더 일반적으로 알려져 있으며, 이는 인터넷을 통해, 종종 소셜 미디어 플랫폼을 통해, 특히 유머러스한 목적으로 확산되는 아이디어, 행동 또는 스타일이다. 밈으로 간주되는 것은 인터넷의 여러 커뮤니티에 따라 다를 수 있으며 시간이 지남에 따라 변경될 수 있다. 전통적으로 밈은 이미지 매크로와 개념 또는 캐치프레이즈의 조합으로 구성되었지만, 그 이후 개념은 더 광범위하고 다면적으로 발전하여 챌린지, GIF 파일, 비디오 및 바이럴 센세이션과 같은 보다 정교한 구조를 포함하도록 진화했다. 인터넷 밈은 인터넷 문화의 일부로 간주된다.
>
> ("인터넷 밈", 2021, para. 1)

밈은 의사소통, 연결, 장난스러운 방식을 전달하거나 향상시키는 창의적이고 표현적인 방법을 제공한다. 밈은 치료 재료를 확장하는 디지털 도구로 사용될 수 있다.

다음의 각 밈은 대면 및 원격으로 정신건강을 위한 개입으로 사용할 수 있다. 대면인 상황에서 밈을 검색할 때 내담자가 자신의 기기(해당되는 경우)를 사용하도록 하거나, 회기 중에 내담자에게 컴퓨터 또는 스마트 기기를 제공할 수 있다. 원격으로 진행되는 상황에서 밈을 검색할 때 내담자는 검색을 하거나 화면을 공유할 수 있고, 원격 플랫폼의 보안 메시징 채팅에서 밈에 대한 URL 링크를 보내 접속할 수 있다.

매주 확인 : 각 회기를 시작할 때마다 내담자에게 이전 주의 중요한 일을 나타내거나 설명하는 밈을 선택하도록 한다. 그들은 자신의 선택에 대해 원하는 만큼 정보를 제공할 수 있다.

이점 : 이 개입은 각 회기가 시작될 때 업데이트를 제공하는 비언어적이며 재미있는 방법이다. 밈은 또한 회기에서 충분히 안전한 거리에서 생각, 감정

및 경험을 표현하고 처리할 수 있는 기회를 제공한다.

밈 게임 : 내담자에게 일련의 질문을 하면 밈으로 대답한다. 스스로 질문을 만들거나, 치료적 카드 게임[예 : 언게임(Ungame)]을 사용하거나, 검색 엔진 (예 : 구글)을 통해 목록을 찾거나, 특정 주제에 대한 질문 목록을 무작위로 추출하는 어플[예 : 파티 큐(Party Qs) 어플]을 활용할 수 있다. 질문은 각 내담자의 개별적인 요구와 치료 목표에 맞춰져야 한다.

이점 : 이 개입은 일반적인 질문과 대답, 의사소통 기반의 게임을 보강한다. 발달적인 면에서 아동은 정신 과정을 종합적으로 이해하고 표현하는 데 필요한 고급 인지 및 언어 능력이 미숙하다. 이미지와 은유는 아동들에게 충분히 표현할 단어가 없을 때 이를 전달할 수 있는 기회를 제공하게 된다.

밈 감정 차트 : 인간이 경험하는 일반적인 감정(예 : 화, 슬픔, 행복, 무서움)의 목록을 공동으로 작성한다. 내담자가 각 감정을 나타내는 밈을 찾도록 격려한다. 선택한 밈으로 감정 차트를 만든다. 일부는 다른 밈으로 차트의 여러 버전을 만들고 싶어할 수 있다.

이점 : 이 개입은 정서 지능과 감정 표현을 강화하는 데 도움이 된다.

플레이도우 터치 어플

저자 : 레슬리 베이커, MA, MFT, NCC, RPT-S

하드웨어 : 스마트폰 또는 태블릿, 흰색 표면, 라이프 스튜디오의 플레이도우 터치 모양(옵션)

소프트웨어 : 플레이도우 터치 어플

플랫폼 : 안드로이드, iOS(플레이도우 터치, 2016).

사용 연령 : 4세 이상

지침 : 사용할 휴대폰이나 태블릿에 어플을 다운로드 한다. 태블릿을 사용하면 보다 많은 움직임, 더 넓은 표면적과 더 나은 시야를 확보할 수 있다. 내담자의 소근육 운동 능력에 따라 휴대폰을 사용할 수도 있다.

플레이도우 터치 어플과 함께 사용할 수 있는 옵션 세트가 있다. 플레이도우 터치 라이프 스튜디오 박스 세트는 온라인에서 25~30달러에 구입할 수 있다. 이 세트는 모델링 컴파운드 캔 7개, 캐릭터 및 액션 스탬프 10개, 다양한 도구를 포함하여 시작하는 데 필요한 모든 것을 제공한다.

플레이도우 터치는 앱 스토어에서 앱을 다운로드한 다음, 놀이치료실에 이미 있는 플레이도우를 사용하여 자체적으로 시도할 수 있다. 조립식 스탬프를 사용하는 것이 창의성을 발휘하는 데 방해될 수 있는 경우에 도구 사용은 선택사항이다. 플레이도우로 만든 것은 정신(psyche)이 앞으로 나아가고자 하는 바와 아동이 표현하고자 하는 욕구를 탐색하고 나타낼 수 있는 기회가 된다.

단단한 표면을 사용하여 아동은 물리적으로 사용할 수 있는 플레이도우로 무언가를 만든다. 이것은 치료 목표에 따라 비지시적이거나 지시적일 수 있다.

예 : 배가 아픈 것에 대처하는 아동－놀이치료사는 아동에게 배가 아픈 것을 플레이도우 형태로 만들어보도록 요청할 수 있다. 이것은 '지시'가 될 것이다. 목표는 '배가 아픈 문제'를 외부화하고 이러한 '아동 외부의 배가 아픈 문제'를 다루는 것이다. 비지시적 접근에는 아동이 놀이방에 걸어 들어가는 것이 포함되며, 아동이 플레이도우를 선택하면 무엇이든 만들 수 있도록 허용한다.

아동의 작품이 완성되면 놀이치료사는 아동이 플레이도우 터치 어플에 참여하도록 하여 아동이 플레이도우로 만든 것이 어플 세상에서 살아 움직이는 것을 볼 수 있는 옵션을 소개할 수 있다. 플레이도우 작품을 흰 종이 위에 놓고 응용 프로그램(당신 기기의 카메라 렌즈)으로 작품을 스캔한다. 어플이 작품을 스캔하고, 몇 초 안에 작품은 살아나게 되며, 화면에 회색을 띤 흰색 세계가 나타난다. 아동은 플레이도우 세계 내에서 자신의 작품을 움직일 수 있다. 그들의 작품은 춤, 회전, 뜨기, 날기, 커지기(multiply)를 포함하여 다섯 가지 동작을 할 수 있다. 캐릭터를 움직여서 플레이도우 캔을 모을 수 있다. 색깔을 내뿜어서 색칠하기 책처럼 색칠할 수 있게 한다. 키트는 추가적인 세계와 액션 스탬프를 제공한다.

근거 : 플레이도우 터치는 어린 아동이 놀이치료에 참여할 수 있는 기회를 제공하며, 쉐퍼와 드류스(2014)의 놀이의 치료적 힘 : 20가지 변화의 핵심(*Therapeutic Powers of Play: 20 Core Agents of Changes*)을 염두에 두고 있다. 플레이도우 터치는 아동들의 자기표현과 무의식에 대한 접근을 허용하여 아동들의 의사소통을 용이하게 한다. 직접 및 간접 교육은 놀이치료사와 아동이 어플을 사용하고, 어플에서 자신의 세계를 색칠할 때 발생한다. 플레이도우 터치를 사용하는 두 번째 목표는 창의적인 문제 해결을 통해 개인의 강점을 높이는 것이다. 아동이 상상력이 자극되어 자신의 작품을 세계로 옮기는 동안 플레이도우 항아리는 세상에 더 많은 색깔을 발산한다. 내담자는 점프하거나 날아서 세계의 다른 지역으로 갈 수 있고, 길을 따라 다양한 플레이도우 캔을 잡을 수 있다. 이것은 아동이 게임 플레이를 계속 하기 위해 조절하고 과제를 성공적으로 완료함으로써 자기 조절이 구축되도록 한다. 그들은 성공할 때마다 그리고/또는 불행에서 회복할 때마다 자존감이 향상된다. 마지막으로, 플레이도우 터치는 아동과 치료사가 각각 어플에 작품을 넣어 놀이하거나 공동놀이에 참여할 때 사회적 관계를 향상시킨다. 놀이를 목격함으로써 아동의 과정을 확인하고 반영하는 것은 애착과 공감 기술을 구축하는 강력한 과정이다. 플레이도우 터치 라이프 스튜디오를 구입하든 단순히 어플을 다운로드하든 이 프로그램은 어린 아동들이 놀이를 통해 치료 목표를 달성할 수 있는 기회가 된다.

퀴버 마스크

저자 : 레슬리 베이커, MA, MFT, NCC, RPT-S

하드웨어 : 스마트폰 또는 태블릿

소프트웨어 : 퀴버 마스크 어플, 플랫폼, 안드로이드, iOS(Limeted, 2017).

사용 연령 : 4세 이상

지침 : www.quivervision.com/apps/masks/에서 무료 페이지를 다운로드하고

인쇄하여 마스크를 색칠하거나 퀴버 어플에서 무료로 이미 색칠된 마스크를
사용한다.

사용하려는 퀴버 마스크를 선택한다. 스마트폰/태블릿의 카메라를 통해 색
이 칠해진 퀴버 마스크를 살펴본다. 전체 페이지를 볼 수 있는지 확인하고,
어플이 페이지를 스캔한다. 스캔하는 동안 페이지가 카메라 보기에서 파란
색으로 바뀐다. 카메라 뷰는 색칠한 방식대로 (증강 현실 기술을 통해) 3D가
된다.

　내담자는 카메라를 당신에게 향하거나 셀카 모드에 놓고 그들의 얼굴이나
놀이치료사의 얼굴에 있는 마스크의 3D 이미지를 볼 수 있다. 내담자는 눈
과 입을 열고 닫고, 버튼을 눌러 다른 기능을 활성화할 수 있다.

　휴대폰과 태블릿으로 사진을 캡처하여 청소년들이 프레임별로 만들고자
하는 표정과 감정 표현과 어드벤처를 캡처한 다음 대부분의 iOS 휴대폰이나
태블릿에서 슬라이드 쇼로 만들 수 있다. 능숙한 사용자는 휴대폰 자체의 기
능을 사용하여 영상을 찍을 수도 있다.

　근거 : 퀴버 마스크는 증강현실(AR)을 활용하여 놀이치료에서 청소년과
함께 변장에 대해 탐색한다. 쉐퍼와 드류스(2014)의 놀이의 **치료적 힘** : 20가
지 변화의 핵심을 퀴버 마스크 어플의 사용에 적용하는 것은 아동이나 10대를
위한 활성화된 놀이의 힘으로 의사소통을 촉진하는 것을 포함할 수 있다. 퀴
버 마스크를 쓴 청소년은 자기표현을 탐색할 수 있다. 사용자는 AR 기술을
사용하여 마스크를 착용하고 누군가 또는 다른 사람이 되는 경험을 하고, 그
캐릭터의 방식으로 행동하고, 다른 매너리즘을 시도하는 등의 경험을 할 수
있다. 내담자는 그들의 전형적인 상호작용과 다른 방식으로 놀이치료사와
상호작용할 수 있다. 활성화된 놀이의 치료적 힘에는 지시적 및 비지시적 가
르침, 무의식에 대한 접근, 의사소통 촉진, 자기표현이 포함된다. 다양한 가
면을 선택하거나 자신 및/또는 내면을 표현하기 위해 가면을 만들면서 다양
한 면을 탐색할 수 있다.

퀴버 마스크는 또한 놀이의 또 다른 치료적 힘인 사회적 관계를 향상시킬 수 있다. 청소년과 놀이치료사 간의 AR 놀이는 치료적 관계와 애착을 형성한다. 청소년들은 다양한 가면을 통해 페르소나를 시도해보고 감정 표현을 연습하면서 사회적 역량을 키울 수 있다. 청소년과 놀이치료사 간의 이러한 상호작용은 정서적 동일시와 궁극적으로 공감을 촉진한다. 퀴버 마스크는 놀이방에서 아름답게 놀이하고 치료 기회를 제공하는 다양한 옵션을 제공한다.

마인크래프트를 모래상자로 사용하기

저자 : 엘리 핀치, MA, MBACP, ACTO

하드웨어 : 컴퓨터, 스마트폰, 태블릿, 콘솔

소프트웨어 : 마인크래프트(Java 버전 또는 Bedrock 버전)

사용 연령 : 7세 이상

개입 : 마인크래프트는 테트리스(Sirani, 2021)에 이어 세계에서 두 번째로 인기 있는 비디오 게임이다. 2021년 3월을 기준으로 전 세계적으로 1억 4,000만 명의 마인크래프트 플레이어들이 있다(Clement, 2021). 당신과 함께 일하는 많은 아이들이 마인크래프트를 하고 있으며, 치료 회기에서 당신과 함께 할 기회가 있을 것이다. 마인크래프트는 플레이어에게 많은 자유와 창의성을 제공하기 때문에 '샌드박스' 게임으로 알려져 있다. 플레이어는 목표를 달성하거나 레벨을 올리려고 하는 대신 마인크래프트 세계를 자유롭게 돌아다니며 상상할 수 있는 모든 것(성, 도시, 좋아하는 기념물의 복제품)을 만들고 지을 수 있다.

아동을 아바타로 하여 게임에 입장하거나 비대면 원격정신건강 치료 플랫폼에서 화면 공유를 통해 아동의 플레이를 관찰할 수 있다. 게임은 '크리에이티브 모드(창조 모드)'와 '서바이벌 모델(생존 모드)'로 플레이할 수 있다. 크리에이티브 모드에서는 만들 수 있는 자원 목록을 얻을 수 있으며, 무적이고, 날아다닐 수도 있다! 생존 모드에서는 이런 자원이 제공되지 않는다. 게임에서 채굴하고 제작해야 하며, 굶주림에 취약하고, '몹(해골이나 좀비와 같은 괴물들)'이나 다른 플레이어에게 죽임을 당할 수 있다. 좋은 점은 당신이 게임의 이러한 모든 요소를 제어하고, 괴물을 제거하고, 플레이어가 서로에게 해를 끼치지 않도록 만들 수 있다는 것이다. 또한 게임 등급이 PEGI 7(범유럽 게임 정보 등급, 7)이고 만화적인 폭력성이 있어 7세 이상에게 적합한 것으로 간주된다는 점을 추가하는 것도 중요하다.

마인크래프트는 디지털 모래상자로 치료적으로 활용하기에 적합하다. 마인크래프트 세계는 거대하기 때문에(표면적은 8개의 지구와 동일하다!)(Fallon, 2015) 게임에서의 경계를 만드는 것이 중요하다. 나는 함께 작업하는 각 아동을 위한 섬을 만들어 우리가 차지하는 공간에 자연스러운 경계가 생기도록 하는 것을 좋아한다. 내가 자주 이용하는 섬은 계곡이 있는 산, 흥미로운 동굴, 아름다운 산호가 있는 바다, 그리고 아동이 교류하고 싶어 할 주민이 있는 마을과 같이 흥미로운 기능을 제공할 만큼 크고, 풍경이 다양하다. 당신은 또한 '평평한 세상'(아동이 장면을 만들 수 있는 덜 산만한 장소를 제공하는 특징 없는 공간)을 만들 수도 있다.

크리에이티브 모드에서 아동은 목록을 사용하여 장면을 만들 수 있다. 이러한 항목은 전통적인 모래상자와 함께 사용할 수 있는 미니어처와 약간 비슷하다고 볼 수 있다.

- 갑옷 거치대 – 옷을 입히고 다른 머리를 추가하여 사람을 만들 수 있다.
- 기호 – 말(speech)을 추가하거나 항목에 라벨을 지정한다.
- 곡괭이, 칼, 꽃, 햇불 등 – 모두 아동에게 은유적 의미를 가질 수 있다.

나는 마인크래프트로 함께 작업하는 아동들에게 '가계도'를 만들어달라고 부탁하는 것을 좋아한다. 이 개입에서 그들은 풍경에서 나무를 선택하고, 자신과 가족 구성원을 나타내기 위해 나무에 다양한 유형의 블록을 추가한다. 예를 들어, 아동은 스스로에 대해 스펀지처럼 주변의 물건을 빨아들이는 것으로서 스펀지 블록을 선택하고, 항상 소리 지르는 여동생으로는 불타는 마그마 블록을 선택할 수 있다. 이러한 개입을 통해 아동의 세계에 대한 많은 통찰을 얻을 수 있다. 나의 마인크래프트 섬을 보여주고 이러한 개입을 시연하는 영상을 만들었다. 웹사이트 : www.elliefinch.co.uk

원격정신건강 프로그램에서 숫자로 색칠하기

저자 : 피오나 힐, LPC, RPT

하드웨어 : 컴퓨터, 스마트폰, 태블릿

소프트웨어 : 데일리 이노베이션의 숫자 칠하기 어플(무료)

사용 연령 : 초등학생, 10대 이전 및 10대 내담자

근거 : 어플이 반드시 정신건강 개선을 위해 만들어진 것은 아니지만, 이와 같은 '무의미한' 어플의 인기는 시간이 지남에 따라 커졌다. 휴식과 스트레스 관리 등 다양한 용도로 폭넓은 연령대가 사용하고 있다. 그러나 치료환경에서 나는 사회적 관계 강화, 의사소통 촉진, 개인적인 강점과 같이 '무의미한 활동'보다 훨씬 더 많은 것을 발견했다(Schaefer & Drewes, 2014). 이 글의 목적을 위해, 사회적 관계를 강화하고 개인의 강점을 증진하는 데 초점을 둘 것이다. 그러나 의사소통 촉진은 활동 전반에 걸쳐 유기적으로 짜여져 있다.

지침 : 회기에서 어플을 소개하기 전에 선택한 장치에 어플을 다운로드한다. 모든 디지털 도구와 마찬가지로 내담자와 기술에 대한 접근성을 고려한다. 어플 사용 방법을 설명하면서 사전에 보호자와 논의하는 것이 중요할 수 있다. 필요한 경우 내담자가 기기에 어플을 다운로드할 수 있는 권한을 얻는다. 치료사와 내담자 모두가 어플을 다운로드하면 숫자 칠하기 어플을 활용할 수 있는 다양한 방법이 있다.

사회적 관계 강화

치료적 관계를 맺는 첫 단계는 라포를 형성하는 것이다. 이를 달성할 수 있는 한 가지 방법은 상호 공유를 통한 것이다. 종종 내담자와 함께 상호 공유

를 하는 치료사는 내담자와 공유하는 데 있어 편안함을 높이는 데 도움이 된
다. 이 활동은 치료사와 내담자 모두 화면 공유가 가능한 어플을 가지고 있
는 것이 가장 좋다.

1) 치료사는 내담자에게 자신에 대해 무엇인가를 표현하는 그림을 찾도록
   지시하고, 치료사도 동일한 작업을 수행한다.
2) 회기에서 선택한 사진의 색상을 지정하는 시간을 가진다.
3) 회기가 끝날 때 치료사와 내담자 모두 화면 공유를 통해 사진을 공유하
   며 사진을 설명하고 자신에 대해 공유하고 싶은 내용과 어떻게 맞는지
   설명한다.
4) 초기 단계에서는 깊은 내용의 공유를 기대할 필요가 없다. 그러나 이는
   향후 논의를 위한 디딤돌이 될 수 있다.

개인의 강점 증대

이 활동은 임파워먼트의 느낌을 높일 수 있는 의사결정에 중점을 둔다. 내담
자가 어플을 다운로드하지 않고 치료사가 화면을 공유할 수 있다면 작업이
잘될 것이다.

1) 치료사는 내담자가 볼 수 있도록 기기(가급적이면 컴퓨터)에서 어플을
   켜고 화면을 공유한다.
2) 내담자는 색칠할 그림을 선택한다. 그런 다음 내담자는 그림의 어떤 부
   분을 색칠하고, 어떤 순서로 할 것인지에 대한 모든 결정을 치료사에게
   전달한다.
3) 이 활동에서 치료사의 주요 역할은 내담자의 의사결정 과정을 관찰하
   고 필요한 경우 성장을 촉진하는 것이다.

파워포인트 여정

저자 : 테레사 프레이저 CYC-P, CPT-S, RPT, MA, RCT

하드웨어 : 컴퓨터, 스마트폰, 태블릿

소프트웨어 : 파워포인트(또는 구글 슬라이드), 원격정신건강 플랫폼을 통한 화면 공유 옵션

사용 가능 연령 : 아동/청소년

개입 : 아동이나 청소년(만드는 사람)이 가상 모래상자 어플©을 사용하여 모래상자에 세계를 건설한 후 스크린샷이 찍히고, 세계에서 건축가의 칭호를 부여한다.

치료사는 사진을 복사하여 파워포인트 템플릿에 넣는다. 각 파워포인트 슬라이드는 하나의 모래상자 사진을 보여준다. 회기가 진행됨에 따라 세계의 제목이 슬라이드에 추가된다. 치료 종결 단계가 가까워지면 치료사는 건축가에게 화면 공유 응용 프로그램을 사용하여 파워포인트를 검토하고 그들이 공유한 모래상자 여정에 대해 생각해 보도록 초대한다. 나타난 주제를 확인하는 것, 선택된 특수 이미지(미니어처), 상자에서 한 번만 또는 여러 번 사용되었을 수 있는 이미지, 주제가 모래상자 외부의 삶에 어떻게 영향을 미쳤는지, 주제가 치료 목표와 어떻게 관련되어 있는지에 대해 토론할 수 있다.

아동이나 청소년이 편안하게 느낀다면, 파워포인트 프로그램을 사용하여 모래상자 여행의 내레이션을 녹음할 수 있다. 치료사는 슬라이드 쇼 탭을 선택하고, 슬라이드 쇼 녹음 버튼을 클릭하여 내레이션 도구의 사용을 미리 연습해야 한다. 그런 다음에 함께 작업하는 아동/청소년을 도울 수 있다. 파워포인트는 세계를 만든 이에게 전달될 수 있으며, 그가 동의할 경우 종결 회기에서 보호자와 공유할 수 있다.

VR 여행(Wander VR Journeys)

저자 : 테레사 프레이저 CYC-P, CPT-S, RPT, MA, RCT

하드웨어 : 오큘러스 퀘스트 1, 2 또는 오큘러스 고(하나는 치료사용, 다른 하나는 내담자용)

소프트웨어 : Wander

기타 : 구글 스트리트 뷰 프로그램을 활용하기 때문에 인터넷이 필요하다.

사용 가능 연령 : 아동, 청소년/가족

개입 : 아동복지기관의 돌봄을 받는 아동과 청소년들은 거주지가 자주 바뀐다.

> "이는 아동이 이사할 때마다 현재 돌보는 사람뿐 아니라 다른 형제 자매와의 관계[위탁/입양/완전(역자 주 : 생물학적으로 같은 어머니)/의붓/친족] 또래 관계 및 학교 관계도 잃는다는 것을 의미한다."
>
> (Fraser, 2014, p. 27)

때때로 치료 목표는 아동/청소년이 경험한 것, 맺었던 관계, 있었던 장소를 기록하는 2D 인생 책을 만들도록 돕는 것이다. 인생 책 작업은 1960년대 로스앤젤레스 아동국의 메리 혼으로부터 시작되었다. 혼은 인생 책이 표 반쪽, 성적표 또는 사진이 들어 있는 앨범이나 스크랩북이 될 수 있다고 하였다 (Aust, 1981). 이 2D 도구는 그들의 삶의 경험에 대한 전반적인 인공물 역할을 한다.

사진을 잃어버렸거나 사용할 수 없는 경우 구글 이미지 또는 구글 스트리트 뷰가 필요하며 이는 중요한 자원을 제공할 수 있다. 이것은 새로운 나라로 이민을 갔거나 화재나 이사로 인해 가지고 있던 모든 것을 잃은 아동/청소년에게 특히 유용하다.

> 인생 이야기 작업은 아동이 경험한 대로 사건을 이해하도록 돕는 치료 도구로 인생 책을 활용한다. 각 사건을 둘러싼 선행 요인, 촉진 요인 및

지속 요인을 탐색하여 인공물에 수반되는 이야기 또는 이해를 생성한다. 따라서 인생 책은 아동의 역사에 대한 세부 정보를 제공하지만, 아동이 자신의 역사를 이해하는 데 도움이 되는 정보를 제공하지 않을 수 있다. 이것은 상실감이 새로운 경험으로 전이되기보다는 특정 사건과 연결되도록 하는 것이 중요하다.

(Fraser, 2014, p. 30)

Wander와 같은 가상현실(VR) 도구 및 프로그램을 활용하여 3D 또는 몰입형 인생 이야기 작업 경험을 할 수 있다.

이반 서더랜드(1965)는 '최고의 전시'라는 그의 기사에서 시뮬레이션된 세계에 몰입하는 방법을 소개했다. 그는 VR이 3D 세계와 상호작용하는 것 이상이라고 하였다. 여행자가 원격 현실 세계, 컴퓨터 생성 세계 또는 이들의 조합에서 상호작용할 수 있는 기회를 제공한다(Sutherland, 1965; Gobbetti & Scateni, 1998). 참여자는 오큘러스 헤드셋을 사용하여 가상 환경에서 사물을 보고 듣는다. 원더 프로그램과 결합된 VR 시스템은 아동들이 이전 환경의 모습을 볼 수 있을 뿐 아니라 스트리트 뷰에서 방문/체험할 수 있는 기회를 제공한다.

고려사항 : 감각 경험은 과거를 강력하게 상기시킬 수 있기 때문에 치료사는 아동/청소년/가족과 치료적 동맹과 안전이 모두 형성되었는지 확인해야 한다. 따라서 치료사는 특히 내담자가 이전에 가상 환경을 경험한 적이 없는 경우 그러한 경험을 유지하는 데에도 능숙해야 한다. 치료사는 아동/청소년을 돌보는 사람이 VR 회기 사이에 경험의 힘을 가질 수 있도록 준비해야 한다. 내담자는 자신이 있는 곳에서 인터넷에 접근할 수 있어야 한다. 치료사가 자신의 위치에서 사용할 헤드셋을 아동과 공유하는 경우 일반 VR 헤드셋 계정에 대해 PIN 프로그램이 설정되어 있는지 확인하여 치료사 모르게 추가 프로그램을 구입할 수는 없다. 여러 헤드셋을 사용할 수 있으므로 치료사와 아동은 각각 지리적 위치에 관계없이 가상 공간에서 만날 수 있는 추가 프로

그램을 찾을 수 있다. 다른 웹 여행자가 접근할 수 없는 공간을 찾는 것이 중요하므로 치료사는 지속적으로 변경되고 사용 가능한 해당 프로그램을 조사해야 한다.

가족 적응

아동이 초기 공간을 다시 방문하도록 도우면 아동/청소년이 과거와 현재를 연결하는 데 도움이 될 수 있다. 현재 보호자에게 동일한 기회가 제공되면 (참여하도록 초대), 아동이 생존해야 했던 공간에 대한 통찰력을 얻을 수 있다. 이것은 위탁/입양 부모가 공감을 얻는 데 도움이 될 수 있으며, 이는 아동의 안전감을 증대시키고, 영속성을 발달시켜 아동이 더 잘 조화되고, 애착을 촉진하는 데 도움이 될 수 있다(Reese, 2009). 이 과정은 보호자가 슬픔과 상실의 문제를 인식하는 데 더 도움이 될 수 있다.

기타 어플

VR 경험은 다음과 같은 경우에도 유용할 수 있다.

- 새로운 나라로 이민을 갔고, 고향에 작별 인사를 할 충분한 시간이 없었던 아동/청소년/가족, 특히 저장된 구글 스트리트 뷰가 전쟁 전 모습을 게시하는 경우
- 화재 또는 퇴거로 인해 소유한 모든 것을 잃은 아동/청소년/가족
- 다른 도시, 주, 나라에서 가족을 잃고 작별 인사를 하지 못한 아동
- 궁극적으로 이 도구를 사용하는 목적은 아동/청소년/가족에게 종종 강요되는 삶의 경험과 전환에 적응하도록 돕는 것이다. "전환은 우리 삶에 배어있다. 한 곳에서 다른 곳으로, 한 활동에서 다른 활동으로, 한 내적인 상태를 다른 상태로 성공적으로 전환하는 능력은 기본적으로 자기조절 능력과 관련이 있다"(Peny, 2009, para.4).

외상 놀이 이야기

저자 : 패리스 굿이어 브라운, LCSW, RPT-S

하드웨어 : 컴퓨터, 아이폰, 아이패드

소프트웨어 : 스토리버드; iOS

사용 가능 연령 : 외상을 입은 아동 및 청소년

개입 : 외상 놀이는 일관성 있는 외상 내러티브의 생성 및 통합을 돕는 유연하고 순차적인 놀이치료 모델이다. 어려운 일의 이야기를 통합하도록 하는 것은 일어난 일에 대한 좌뇌의 언어적 이야기를 포함할 수 있지만, 우리 몸이 기억하는 모든 방식에 접근하고 통합하기 위해 외상적 경험에 내재된 생각, 감정 및 신체적 경험에 대한 집중적인 관심도 포함해야 한다. 많은 내담자들은 적정 노출량으로 외상 내용에 접근해야 한다. 스토리버드는 원격정신건강 환경에서 이 작업을 수행하기에 완벽한 웹사이트이다. 이 프로그램의 목적은 창의적인 글쓰기에 관심 있는 아동과 청소년이 창의적 위험을 감수하도록 격려하는 것이다. 스토리버드는 시, 만화책, 아동 도서, 장편 소설을 포함한 여러 가지 기본 형식을 제공한다. 단어/예술 시집을 만드는 것은 간단한 첫 번째 접근 방식이다.

지침 : 외상 작업의 초점(특정 기억, 신체 감각, 인지 또는 관계의 파열)을 확인한 후 화면을 공유하고 예술 이미지를 천천히 스크롤하기 시작한다. 내담자에게 그들의 경험의 일부를 나타내는 것처럼 보이는 것을 보았을 때 멈추라고 말하게 한다. 이미지가 선택되면 내담자에게 단어나 문구를 추가하는 방법을 보여준다. 이 과정은 냉장고에 자석 단어를 사용하여 문구를 만드는 것과 비슷하다. 시작하려면 두세 단어만 요구한다. 이 단어는 자신의 경험(쓸쓸한, 외로운, 우울한, 시끄러운 등) 또는 단어에 어린 예술 이미지와 관련될 수 있다. 단어는 상자 안에 있는 이미지의 어느 부분으로든 끌어올 수 있고, 쌓거나, 반듯하게 놓거나, 계단형으로 놓을 수 있다. 최종 작품은 시각적 이미지(우뇌가 알아가는 방식)와 단어 또는 구(좌뇌가 알아가는 방식)를 통합하는 강력한 교차 반구 작업으로 만들어진다. 일부 내담자는 치료 과정

에서 전체 단어를 활용한 예술 시집을 만들고 싶어 할 수 있다. 이것은 책 형태로 인쇄할 수 있으며, 종결 시 내담자에게 제공할 수 있다.

자, 변신

저자 : 케이트 존스, LPCC

소프트웨어 : 브왈라 AI 예술가(Weimagine.ai)

하드웨어 : 스마트폰, 태블릿

사용 가능 연령 : 아동, 십 대 이전 및 십 대

설정 : 개인 및 그룹, 원격 또는 대면

지침 : 브왈라 AI 예술가는 iOS 및 안드로이드 휴대폰 및 태블릿으로 매우 사용하기 쉬운 사진 편집 응용 프로그램이다. 브왈라는 인공 지능을 사용하여 사진에서 사람의 얼굴을 감지하고, 픽사에서 영감을 받은 3D 또는 2D 만화, 르네상스 회화, 손으로 그린 캐릭터화 만화로 변환한다. 어플은 무료이다. 그러나 다양한 구독 가격으로 프로로 유료 업그레이드가 가능하다. 프로 업그레이드는 워터마크와 전체 페이지 20~30초 수정을 제거하고 처리 속도를 높인다. 연간 구독(현재 29.99달러)은 3일 무료 평가판을 제공한다.

내담자 체크인

회기를 시작하기 위해 내담자는 휴대폰이나 태블릿을 사용하여 자신과 치료사가 어떻게 느끼는지 나타내는 얼굴을 만든 다음 사진을 찍는다. 치료사는 내담자에게 3D, 2D, 르네상스, 캐릭터화 변환 중에서 선택하도록 요청한다. 예를 들어 내담자는 3D를 선택할 수 있다. 그런 다음 치료사는 열려 있는 브왈라 어플에서 3D 카툰의 주황색 화살표를 터치하고 사진을 탭하여 내담자가 찍은 사진을 선택한다. 그런 다음 브왈라는 사진을 3D 표현으로 변환한다. 어플에 표시되는 것은 왼쪽 상단에 내담자의 원본 사진이 있는 2X2 격자, 오른쪽 상단에 로열티 결과(작은 금색 왕관 이모티콘으로 표시), 왼쪽 하단에 만화 3D(사랑의 얼굴인 이모티콘과 함께), 오른쪽 하단에는 아기 이모티콘이 표시된 아기 3D가 있다. 그런 다음 내담자는 선호하는 표현을 결정하고 감정의 이름을 지정한다. 치료사는 일반적인 감정에 관한 심리 교육을 할 것인지 또는 내담자의 확인된 감정에 관한 토론을 할 것인지 결정한다. 이 활동은 회기가 끝날 때 감정 인식에 대한 대화나 심리교육의 일환으로 또는 회기가 끝날 때 반복할 수 있다. 또한 내담자는 르네상스 회화를 선택할 수 있으며 이 경우 결과는 15세기, 18세기 또는 20세기를 나타낸다. 내담자가 손으로 그린 캐릭터화를 선호하는 경우 브왈라는 3개(Ha, LOL, 아기라고 이름 붙여진)를 생성한다.

감정을 마주하기

치료사 그리고/또는 내담자는 감정을 선택하고 내담자는 감정을 나타내는 얼굴을 만든다. 내담자 체크인과 마찬가지로 치료사는 사진을 찍어 브왈라 어플에서 사용한다. 치료사는 선택한 감정에 대한 토론을 촉진하고 내담자에게 자신이 유사하게 느꼈던 시간에 대해 묘사해보도록 요청한다. 치료사는 같은 얼굴을 하고 자신의 사진을 찍고 그 감정을 느꼈던 시간에 대해 이야기하기로 선택할 수 있다. 이 과정은 다른 감정과 함께 반복될 수 있다.

연예인 감정

브왈라에서 유명한 사람의 사진을 많이 선택할 수 있고 사람(예 : 로저스) 또는 해리 포터와 같은 캐릭터에 대한 인터넷 검색 옵션도 제공된다. 치료사는 검색창에 감정을 입력할 수 있고, 수많은 사진(연예인, 유명하지 않은 사람, 캐릭터)이 나타난다. 유명인이 실제 감정을 가진 실제 사람으로서 대화하는 것은 치료사가 촉진한다.

기타 고려사항

치료사와 내담자의 부모(들)는 내담자(또는 부모)의 기기에 다운로드되는 브왈라 어플에 대해 논의할 수 있다. 가족 구성원과 함께 활동을 반복하는 것이 적절한지 부모와 논의하고 브왈라에서 편집한 사진을 내담자/부모의 기기에 저장할지 여부를 결정할 수 있다. 치료사는 회기를 문서화하기 위해 사진을 인쇄하고 스캔한 다음 사진을 삭제할 수 있다.

브왈라 AI 예술가는 치료 진행에 긍정적 영향을 미칠 가능성이 있다. 언급된 활동은 치료 관계를 강화하고 의사소통을 촉진하며 정서적 건강을 촉진할 수 있다(Schaefer & Drewes, 2014). 활동은 개인, 가족 또는 그룹 치료에 통합될 수 있으며 원격정신건강 플랫폼 및 대면 상황에서도 잘 작동한다.

그 비합리적인 생각은 무엇입니까?

저자 : 하이디 제라드 카두슨, PhD, RPT-S

하드웨어 : 아이폰 또는 아이패드

소프트웨어 : 치료사용 가상 모래상자 어플(VSA)의 치료사 버전, 내담자용 무료 다운로드 버전; iOS

사용 가능 연령 : 학령기 및 청소년기

지침 : 임상가와 내담자는 이 기술을 시작하기 전에 VSA를 아이패드나 아이폰에 다운로드해야 한다. 이 기술은 원격으로 또는 놀이방에서 직접 수행할 수 있다. 내담자는 임상가와 함께 중재를 만들기 위해 VSA에 익숙해야 한다. 임상가와 내담자는 부정적인 사고에 대처하는 방법을 개발하고 경험하기 위해 동일한 모래상자에서 작업한다.

임상가는 내담자에게 "모래쟁반을 플랫폼으로 사용하여 함께 게임을 합시다"라고 말한다. 먼저 임상가와 내담자는 내담자가 가지고 있는 비합리적인 생각의 목록을 만들고, 임상가는 나중에 연습시간에 생각에 대처하는 방법을 연습하기 위해 비합리적인 몇 가시 생각도 추가한다.

모래상자는 내담자가 목록의 첫 번째 비합리적인 생각을 표현하는 데 사용되는 것을 제어하는 것으로 시작된다. 내담자가 관념적인 생각을 제시하고("밖으로 나가 놀고 싶을 때 항상 비가 내린다"), 내담자는 그 생각을 나타내는 피규어를 골라 모래상자에 놓는다(즉, 폭풍우 구름).

그런 다음 임상가는 내담자가 선택한 비합리적인 생각에 대응할 항목이나 그림을 찾아야 한다. 임상가는 내담자가 투영한 것에 대한 합리적인 사고를 설명할 수 있는 것을 선택할 것이다. 임상가는 내담자의 폭풍우 구름 옆에 물건을 놓고 이성적인 생각을 말한다. 이것은 비가 온 후에만 무지개가 있다는 것을 나타내는 무지개일 수 있다.

그런 다음 임상가는 내담자가 경험한 것과 유사한 비합리적인 생각을 모래상자에 있는 몇 마리의 꿀벌로 대표하여 나타낸다(즉, "내가 가는 곳마다 꿀벌이 있다"). 그런 다음 내담자는 이렇게 모래상자에 놓인 비합리적 사고에 맞서기 위한 인물이나 물건을 고를 기회를 가진다. 그런 다음 내담자는 물건(예 : 꽃)을 꿀벌 옆에 놓고 그에 수반되는 합리적인 생각을 말한다(즉, 꿀벌은 위협을 받을 때만 쏘고 사람보다 꽃을 더 좋아함).

근거 : 인지행동치료는 불안장애를 경험하는 아동 및 청소년에게 경험적으로 지원된다(Kaczkurkin & Foa, 2015). 합리적 정서행동치료(REBT)는 이러한 내담자에게 사용될 수 있다(Ellis & Harper, 1997). 그러나 많은 사람들이 불안을 극복하기 위해 반대 또는 이성적 사고를 만들기 위해 자신의 역설적이고 부정적인 생각을 만들 수 없다. 치료가 재미있을 때마다 내담자는 방어적이거나 갇힌 느낌 없이 해야 할 일을 탐색할 가능성이 더 크다(Stone, 2015). 내담자들에게 비합리적 사고에 대항하는 방법을 가르치는 것은 그들이 자신의 감정을 더 잘 통제하고 더 긍정적인 느낌을 가질 수 있도록 사고를 하는 데 도움이 된다. 따라서 인지행동 놀이치료와 정신역동적 놀이치료를 함께 사용하면 내담자가 자신의 합리적 사고를 이해하고 생산할 수 있게 한다. VSA를 사용함으로써 내담자는 부정적인 생각을 나타내는 것을 자유롭게 선택할 수 있으며 추가로 임상가가 나타내는 비합리적인 것에 대응하기 위해 모래상자에 대한 그림을 선택할 것이다. 이성적이고 합리적인 사고 과정과 예측을 모두 통제함으로써 내담자는 놀이를 즐기면서 대처하는 방법을 배우게 될 것이다.

ASMR 마음챙김

저자 : 에이리얼 랜드럼, LMFT, ATR

하드웨어 : 스마트폰, 태블릿

소프트웨어 : 유튜브

사용 가능 연령 : 십 대 이전, 십 대, 과도기 청소년

지침 : ASMR은 자율 감각 쾌락 반응을 말한다. 청각, 촉각 자극을 경험할 때 느끼는 기분 좋은 따끔거림이다. 유튜브에서는 시청자가 시청할 수 있도록 사운드 패턴을 녹음하는 제작자가 나오는 다양한 동영상이 있다. 연예인들 조차 전율(갑작스럽고 강한 흥분)을 경험하기 위해 제작된 특정 오디오에만 초점을 맞춘 영상을 제작했다. 이 과도하게 집중된 소리는 마음챙김 기반 연습을 위한 건강한 분위기를 조성한다. 불안을 경험하는 청소년은 ASMR을 그라운딩에 사용하는 것이 좋다.

시작하기 전에 임상가는 마음챙김 기반 실습과 횡격막 호흡에 대한 충분한 교육을 받았어야 한다. 내담자와 임상가는 이 개입 이전에 이를 연습했거나, 임상가가 구현하는 동안 이를 가르칠 수 있다. 또한 임상가와 내담자는 내담자가 이러한 그라운딩 연습을 시도하며 겪는 좌절을 위해 치료적 동맹을 구축해야 한다.

회기에서 임상가와 내담자는 불안을 유발하는 환경에 대해 논의한다. 여기에는 자동차 타기, 비행기, 군중, 학교 식당, 쇼핑 또는 시험 응시와 같은 환경이 포함될 수 있다. 공간이 확인되면 임상가와 내담자는 내담자가 이러한 위치에서 들을 것으로 기대하는 친숙한 소리에 대해 공동으로 논의한다. 그런 다음 임상가는 플라스틱이 딱딱거리는 소리, 교과서에서 페이지가 뒤집히는 소리 또는 코드가 바스락거리는 소리와 같이 내담자가 자주 조율되지 않는 소리를 생각하도록 한다.

내담자와 임상가가 다양한 소리를 확인하면 임상가는 하나의 소리가 포함된 ASMR 영상을 대기열에 추가한다(플라스틱이 삐걱거리는 소리가 표준

이다). 화면은 원격 건강 플랫폼을 통해 공유할 수 있다. 다음으로, 임상가는 횡격막 호흡과 그들이 듣는 소리를 일치시키는 과정을 안내한다. 임상가는 내담자가 하이퍼포커스 사운드에서 경험하고 있는 신체적 감각을 알아차리도록 격려할 것이다. 임상가는 또한 내담자가 ASMR 소리로 마음챙김 호흡에 참여할 때 내담자의 마음을 통과하는 생각을 판단 없이 흘려보내도록 권장한다.

영상이 완료되면 임상가는 ASMR을 대처 전략으로 사용할 수 있는 방법에 대해 논의한다. 유튜브는 영상을 다운로드하여 오프라인으로 볼 수 있도록 하므로 내담자는 휴대폰과 태블릿에 액세스할 수 있고, 선호하는 영상을 사용할 수 있다. 휴대폰이나 태블릿에 액세스할 수 없는 경우 내담자는 현재 자신이 기초로 삼는 방법으로 집중적으로 연습한 친숙한 소리를 검색할 수 있다. 임상가는 패턴이 있는 소리를 복제하는 물건(예 : 딱딱거리는 플라스틱)을 준비하여 이러한 소리를 스스로 생성할 수 있다고 내담자에게 알릴 수도 있다. 그런 다음 임상가는 내담자가 다음 회기에서 공유할 수 있는 ASMR 사운드를 회기 외부에서 검색하도록 한다.

근거 : 청소년이 그라운딩 기술을 익히는 것은 어려울 수 있다. 마음챙김 그라운딩에 대한 촉진이 나타나지 않을 때 그것은 훨씬 더 복잡하다. 청소년들은 그것을 필요로 하는 환경으로 옮길 수 있다. 또한 심한 불안을 가진 내담자의 경우 심장박동이나 호흡에 초점을 맞추면 호흡이 거칠어지거나 심장박동이 더 빨리 움직이는 소리가 들리기 시작하면서 불안이 증가할 수 있다. 내담자가 찾거나 만들거나 시연할 준비가 되어 있는 호흡 기반이 아닌 패턴화된 소리를 가짐으로써 대처 기술을 효과적으로 사용할 수 있다.

동물의 숲에서의 성 표현과 성 정체성

저자 : 에이리얼 랜드럼, LMFT, ATR

하드웨어 : 닌텐도 스위치 또는 닌텐도 라이트

소프트웨어 : 동물의 숲(Animal Crossing New Horizons)

사용 가능 연령 : 2SLGBTQIA+ 커뮤니티의 미성년자

지침 : 동물의 숲은 비선형 샌드박스 게임으로, 플레이어가 게임 플레이 선택을 통해 자신의 욕구와 필요를 우선시할 수 있다. 게임은 또한 게임에서 얻은 개체와 플레이어의 아바타를 통해 창의성과 다양성을 포용한다. 다른 게임과 달리 아바타를 선택할 때 디자인 옵션은 특정 아바타 성별에 국한되지 않는다. 헤어스타일, 얼굴 모양 및 의상에 대한 모든 옵션은 모든 아바타에서 사용할 수 있다. 2SLGBTAIA+ 커뮤니티의 플레이어는 이러한 무제한 옵션으로 인해 게임플레이가 포함된다는 것을 알게 될 것이다. 또한 NPC(플레이어가 아닌 캐릭터들) 주민은 다른 주민과 게임 플레이어의 아바타에 대해 말할 때 '그들/그들을'이라는 대명사를 사용한다. 이것은 자신을 완전히 표현할 수 있는 안전한 공간을 허용한다. 이 개입은 내담자(특히 2SLGBTQIA+ 내담자)가 성별 표현과 정체성을 염두에 두고 아바타 스타일을 만들도록 권장한다.

치료사와 내담자는 이 개입을 시작하기 전에 몇 가지 단계를 수행해야 한다. 첫째, 치료적 관계가 특히 지시 기반 치료 내에서 치료에 매우 중요하기 때문에 치료자와 내담자는 치료적 동맹을 발전시켜야 한다. 둘째, 치료자는 2SLGBTQIA+ 커뮤니티에 대한 교육과 지식이 있어야 한다. 셋째, 내담자는 자신의 성별 표현과 정체성을 공유하고 탐색하는 데 편안함을 느껴야 한다. 넷째, 내담자와 치료사는 다양한 의상과 헤어 옵션을 얻기 위해 충분한 게임 플레이를 구현해야 한다(치료사는 내담자에게 디지털 방식으로 선물을 주는 것을 고려할 수 있음). 마지막으로 내담자는 게임 내에서 마술 지팡이를 얻어야 한다(이벤트 중에 얻거나 DIY 프로세스를 통해 만들 수 있음). 이러한 단계가 완료되면 개입을 시작할 수 있다.

　비밀번호(Dodo Code) 초대 절차를 통해 치료사는 내담자의 섬을 방문한다. 그런 다음 치료사는 내담자에게 내담자의 성별 표현과 정체성을 나타내는 여덟 가지 의상 선택을 만들도록 지시한다. 다음으로 치료사는 내담자의

성별 표현과 정체성을 이해하기 위해 의상의 테마(색상 선택, 패턴, 계절 등)에 대해 질문한다. 마지막에 치료사는 의상 선택의 제한에 대해 질문할 것이다(구매 옵션이 없기 때문이지 아바타 성별로 인한 제한 때문이 아님).

그런 다음 치료사는 회기 사이에 내담자가 다양한 의상에 대한 마을 사람들의 반응을 살펴보고 내담자 자신의 정서 반응에 대해 논의하도록 한다. 결국 치료사와 내담자는 회기에서 이러한 반응을 처리하고 포괄적인 환경에서 진정한 성 정체성과 표현을 경험하는 내담자의 경험과 이것이 오프라인에서 현재 환경과 어떻게 비교되는지에 대해 다룬다.

근거 : 이 개입은 내담자가 안전한 환경에서 자신의 성 정체성과 표현을 탐색할 수 있도록 하는 것을 목표로 한다. 또한 내담자가 자신의 성 정체성과 젠더 표현을 공개적으로 하는 것을 방해하는 내담자의 오프라인 생활의 모든 장벽을 밝힐 수 있는 기회를 제공한다. 치료사는 이 정보를 사용하여 내담자가 오프라인 생활에서 의미 있는 방식과 작은 방식으로 진정한 자아로 사는 방법을 브레인스토밍하는 데 도움을 줄 수 있다. 장애물을 극복할 수 있다면 치료사는 내담자를 옹호하고 이를 극복하도록 도울 수 있다. 그들이 극복할 수 없다면 치료사는 내담자와 함께 동물의 숲에서 지속적인 세계 구축을 통해 포괄성의 경험을 계속해서 만들 수 있다.

시각적 경계

저자 : 에이리얼 랜드럼, LMFT, ATR

하드웨어 : 컴퓨터, 스마트폰, 태블릿

소프트웨어 : 디지털 화이트보드(또는 줌의 화이트보드)

사용 가능 연령 : 초등학생

지침 : 어린 시절에 배운 정서적 경계는 미래의 관계를 확인하는 데 도움이 된다. 이것이 강력한 관계 구축을 위한 중요한 도구임에도 불구하고, 정서적 경계는 손으로 만져지는 것이 아니기 때문에 이해하기 어렵다. 구체적인 학습의 발달 단계에 있는 어린 아동들은 눈으로 볼 수 있는 정서적 경계에 대

한 심리 교육이 필요하다. 그림의 사용은 정서적 경계의 개념을 가르치는 놀이 방법이다.

치료사는 디지털 화이트보드를 공유하여 원격정신건강 회기를 시작한다. 치료사는 내담자에게 화면 중앙에 선이 그려질 것이고, 내담자는 화이트보드의 왼쪽을, 치료사는 오른쪽을 사용한다고 알린다. 치료사는 선이 지켜야 하는 경계를 나타냄을 내담자에게 알려준다. 내담자와 치료사는 지정된 면에 그리기 시작한다.

그림 그리기와 토론이 계속되면 치료사는 내담자와 같은 편에서 그림을 그릴 것이다. 첫째, 치료사는 무엇을 그릴지, 선택할 패턴 또는 색상에 대해 내담자로부터 제안을 요청할 것이다. 그런 다음 몇 가지 팁을 제공한 후 치료사는 내담자에게 자신이 그린 것을 제안하는 모든 것을 같은 편으로 그리도록 요청할 것이다. 결국 치료사는 내담자의 마우스 손가락 커서가 교차할 수 있는 경계선의 일부를 디지털 방식으로 지우고 내담자에게 드로잉 공간에 '초대'되고 있음을 설명한다.

일단 내담자가 한 가지 그리기를 완료하면 치료사는 이미지가 바뀔 것이라는 것을 알고 있음에도 자신의 면을 공유하도록 초대했다고 설명할 수 있다. 이것은 치료사가 내담자가 말한대로 수행하고 그림을 개선하도록 하며 좌절시켰기 때문에 필요하지 않은 경계를 없앤 예시이다. 치료사는 신뢰할 수 있는 내담자가 공간을 떠났기 때문에 경계가 제자리로 돌아왔음을 보여주기 위해 입구를 '닫을' 것이다. 그들은 함께 정서적 경계가 무엇인지, 이 상황이 어떻게 경미한 것인지 논의할 것이다.

내담자는 정서적 경계를 넘은 순간과 의도적으로 제거된 순간을 강조하도록 권장된다. 정서적 경계를 넘나드는 예에는 가장 친한 친구가 내담자가 하기 불편한 일을 하도록 설득하거나 친구가 비밀을 공유할 때, 즉 내담자가 해서는 안 되는 일을 공유하는 경우가 포함될 수 있다. 필요하지 않은 감정적 경계를 제거하는 예에는 보호자에게 위로를 구하거나 가장 친한 친구와 좋아하는 장난감을 공유하는 것이 포함된다.

근거 : 친사회적 정서적 경계를 갖는다는 것은 타인과 우리 자신의 필요를 이해하고 존중하는 것을 의미한다. 그것은 사람들이 다른 사람의 감정을 고려하면서 감정과 행동에 책임을 지도록 한다. 그러면 아동들은 자신의 정서적 경계를 이해하고 주변 사람들로부터 자신의 욕구와 필요를 더 분명하게 표현할 수 있다. 이것은 학대적인 또래 관계를 발전시킬 가능성을 감소시킬 것이다. 또한 내면 세계에 대해 더 확고하게 이해하고 있기 때문에 다른 사람들에 대한 공감 능력을 키울 수 있다.

나의 노래하는 괴물들

저자 : 소니아 머레이 BAPT 등록된 놀이치료사
하드웨어 : 컴퓨터, 스마트폰, 태블릿
소프트웨어 : 나의 노래하는 괴물들 게임, 줌(또는 다른 화면 공유 원격정신건강 플랫폼)
웹 사이트 : https://apps.apple.com/us/app/my-singing-monsters/id521671873
사용 가능 연령 : 4세 이상

나의 노래하는 괴물들은 여러 섬에서 노래하는 괴물을 키우고 레벨을 올리는 시뮬레이션 게임이다. 노래하는 괴물의 전체 호스트가 있으며 플레이어는 괴물과 함께 다양한 장르의 곡을 만들 수 있다. 노래하는 괴물에게 먹이를 주기 위해 음식을 구워서 레벨을 높이고 더 많은 코인을 벌어 물건을 살수 있다. 또한 플레이어는 괴물의 행복도를 높일 수 있는 환경을 만들 수 있다. 여기에는 노래하는 괴물 근처에 배치할 장식을 구입하고 서로 다른 노래하는 괴물을 서로 가까이 배치하는 것이 포함된다. 또한 노래하는 괴물은 콜로싱움이라는 특정 섬에서 '싱오프'를 하여 더 많은 코인을 얻을 수 있다. 노래하는 괴물은 다른 노래하는 괴물과 노래를 부르며 경쟁하고, 이기면 다른 괴물은 잠이 든다.

아동은 놀이치료사에게 놀이 방법, 번식할 괴물, 장식물을 지시할 수 있다. 놀이치료사에게 노는 방법을 지시하고 가르치는 힘과 통제감은, 자긍심, 자신감, 자존감이 성장할 수 있는 환경을 제공하는 데 도움이 된다.

지침 : 애플 앱 스토어 또는 구글 스토어에서 어플을 다운로드한다. 어플을 설치하고 열면 게임이 열리고 중단되기 위해 따라야 할 지침이 제공된다. 추가 지원이 필요한 경우 인터넷에 추가 지침이 있다. 놀이치료사는 함께 작업하는 각 아동에 대해 새 계정을 만들어야 하므로 각 아동에 대해 1단계에서 시작한다.

모든 온라인 활동과 마찬가지로 어플 사용 및 연결에 대해 토론하고 자녀의 부모/보호자에게 허락을 구하는 것이 중요하다. 플레이어는 친구 코드를 제공하여 다른 플레이어의 섬에 연결하여 그들이 무엇을 가지고 있는지 확인할 수 있다. 그들은 열쇠를 교환하고, 소원 횃불을 켜고, 섬에서 투표하는 것 외에는 그 섬과 상호작용할 수 없다.

게임의 약간의 문제는 새로운 괴물을 번식시키고, 알을 품고, 음식을 굽고, 건물을 업그레이드하는 데 시간이 걸린다는 것이다. 게임은 플레이어가 시간을 줄이기 위해 더 많은 코인과 다이아몬드를 구매하기 위해 계정에 등록할 수 있는 구매 요소를 제공한다. 구매 계정을 등록하지 않는 것에 대해 부모/보호자와 동의하는 것이 좋다. 이것은 인내심을 개발하고 좌절감을 관리할 기회를 제공할 것이다.

근거 : 이 어플은 아동과 소통할 수 있는 재미있는 방법이며 아동이 통제하고, 숙달하고, 책임감을 가질 수 있도록 한다. 이 어플에 사용된 이론적 토대는 인본주의적이고 통합적이며 아동 중심적인 놀이치료이며, 여기서 놀이치료사는 아동의 주도를 따른다. 그러나 치료사는 아동의 치료 과정에서 필요한 경우 지시적 요소를 사용할 것이다. 규칙적으로 게임에 접속하고, 노래하는 괴물에게 먹이를 주고, 그들을 행복하게 해줄 생각을 하면 플레이어는 책임감을 가질 수 있다.

어몽어스

저자 : 소니아 머레이 BAPT 등록된 놀이치료사

하드웨어 : 컴퓨터, 스마트폰, 태블릿

소프트웨어 : 어몽어스 게임 어플, 줌(또는 다른 화면 공유, 원격 제어가 가능한 원격정신건강 플랫폼)

지침 : 휴대폰 또는 태블릿에 어플을 다운로드하고 설치하고 연다. 어플을 사용하기 전에 자녀의 부모/보호자와 어플 사용에 대한 동의를 얻어야 한다. 게임을 열면 캐릭터의 이름을 지정하고 아동과 함께 어떤 대륙으로 갈지 결정한다. 코드를 입력해야 하는 개인 게임을 플레이할 수 있는 여러 옵션이 있다. 다른 사람의 게임이나 친구와 함께 온라인으로 플레이할 수 있다. 온라인 게임에 참가할 때의 어려움은 함께 플레이하는 사람과 채팅에 입력할 수 있는 내용을 제어할 수 없다는 것이다. 친구와 함께 노는 옵션은 개인 놀이치료의 선택사항이 아니라 그룹 놀이치료의 선택사항일 수 있다. 이 게임은 우주 배경을 기반으로 한 사회 추론 게임으로, 캐릭터가 우주선을 파괴하고 크루원(승무원 - 역자 주)을 죽이거나, 임포스터(사기꾼 - 역자 주)를 식별하고 제거하고 완료하는 임무를 맡은 크루원에게 맞서는 임포스터와 맞서 싸우게 된다. 크루원은 임포스터라고 의심되는 캐릭터가 있는 경우 긴급 회의를 소집하거나 시신을 신고할 수 있으며, 그 후 크루원은 임포스터라고 생각하는 사람에 대해 투표할 수 있다. 놀이치료에서 아동은 임포스터가 두 캐릭터를 모두 얻지 않는 한 놀이치료사에게 캐릭터를 완전히 따르도록 요청할 수 있다. 이것은 애착 전략이나 통제의 필요성을 나타내는 지표일 수 있다. 아동이 임포스터일 때 어떻게 노는지 관찰하는 것은 흥미롭다. 그들은 놀이치료사의 캐릭터를 직접 목표로 삼는가? 아니면 다른 캐릭터를 속여서 그들이 동료라고 믿도록 하기 위해 놀이치료사의 캐릭터가 그들 가까이에 있어야 하는가? 인본주의적 아동 중심 놀이치료의 맥락에서 이 게임으로 접근할 수 있는 놀이의 치료적 힘은 매우 많다.

근거 : 이 어플은 게임 플레이를 통해 아동의 애착과 관계 전략을 관찰할

수 있는 기회를 제공한다. 인본주의적 아동중심의 놀이치료 접근 방식을 사용하여 아동은 놀이치료사가 게임에서 어떻게 플레이하는지 선택할 수 있다. 이 게임은 아동이 놀이를 선택하고 놀이치료사를 지시하는 방식을 관찰함으로써 아동의 애착 전략에 대한 정보를 놀이치료사에게 제공할 수 있다. 때때로 회피적 애착 전략을 개발한 아동은 놀이치료사의 캐릭터를 멀리하거나 놀이치료사의 캐릭터를 도우려고 덤벼들고 이는 자신에게 해가 될 것이다. 아동이 감정 주도의 응집력 및/또는 통제적 애착 전략을 개발했다면, 게임 중에 놀이치료사의 캐릭터가 아동의 캐릭터 옆에 있어야 하며, 놀이치료사의 캐릭터의 역할을 알거나 다른 캐릭터 정보를 제공해야 한다.

렌토의 위험

저자 : 소니아 머레이 BAPT 등록된 놀이치료사

하드웨어 : 컴퓨터

소프트웨어 : 구글 크롬, 줌(또는 다른 화면 공유, 원격 제어 가능 원격정신건강 플랫폼)

웹사이트 : www.boardgamesonline.net/Games/online/monopoli

지침 : 웹사이트에 들어가면 플레이어는 온라인 렌토(모노폴리)로 이동하고 재생 버튼을 클릭한다. 이렇게 하면 게임이 로드되고 온라인으로 플레이하거나 솔로로 플레이할 수 있는 옵션이 제공된다. 비밀 보장을 위해 이 개입에 대해 솔로 플레이 옵션이 선택된다. 다음 페이지에는 플레이어 수, 각 플레이어가 시작하는 금액, 플레이 레벨 옵션의 어려움 등을 포함하여 다양한 선택이 제공된다. 아동은 치료사에게 주사위를 던지도록 지시하고 버튼을 클릭하도록 선택할 수 있다. 구매/판매, 입찰 또는 대안으로 줌의 리모컨 버튼을 사용하여 작업을 수행할 수 있다. 치료사는 게임 플레이와 함께 반영적 반응을 사용한다.

세임 레이아웃은 기본적으로 기존 보드게임과 동일하다. 아동은 로봇과 게임을 하며 자신의 게임 전략을 결정한다. 유일한 주요 차이점은 아동이 보드 게임에서와 같이 원하는 숫자를 얻기 위해 주사위를 던질 수 없다는 것이다. 그들이 어떤 전략을 선택하고 게임에 어떻게 접근하는지 보는 것은 흥미롭다. 일부는 모든 재산을 사서 모든 돈을 지출함으로써 모든 위험을 감수하고, 다른 일부는 로봇을 구입할 자금을 조달하기 위해 특정 부동산에 최대한 많은 주택을 짓기로 설정했다. 일부는 불리한 위험을 감수하고 로봇의 부동산에 도착하여 금액을 지불할 경우를 대비하여 돈을 쓰지 않을 것이다. 여느 게임 놀이나 놀이치료와 마찬가지로 이 게임은 발달 단계, 좌절을 견디는 능력, 문제 해결 능력을 포함한 아동의 내적 작동 모델에 대한 통찰력을 제공한다. 또한 게임은 새로운 주제가 출현하거나 이전에 확인된 주제가 지속될 수 있다. 주제는 아동이 놀이의 상징적 본성을 통해 탐구할 수 있는 문제에 대한 작업 가설이다. 아동이 주제를 구두로 표현할 수 없는 경우에는 사실이 아닌 추론인 경우가 많다. 이 게임 동안 등장한 주제 중 일부는 복수, 숙달 및 제어였다. 이 게임은 놀이의 많은 치료적 힘을 사용할 수 있는 기회를 제공한다(Schaefer & Drewes, 2014).

근거 : 이 활동의 접근 방식은 아동 중심의 인본주의적 원격정신건강 놀이치료의 기초를 활용한다. 이것은 온라인으로 보드게임을 할 수 있게 해 달라는 아동의 요청에서 나왔다. 액슬린(Axline, 1947)의 비지시적 원리를 사용하여 아동은 게임을 하는 방법을 선택할 수 있다. 줌이 제공하는 원격 제어 기능을 통해 주사위를 가지고 무엇을 하고 무엇을 사고파는지 제어할 수 있다. 이것은 그들이 원하는 문제를 치료적 관계의 맥락에 따라 자신의 속도로 탐색할 수 있는 환경과 놀이 활동을 제공한다. 이것은 그들이 인내의 창 안에 머물고 압도당하지 않도록 한다.

몰입형 가상 배경으로 가상 모래상자 이미지 탐색

저자 : 레슬리 심슨 그레이, BA(Hons), MA, PGDip, MBACP,

하드웨어 : 가상 어플에 액세스하고 기록하기 위한 iOS(애플 아이패드); 원격

정신건강 회기를 위한 컴퓨터

소프트웨어 : 가상 모래상자 어플, 줌의 HIPPA 호환 버전, 파워포인트(옵션)

사용 가능 연령 : 아동, 청소년; 개인 작업

개입 : 어플 카메라를 사용하여 1인칭 시점에서 모래상자의 하나 또는 두 개의 핵심 영역에 초점을 맞춰 가상의 모래상자를 비디오로 녹화한다. 이는 사물에 가까이 있는 듯한 느낌을 주고, 다양한 사물의 표면을 탐색하며, 모래 선 위, 아래의 이미지와 연결된다.

임상가는 영상 파일을 아동과 공유하고 줌을 통해 데스크톱 PC 또는 맥을 사용하는 세션의 가상 배경으로 추가하도록 지원한다. 또는 아동이 영상에서 스크린샷을 선택하여 임상가가 파워포인트 프레젠테이션을 만드는 데 사용할 수 있다. 임상가는 아동이 프레젠테이션을 가상 배경으로 사용하도록 줌 회의를 설정하도록 지원할 수 있다. 필수는 아니지만 이 두 가지 방법 모두 아동이 360도 수평으로 움직일 수 있는 그린 스크린과 좌석이 있는 경우 가장 효과적이다.

　임상가는 실물 크기의 이미지와 상호작용할 때 아동을 관찰하거나 임상가가 이미지와 상호작용할 때 아동이 임상가를 관찰할 수 있다. 이미지와 함께 현재를 느끼고 본능적인 경험을 함께 공유하기 위해 둘 다 즐겁게 촬영한다. 개입은 몰입 경험을 확장하고 이미지가 환경이 되었다는 인식을 허용한다. 이를 통해 아동은 전신의 움직임, 증가된 신체성 및 생성된 이미지로 참여하는 경험을 할 수 있다.

　이러한 개입은 일종의 가상현실(VR) 예술에 대해 가볍게 소개하여, 아동이 VR 헤드셋에 직접 액세스할 필요 없이 VR 형태의 규모, 볼륨 및 애니메이션 품질을 경험할 수 있도록 한다. 아동은 개입하는 동안 임상가 및 주변 환경과의 시청각적 연결을 유지할 수 있다. 임상가는 구두 의사소통에 덜 의존하면서 자신, 아동 및 이미지 사이의 "삼각형 치료 관계"(Schaverien, 2000; Gussak & Rusal, 2016)의 생성을 관찰하고 지원할 수 있다.

개입은 임상가와 아동 모두가 다른 장소로 변환된 느낌을 받을 수 있도록
한다. 하지만 VR과 달리 아동들은 몸 전체를 볼 수 있기 때문에 이미지는 물
론이고 자신과 연결되어 있다고 느낄 수 있다. 실제 세계에서 자연스럽게 연
결되는 것과 유사한 방식으로 손을 사용하여 이미지와 연결하도록 유도한
다. 임상가는 이미지와의 연결과 단절의 순간을 목격하고 통찰력을 공유하
고 은유가 등장할 때 탐색할 수 있다.

감정 괴물

저자 : 로렌 스토클리, LCSW, RPT-S, ECMHS, PPSC(일명 창조적 놀이치
료사)

하드웨어 : 컴퓨터 또는 태블릿

소프트웨어 : 구글 슬라이드; Hopscotch 또는 디지털 아트 프로그램

소개 : 아동들이 색상, 소리 또는 기타 매체를 사용하여 자신의 감정을 감각
적으로 표현하도록 격려하는 것은 감정 인식을 향상시키고 감정 표현을 촉
진하는 일반적인 마음챙김 개입이다. 이 간단한 활동에서 내담자는 자신이
괴물이라면 감정이 어떨지 상상한다. 이것은 내담자가 내면 세계를 더 잘 이
해하는 데 도움이 될 뿐만 아니라 치료사가 내담자와 감정의 관계를 평가할
수 있도록 한다. 아동들이 치료 과정에서 생각과 경험을 처리함에 따라, 우
리는 아동들이 감정을 대할 때 회피나 저항의 방식에서 자연스럽게 감정을
수용하는 모습으로 바뀌는 것을 보는 경향이 있다. 치료의 나중 단계에서 이
지시를 다시 반복하는 것은 때때로 내담자가 자신의 감정을 나타내는 괴물
에 대해 더 많은 연민을 느끼거나 감정에 대한 태도가 부드러워졌음을 보여
줄 수 있다. 소프트웨어를 사용하여 이러한 개입에 디지털 방식을 적용하면
내담자가 활동에 참여할 때 창의적인 길을 열 수 있으며 다양한 요구와 양식
에 맞게 쉽게 조정할 수 있다.

설정 지침 :

- 옵션 I : 내담자에게 감정 괴물의 '자유로운' 버전을 만들기 위해 디지털 아트 소프트웨어를 제공한다. 이것은 원격정신건강 회기에서 '화이트보드'를 사용하거나 내담자가 아트 어플 또는 브라우저 기반 그리기 도구(예 : Sketch.io, Aggie.io)를 화면 공유하도록 지시하여 수행할 수 있다.

- 옵션 2 : Hopscotch는 HIPAA 준수 원격 의료 플랫폼으로 아동 및 청소년 정신건강 치료사가 고품질 디지털 개입 라이브러리에 액세스할 수 있도록 한다. GetHopscotch.com에서 대화형 감정 괴물 운동과 수백 가지의 다른 디지털 운동을 무료로 이용할 수 있다.

- 옵션 3 : 구글 슬라이드 및 파워포인트와 같은 프레젠테이션 프로그램을 사용하여 자신만의 대화형 감정 괴물 활동을 만들 수 있다.
  - 저작권 무료인 괴물 색칠 공부 페이지를 검색하여 시작한다. 다음으로, 프리젠테이션에 삽입하기 전에 괴물 내부의 얼굴과 공백을 제거한다(배경은 그대로 둠).
  - 사각형의 색상을 변경하면 괴물의 색상이 변경되도록 괴물의 이미지 뒤에 컬러 사각형을 추가한다.
  - 저작권 무료 이미지 또는 괴물 특징의 GIFs를 검색한다. 배경(예 : Remove.bg)을 제거하고 프레젠테이션의 새 페이지에 추가한다.
  - 그런 다음 내담자는 색상을 선택하고 기능을 구성하여 괴물을 사용자 지정할 수 있다.
  - '괴물을 조심해(Be Mindful of Monsters)'의 개념과 일러스트레이션이 포함된 무료 구글 슬라이드 템플릿을 보려면 CreativePlayTherapist. com/feelings-monster를 방문한다.
  - 원격 치료 중에 프레젠테이션을 열고 내담자와 화면을 공유한다. 최상의 결과를 얻으려면 치료사가 내담자에게 화면을 원격으로 제어할 수 있도록 하는 줌 또는 다른 플랫폼을 사용한다.

개입 : 내담자에게 디지털 감정 괴물을 생성할 수 있는 옵션을 제공하고 "당신의 감정이 괴물이라면 어떤 느낌이 들까요?"라는 질문으로 시작한다. 그런 다음 내담자가 선택한 매체를 사용하여 보여주고 창작할 때 감각을 사용하도록 권장한다. 그들은 자신의 모든 감정을 표현하기 위해 하나의 괴물을 디자인하거나 다른 감정이나 사건과 관련된 여러 괴물을 사용할 수 있다.

- 내담자를 초대하여 자신의 괴물에 대해 더 많이 공유하도록 한다. 이 활동에는 여러 가지 방향이 있다. 다음은 괴물과 아동의 관계를 탐구하는 데 도움이 되는 몇 가지 질문이다.
  - 당신의 괴물에 대해 어떻게 생각하나요? (예 : 괴물을 좋아하나요/싫어하나요?). 괴물에게 하고 싶은 말이 있나요? (예 : 찢어버려? 갖다버려? 안아줄까?). 괴물이 말을 할 수 있다면 무슨 말을 할까요? 괴물에게 필요한 것은 무엇인가요?
- 이 활동에 또 다른 감각적 요소를 추가하기 위해 내담자가 괴물 소리나 주제가(예 : BeepBox.co)를 만들 수 있도록 하는 온라인 음악 프로그램을 통합할 수 있다.
- 이 활동은 단독으로 또는 아동들이 어려운 감정을 받아들이도록 돕는 동화책인 괴물을 조심해(*Be Mindful of Monsters*)와 함께 할 수 있다. 100페이지 분량의 마인드풀 몬스터 치료법(Mindful Monsters Therapeutic)에도 유사한 개입이 등장한다. Bumblebls.com/Books를 방문한다.

터치하여 감정 배우기

저자 : 제니퍼 테일러, LCSW-C, RPT-S

하드웨어 : 스마트폰, 태블릿

소프트웨어 : 만지고 배우기–감정 어플, 와이파이 필요 없음

사용 가능 연령 : 미취학 아동 및 초등학교 연령 아동 및/또는 자폐스펙트럼 장애 또는 기타 발달 지연 진단을 받은 아동

지침 : 많은 정신건강 치료 계획의 기본 목표는 단어로 감정을 올바르게 명명하고 다른 사람의 얼굴 신호를 이해하고 인식할 수 있도록 하는 것이다. 이 만지고 배우기 감정 어플을 다운로드하면 사용자에게 30가지가 넘는 다양한 느낌을 얼굴이나 감정으로 표현하는 실제 사람의 네 가지 고품질 이미지가 표시된다. 4개의 이미지는 크기가 동일하며 일반 휴대폰에서 쉽게 모두 한번에 볼 수 있다. 어플의 음성은 감정(예 : 슬프다, 자랑스럽다, 설렘)에 이름을 붙이고 사용자는 감정에 맞는 대응 사진을 터치한다. 사용자가 감정을 올바르게 식별하면 어플은 "잘했어!" 또는 "너가 해냈어"와 같은 긍정적인 칭찬으로 응답한다. 사용자가 올바르지 않게 선택하면 윙윙거리는 소리가 들리고 계속해서 다시 시도할 수 있다. 점수가 매겨지거나 등급이 매겨지지 않으며 원하는 기간 동안 새 프롬프트를 계속 사용할 수 있다. 각각의 얼굴은 다양한 문화적 배경과 모든 연령대(출생부터 노년까지)의 사람들을 나타낸다. 화면을 물리적으로 만질 수 없는 원격 건강 애플리케이션의 경우, 아동은 그림을 설명하거나 위/아래 및 왼쪽/오른쪽을 말하거나 그림의 방향을 가리키며 선택을 표시할 수 있다.

평가 도구인 이 어플을 통해 아이들이 시각적 신호(실제 사람의 얼굴을 보며)를 기반으로 얼마나 잘 느낄 수 있는지를 빠르고 쉽게 배울 수 있다. 어플에는 채점 기능이 없지만 임상가는 수동으로 올바른 응답을 확인할 수 있다. 기준선으로 임상가는 10가지 선택 항목 중에서 얼마나 많은 감정이 확인되었는지 알 수 있다. 임상가는 또한 아동이 기본 감정(기쁨, 슬픔, 화난)에 대해서는 잘하지만 다른 감정(자랑스러움, 좌절감, 흥분됨)에 대한 풍부한 감정 표현이 부족한지 알 수 있다.

　얼굴 감정 어휘가 제한적이거나 자신의 감정을 식별하는 데 어려움이 있거나 다른 사람의 얼굴 신호를 인식하고 이해하는 데 장애가 있는 아동과 함께 작업할 때 이 어플이 도움이 될 수 있다. 어플의 4박스 스타일은 가상 학교 환경에서 아동들이 경험할 수 있는 다양한 얼굴을 모방하고 같은 수업이나 회의에서 사람들이 표현하는 감정의 차이에 대해 이야기하는 데에도 사용할 수 있다.

근거 : 이 어플은 다양한 사람들(민족, 연령, 성별)의 고품질 사진을 보여 주므로 아동이 일상 생활에서 접할 수 있는 다양한 사람들의 표정을 식별할 수 있다. 득점이나 게임 요소가 없기 때문에 아동은 다른 사람보다 더 잘해야 한다는 압박감 없이 해낼 수 있는 만큼의 얼굴을 연습할 수 있다. 어플은 개인 데이터를 수집하거나 정보를 보유하지 않으므로 보호되어야 하는 건강 정보 처리에 대한 걱정 없이 하루 종일 반복적으로 사용할 수 있다.

디지털 스토리북

저자 : 린 루이스 원더스 LPC, RPT-S, CPCS

하드웨어 : 컴퓨터; 컬러 프린터는 선택사항

소프트웨어 : 웹사이트 www.mystorybook.com

사용 가능 연령 : 5~11세

지침 : 이 개입은 원격정신건강이나 대면 놀이치료 회기 동안 사용할 수 있다. 디지털 동화책 제작 사이트는 쉽게 탐색할 수 있고 어린이에게 친숙하다. 원격정신건강을 통해 놀이치료를 제공하는 경우, 부모 또는 보호자는 아동 내담자를 계정으로 설정하는 것을 허가하고 지원해야 한다. 원격정신건강에 대한 이러한 개입 과정은 화면 공유 옵션을 사용하여 치료사가 관찰하고 촉진할 것이다. 대면 놀이치료 회기에 이 개입을 사용하는 경우 치료사는 다양한 내담자와의 회기에서 개입을 사용할 수 있는 웹사이트에 자신의 계정을 만들고 싶어 할 것이다. 웹사이트 사용은 무료이지만 창작물의 디지털 사본을 다운로드하려면 5달러의 요금이 부과된다.

치료사는 '나와 나의 세계'라는 제목의 책을 만들도록 아동을 초대할 것이다. 치료사는 이미지, 그림, 단어, 모든 옵션의 장면을 사용하여 아동이 자신과 자신에게 중요한 세상의 모든 부분을 보는 방식을 나타내는 이 책을 만들도록 요청한다. 아동에게 더 많은 지시가 필요한 경우 치료사는 가족, 집, 학교, 친구, 아동이 즐기는 것, 아동의 삶에서 중요하다고 느끼는 사건을 언급할 수 있다.

치료사는 아동이 도움을 필요로 하는 경우에 대비하여 사전에 사이트의 간단한 작동에 익숙해져야 하지만 일반적으로 아동 내담자는 디지털 프로그램에 정통하고 책을 만드는 방법을 쉽게 알 것이다. 내담자는 배경 장면, 원하는 대로 표시되도록 편집할 수 있는 사람, 다양한 개체 및 항목을 선택할 수 있다. 장치에서 이미지를 업로드하거나 그리기 방식을 사용하는 옵션도 있다.

모래놀이치료와 마찬가지로 내담자는 '나와 나의 세계' 책을 만들 수 있는 백지 상태를 가지고 있다. 아동이 책을 만들 때 치료사는 아동의 활동을 따라가고 반영하며, 활동은 주로 아동이 주도한다. 이 책은 문자 그대로 표현되거나 더 은유적으로 나타날 수 있다. 치료사는 평가 또는 라포 형성을 위해 이 개입을 사용할 수 있다. 이 개입은 또한 아동의 관점이 어떻게 성장하거나 이동했는지에 대한 진행 상황을 측정하기 위해 치료의 다양한 단계에서 사용될 수 있다.

결론

다양한 이론적 관점 및 인구 집단과 함께 일하는 임상가는 놀이치료에서 디지털 도구를 사용하는 것의 가치를 알게 된다. 놀이치료사마다 용도는 다를 수 있다. 다양한 사람들의 치료 도구 활용 방법을 듣는 것의 중요성은 도구가 치료 결과를 달성하기 위해 얼마나 매우 다르게 또는 유사하게 사용될 수 있는지 이해하는 것에 있다. 소프트웨어나 하드웨어가 크든 작든 그 영향은 측정할 수 없다.

참고문헌

Aust, P. (1981). Using the life story book in treatment of children in placement. *Child Welfare*, *60*(8), 535–536, 553–560.

Axline, V. (1947). *Play therapy*. Ballantine.

Clement, J. (2021). Number of monthly active players of Minecraft worldwide as of March. *Statista*. www.statista.com/statistics/680139/minecraft-active-players-worldwide/

Ellis, A., & Harper, R. A. (1997). *A guide to rational living*. Wilshire Book Company.

Fallon, S. (2015). How big is Minecraft? Really, really, really big. *Wired*. www.wired.com/2015/05/data-effect-minecraft/

Fraser, T. (2014). Home should be where your story begins. *Relational Child and Youth Care Journal*, *28*(2), 27–33.

Gobbetti, E., & Scateni, R. (1998). Virtual reality: Past, present, and future. *Virtual Environments in Clinical Psychology and Neuroscience*. https://people.unica.it/riccardoscateni/files/2013/07/Gobbetti1998VRP.pdf

Gussak, D. E., & Rusal, M. L. (2016). *The Wiley handbook of art therapy*. Wiley. https://onlinelibrary.wiley.com/doi/pdf/10.1002/9781118306543.fmatter

Internet meme. (2021, June 8). *In Wikipedia*. https://en.wikipedia.org/w/index.php?title=Internet_meme&oldid=1027598876

Kaczkurkin, A. N., & Foa, E. B. (2015). Cognitive-behavioral therapy for anxiety disorders: an update on the empirical evidence. *Dialogues in Clinical Neuroscience*, *17*(3), 337–346.

Limited, Q. V. (2017, October 26). Quiver masks. *App Store*. https://apps.apple.com/us/app/quiver-masks/id1301615484.

Perry, B. (2009). *Transitions*. https://cyc-net.org/cyc-online/cyconline-mar2009-perry.html?fbclid=IwAR0YPEsE5qEKX4osliqAr_SiJyn-D6JXYwTO6CxQCBdGkIQGInm57n_GufU

Play-Doh TOUCH. (2016, October 31). *App store*. https://apps.apple.com/us/app/playdohtouch/id1092148948

Reese, J. (2009). *Life story books for adopted children: A family*. Jessica Kingsley Publishers.

Schaefer, C. E., & Drewes, A. A. (2014). *The therapeutic powers of play: 20 core agents of change* (2nd ed.). John Wiley & Sons.

Schaverien, J. (2000). The triangular relationship and the aesthetic countertransference in analytical art psychotherapy. In A. Gilroy & G. McNeilly (Eds.), *The changing shape of art therapy* (pp. 55–83). Jessica Kingsley.

Sirani, J. (2021). Top 10 best-selling video games of all time. *IGN*. www.ign.com/articles/2019/04/19/top-10-best-selling-video-games-of-all-time

Stone, J. (2015). Board game play therapy In K. J. O'Connor, C. E. Schaefer, & L. D. Braverman (Eds.), *The handbook of play therapy* (2nd ed., pp. 309–323). Wiley.

Sutherland, I. (1965). *The ultimate display*. http://worrydream.com/refs/Sutherland%20-%20The%20Ultimate%20Display.pdf

젠, 잭, 타일러
구체적 사례 – 일반적인 디지털 놀이치료

사 례는 임상 서적이나 연구, 수련에서 논의된 개념들을 강조하고 설명
하는 데 효과적이다. 임상에서 개념들이 내담자들에게 어떤 방식으
로 적용되는지 아는 것은 개념들을 구상하고 통합하게 한다. 다음 사례들은
그러한 설명을 제공하기 위한 것이다. 포함된 세부사항들은 사례개념화와
치료계획에 도움이 되는 개념을 확장하기 위한 것이다. 비밀보장을 위해 모
든 식별 정보는 변경하였다. 각 사례에서 다양한 유형의 디지털 하드웨어(태
블릿, 콘솔, 가상현실) 사용을 강조했다.

아이패드 프로, 12.9" 태블릿

가상 모래상자

제니퍼(젠)는 엄마와 함께 놀이치료를 받기 위해 내원한 7살의 2학년 학생이
다. 젠의 어머니는 사회적 상황에서 딸이 겪는 어려움, 형제 자매 간의 상호
작용, 그리고 자존감에 대해 걱정했다. 젠은 생물학적 부모 그리고 세 형제
와 함께 살고 있다. 젠은 셋째 아이이다.

  젠과 형제 자매들은 모두 공식적인 심리 평가를 통해 지적으로 영재 범위
내에 있는 것으로 밝혀졌다. 영재가 사회적으로 어려움을 겪는 일반적인 경

험이라는 것을 염두에 둘 필요가 있다. 영재가 된다는 것은 근본적으로 대부분의 사람들과 다르게 생각한다는 것이다. 영재의 빈번한 생각의 깊이와 폭은 영재와 영재가 아닌 사람이 상대방이 왜 사물을 동일하거나 비슷한 방식으로 이해하고, 표현하거나 논의하지 않는지 이해하지 못하는 상황에서 종종 어려움을 겪는다. 이는 마치 당사자들이 서로 다른 언어를 사용하는 것처럼 보일 수 있으며, 어떤 면에서는 실제로 그렇다(Stone, 2018, 2019; Daniels & Piechowski, 2009).

영재성은 놀이치료 경험에도 영향을 미친다. 이런 영향은 행동, 요구, 관심으로 나타나는데, 또래와 같은 방식은 아닐 수 있다. 이러한 차이의 원인 중 하나는 비동시적 발달이다(Stone, 2019; Silverman, 1997). 영재들이 특정 분야에서 또래에 비해 상당히 다른 속도로 발달하는 것은 매우 일반적이다. 일반적인 세 영역은 신체, 정서, 지능이다. 7세 영재는 4세의 신체발달(체격, 신장, 협응, 운동 등)을 보일 수 있으며, 5세 수준의 정서발달, 14세 수준의 지적발달을 나타낼 수 있다. 이는 한 가지 예시이며, 다양한 양상을 보일 수 있다.

각 영역에 따라 아동은 다르게 보이고, 때때로 기대 범위를 벗어나기 때문에 놀이치료사는 이러한 비동시성으로 약간 놀랄 수 있다. 예를 들어, 내담자가 14세의 지적 발달 수준을 가지고 있지만, 우노 게임에서 아동이 졌을 때 5세 아동처럼 화를 내는 것을 보게 된다면 놀랄 수 있다. 게임을 하는 14세 수준의 지능은 인상적이다. 치료사는 아동의 수준 높은 전략 사용과 기술, 예측 능력 등에 감탄할 수 있지만 아동의 유아적인 행동, 사회적 기술 발휘의 어려움, 좌절, 인내력의 부족, 분노발작을 하며 대처 능력이 미숙한 모습에 긴장하거나 혼란스러울 수 있다.

젠은 어머니와 교사가 보고하고 회기에서 목격한 대로 자주 비동시적 행동을 보였다. 자신의 행동이 다른 사람들과 왜 그렇게 다른지(상황의 한가운데에 있지 않을 때는 이것을 인식할 수 있었음) 또는 사람들이 왜 자신에게 부정적인 반응을 보이는지 이해하지 못하기 때문에 비동시성이 일어날 때 상당히 혼란스러웠다. 젠은 자신이나 다른 사람에게 기대한 것과 다른 사람들이 그녀에게 기대하는 것이 일치하지 않는 수많은 불일치를 경험하고 있었다. 이것은 관련된 모든 사람들에게 엄청난 좌절과 혼란을 야기했다.

젠의 정서 발달은 지적 발달에 비해 다소 늦었기 때문에 이러한 혼란과 좌절에 대한 반응은 종종 다른 사람들이 용납할 수 없는 행동이었다. 그녀는 곤경에 처하거나 부정적인 또래 상호작용을 하게 될 수 있고, 이는 자신의 능력과 지위에 대해 스스로 의문을 제기하거나 완벽주의를 활성화할 것이다. 종종 젠은 그녀가 통제력을 되찾을 수 있기를 바라는 방법을 사용했는데, 이는 그녀가 안전함을 느끼게 할 수는 있겠으나, 다른 사람들을 멀어지게 하고 화나게 할 것이다.

매우 광범위하고 심층적으로 멈추지 않고 생각(매우 바쁜 마음)하는 능력이나 성향을 가진 이런 아동은 자신과 타인, 이 세상에서 자신의 위치에 대해 끊임없이 의문을 던진다. 젠은 지쳤고, 자신을 피곤해하는 사람들에게 거절감을 느꼈으며, 상황을 개선할 방법을 찾을 수도 없었다. 젠과 자주 교류하는 사람들은 그녀가 우월하거나 통제하는 것처럼 행동할 것이라고 느꼈고, 젠은 자주 외로움을 느꼈다. 젠은 자신을 이해하지 못하는 사람들과 종종 교류했다. 7세라는 어린 나이에 이미 그녀는 이것이 일반적인 일이 될 것이라고 예상했다. 젠의 언어로 소통할 수 있고 처방적 놀이치료와 같은 맞춤형 방식의 정신건강 관리를 조율할 수 있는 놀이치료사는 뚜렷한 강점이 있다. 만약 그녀의 복합적 특성이 존중과 이해를 받고 치료에 통합된다면 치료적 상호작용은 성공적일 뿐 아니라 젠이 일반적으로 경험한 것과는 다른 중요한 차이점을 모델링 할 것이다.

치료회기

젠은 탐색으로 가득 찬 회기로 놀이치료를 시작했다. 그녀는 처음에 놀이방의 모든 규칙과 경계를 알고 싶어 했다. 이것은 각 놀이치료사마다 확연히 다르나. 이곳은 규칙이 거의 없으며 다음의 내용이 포함된다. 1) 이곳은 우리가 서로를 존중하는 장소이다, 2) 놀이방을 존중한다: 놀이방에 있는 물건을 소중하게 다룬다, 3) 놀이방을 더 존중한다: 다음 활동으로 넘어가기 전에 함께 활동을 정리한다. 첫째, 서로를 존중하는 것은 치료사가 한 명의 사람으로서 일치성이 있는지이다. 존중은 의사소통과 마찬가지로 높이 평가된다. 시간이 지남에 따라 상호 존중은 관계와 함께 성장하고 일반적으로 조화로운 치료 관계로 이어진다. 주제가 어렵거나 두 사람이 동의하지 않는 경우에도 서로에 대한 근본적인 존중은 상호작용을 향상시킨다. 놀이방에서 나이가 존중의 정도를 결정하지는 않는다. 따라서 강조점은 상호성에 있다. 첫 번째 및 세 번째 놀이방 규칙은 젠에게 처음에는 다소 혼란스러웠으나, 시간이 지남에 따라 자연스럽게 몸에 배게 되었다.

어른들은 종종 위계적인 방식으로 아동에게 존중을 기대하고 그에 대해서는 존중을 전하지 않기 때문에 상호 존중의 개념은 많은 아동에게 혼동을 줄수 있다. 관계의 본질에 대한 개념 중 하나는 다음과 같다. "나는 어른이고, 너는 나의 지위, 의견, 요청/요구를 존중할 것이고, 너는 존중받을 위치에 있지 않은 아이이다." 놀이방에서 이 역동은 아동과 성인(또는 가족 구성원 모두)을 위한 상호성을 포함하도록 변형된다. 내담자(연령에 관계없이)와 치료사는 모두 자신의 삶의 경험을 회기에 가져와 이를 삶의 개선이라는 목표를 위해 함께 활용한다. 많은 사람들에게 이것은 새로운 경험이며, 언어적 및 비언어적 방식 모두에서 놀이방 내 많은 상호작용을 통해 현실성이 강화될 것이다.

젠은 매주 치료사와 만났고 치료 기간은 26주였다. 그녀는 정기적으로 참석했으며 치료의 성과를 유지하기 위해 필요에 따라 치료 일정을 조정했다. 부모와의 만남은 필요할 때 재량에 따라 이루어졌으며 10회기와 11회기 사이에 가정에서의 상호작용에 대해 논의하고 양육 정보 제공을 위해 한 번의 약속을 잡았다. 치료사는 부모와 3번의 약속을 잡았다. 한 번은 5회기와 6회기 사이에 젠의 성격, 스타일 및 욕구에 대해 지금까지 이해한 것을 논의하고 부모가 제기한 모든 질문에 대해 논의했다. 14회기와 15회기 사이에 부모에게 몇 가지 질문을 하고, 누락된 정보를 채우고, 발생한 질문에 답변했다. 마지막에는 26회기 이전에 현재까지의 치료에 대해 이야기하고, 그동안의 작업이 일상 생활에 어떻게 통합되었는지, 또한 종결 과정에 대해 논의했다.

모든 상황마다 회기를 놓치지 않도록 치료사든 내담자든 일정을 조절하는 것이 가능하지 않다는 것을 이해한다. 그러나 회기의 일관성을 유지하는 것이 바람직하다. 회기의 길이가 45분이고 주당 출석이 일정하다면 처음 5분에서 10분은 다시 연결하는 데 사용되며 언어적 상호작용이 회기의 일부인 경우 일주일 동안 있었던 일에 대해 말하는 데 사용된다. 재연결은 많은 놀이 활동을 통해 여러 가지 방법으로 할 수 있으며 언어화를 필수로 요구하지 않는다. 다음 30분은 치료를 진전시키는 활동과 상호작용이 있는 회기의 '핵심'이다. 남은 시간은 마무리를 위해 사용된다. 시간의 시작과 끝을 함께 하고 내담자가 조기에 더 개방적이고 더 취약한 위치에서 일상 생활로 돌아갈 가능성을 줄이는 것이다. 내담자가 회기를 놓치거나 회기를 따로따로 예약해야 하는 경우 연결/재연결 프로세스가 훨씬 더 오래 걸릴 수 있고 핵심 시간이 줄어들 수 있으며 종결 과정이 더 어려워질 수 있다. 이는 일반적인 사항이며 내담자 특성, 환경과 치료계획에 따라 달라질 수 있다.

젠은 처음에 보드게임을 하면서 대부분의 시간을 보냈다. 그녀는 특히 만칼라, 마스터마인드 및 스트라테고와 같은 전략게임을 즐겼다. 이 게임은 젠의 세계에 대한 풍부한 정보를 제공했다. 그녀는 전략가이다. 젠은 주어진 상황을 평가하고 이를 통해 성공적으로 대처하는 방법을 만드는 능력으로 인해 그녀의 삶은 엄청난 힘을 얻었고 그녀는 정말 즐겼다. 그녀는 자신의 목표를 정할 수 있었고 환경의 세부 사항을 통합하여 해당 목표를 성공적으로 달성할 수 있었다. 그녀가 보드게임을 하면서 그렇게 쉽게 해내는 모습을 보면서 치료사는 '왜 그녀는 이러한 기술을 사회적 상호작용에 적용할 수 없을까?'라는 질문이 가장 먼저 떠올랐다. 젠에 대해 더 깊이 이해하는 것이 중요했다.

보드게임은 숙련노, 좌절을 견디는 힘, 대처 기술, 전략적 능력, 대략적인

IQ 추정치, 사회적 상호작용 능력/스타일, 강점, 규범 준수 수준, 라포 수준 및 발달과 같은 영역을 평가하고 이해하는 데 매우 유용하다(Stone, 2016). 젠에게 있어 미리 정해진 보드게임의 구조 덕분에 그녀는 처음에 자신감과 숙달감을 얻을 수 있었고 견고한 관계를 구축하는 데 도움이 되었다. 일부 아동의 경우 보드게임 놀이치료(Stone, 2016)가 치료 전반에 걸쳐 도움이 된다. 그러나 젠에게 그것은 그녀의 안락한 지대에 머무르는 방법이 되었다. 처방적 놀이치료에 따라 젠이 더 정서적으로 움직이는 경기장으로 '내려오는 것'을 돕기 위해 새로운 활동을 도입하기로 결정하였다. '내려오는 것'은 지적인 영역(두뇌)에서 감정적인 영역(심장)으로 접근하는 것을 가리키는 용어이다.

젠에게 전통적인 모래상자를 소개하고 쟁반, 모래, 미니어처 피규어들이 있는 선반을 보여주었다. 그녀는 아주 잠깐 모래를 만져본 후 만지고 싶지 않다고 했다. 그녀는 모래의 감촉부터 그 안에 숨어 있을 세균에 이르기까지 모든 것에 대해 말했으며 하고 싶어 하지 않았다. 모래놀이치료 과정과 그로부터 얻는 정보는 정말 필요했기 때문에 젠은 미술재료, 아이패드의 가상 모래상자 및/또는 감각 자료와 같은 몇 가지 옵션을 선택할 수 있었다. 그녀는 가상모래상자를 선택했다. 그녀는 아이패드의 사용과 그 과정에 대한 설명에 흥분했다. 젠은 모래를 만지지 않고도 세상을 만들 수 있었다.

젠은 모래 파내기, 모래 쌓기, 모래 칠하기, 3D 모델 배치와 같은 기본적인 기능에 대해 간략한 설명을 들었다. 그녀는 몇 분 동안 주의 깊게 듣고 나서 빠르고 단호한 동작으로 아이패드를 터치했다. 그녀가 푸른 잔디, 용암, 모래 장벽, 액체 층에 깊이 파인 구멍이 포함된 장면을 만들기 전의 순간이었다. 그녀는 적합한 건물, 울타리 및 동물을 찾기 위해 모델을 검색하기 시작했다. 그녀에게 도움을 청하도록 격려하였지만 그것이 그녀에게 도움이 되었을 때에도 그녀는 그러지 않았다. 그러면 치료사는 젠이 약간 어려움을 겪을 때를 인식하고 동물 크기 조정과 같은 작업을 수행하는 방법을 은근하게 또는 직접적으로 신속하고 간결하게 설명하여 도움을 제공했다. 그녀는

"오, 저 동물을 더 크게 만들 수 있는 거 봤어? 그렇게 하고 싶으면 여기를 길게 누르고 더 크게 만들어" 등의 들뜬 발언을 가장 잘 받아들였다. 그것은 치료사가 그녀를 도우려 한 것이 아니라 화면 구성 요소를 가리키며 설명을 읽은 것이다.

시간이 지남에 따라 젠은 많은 모래상자를 만들었다. 일부 회기에서 그녀는 새로운 상자를 만들고 회기 시간의 대부분을 작업했다. 그녀가 이전에 저장한 상자로 돌아가기도 했다. 이런 경우 수정된 상자는 다른 파일 이름으로 어플 내에서 저장되었다. 예를 들어 원본 파일의 이름이 'flowers'인 경우 다음 파일의 이름은 다른 파일과 구별하기 위해 'flowersb'로 지정할 수 있다. 이를 통해 치료사는 각각으로 돌아가서 예전과 현재 정보를 비교하여 어떻게 변화되었는지 확인할 수 있다. 각 내담자는 가상 모래상자(Virtual Sandtray) 어플에 각자 보안된 상태로 로그인하기 때문에 젠이 로그인하면 모든 상자를 사용할 수 있다.

젠의 상자에서 반복적으로 드러나는 주제는 혼돈과 소외였다. 그녀의 상자는 물건으로 가득 차 있었다. 그녀는 마음속이 어떤 느낌인지 묘사하고 있는 것 같았다. 바쁘고 꽉 차서 어디에 초점을 맞춰야 할지 모를 일이 너무 많았다. 자세히 살펴보면 명백한 혼돈 속에 분리와 세부 사항의 주머니가 있음을 알 수 있다. 한 영역에는 다양한 종류와 크기의 15마리의 용이 나무들 사이에 있었고 어떤 식으로든 다른 이들과 교류하려 하고 있었다. 다른 용들과 떨어진 모래 속에 일부가 묻혀 있는 작은 용이 있었다. 젠의 복잡하고 꽉 찬 상자에는 이러한 요소가 흩어져 있다. 이것은 치료사를 향해 "내가 말하려는 깃이 무엇인지 알 수 있어요? 대부분의 사람들은 나를 이해하지 못하는데 당신은 나를 이해할 수 있어요?"라고 묻는 테스트처럼 판단하기 어려웠다. 또는 젠 자신도 그녀가 무엇을 묘사하고 있는지 모를지도 모른다. 어느 쪽이든, 주제의 반복은 중요했고 발달사로 확인해 볼 수 있는 요소가 있었다.

다른 모래놀이치료 이론은 모래상자 개입에 다르게 접근하고, 목격하고, 처리한다. VSA의 환상적인 특징은 치료사가 원하는 방식으로 활용할 수 있

다는 것이다. 치료사가 자신의 이론적 토대를 활용하도록 초대하는 도구이
다. 젠과의 회기에서는 처방적 관점에서 접근함으로써 치료사와 내담자가
결정한 대로 치료 과정과 상호작용이 진행될 수 있었다.

　때때로 젠은 자신의 흐름 속에서 작업했다. 그녀는 완전히 침묵하거나 조
용히 혼자 중얼거린다. 그녀는 상자를 완성하고 뒤로 앉아서 그것을 보거나
특정 부분을 검사할 수 있도록 각도를 변경했다. 그녀는 상자를 회전하고 확
대하고 자신이 중요하다고 느끼는 것을 스크린샷으로 찍곤 했다. 다른 경우
에는 젠이 치료사와 더 직접적으로 상호작용했다. 그녀는 상자에서 무언가
를 성취하는 방법부터 치료사의 의견을 구하는 것까지 다양한 질문을 했다.
상자가 완성되거나 회기가 끝나면 이야기를 하기도 하고 그렇지 않을 때도
있다.

　한 회기에서 그녀는 치료사에게 창조물에 대해 어떻게 생각하는지 물었
다. 이것은 VSA를 사용한 그녀의 세 번째 회기였다. 치료사의 반응은 젠이
정말로 알고 싶어했던 것과 그녀가 질문을 통해 찾아내기 원하는 것을 가능
한 한 많이 이해하는 데 중점을 두었다. 예를 들어, 그녀는 인정받기를 원하
는 것인가? 더 실증적인 욕구인가? 치료사가 이야기나 과정에 참여하거나
안내해주기를 원하는 것인가? 무엇인가 막혀있는 것인가? 질문의 근본적인
의도나 욕구는 정말 중요했다.

　소외라는 주제가 놀이치료실 밖의 그녀의 삶과 그녀의 상자에 너무 만연
했기 때문에 젠이 치료사에게 작은 용이 무엇을 할 수 있는지 물었을 때(앞
서 언급한 반쯤 묻힌) 그것은 상호작용과 안내의 필요성에 바탕을 둔 질문으
로 보였다. 치료사는 젠이 시나리오를 어떻게 개념화했는지 좀 더 잘 이해하
기 위해 질문으로 응답했다. 이것은 치료사의 추측을 피하려는 시도였다. 이
작은 소외된 용에 대한 상호작용은 매우 막연하고 모호하게 시작하여 상자
의 역동에 대한 젠의 관점에 대해 더 많이 이해할수록 더 구체화되었다.

　젠은 용이 갇혀 있다고 밝혔다. 그녀는 자신이 곧 모래에서 빠져나와야 한
다는 것, 그렇지 않으면 존재가 드러나지 못할 수 있다는 것을 알고 있었다.

주변에 다른 용들이 너무 많았고 그녀는 어떻게 자신을 파내야 할지 몰랐다. 다른 용들은 그녀에게 관심조차 두지 않았고, 그녀는 그곳에 아주 오래 있었다. 젠은 이 저장된 상자를 여러 번 다시 방문했고, '드래곤'에서 '드래곤7'에 이르는 다양한 이름의 파일을 갖게 되었다. 그녀는 연결되어 있었고, 이 작은 용은 정말 오랫동안 그곳에 있었다. 그녀가 갇힌 것이 분명했다. '드래곤 5'에서 조력자의 역할과 존재에 대한 논의가 시작되었다. 조력자를 어떻게 식별할까? 어떤 사람이 믿을만한지 판단하기 위해 조력자의 어떤 점들을 알아봐야 할까? 어떻게 도움을 요청할까?

이러한 개념은 젠에게 매우 두려운 것이었다. 그들은 그녀에게 불안하고 불안정한 감정을 불러일으켰고 그녀는 일반적으로 어떤 대가를 치르더라도 이러한 상황을 피할 것이다. 다행히도 치료사와 내담자 사이의 라포가 잘 형성되어 치료사가 젠에게 자신의 안전 지대를 확장하도록 요청할 때 그녀는 신중한 참여자가 되었다. 젠은 팔을 엉덩이에 얹은 다채로운 색깔의 용을 도우미 역할로 지정할 수 있었다. 이 용은 신뢰감을 증명했기 때문에 작은 용을 도울 수 있었다.

'드래곤7'에서 작은 용이 묻히지 않게 됐을 때 그 과정은 길고 비교적 더뎠다. 이제 '불'이라고 이름 붙여진 작은 용은 너무 약해서 모래에서 몸을 일으키지 못했다. 그녀는 다채로운 색깔을 가진 용의 도움이 필요했다. 알록달록한 용은 안심할 수 있는 노래를 흥얼거리며 불에게서 모래를 쓸어내렸다. 결국 불은 자유로워졌다. 그녀는 알록달록한 용에게 감사를 표하며 친구로 남을 수 있는지 물었다. 알록달록한 용은 날아가기 시작하다가 다시 불을 향해 돌아섰다. 그녀는 '아마도'라고 말하고 날아갔다. 이에 대해 불은 만감이 교차했다. 그녀는 알록달록한 용이 그녀를 구해줘서 기뻤고 그들이 친구가 될 수 있을지도 모른 채 떠나간 것이 슬펐다. "알 수 없는 일도 있는 거야"라고 젠이 말했다.

이후 VSA 상자에서 젠은 스스로 조력자를 소개했다. 그녀는 종종 조력자를 처음에는 신뢰할 수 없는 존재로 묘사했으며 어떤 상황에서는 도우미의 진정한 성격을 보여주기도 했다. 성격이 명확해지면 이야기의 중심 인물은 그를 신뢰하기로 선택할 것이다. 궁극적으로 젠은 그녀의 상자 세계에서 5개의 3D 모델을 조력자로 반복 사용하였다. 그녀의 부모는 젠의 집과 학교에서의 상호작용이 크게 향상되었다고 보고했다. 젠이 종결 회기 이후에 놀이치료를 다시 받아야 하는지 여부를 결정하기 위해 주의해야 할 몇 가지 행동과 패턴을 부모에게 알렸다.

젠의 VSA 활용에는 다양한 놀이의 치료적 힘과 변화의 핵심 기제가 있었다. 놀이 사분면의 네 가지 치료 능력이 모두 활성화되었다. 의사소통이 촉진되었고, 정서적 건강이 증진되었으며, 개인 강점이 증가하고, 사회적 관계가 강화되었다. 그 사분면 내에서 다음과 같은 변화의 핵심 요소가 확인되었다. 자기 표현, 무의식에 대한 접근, 직접 및 간접 교육, 카타르시스, 정화, 긍정적인 감정, 스트레스 관리, 창의적 문제 해결, 자기 조절 및 자존감, 치료 관계, 애착, 사회적 능력, 공감. 젠의 부모님과의 대화에는 우리가 다뤘던 개념들과 젠이 각각에 대해 이룬 진전에 대한 핵심 기제들이 포함되었다. 이 논의는 변화의 핵심 기제를 적용했기 때문에 모두에게 믿을 수 없을 정도로 유익한 정보였다. 구조화는 놀이치료 회기의 과정과 역동을 이해하기 위한 언어를 제공했다. VSA는 도구였고 놀이치료 과정은 진보와 성장을 이뤄냈다.

약 18개월 후 젠의 부모는 추수 회기를 요청했다. 그녀는 놀이실에 어떤 변화가 있는지 탐색하고 짚어내는 데 시간을 보냈다. 그녀는 치료사에게 힙합 댄스팀에 참여하게 된 것과 어떻게 4학년을 즐기고 있는지 신나게 근황을 전했다. 그녀는 학습적으로 얼마나 자주 지루함을 느꼈는지 말했고, 젠과 치료사는 젠의 엄마가 선행이나 심화를 추구하는 것에 대해 이야기 나눴다. 전반적으로 젠과 가족이 처음에 놀이치료에서 고민했던 점들은 훨씬 더 건강하게 균형 잡힌 방향으로 해결되었다.

콘솔

닌텐도 스위치

잭은 그의 어머니와 함께 놀이치료를 받기 위해 내원한 8살의 3학년 학생이었다. 잭은 특히 학교 및 방과후 활동에서 사회적 의사소통과 관련하여 상당한 양의 불안을 겪고 있는 것으로 보고되었다. 그는 다른 아동들과 언어로 상호작용해야 할 때 문을 닫고 몸을 돌리고 가구 아래에 숨었다. 그는 이 지역에서 자신의 욕구를 수용해주는 작은 학교에 다녔다. 그러나 3학년에서는 그룹 프로젝트와 과제가 빈번한 요구 사항이 되었다. 학교 입학 후 처음 몇 년 동안 잭은 환경, 교사, 또래에 더 익숙해지고 새로운 수준의 성숙에 도달하고 언어적 상호작용에 대한 의지가 높아지기를 바랬다.

처음에 잭은 어머니 없이 놀이치료실에 들어가는 것을 원하지 않았다. 치료사와 상호작용하기를 꺼리는 것은 예상치 못한 일이었다. 왜냐하면 성인들은 그가 힘들어하는 대상에 해당되지 않았기 때문이다. 그는 어머니 가까이에 앉았고 치료사와 눈을 마주치는 것을 피했다. 따라서 처음 두 회기 동안 어머니와 잭이 함께 참여했다. 그는 활동에 참여했으며 환경과 상호작용에서 더 편안하고 안전하다고 느끼면서 불안이 감소하는 듯했다. 그는 어머니로부터 더 멀리 앉기 시작했고 그의 자세는 눈에 띄게 이완되었다. 그가 다음 회기에는 어머니 없이 참석하는 것에 모두가 동의했다.

이 회기는 잭과 치료사만 있는 첫 번째 회기였다. 그가 몇 주간 쌓아올린 것들이 사라진 것 같았고, 그는 구석에서 빈백 인형에 불편하게 앉아있었다. 잭에게 그가 선택할 수 있는 것들을 상기시키기 위해 놀이방에 대한 안내를 반복했다. 그는 방을 탐색하고 그가 하고 싶은 것을 자유롭게 선택할 수 있었다. 그가 활동을 선택하지 않았고 그의 비언어적 행동에 기초하여 그의 불안이 악화되는 것처럼 보였기 때문에 치료사는 평행 놀이 방식을 선택하여 자석 타일을 가지고 놀기 시작했다. 치료사는 잭이 관심을 갖기를 바라는 마음으로 놀이에 대해 이야기했다. 그의 자세와 태도는 변하지 않았다.

꽤 오랜 시간 동안 건물을 짓고 다시 지은 후 치료사는 자석 타일을 치워두고 닌텐도 스위치를 선반에서 꺼냈다. 젤다의 활(Zelda BOW)이 선택되었고 치료사는 조이콘 컨트롤러를 제거하고 화면을 평평한 면에 두고 잭이 앉은 방향을 향하도록 받쳐두었다. 치료사는 잭의 눈이 현재 치료사와 그녀의 행동을 보고 있다는 것을 알 수 있었다. 치료사의 말 속에는 게임 플레이에 대한 몇 가지 세부 사항과 현재 퀘스트를 완료하는 데 필요한 모든 구성 요소를 찾을 수 없다는 좌절감이 담겨 있었다. 치료사가 잭에게 직접 말했다. "여기서 아이들은 보통 이 왼손 컨트롤러를 사용하고 우리는 함께 놀아. 나는 왼손 컨트롤을 잘 못하는데 도와준다면 너무 고마울 거야". 이렇게 말하고 게임을 재개했다. 잭은 다음 10분 동안 점점 더 가까이 다가오며 "저기, 나 그 아이템이 어디에 있는지 알아요. 유튜브에서 봤어요."라고 말하였다. 치료사는 눈을 마주치거나 그의 참여를 인정하는 어떤 것도 말로 표현하지 않고 잭에게 왼쪽 컨트롤러를 건넸다.

닌텐도 스위치는 컨트롤러를 독립적으로 사용할 수 있다는 점이 특징적이다. 각 컨트롤러는 서로 다른 기능에 사용된다. 예를 들어 왼쪽 컨트롤러는 캐릭터를 만들고, 연결하고, 걷고, 방향을 바꾸는 기능이 있다. 그러나 왼쪽 컨트롤러는 시점을 변경할 수 없으므로 두 사람이 컨트롤러를 가지고 있다면 벼랑에서 떨어지지 않는 등 간단한 작업을 수행하기 위해 함께 협력해야 한다. 목표 달성에서 자기 보호에 이르기까지 모든 것이 두 플레이어 간의 의사소통에 달려 있다. 잭에게 이 게임 플레이가 충분히 중요했다면 그는 기본적으로 화면과 치료사에 더 가까이 앉아 동작과 노력을 조정하기 위해 치료사에게 말하려는 동기를 갖게 될 것이다.

젤다와 닌텐도 스위치의 사용에 대한 잭의 관심은 치료사에게 이것이 매우 동기 부여가 되는 활동이 될 것임을 알게 했다. 그는 젤다를 플레이하는 사람들의 유튜브 영상을 많이 보았지만 직접 플레이한 적은 없었다. 그는 처음에 각각 하나의 컨트롤러로 게임하는 게 약간 불만인 듯했지만, 게임을 하고 싶은 욕구는 이를 극복하는 데 도움이 되었다.

잭이 게임 내에서 자신의 필요나 욕구를 전달하지 않는 경우가 꽤 있었다. 이러한 소통의 부재로 인해 다양한 사건이 발생했다. 게임의 주인공인 링크는 다양한 지역을 탐험하면서 보코블린이라는 트롤, 스토코블린이라고 불리는 해골 같은 생물, 날아다니는 기러기 등 다양한 위험에 직면할 수 있다. 링크는 치료사와 내담자 사이의 의사소통 부족으로 인해 캐릭터를 방어할 좋은 방법 없이 이 생물들에게 여러 번 공격을 받았다. 링크도 절벽에서 떨어져 말을 잡지 못했다. 게임이 잠시 중단되면 치료사와 잭은 다시 모여 목표와 전술에 대해 논의할 수 있었다. 링크가 이동할 방향에 대한 비언어적 의사소통을 포함하는 새로운 접근 방식이 고안되었기 때문에 주의깊게 살펴야 했다. 위험이 가까웠을 때 음악이 어떻게 변했는지에 대하여 논의한 결과, 한 사람이 음악을 잘 듣고 다른 사람에게 알리기로 했다. 적과 싸우기 위해 협력하는 방법도 논의되었다. 게임은 멈추지 않았고 플레이는 훨씬 더 성공적으로 계속되었다.

잭은 곧 상호작용을 통해 자신이 원하는 것을 파악한 사람과 의사소통할 때 생기는 장점을 깨달았다. 잭은 게임에서 어떤 일이 일어나야 한다고 생각하는지 제법 말하게 되었다. 놀이치료실에 당당히 들어와 스위치를 꺼내고 오른쪽 조이콘 컨트롤러를 치료사에게 건네는 순간, 이제 한 차원 높은 팀워크와 의사소통 기술을 익혀야 할 때였다. 도전하기 전에, 첫 번째 단독 회기에서처럼 뒷걸음질 칠 가능성을 최소화할 수 있는 확실한 수준의 편안함이 필요했다.

치료사는 잭이 진짜 한 팀으로서가 아니라 치료사에게 요구하는 것 같은 것이 무엇인지, 또 함께 하는 게임 목표를 위한 공간이 없는 것 등에 대해 성찰해보았다. 치료사는 자신이 잭과 함께 할 때 경험하는 것 중에 다른 상황에서 일어날 수 있는 일들을 곰곰이 생각해 보았다. 잭은 참여하려는 동기가 생길 때까지 침묵하며 상황을 통제하려고 시도하나? 잭이 상황을 통제하려 들면 또래들이 잭을 거부하는가? 잭에 대한 거절은 어떠했나? 대부분의 사람이 거질을 좋아하지 않는 것은 확실하지만, 잭의 경험은 그가 세상에서 자신의 위치에 대해 이해하고 있는 것 중 일부를 악화시키는 듯 보였다. 잭은 자신이 내향적인 사람으로서도, 거침없는 사람으로서도 수용될 수 없다고 느꼈다. 역동에 관한 자신의 역할이나 자기 반응에 대한 조절이 좀 더 만족스러운 결과를 가져올 수 있음을 깨닫기 어려웠다. 잭과 치료사는 이에 대해 좀 더 탐색했다.

잭은 불편한 상황에서 반응을 조절하기 어려워한다는 것이 확인되었다. 그가 상호작용에서 어떤 식으로든 '좀 아닌 듯' 하다고 느낀다면, 이후에는 스펙트럼의 양극 중 하나에 해당되는 방식으로 반응할 필요가 있다고 느꼈다: 그가 너무 취약하다고 느끼지 않게 되거나 최대한 효과가 난다면, 상황에 상대적으로 영향을 받지 않는다고 느끼도록 상황을 통제할 필요가 있었다. 그는 또래에게 수용받고 활동에 참여하고 싶은 욕구가 강했기 때문에 어느 쪽도 만족하지는 못했다.

잭은 곧 회기 중에 다른 게임을 해보도록 제안받았다. 대개는 보드게임이었다. 잭은 금방 물러나거나 통제하려는 비슷한 반응 패턴을 이어갔다. 이 게임 놀이에는 미러링과 모델링, 잭의 향상된 자기 인식 수준을 지원하기 위한 과정들이 포함되어 있었다. 일단 그가 자신의 상호작용 패턴과 그 속에 자신이 맡은 부분을 진정으로 이해하게 되면 자신의 반응을 바꿀 수 있었다. 만약 그가 자기 반응을 바꾸지 않기로 했다면 그가 원하는 것에 대한 탐색이 중요했을 것이다. 그가 반응을 바꾸지 않기로 했다면, 그가 필요로 하는 다른 무언가가 사회적 상호작용을 개선할 필요성보다 더 강력하다는 것, 치료 계획이나 목표를 변경할 필요가 있다는 의미일 것이다. 만일 상황에 대한 동기와 욕구를 파악하고 이를 다룰 수 있다면 변화에 대한 추진력은 기하급수적으로 증가한다.

젤다 게임에서 몇 가지 흥미로운 정보가 생성되었다. 여기까지의 치료를 검토하면서 잭은 처음에는 어머니가 참여한 상태에서 치료사와 놀이 활동이 가능했고, 이후 어머니가 없을 때는 재조정 기간을 거친 후 다시 놀이 활동을 할 수 있었다. 닌텐도 스위치는 매우 동기부여가 되는 디지털 도구였고,

젤다 게임은 잭의 사회적 어려움을 드러내고 부각시키는 게임 놀이 요소가 포함되어 있다. 보드게임에서도 같은 반응 패턴을 드러냈다. 이런 일관성은 가설에 힘을 실어주었다. 젤다와 보드게임 놀이는 모두 이후 치료기간 내내 지속되었다. 잭은 흑백의 양극단 사이 회색 지대를 견딜 수 있도록 격려받았다. 관계에 대한 안전과 신뢰는 잭이 서서히 회색을 시험해볼 수 있게 해주었다. 예를 들어 상호작용에서 완전히 통제하려고 시도하는 대신 쌍방적 상호작용을 수행하였다. 젤다 게임에서 두 플레이어가 한 팀으로서 이루고 싶은 것은 무엇이었나? 그들이 각기 원하는 것은 무엇이며, 어떻게 이것을 다른 사람에게 지원받고 일반적인 게임 놀이에 통합될 수 있을까? 그가 더 많은 성공을 경험하면 할수록 그는 계속 해야 하는 동기가 커졌다. 동기부여가 많이 될수록 더 많은 발전을 이뤘다. 그가 더 발전할수록 그는 놀이치료실 밖에서 이러한 새로운 기술을 시도해야겠다는 확신을 갖게 되었다.

이 회기들에 작용한 놀이 핵심 기제의 치료적 힘에는 다음과 같은 것들이 포함되어 있다: 의사소통(자기 표현 촉진, 직간접적 교육), 정서적 안녕(긍정적 정서, 두려움에 맞서기, 스트레스 예방과 관리), 개인적 강점 증가(창의적 문제 해결, 회복탄력성, 도덕성 발달, 자기 조절과 자존감), 사회적 관계 향상(치료적 관계, 애착, 사회적 역량, 공감) 활동들은 잭의 욕구와 소망에 매우 부합된 것이었다. 놀이 활동에 대한 그의 강한 동기 부여는 그의 개인적 회복력을 높여주었고 자각과 성장을 향해 나아가도록 했다.

잭의 어머니와의 상담에서 잭이 방과후 활동에서 다른 사회적 반응과 상호작용을 시도했다는 것을 알게 되었다. 이는 상호작용 자체의 특성 때문일 가능성이 가장 크다: 주기적(학교처럼 매일은 아님), 구조화된 활동 중심이고, 시간 제한이 있는 것. 남은 몇 회기들은 이러한 시도들과 학교 상호작용에 대한 중요한 일반화에 집중되었다. 잭의 교사와의 전화 상담을 통해 교사에게 지금까지의 작업에 대해 알려주었고, 교사와 치료사는 잭이 학교에서 적절한 성공 경험을 하도록 지원하기 위해 협력하였다. 놀이치료 종결 후, 잭의 어머니가 보낸 짧은 이메일에는 잭의 사회적 상호작용과 필수 및 비필

수 집단 활동에서 참여가 크게 향상되었다는 내용이 포함되어 있었다.

가상현실

비트 세이버

타일러는 10세 소년으로, 아버지의 죽음과 그를 돌볼 능력이 없는 어머니로 인해 새로운 가족 구성원과 함께 살았다. 타일러는 많은 일에 대해 매우 깊게 이해하고 공감적인 소년이라고 보고되었다. 그는 사람들 눈에 비교적 행복한 어린 소년으로 보이는 데 상당히 능숙했지만, 외상의 고통, 상실, 비통함은 수면 바로 아래에 있었다.

양육자들은 이미 인생에서 많은 고통을 겪은 아이를 위한 추가적 지원을 위해 그를 놀이치료에 데려왔다. 또한 다루기 어려운 행동들이 몇 가지 나타났고, 그들은 행동의 원인에 대해 뛰어난 통찰력을 갖고 있지만 1) 그 행동들이 늘어나는 것을 원치 않았고, 2) 현재 보이는 수준이 그들의 가정에 상당한 지장을 준다고 느꼈다. 타일러는 성인 가족 구성원 두 명과 그들의 친자녀인 4세, 12세 아이들과 함께 살았다. 타일러는 2년 가까이 놀이치료를 받았다. 처음에 보여진 주제는 분노에 찬 언어적 · 비언어적 폭발과 집에서 어린 아이 때리기, 야뇨증, 수면주기 문제, 음식 저장하기 등이었다. 그가 경험한 외상과 상실은 극도로 조심스럽고 불신하는 세계관을 형성하는 결과로 나타났다. 어른들은 신뢰롭지 못하며, 어른들을 신뢰하기 위해 경계를 넓히거나 그들이 원치 않더라도 어른들은 떠나버릴 수 있었다. 신뢰감과 안전, 신뢰성의 토대는 타일러와의 놀이치료 작업에서 가장 중요했다.

이 상황에서는 많은 '선행 작업'이 필요했다. 선행 작업은 앞두고 있는 회기에 포함할 수 있거나 포함될지 모를 과정 및 개입에 대해 부모, 양육자, 기타 관계자 등과 논의하고 알리며 준비하는 단계이다. 여기에는 개입에 대한 설명과 근거가 포함된다. 때때로 특히 디지털 도구 같은 새로운 도구를 도입하는 경우 선행 작업에서 성인이 개입을 시도해보도록 하기도 한다. 양육자가 도구를 사용하는 치료적 기반을 이해하는 것은 중요하다. 이것은 어느 놀이치료 개입에나 해당되는 사실이다.

양육자 입장에서는 HORSE(농구 게임) 게임을 하거나 셰이빙 크림, 인형, 보드게임 또는 디지털 도구로 작업하는 것이 치료에 얼마나 도움이 될지 매우 혼란스러울 수 있다. "아이와 x 놀이를 하는 데 얼마를 지불하는지 알아요?"는 일반적인 주제가 될 수 있다. 이것은 선행 작업과 치료사의 역량과 안정감의 중요성을 말해준다. 만약 놀이치료사가 탄탄한 이론적 배경을 갖춘 상태에서 놀이의 치료적 힘을 적용하고, 변화의 핵심 기제를 이해하고 이를 양육자나 기타 관계자에게 효과적으로 전달할 수 있다면 놀이치료 과정의 초기 이해도가 획기적으로 향상될 것이다. 또한 양육자와 이후 확인 약속도 수월해질 것이다. 양육자와의 후속 대화는 치료와 개입 과정 이전에 주어진 정보와 교육을 기반으로 한다.

타일러는 레고와 플레이모빌에 집중해 놀이치료 시간을 시작했다. 그는 쌓고 부수기를 거듭했다. 그는 안전하지 않은 세계와 상호작용에 대해 반복해서 묘사했다. 지원이나 조력자는 소개받는 즉시 거절당했다. 놀이치료사의 참여는 꽤 오랫동안 받아들여지지 않았다. 라포가 형성되면서 치료사는 조금씩 놀이에 초대되었다. 타일러는 치료사와의 언어적 · 비언어적 상호작용을 통해 편안함과 안전함의 수준을 높여나갔다.

그는 자신이 편안하다고 느낄수록 놀이치료실에 있는 아이템들을 더 탐색해갔다. 1년이 지나자 그는 보드게임, 그림 그리기뿐 아니라 자신과 가족, 자신의 역사에 관한 책을 쓸 정도로 성장했다. 가정과 학교에서는 그의 공격적인 행동이 대부분 사라졌다고 보고했다. 야뇨증도 멈추었다. 타일러는 꽤 잘 지내고 있었다. 그는 특정 기념일을 전후해 어려움이 급증할 것으로 예상되었다. 가족과 치료사는 이런 점들에 대해 미리 의논하고 그를 가장 잘 지원할 수 있는 방법에 대해 논의하며 준비했다.

학업적인 면에서 타일러는 읽기와 쓰기에 놀라운 강점을 가지고 있었다. 그는 책을 탐독하고 단편소설과 만화 형태의 소설 쓰기를 즐겼다. 수학과 세밀한 부분에 집중하는 것은 약간 어려워했다. 교사들과 양육자들은 그에게 각기 다른 상황들 속에서 세부사항에 주의를 기울이는 방법을 배우는 것이 중요하다는 것을 알려주려고 했다. 양육자들은 일상에서 이것을 어떻게 해내는지 보여주며 타일러가 모델링할 수 있도록 하였다. 타일러는 이런 시도를 자기 삶에 통합시키지 않았고, 어른들은 점점 더 이렇게 무능하다고 지각(타일러의 입장에서)하는 것이 그의 자존감에 영향을 미칠까 걱정했다.

놀이치료 회기에서 타일러에게 부분에서 전체, 그리고 세부사항을 변별하는 활동들을 소개했다. 그는 어느 정도는 참여하였다. 이 활동들은 각각을 알아보려는 관심을 유지할 만큼 높은 동기를 끌어내지는 못해 보였다: 세부사항에 주의를 기울이는 노력을 기울여야 할 가치 혹은 자신의 활동들에 그 기술들을 통합시키기 위해 노력을 기울여야 할 가치. 당면 과제는 식별하기, 연습, 세밀한 기술에 대한 주의 등을 포함시켜 그가 진정으로 원하는 것을 찾아내는 것이었다. 양육자와의 선행작업 대화 끝에 가상현실 게임인 비트 세이버를 회기에 사용하기로 했다. 성인들은 시연 회기(데모 버전)에 헤드셋을 사용할 수 있었고, 놀이 기제의 치료적 힘에 대해 논의했다.

게임 플레이는 난이도가 높아지면 더 복잡해질 수 있는 상당히 간단한 개념이다. 비트 세이버를 할 때마다 노래와 난이도를 정해야 한다. 플레이어는 VR 헤드셋을 머리에 쓰고 설정된 통로를 향해 서 있으며, 손에는 각기 다른 색의 광선검을 들고 있다. 손에 쥔 컨트롤러의 촉각 반응은 광선검이 실재한다고 믿게 하고 심지어 '칼날'에 닿을 때는 스파크와 긴장감까지 유발된다. 음악이 시작되고 광선검 색에 해당하는 큐브가 플레이어쪽으로 다가오기 시작한다. 각 큐브에는 화살표나 점이 있다. 화살표는 큐브를 반으로 잘라야 하는 방향을 나타낸다. 점은 어떤 방향으로든 자를 수 있음을 나타낸다. 예를 들어 오른쪽을 가리키는 화살표가 있는 파란색 큐브가 시야에 들어오면 플레이어가 파란색 광선검을 든 손을 오른쪽으로 휘둘러 큐브를 반으로 잘라야 한다는 것이다. 조각들이 심연으로 떨어지면 플레이어는 다음에 어떤 큐브들이 날아드는지 주의를 기울여야 한다. 어떤 때는 빠르게 나타나기도

하고, 더 느리게 나타나기도 하며, 때로는 한 번에 하나씩, 또 다른 때는 두 가지 색이 나타나서 양손으로 동시에 잘라야 한다.

음악이 재생될 때 나타나는 큐브는 주로 박자와 관계가 있다. 광선검으로 큐브를 자르면서 리듬의 운동성을 발견할 수 있다. 게임에는 내담자가 필요에 따라 변경할 수 있는 설정들이 있다. 예를 들면 큐브에서 화살표를 제거해 원하는 방향으로 자를 수 있게 되면 좌절감 유발을 줄이고, 색상 반응에만 초점을 맞춰 연습할 수 있다. 자신감과 숙달능력이 향상되면 설정을 변경할 수 있다. 비트 세이버 안에는 많은 것들이 있다. 음악, 색깔, 배경, 화살표/방향을 놓치지 않고 최대한 높은 점수를 받는 것이 목표이다. 그러나 조율할 수 있으며, 맞춤형 난이도가 가능하다. 음악과 게임 플레이는 재미있고 경쾌하며 매우 동기부여가 된다. 큐브가 눈앞에 날아오고, 반으로 자르는 것은 신나고 역동적이다. 음악 재생시간이 끝나고 마지막에 점수가 주어진다. 그다음 같은 레벨을 다시 하거나 새 레벨을 시작할 수 있다.

세부사항에 주의를 기울이는 작업이 높은 동기부여 활동에 결합되자, 타일러는 비트 세이버를 좋아하는 것 같았다. 그는 가상현실에서 어떤 것이든 시도해보며 매우 흥분했다. 그는 비트 세이버를 하기 전에 더 블루와 네이처 트래킹을 통해 가상현실 경험에 익숙해졌다. 이를 통해 타일러는 비트 세이버에서 추가 작업을 진행하기 전에 VR 공간에서 가상현실과 컨트롤러, 자기 몸의 전반적 경험을 더 잘 이해할 수 있었다. 그는 어떤 VR멀미도 보고하지 않았다.

사용 안내 시간을 마친 후, 타일러는 자기 능력보다 한 단계 높은 게임을 시작했다. 치료사는 그가 '쉬운' 단계에서 시작해서 익숙해지면 어려운 단계로 나아가도록 이끌어보려 했다. 그는 좀 더 어려운 단계에서 시작하기로 했고, 그가 원한다면 쉽게 단계를 변경할 수 있다는 설명을 들었다. 자기가 선택한 수준이 너무 높다는 것을 스스로 깨닫자 곧 더 쉬운 단계로 재빨리 바꿨다. 타일러는 큐브 자르기를 무척 재미있어 했고, 점수를 올리기 위해 레벨을 몇 번이고 반복했다. 처음 이 프로그램을 시작했을 때, 타일러는 큐브를 꽤 많이 놓치고, 큐브의 색상 단서와 방향 단서 모두에서 실수가 많았다. 일단 과제를 이해하고 나면, 그는 단계와 점수를 올리면서 굉장한 인내심을 보였다.

타일러는 VR과 비트 세이버 사용에 대해 상의하는 가족 모임에 참여했다. 그는 자신이 단서와 세부사항을 놓치는 경향성에 대해 들었다. 그는 놀이 도중 "내가 잘라내는 이 모든 디테일들을 봐"라고 선언하기 시작했다. 그는 점수가 꾸준히 오르자 자신을 매우 자랑스러워했다. 회기가 끝난 후 타일러와 치료사 모두 너무 높은 수준에서 시작하는 과정, 점수를 올리기 위해 필요한 세부사항에 대한 인내와 주의집중, 자부심과 성취감에 대해 말하게 되었다. 방 안에 재미와 활력이 생생하게 느껴졌다.

그가 비트 세이버를 하면서 성공 경험을 한 과정을 이해할 수 있다면 그가 배우고 경험한 것을 일반화하는 데 도움이 되기를 바란다. 다음 개념들의 적용은 그에게 진가를 발휘했다: 1) 적절한 과업을 고르거나 숙달할 수 있도록 능력 수준 이하의 과업 고르기, 2) 자신감 향상에 따라 진행, 3) 과업을 달성 가능하다고 느낄 때까지 연습 지속하기, 4) 세부사항과 단서에 집중해 당면한 과업에서 더 성공적 경험을 하도록 돕기. 양육자에게는 다음과 같은 점을 요청했다: 1) 그가 단서나 세부사항에 주의를 잘 기울이는 것을 보았을 때나 타일러가 보고했을 때, 또 그런 말을 들었을 때(즉 교사에게) 강화하기, 2) 스트레스가 없는 상황에서 단서나 세부사항에 주의를 기울이도록 유도하기. 회기들 사이의 시간에 게임하지 않고 연습하는 것은 그가 새로 파악한 능력을 일상생활에 통합시키는 데 도움이 될 것이다.

타일러는 몇 주 동안 계속해서 비트 세이버를 했고 결국 치료사가 설정한 것보다 훨씬 더 높은 수준을 달성했다. 그의 자신감은 회기 내에서, 회기마다 비약적으로 향상되었고, 가족들도 그 차이를 인식했다. 비트 세이버를 활용해 활성화된 놀이의 치료적 힘은 다음과 같다: 긍정적 감정으로 정서적 안녕감 조성하기, 스트레스 면역, 관리, 치료적 관계와 사회적 역량으로 사회적 관계 강화하기, 회복탄력성 같은 개인적 강점 증가, 창의적 문제 해결, 자기조절, 자신감, 자기표현과 직간접적 교육으로 의사소통 촉진하기. 놀이치료에서 VR과 비트 세이버 게임 활용은 놀이치료실의 다른 아이템들로는 할 수 없었던 이해와 변화를 촉진하였다.

결론

각 치료적 디지털 도구를 도입한 치료 개입은 일어나지 않았을지도 모를 변화의 경로와 과정을 가능하게 했다. 젠, 잭, 타일러는 각각 어떤 방식으로든 상호작용할 수 있는 소프트웨어와 하드웨어를 선택했고, 그들이 필요로 하는 것을 매력적이고 재미있게, 또 한껏 동기를 부여하면서 표현할 수 있도록 했다. 내담자가 선택할 수 있는 DPT 도구를 갖추고, 이에 식견이 있는 놀이치료사와 함께 활용한다면 놀이치료 과정이 향상된다.

참고문헌

Daniels, S., & Piechowski, M. (2009). *Living with intensity*. Great Potential Press.

Silverman, L. (1997). The construct of asynchronous development. *Peabody Journal of Education*, *72*(3 & 4), 36–58.

Stone, J. (2016). Board games in play therapy. In K. J. O'Connor, C. E. Schaefer, & L. D. Braverman (Eds.), *Handbook of play therapy* (2nd ed., pp. 309–326). Wiley.

Stone, J. (2018). *Working with gifted children in play therapy, part 1*. https://jentaylor-playtherapy.com/working-gifted-children-part-1/

Stone, J. (2019). Connecting gifted people: Utilizing technology in mental health to speak an intellectually gifted person's language. In J. Stone (Ed.), *Integrating technology into modern therapies* (pp. 149–165). Routledge.

15

마이클, 미셸, 제이든
자세한 사례의 예 – 원격정신건강
디지털 놀이치료

COVID-19 대유행 이전에 경험하고 작성한 젠, 잭 및 타일러의 사례인 이전 장에 이어, 이 장에서는 원격정신건강을 통해 COVID-19 대유행 중에 발생한 경험에 중점을 둔다. 젠, 잭, 타일러와 함께 사용한 도구는 원격 의료에서도 사용할 수 있다. 즉, 가상 모래상자에는 전 세계 어디에서나 내담자와 치료사를 연결할 수 있는 원격 기능이 있다. Breath of the Wild는 병렬 방식으로 또는 다음을 사용하여 재생할 수 있다. 화면 공유 및 비트 세이버는 멀티 플레이로 참여할 수 있지만 제14장에서 설명한 과정은 모두 대면으로 이루어진 회기에서 구현되었다. 이 장에서는 마이클, 미셸, 제이든의 디지털 놀이치료(DPT) 사례를 다룬다. 원격정신건강을 통한 레벨 3 DPT의 구현은 COVID-19 전염병 동안 성공적인 것으로 입증되었다. 이 장에서는 원격정신건강을 통해 DPT를 사용할 수 있는 몇 가지 방법을 강조하기 위해 3개의 통합 사례가 제공된다. 극도의 사회적 불안을 가진 12세 마이클은 유튜브 동영상과 구글 잼보드를 사용하여 시스템, 패턴 및 개인적 요구 사항을 탐색했다. 11세의 미셸은 회기에서 동물의 숲을 활용하여 심각하고 갑작스러운 불안, 스트레스, 삶의 변화를 관리했다. 마지막에는 우울증 증상을 보인 8세 제이든에 대해 알아본다. 제이든은 로블록스 내에서 여러 게임을 활용했다. 내담자의 개인적, 사회적, 가족적, 문화적 요구를 충족시키는 다양한 방법을 통해 DPT는 임상의가 개념화하고 경이로운 서비스를 제공할 수 있는 구조를 제공했다.

원격정신건강의 실행은 각 임상가마다 확연히 다르다. 기본적으로 미팅의 청각 및 시각 구성 요소에 대해 보호된 플랫폼을 사용하는 것이 필수적이다. 미국의 경우 여기에는 HIPAA 호환 플랫폼 사용이 포함된다. HIPAA 준수 플랫폼에는 "민감한 환자 건강 정보(PHI)가 환자의 동의나 지식 없이 공개되지 않도록 보호하기 위한 국가 표준"을 지원하는 프로토콜이 포함된다(Center for Disease Control and Prevention, 2018, para. 1). HIPAA 준수 서비스를 제공하는 회사는 개인/PHI를 보호하고 고객(치료사)과 비즈니스(예 : 줌)가 서명한 비즈니스 제휴 계약(BAA)을 제공한다.

나는 일정 및 청구 플랫폼을 통해 원격정신건강 회기를 제공하기 시작했지만, 화면 공유 기능이 내담자와 나 모두에게 더 포괄적이고 친숙하다는 것을 알게 된 후 줌으로 전환했다. 아이폰, 아이패드, 닌텐도 스위치(캡처 카드도 사용), 가상 현실(구글 크롬캐스트도 사용) 및 웹 기반의 모든 화면 공유는 줌 플랫폼을 통해 가능했다. 나는 관행적인 접근 방식이 가능하고, 회기 내에서 적절하다고 여겨지는 것을 제공할 수 있는 옵션에 감사하다.

회기에서 사용하는 것이 무엇이든 상관없이 줌 플랫폼 내에서 나의 내담자를 듣고 볼 수 있기를 원한다. 그래서 나는 그들의 말을 듣고 그들의 비언어적 의사소통과 환경을 관찰할 수 있기를 바란다. 나는 게임이나 프로그램 내에서 채팅(구두 또는 서면) 기능을 통해 내담자와 소통하지 않는다. 내담자가 보호되지 않기 때문이다. 회기 내에서 여러 장치를 사용할 수 있으므로 컴퓨터나 휴대폰에서 줌을 열고 다른 장치를 사용하여 게임을 할 수 있다. 주어진 원격정신건강 회기에서 나에게 있는 것은 미술 재료, 종이, 책, 장난감 말(특정 내담자용), 전함, 우노 카드, 노트북, 아이폰, 아이패드, 닌텐도 스위치, 퀘스트 헤드셋 및 HTC 헤드셋과 컴퓨터이다. 이렇게 많은 기기를 사용할 수 있다는 것을 사치스럽게 여기는 부분도 있지만, 업무에 꼭 필요한 항목이라고 생각하는 부분도 있다. 검안사의 사업비를 지적한 심리학자의 책에 제시된 사례를 돌이켜보면, 이러한 것들이 나의 직업적 도구이며, 처방적 접근으로 서비스를 제공하는 데 필요한 도구를 모아 내담자에게 서비스를 가장 잘 제공한다는 생각이 든다.

DPT를 위해 내 컴퓨터가 아닌 다른 장치를 사용할 때, 나는 내 컴퓨터에서 줌 창을 열어두고, 사생활을 보호하고 소리를 명료하게 하기 위해 이어폰을 사용하며, 이런 방식으로 오로지 내 내담자와 언어적 및 비언어적으로 상호작용한다(즉, 게임 내 아바타와 구별됨). 우리가 아이패드, 스위치 또는 가상 현실을 사용하고 있다면 우리는 그 세계에 참여하고, 열린 줌 창을 통해 서로 이야기한다. 웹 기반 게임을 할 때 필요한 창을 두 개로 나눈다. 즉, 동일한 창 내에서 두 개의 탭을 열어 두 탭 사이를 전환하지 않는다. 내 컴퓨터에서 두 개의 별도 창을 열고 둘 다 거의 동일한 직사각형으로 축소하고 나란히 배치한다. 이렇게 하면 한쪽에는 줌이 있고 다른 한쪽에는 우리가 사용하는 프로그램[예 : 우노프리크(UnoFreak)]가 있다. 이렇게 하면 한 창에서 나의 내담자를 보고 들을 수 있고 다른 창에서는 게임에 참여할 수 있다.

웹 기반, 인터넷에 연결된 모든 스마트 장치에서 액세스 가능한 구글 워크플레이스

화면 공유 동영상 및 구글 잼보드

마이클은 12세이며, 어머니, 아버지, 형제자매 세 명 중 두 명과 함께 살고 있다. 그는 둘째인데, 형이 작년에 대학에 진학하며 독립한 이후 집에서 가장 나이가 많은 아이가 되었다. 나머지 두 명은 모두 여아로 초등학교 1, 3학년이다. 마이클은 사회불안장애와 관련된 우려가 있었다(American Psychiatric Association, 2013). 그의 부모는 마이클이 어떤 사회적 상황에서도 문을 닫고 당황스러운 감정을 가중시키는 틱 행동을 보인다고 하였다. 호흡 속도는 증가하고, 공황 발작을 두려워하고, 상황에 대한 두려움, 자신의 내부 및 외부 반응에 대한 부정적인 혼잣말, 당혹감, 빠른 호흡 및 통제 불능 느낌의 악순환에 휘말리고 공포가 심해지면서 조절할 수 없는 상태가 되었다. 초기 공포가 악화되고 이를 조절된 상태로 되돌릴 수 없는 상태였다. 처음에 그의 부모는 그가 '정신 차릴 것'이라는 기대를 가지고 그를 꾸짖었지만, 곧 그것이 관련된 모든 사람들에게 상황을 훨씬 더 악화시킨다는 것을 깨달았다. 마이클은 2020~2021학년도 내내 학교에 계속 출석했는데 교육구에서 요구하는 정기적인 의무 격리가 있었다.

마이클은 어머니와 함께 매우 얽힌 관계를 발전시켰다. 그녀는 거의 모든 환경에서 그를 대변했다. 다른 사람을 대변할 때 일반적으로 말하는 사람의 직접적인 확인 없이 어느 정도 가정과 해석이 발생한다. 그는 거의 모든 것을 어머니에게 의존했고, 어머니는 그의 열렬한 옹호자였다. 이러한 역동성은 가족 체계 내에서 몇 가지 어려움을 야기했다. 아버지가 아들과 아내를 견고한 팀으로 인식했을 때 부모는 함께 작업하기 위해 고군분투했다. 아버지와 아들의 관계는 아들이 아내와의 관계에 미친 영향에 대한 아버지의 분개 때문에 고통을 겪었다. 다른 아이들은 어머니가 마이클을 옹호하고 그의 행동과 어려움을 설명 및/또는 변명하는 데 많은 시간을 보냈기 때문에 마이클을 어머니가 가장 좋아하는 사람으로 보았다. 그들은 아버지를 앞서 언급한 모든 이유로 무력하고 무능하다고 생각했다. 부모는 부부 및 부모로서의 관계 내에서 균형을 유지하기 위해 부부치료에 의뢰되었다. 목표는 마이클이 자신의 일을 하는 동안 부모가 각자의 일을 하도록 한 다음 세 사람을 모두 모으는 것이었다. 이러한 치료 목표에 도달한 후, 다른 사람들이 만든 변화로 인한 낙수 효과가 없다면 가족치료가 권해질 것이다.

치료회기

초기 회기는 관계 형성에 중점을 둔다. 이것은 모든 치료적 상호작용에 필요한 것이다. 그러나 마이클의 경우에는 견고하고 안전한 관계만이 추가 탐색을 위한 유일한 방법이 될 것이다. 그는 처음에 그야말로 참여하지 않았다. 그는 물론 참석은 했다. 그는 방해가 되지도 않았다. 단지 어떤 움직임이나, 눈 마주침도 없이 조용히 앉아만 있었다. 마이클의 놀이치료 여정은 COVID-19 동안 치료사가 원격정신건강을 통해서만 서비스를 제공하는 동안 시작되었다. 마이클이 대면 상호작용에서 상당히 어색해하는 것으로 보였기 때문에 원격정신건강 플랫폼을 사용하는 것이 아마도 치료과정을 시작하는 가장 좋은 방법이었을 것이다. 회기가 사무실 공간에서 진행되었다면 그는 참여하지 않았을 것이다. 프로토콜에는 HIPAA 호환 줌 회기를 위해 미리 어머니에게 전송되는 링크가 포함되어 있다. 그의 어머니는 링크를 검색하고 회기가 시작되기 몇 분 전에 링크를 클릭한 다음 방을 나갈 것이다. 마이클은 치료사의 요청에 따라 이어폰을 사용했다. 그러자 침묵이 흘렀다.

개인적으로 대학원생 때 겪었던 일이 떠올랐다. 내가 참여했던 프로그램은 모든 임상심리학 학생들이 자신의 개인 분석을 받아야 했다. 나는 이리저리 물어보고, 추천을 받아서 한 치료사의 이름을 반복하여 들었다. 만약 내가 애플비의 대학원생으로서 본인 부담금을 지불할 예정이라면, 프로그램에 필요한 양식을 작성하는 것뿐 아니라 유익하게 사용하고 싶었기 때문에 추천받은 치료사에게 개인 분석을 받기 위해 일정과 재정 상황을 조정하였다. 나는 첫 약속을 잡았고, 교통량이 많은 시간에 시내를 가로질러 운전했고, 급하게 수업을 왔다 갔다 하며 성취감을 느꼈고 전념하였다. 불행히도, 그것은 끔찍했다. 그녀는 단지 나를 쳐다보기만 했다. 그녀는 나에게 말을 하지 않았고, 어떤 질문도 하지 않았고, 고통스러웠다. 3번째 회기가 끝난 후 소파에 머리를 기대고 천장의 타일 수를 세고 나서 충분히 기회를 주었다고 판단하고 다른 곳으로 예약을 했다. 나의 내담자인 마이클과 함께 앉았을 때 나는 시계가 아니라 천장 타일의 플래시백이 떠올랐다. 이를 연결하고 돌파할 방법을 찾아야 한다. 나는 그가 그 회기에서 내가 느꼈던 것과 같은 감정을 느끼기를 원하지 않았다.

마이클의 부모는 접수상담에서 축구에 대한 그의 변함없는 열정을 포함하여 관심사에 대한 몇 가지 중요한 정보를 제공했다. 그는 4세 때부터 이 팀

스포츠에 참여했으며 대부분의 팀원을 잘 알고 있다. 그는 12세의 나이에 스타 플레이어였으며, 수년간 그를 알고 지낸 동료들과 함께 했기 때문에 사회적 상호작용의 부족이 그에게 어려움을 만들지 않았다. 스페인과 아르헨티나 축구팀에 대한 나의 관심에 대해 그와 이야기 나누며 그가 관심을 가지고 있는 분야에 내가 관심을 가지고 있어서 그가 상호작용 수준을 높일 수 있기를 바랐다. 이들 국가에서 많은 선수들의 열정, 라이프스타일, 헌신이 인상적이었다. 다양한 게임플레이의 유튜브 동영상과 놀라운 클립 영상 등을 찾기 위해 검색한 결과 공유할 수 있는 동영상이 많이 나왔다. 화면 공유 기능을 사용하여 우리는 동시에 같은 영상을 볼 수 있었다. 사운드 공유를 활성화하면 플레이어와 청중들의 외침과 비명 소리를 모두 들을 수 있다. 매주 반복되는 독백처럼 느껴지는 동안 실행 중인 내레이션이 나의 반응을 언어로 표현하였다.

마이클의 눈은 영상을 보는 동안 화면을 향해 움직이기 위해 멈췄고, 때때로 입가가 약간 위쪽으로 향했다. 그것은 나아진 점이었지만, 치료에서 원하는 상호작용 목표와는 거리가 멀었다. 시간이 지남에 따라 그는 줌 채팅 기능을 통해 한두 개의 동영상을 제안했다. 우리는 그가 이미 알고 있는 화면 공유 영상을 찾아냈고, 그가 약속 사이에 우리 회기에서 발표할 영상을 찾고 있다는 것이 분명해졌다. 이는 그의 노력이 증대되고 우리의 상호작용에 대한 안정감을 나타내는 지표가 된다.

우리는 정체기를 맞았다. 그가 관심을 가지고 있던 축구 영상을 모두 다 봤고, 그는 다시 멀어지려고 하였다. 우리는 이전에 그가 이전 회기에서 치료를 받은 이유에 대해 토론(또는 다른 독백?)을 했었다.

사람들이 치료를 받으러 오는 데에는 여러 가시 이유가 있다고 말하는 것이 일반적이다. 1) 다른 사람도 자신을 원하거나(부모, 보호자, 교사, 법인 등), 2) 무엇인가 알아내기를 원하고 삶에서 무언가 잘 작동하지 않는다. 누군가 자신의 삶에서 무언가를 알아내고자 한다면 일반적으로 1) 그것이 무엇인지 모르지만 무언가가 작동하지 않는다, 2) 아이디어 또는 최소한의 범주가 있지만 확실하지 않다, 3) 그것이 무엇인지는 알지만 그것을 관리하는 방법을 모른다. 그는 치료를 받으러 온 이유를 채팅 '#2'에 입력하고 자신에게 일어나고 있는 일에 대해 '#1'을 입력했다. 그는 뭔가 자신에게 효과가 없다는 느낌을 받았고, 그것을 해결하고 싶어 했다. 이것은 그가 연결되고 신뢰하기 위해 고군분투하고 있고 그가 원하고 있다는 나의 인식을 정말로 확고히 했다.

마이클의 삶에서 그에게 적합하지 않은 것을 분석하는 동안 사용할 몇 가지 방법이 마이클에게 제시되었다. 치료사와 공유하지 않았을 수 있기 때문에 그의 입장에서는 그가 재료들로 작업하는 것은 최적이 아니었을 것이다. 구글 잼보드 프로그램을 그에게 소개하였고, 그는 관심이 있는 것 같았다. BAA를 제공하는 유료 월간 서비스 제품군인 구글 워크플레이스의 일부이다. 워크플레이스에는 G메일, 미트, 챗, 캘린더, 드라이브, 문서, 스프레드 시트, 프레젠테이션, 설문지, 사이트, 커런트, 킵, 어플 스크립트, 클라우드 서치, 잼보드 등이 포함된다(Google Workplace, 2021). 잼보드는 관련 당사자가 비공개 링크를 통해 접근할 수 있는 협업 디지털 화이트보드이다. 잼보드는 비어 있거나, 텍스트, 그리드, 이미지로 채워져 있을 수 있다. 공동 작업자는 동기(문서에 있는 두 사람이 동시에 다른 사람이 변경하는 내용을 관찰함) 또는 비동기(서로 독립적) 모드에서 항목을 추가, 삭제 및 이동할 수 있다. 가상의 '스티커 메모'는 다른 텍스트와 함께 다양한 색상으로 추가할 수 있으며, 원하는 대로 중요도 또는 기타사항을 나타내기 위해 크기를 조정할 수 있다.

회기에 앞서, 잼보드 협업에 포함하는 것이 가장 좋은 카테고리는 사례개념화 및 치료계획을 기반으로 계획되었다. 목표는 그의 삶의 구성요소를 확인하고, 조직하고, 표현하는 과정을 시작하는 것이었다. 확인된 초기 카테고리는 가정, 학교, 가족, 친구 및 축구였다. 처음 몇 개의 스티커 메모는 치료사가 그에게 "우리가 시작할 각 가족구성원을 나열해볼까?"와 같은 옵션을 제공하여 가족 섹션을 채우기 시작하도록 만들었다. 이러한 메시지를 몇 번 받은 후 마이클은 자신만의 스티커 메모를 만들기 시작했다. 그는 주제 제목과 색상별로 정리했다. 초기 메모는 치료자가 작성했지만 치료사는 구경꾼 또는 관찰자처럼 더 많이 있고, 그는 치료사와 함께 빠르게 메모를 배치했다.

그는 각 카테고리에 대해 다양한 생각, 느낌, 경험, 우려, 스트레스 요인 및 희망을 배치했다. 이 프로젝트는 6주 동안 계속 성장했다. 두 번째 잼보드 회기 후 마이클은 회기 사이에 스티커 메모를 추가하기 시작했다. 이것은 다음 회기까지 사라지지 않도록 치료사가 회기 사이에 가능한 모든 것을 포착하는 것의 중요성에 대해 설명하여 강화되었다. 그가 생각하고 느끼고 경험한 것은 매우 중요했으며 이 모든 것은 치료 탐정 팀이 그의 일상적 어려움에 기여한 것을 처리할 수 있는 최상의 경로를 결정하는 데 도움이 되었다.

확인된 그의 목표는 그가 보드에 더 많은 스티커 메모를 추가함에 따라 확고해지기 시작했다. 포함된 주제: 1) 사회적-상호작용을 늘리고 개선하는 방법, 2) 학교-교사, 행정부 등에 자신의 욕구를 표현하는 방법과 자기 옹호 방법, 3) 가족-독립에 대한 필요성과 어머니에 대한 의존 사이의 균형을 맞추는 방법, 그리고 치료를 통한 그의 성장이 어머니에 대한 의존도를 감소시킬 것인가?, 4) 축구-고등학교 스포츠로 이동하면서 '무리들 중 하나'가 되지 않고 팀에 있는 방법. 포함된 스티커들(일반적인 주제는 유지하면서 출판을 위해 변경됨): 학교에 걸리는 시간(너무 오래), 과제에 대한 스트레스, 대학을 가지 못하는 것에 대한 두려움, 그를 판단하는 교사, 동생을 돌보기 싫음, 형이 자신보다 '더 나은' 사람으로 여겨지는 것이 피곤함, 여동생이 그의 방에 들어옴, 어머니는 항상 그의 일에 참견함, 고등학교에 대한 두려움, 고등학교 축구에서 충분히 좋지 못할 것에 대한 두려움, 그를 사랑하지 않는 아버지에 대한 두려움, 그를 좋아하지 않음, 그가 다른 사람들과 더 많이 상호작용하기 시작하면 사람들이 어떻게 행동할지에 대한 두려움, 당신이 오랜 세월 동안 한 가지 방법으로 해온 것을 어떻게 바꾸는가? 스티커 메모 사이에 각자 재미있는 얼굴과 다양한 장면을 칠판에 그리고 동물 이미지, GIF 등을 배치했다. 엉뚱한 스티커 메모를 칠판 어딘가에 놓고 다른 사람이 그것을 찾아야 하는 게임도 자주 하게 되었다.

더 중요한 것은, 각 스티커 메모의 내용은 큰 의미가 있다. 이 메모들은 추가 탐색을 위해 별도의 잼보드로 분리되었다. 6주간의 잼보드 프로젝트를 통해 마이클은 회기에서 치료사와 점점 더 편안해졌다. 그는 회기 사이에 보드 작업을 했으며 다음 회기에서 추가 사항을 설명했다. 마이클은 회기 사이에 생각을 비동기식으로 캡처하는 것을 즐겼다. 그는 또한 그런 생각들을 탐정단으로서 모아 평가하는 일도 좋아하였다. 그는 부분에서 전체로의 개념화를 매우 좋아하는데 이 과정은 이를 잘 활용할 수 있었다. 마이클은 복잡한 레고 작품과 같은 것을 만들고 어떻게 작동하는지 보기 위해 물건을 분해하는 것을 좋아한다고 하였다. 그의 방에는 레고 작품을 위한 전용 공간이 있다. 원격정신건강의 이점은 시간이 지남에 따라 치료사와 이를 공유할 수 있다는 것이다.

마이클의 불안 반응을 악화시키는 몇 가지 요소가 있었다. 이들 중 다수는 이러한 현상이 발생하는 경향이 있는 환경과 함께 확인되었다.

마이클은 어머니와의 관계를 전환하고 자기 옹호에 대한 자신의 목표를 위해 몇 회기에 걸쳐 어머니와 함께 작업하고 싶다고 결심했다. 어머니는 치료사가 마이클이 개인화를 향한 여정을 시작했다는 부부의 치료사와 마이클의 동의하에 소통을 하고 있었기 때문에 이 사실을 미리 알고 있었다. 복잡한 가족 체계의 역동은 마이클이 항상 그럴 것이라는 주변의 오랜 기대와 함께 그의 사회적 불안감에 기여했다. 중학교 시절의 변화는 특정 범위 내의 또래들에 의해 예상되지만, 이러한 변화는 받아들여지지 않을 것으로 우려되었다. 그는 사람들이 그것에 대해 '소란을 피우는 것'을 원하지 않았고, 오히려 그는 자신이 어느 정도 눈에 띄지 않게 중학교 사회에 들어가기를 원했다.

치료는 학년말까지 계속되었으며 목표는 여름 내내 마이클이 가을에 재입학할 수 있도록 7학년 반의 더 자신감 있고 활동적인 구성원으로 준비하는 것이다. 그가 확인한 목표는 다음 학년이 시작되기 전에 최소 두 명의 반 친구와 교류하여 그들이 자신을 도와줄 수 있도록 친해지는 것이다. 그의 부모는 그가 친구에게 문자를 보내고 사회영역의 일부가 되기 위해 편안한 영역 내에서 의사소통을 할 수 있도록 휴대폰을 주었다.

이 치료과정에는 내담자뿐 아니라 가족체계와 부모체계까지 다체계적 접근이 필요하였다. 마이클과 단독으로 작업하는 것은 다른 체계의 균형을 맞추지 못했을 것이며 추가 철수를 초래할 수 있다. 마이클은 사회적 편안함을 증가시키는 단계와 함께 개인화 과정을 시작할 수 있었다. 그 결과 그의 자아개념과 자부심이 증대되었다. 유튜브 개입을 통해 그는 치료관계에 쉽게 적응할 수 있었고, 자신이 누구이며, 그에게 중요하지 않은 것이 무엇인지 공유할 수 있는 중요한 기회를 얻을 수 있었다. 잼보드는 여러 경험, 환경 및 그의 사회적 불안을 초래한 역동의 구성 요소를 만들고, 구성하고, 처리하는 재미있는 방법을 제공했다. 가족이 모두의 변화에 적응한 것처럼 보이기 때문에 지금까지는 가족치료가 필요하지 않았지만 추후 필요에 따라 진행될 것이다.

닌텐도 스위치 : 카트리지 또는 스토어 게임 다운로드

동물의 숲

미셸은 높은 불안, 자폐스펙트럼장애 및 환경에 대한 높은 통제 필요성을 나타내는 여러 행동의 증상과 경험을 나타낸 11세의 6학년 학생이었다. 그녀의 부모는 치료를 받기 몇 달 전에 이혼했고 그녀는 어머니, 언니, 남동생과 함께 살았다. 그녀의 아버지는 한 번에 몇 달 동안 지방에서 일했고, 그녀는 3~4개월에 한 번씩 며칠 동안 그를 만났다.

미셸과 그녀의 가족은 그녀 및 치료사에게 알리지 않고 시방으로 이사했다. 그녀의 삶은 매우 혼돈 상태이고, 혼란스럽고, 외로웠다. 그녀는 최근에 혼자 쓰던 방을 동생에게 양보했고, 언니와 함께 새 집에서 방을 써야 했다. 이는 자매 중 누구에게도 바람직하지 않았다. 미셸은 자신의 사생활을 잃어버렸고 언니도 같은 이유로 자신을 원망했다고 느꼈다. 그녀의 어머니는 이

혼으로 인한 모든 급격한 변화와 계속되는 악다구니 때문에 자신의 어려움과 함께 지치고 우울하고 외로웠다.

지난 몇 주간의 삶에는 엄청난 변화가 있었고 미셸에게는 그 어떤 것도 안정적이거나 안전하지 않다고 느껴졌다. 부모님이 이혼하고, 그녀가 주택에서 아파트로 이사를 갔고, COVID-19로 학교가 혼란에 빠졌고, 사회적으로 어려움을 겪었고, 그런 다음 그녀는 갑자기 동네를 떠나게 되었고, 탐탁치 않아 하는 언니와 함께 방을 써야 했다. 그녀의 지원 시스템에는 어머니와 아버지가 포함되었다. 그러나 그녀의 어머니는 압도당하고 우울했으며 아버지는 주로 결석했다. 그녀에게는 문자 메시지와 '밈' 또는 GIF 파일을 보내며 연락을 유지하는 친구가 한 명 있었지만 더 깊고 개인적인 경험을 서로 공유하지는 않았다. 감사하게도 치료 회기는 원격정신건강을 통해 계속될 수 있었다.

치료 회기

미셸은 그해 생일에 동물의 숲이라는 게임을 받았지만 온라인으로 할 수 있는 권한이 없었다. 그녀에게 회기에서 동물의 숲을 플레이하여 서로의 섬을 방문하도록 하였다. 다른 디지털놀이치료 매니아의 제안으로 게임을 선주문한 치료사는 COVID-19로 인한 봉쇄의 초기 단계에서 게임을 받게 되어 감사하게도 이 회기에 대비할 수 있었다.

동물의 숲은 닌텐도 스위치 휴대용 콘솔 장치에서만 사용할 수 있는 통합 게임이다. 이것은 2001년에 시작된 오랜 게임 프랜차이즈로서 많은 파생 게임(Fandom, n.d. a)이 있다. "닌텐도에서 개발 및 퍼블리싱한 커뮤니티 시뮬레이션 비디오 게임 시리즈로 인간 플레이어(주인공)가 의인화된 동물이 사는 마을에 살면서 낚시, 벌레 잡기, 화석 사냥 등 다양한 활동을 하는 게임(Fandom, n.d. a, para. 1)"이며, 탐색할 치료 요소를 많이 제공한다. 한 명의 주인공(인간 플레이어)과 함께 섬에는 최대 10명의 주민이 살고 있다. 전체적으로 35개의 다른 동물 종과 8개의 다른 성격 유형을 포함하여 393명의 다른 마을 사람들이 있다. 성격 유형은 다음을 포함한다: 까다롭고, 농담을 하고, 게으르며, 잘난 체하고, 평범하고("친절하고 중립적인" Spear, 2020, para. 8), 활기차고, 도도하고, 자매 같다. 마을 사람들은 섬을 둘러보며 주요 플레이어 및 다른 주민들과 교류한다. 마을 사람의 성격은 주인공과의 대화에서 나타나며 항상 '단짝(bestie)'이 있다. 교류(방문, 대화, 선물, 아플 때 약 챙겨주기 등)가 많을수록 관계가 더 가까워진다. 주민들은 주인공 플레이어가 어떻게 대하느냐에 따라 일정하게 머물거나 왔다 갔다 할 수 있다. 때때로 주민들은 입주하거나 이사 가기를 요청하고, 주인공 플레이어는 결정을 내린다.

주인공 플레이어는 섬을 시작하고 튜토리얼을 진행한다. 이 튜토리얼은 톰 누크(너구리)와 그의 보조인 티미와 토미(쌍둥이 너구리)가 안내한다. 아바타는 특징대로 맞춤 제작되어 섬에 거주하기 시작한다. 주인공 플레이어의 집은 처음에는 텐트였다가 업그레이드를 통해 방 1개짜리 집에서 방 6개짜리 집으로 이동한다. 원하는 경우 매일 수행해야 하는 작업이 있으며 주인공 플레이어는 자신의 스타일과 필요에 맞게 섬을 꾸밀 수 있다. 심어야 할 나무와 꽃, 수확할 과일, 소원을 빌면 떨어지는 별이 있다. 날씨는 자주 바뀌며 시즌은 게임 초반에 선택한 반구를 기반으로 표시된다. 캐릭터는 바다 생물 수집을 위해 수영과 다이빙도 할 수 있다. 주요 휴일에는 이벤트가 있으며 섬에서는 주인공 플레이어와 주민들을 위한 특별한 생일 파티를 연다. 게스트 캐릭터가 매일 등장하며 음악 쇼, 유성우, 낚시 대회 등과 같은 다양한 이벤트를 가져온다. 잡화점, 옷가게, 박물관, 캠핑장이 있다. 시간이 지남에 따라 주민들은 다양한 행동과 감정을 묘사하기 위해 주인공 플레이어에게 '반응'을 제공한다. 섬에는 진정한 커뮤니티 환경이 있으며 시간이 지남에 따라 주인공 플레이어는 섬에 연결되어 있고 중요하다고 느낄 수 있다.

동물의 숲의 섬은 주인공 플레이어 못지않게 독특하다. 자기분석을 해보면 이 치료사의 섬과 삶 사이에는 유사점이 있다. 게임플레이 내에서도 통제와 도피의 감정이 동시에 존재한다. 섬은 플레이어들이 원하는대로 꾸미고,

채우고, 변경할 수 있는 영역이다. 혼돈의 시대, 그리고 현실 환경의 예측 가능성이 부족하다는 느낌에서, 숙달과 통제의 경험을 갖는 것은 다시 중심을 잡는 도피이다. 이 게임에는 한계가 있고, 일반적으로 액션 지향 게이머들의 흥미를 끌지는 못하지만 어떤 사람들에게는 완벽한 속도이다.

처음에는 그녀가 온라인 접속이 되지 않아 서로의 섬을 방문할 수 없었다. 그래서 우리는 우리만의 섬에서 작업하고 과정, 작업, 욕망을 설명하는 평행 플레이를 하였다. 그러고 나서 미셸은 치료용 동물의 숲 모험으로 두 번의 온라인 회기를 가지게 되었고, 그녀는 우리가 서로의 섬을 방문하기를 요청했다. 그것은 흥분되는 순간이었다. 그녀는 자신의 경험이나 감정, 혹은 세계관에 대해 그다지 솔직하지 않았기 때문에 '동물의 숲'을 통해 각각의 창문을 들여다보는 것은 매우 환영받았다. 여러 주에 걸쳐서, 우리의 두 개의 닌텐도 스위치 콘솔이 연결되었고, 나는 그녀의 섬으로 가는 비행 서비스로 그녀의 섬에 발을 들였다. 그녀의 아바타는 머리부터 신발까지 그녀의 독특한 스타일로 차려입었다. 그녀는 엣지 있는 검은색을 좋아했고, 그녀의 아바타는 미셸의 분위기를 풍겼다.

그녀의 섬은 깨끗했다. 모든 것은 완벽하게 간격을 두었다. 꽃들은 특정한 패턴으로 정돈되어 있었다. 꽃은 색이 같고, 다른 색의 꽃이 더 많이 자라기 때문에 특정한 패턴을 유지하기 위해서는 상당한 양의 의도적인 유지 관리가 필요하다. 새로운 색깔의 꽃을 만드는 데는 여러 단계의 복잡한 과정이 있는데, 그녀는 그런 과정을 많이 가지고 있었다. 그녀의 집은 질서정연했고 집을 장식하는 것처럼 꾸며져 있었다-조정되고, 정리되고, 그녀만의 독특한 스타일로. 치료사는 그녀를 더 이해하기 위해 각각의 방을 관찰하고 분석했다. 줌 창이 열려 있어서, 우리는 캐릭터들이 그녀의 섬에서 상호작용을 하는 동안 서로 이야기하고 볼 수 있었다. 우리는 꽃 사이를 뛰어다녔고, 그녀는 나에게 자기 섬의 구석구석을 보여주었다. 이것은 분명 혼란스럽고 가혹한 가정환경 속에서 그녀의 탈출과 통제였다. 우리는 그녀의 섬에서 전체 회기를 보냈다.

다음 회기에서 그녀는 치료사의 섬을 방문하고 싶어 했다. 그녀의 섬과는 대조적으로, 이 섬은 물건들이 밀집해 있고 꽃이 가득했다. 치료사의 컴퓨터 바탕화면을 모방한 섹션들이 있었는데, 다가오는 작업에 필요할 때 잃어버리거나 잊혀지지 않도록 여기저기 뿌려진 아이템들이었다. 한때는 섬 전체를 온갖 색깔과 종류의 아름다운 꽃으로 뒤덮는 것이 치료사의 목표였기 때문에 그날 섬 위로 불어오는 산들바람에 수백 송이의 꽃이 흔들리고 있었다. 미셸은 섬에 발을 들여놓으며 거의 동시에 "우와"와 "휴가가 필요한 것 같아요"라고 말했다. 우리는 웃었다. 그녀는 틀리지 않았다. 하지만 동물의 숲의 세계를 해석할 수 있는 그녀의 능력을 넘어, 그녀는 또한 그녀가 경험한 혼돈의 수준에 반응했을 가능성이 크다.

여기서 주목해야 할 흥미로운 점은 디지털 놀이치료에 대한 빈번한 질문이나 심지어 비판은 '그냥 게임을 하는 것'일 뿐이고 치료적인 것은 아무것도 없다는 것이다. 첫 번째, 다른 사람들과 게임을 하는 것은 많은 치료적 가치가 있다. 우리는 그 안에서 세계와 자신을 어떻게 인식하고, 그들이 상황에 어떻게 접근하고 처리하는지 등에 대해 많은 것을 배울 수 있다. 둘째, 미셸은 잠시 치료사의 섬에 있었고 치료사의 상태에 대한 정확한 해석을 할 수 있었다. 그녀는 매우 민감하고, 수용적이며, 공감 능력이 있는 사람이었기 때문에, 그녀가 이러한 결론에 도달할 수 있었던 것은 놀라운 일이 아니다. 그러나 이러한 상호작용은 치료사가 치료 과정을 받아들이고, 인식하고, 통합하기 위해 쉽게 이용할 수 있는 정보의 양을 강조한다.

이어진 회기에서는 각자가 상대방의 섬을 방문해 과제와 목표를 서로 돕는 내용이 담겼다. 미셸은 시간이 지나면서 치료사의 섬 상태에 더 익숙해졌다. 미셸이 이에 대한 반응을 보인다는 것이 확실해지자 치료사의 섬은 "고정되지 않았다"고 말했다. 이것은 의도적이었다. 치료사의 섬과 섬이 더 반갑고 평화롭게 바뀔 수 있는 방법에 대해 미셸의 조언을 구했다. 그녀는 꽃들이 계속 있어야 한다고 했다. 꽃들이 바람에 흔들리는 모습을 진정시키고 있었고, 너무 화려했다. 그들은 또한 뛰어가는 것이 매우 재미있었다. 긍정적인 의미와 느낌을 가질 수 있는 수준의 혼란이 있었다. 영국의 정원과 비슷하게, 꽃과 색깔의 혼합은 그것만의 고요함을 가져온다. 그녀는 섬을 위해 새로운 것들을 만드는 데 사용되는 나무, 철, 씨앗, 돌과 같은 자원들이 있는 지역을 설계하는 것을 도왔다. 그녀는 경계를 정의하는 것이 혼란스러운 경험을 더 관리하기 쉽게 만드는 데 도움이 될 수 있다는 것을 배웠다.

그녀의 섬에서, 우리는 재미있는 아이템을 포함한 새로운 영역을 디자인했다. 이전에는 그녀가 사는 섬의 모든 것은 목적을 가지고 있었다. 엉뚱함이나 장난기가 없었다. 시간이 흐르면서 그녀는 장난감이 있는 놀이터를 만들곤 했다. 여전히 아름답고 정돈되어 있던 그녀의 집에는 이제 주변에 '부활절 계란'들이 숨겨져 있었는데, 이는 예상치 못한 깜짝 아이템들이다. 예를 들어, 화장실에는 마트료시카 인형을 놓고, 침실에는 치료사가 찾을 수 있도록 잉어를 수조에 넣었다. 숨바꼭질 게임은 다른 사람이 나중에 찾을 수 있도록 어딘가에 선물을 남기는 것뿐만 아니라 동물의 숲 섬에서도 매우 인기가 있다.

미셸이 11세였을 때부터, 그녀의 섬에서의 활동과 그것을 경험하면서 그녀의 삶 사이의 다리들이 탐험되었다. 미셸과 그녀의 어머니 사이의 대화는 미셸이 안정감을 느끼기 위해 필요한 건강한 경계를 세우는 것을 돕기 위해 격려되었다. 그녀는 어머니에게 "안에 무엇이 있는지 보고, 그것에 대해 이야기하고, 그 안에 있는 것들이 여기저기 널려 있지 않도록 이것들 주위에 울타리를 쳐야 한다"고 말했다. 그녀와 어머니가 함께 '동물의 숲' 놀이를 시작했고, 부모와 아이가 함께 노는 힘은 그들을 연결하고 그들이 웃으며 새로운 삶을 꾸려나가는 데 도움을 주었다.

다른 측면에서는, 그녀는 시간이 지남에 따라 주민들이 선택적으로 떠나는 것을 허용하기 시작했다. 이전에, 그녀는 그들이 좋든 싫든 주민들을 계속 데리고 있어야 한다고 느꼈다. 그녀에게는 그녀가 피했던 까칠한 주민이 있었다. 그가 대화를 하고 싶다고 말할 때(생각주머니가 그들의 머리 위에 나타난다), 그녀는 전형적으로 그것을 피했다. 몇 번, 그녀는 약혼을 했고,

그는 그가 떠날 생각을 하고 있다는 것을 나타내곤 했다. 이것은 주인공 플레이어에게 이를 받아들이고 잘되길 바라거나 머물 것을 요청할 수 있는 선택권을 준다. 비록 그것이 그녀가 원하는 것이 아니더라도 그녀는 그들에게 남아달라고 부탁할 것이다. 이 과정에서 그녀는 그들의 감정을 감추고 싶지 않다고 말했다. 우리는 이것을 컴퓨터로 만든 캐릭터가 아닌 사람과 사람을 기쁘게 하는 관점에서 논의했다. 그것은 자기옹호, 인식의 중요성, 그리고 자신의 욕구의 균형에 대한 것, 그리고 사람들을 기쁘게 하는 위험이 있다는 사실에 대한 것이 되었다.

동물의 숲은 미셸과 치료사가 다양한 치료 능력과 변화의 핵심을 활성화시킬 수 있는 비옥한 환경을 제공했다. 직간접적 은유는 섬의 존재와 그녀의 일상적인 삶 사이에 유사점을 만들 수 있게 했다. 그녀와 그녀의 단짝인 플로라는 그녀의 섬을 삭막하고 생명이 없는 섬 대신 번창하는 환경으로 계속 만들 것이다. 그녀의 섬이 살아나는 것은 그녀의 성장을 겉으로 드러내는 것이다.

멀티플랫폼 하드웨어, 무료 로블록스 다운로드 및 계정

로블록스, 다중게임

8세의 제이든은 아버지와 함께 원격정신건강 서비스를 받았다. 그는 슬픈 듯 아버지의 팔에 매달리고 있었다. 그는 등교를 거부하기 시작했고 최근 3개월 동안 매주 2~4회씩 야뇨증을 나타내고 있었다. 제이든의 아버지는 이러한 우울한 증상들이 서비스를 받기 약 6개월 전부터 시작되었다고 보고했다. 그의 어머니는 그가 2살 때 돌아가셨고, 그에게는 형제가 없었다. 그의 아버지는 아들의 기능이 점진적으로 저하되는 것이 친구가 이사를 간 것 때문이라고 여기며 '다시 회복되기'를 바랐다.

제이든과는 별개로, 그의 아버지는 치료사에게 그의 어머니가 약물 과다복용으로 돌아가셨다고 알렸다. 몇 년 동안 중독과 씨름하던 그의 어머니는 그들이 아이를 가질 수 있다는 희망으로 술을 끊었다. 보고에 따르면 그녀는 임신 기간 내내 금주를 지켰다고 한다. 제이든이 그의 두 번째 생일을 막 앞두고 있을 때, 그녀의 어머니가 돌아가셨다(제이든의 외할머니). 제이든의 어머니는 슬픔에 빠졌고 병이 재발했다. 제이든은 어머니가 '병으로' 돌아가셨다는 말을 들었고, 가족들은 그의 어머니에 대해 더 이상 말하지 않았다. 그의 아버지는 "그것이 너무 오래 전 일인데, 어떻게 지금 그를 괴롭힐 수 있습니까?"라고 말했다.

처음 두 번의 회기는 아버지와의 약속이었다. 이 회기들은 애착과 발달에 관한 심리교육과 지원을 제공하고 각각의 혼란이 어떤 사람, 특히 아동들에게 어떻게 극적인 영향을 미칠 수 있는지에 대한 논의를 하기 위한 것이었다. 증대된 어려움은 친구가 이사하면서 촉발됐을 수도 있다. 아버지 역시 자신이 처리하지 못한 분노와 슬픔을 자초하고 있는 것이 분명했다. 아들 문제를 논의하기 위한 두 번의 회기 이후, 그는 치료사가 추천한 자신의 개인 치료도 하기로 하였다. 그는 자신의 회기에 참석하기 시작했고, 시간이 흐르면서, 그것은 이 가족의 세상을 변화시켰다. 제이든은 아버지가 정말 필요했다.

치료회기

제이든에 대한 개인 치료의 주요 목표는 그가 짊어진 두려움과 슬픔의 꽉 움켜쥔 손을 느슨하게 풀어주는 것이었다. 제이든은 숨쉬고 살아야 했다. 그가 즐겨 하는 일이 무엇이냐는 질문을 받았을 때, 그는 "로블록스 하는 것을 정말 좋아해요. 아, 네?"라고 부드럽게 대답하였다. 답장이었다. "내 사용자 이름은 xxxxx인데 나를 추가해줄래?" "잠깐, 뭐라고요?" 그가 대답했다. 그는 치료사가 로블록스 계정을 가지고 있었고 그와 합류할 준비가 되었다는 것에 충격을 받았다. 그가 알고 있는 모든 어른들은 그의 로블록스 이야기를 듣고 싶어 하지도 않았고, 그와 함께 이를 플레이하는 것을 꺼려했다. "무슨 게임을 플레이할까요? 입양해주세요(Adopt Me), 타이쿤, SPC, 오비(obby)(이런 상황에서 신뢰를 더하는 것은 중요했다.) "입양해주세요(Adopt Me)를 같이 해요. 선생님에게 내 희귀 애완동물을 보여주고 싶어요."라고 그가 대답했다.

로블록스는 치료 분야에서 크게 잘못 이해되는 현상이다. 많은 사람들이 그것을 '로드블록(roadblock)'이라고 잘못 부르며 아이들이 하는 온라인 게임으로 알고 있다. 사실, 모든 연령대의 사람들이 로블록스 사이트를 통해 게임을 하고 있다. 2008년과 2020년 12월 31일 사이에, 이용 가능한 수백만 개의 게임 중 306억 시간(그렇다, 억 단위다)이 행해졌다. 로블록스는 2004년에 설립된 사용자 제작 게임의 국제적 크로스 플랫폼(여러 장치에서 액세스 가능)을 포함하고 있다. 게임용 유튜브라고 생각하면 된다. 모든 게임들은 사용자들에 의해 만들어졌고 사이트에 게시되었다. 게임은 플레이어별로 등급이 매겨지며 게임 목록을 보면 등급이 쉽게 표시된다. 게임의 "좋아요"가 많을수록 등급이 높아진다. 매달 5,000만 명이 넘는 플레이어가 있는 경우 사용자가 플레이를 할지 결정하는 데 도움이 되는 많은 등급이 있다(2021a).

그들의 웹사이트는 800만 명의 개발자들이 게임에 기여했고 그들의 창작물에 대해 3억 2,900만 달러를 받았다고 자랑한다(Roblox, 2021a). 게임이 인기가 많을수록 순위가 올라가고 개발자들은 더 많은 돈을 벌 수 있다. 개발자는 연령과 능력이 다양할 수 있다. 게임은 로블록스 크리에이트 프로그램과 리얼리티 엔진을 통해 개발된다. 이는 내담자가 놀이치료사, 친구, 그리고/또는 그들의 보호자와 함께 또는 그들 스스로 게임을 만들 수 있다는 것을 의미한다.

로블록스는 디지털 놀이치료와 원격정신건강 놀이치료에 매우 적합하며, 안전 기능과 디지털 시민의식에 대한 주의사항과 이해를 갖추고 있다. 수백만 개의 게임 중에서 선택할 수 있으므로, 임상가는 로블록스 게임 모음에 대한 차트(제10장에서 설명)를 만들 수 있다. 내담자는 플레이를 위해 특정 장치에 제한되지 않는다. 웹사이트에 따르면, "로블록스는 모든 최신 스마트폰, 태블릿, 컴퓨터, 엑스박스 원, 오큘러스 리프트, I-ITC 바이브에서 무료로 다운로드 및 플레이할 수 있다(로블록스, 2021b, 2단락)." 이 멀티플랫폼

액세스를 통해 모든 사람들이 플레이할 수 있다. 교육 자료를 자세히 살펴보는 것도 놀이치료사에게 도움이 될 수 있다(Roblox.com 사이트 하단의 탭을 통해 찾을 수 있음).

로블록스에 대한 공통적이고 중요한 관심사는 안전성이다. 로블록스가 잠재적인 치료 도구라는 것을 검증하는 초기 연구 단계 동안, 이것은 주요 관심사였다. 우리는 "해를 끼치지 말라"라는 격언을 참조한다. 솔직히, 로블록스 회사가 안전과 부모의 통제를 우선시해온 것은 즐거운 놀라움이었다. 연령대별 채팅 모니터링과 필터에서 아바타가 옷을 입고 있는지 확인하는 등 자동 감지와 인간 모니터링 시스템을 갖추고 있다. 부모가 자녀가 다른 사람과 대화하는 것을 원하지 않을 경우 대화 기능을 제한하거나 비활성화할 수 있다. 개인 식별 번호(핀)를 계정에 할당할 수 있을 뿐만 아니라 액세스를 재생하기 전에 코드(부모의 이메일로 전송)가 필요하다. 로블록스는 커뮤니티 안전과 관련된 모든 기능과 플랫폼 문제를 담당하는 국제 신뢰 및 안전 자문 위원회까지 구성했다(Roblox, 2021b).

치료에서, 놀이치료사는 안전과 관련된 다른 사례에 대한 비슷한 권고 사항을 듣고 싶어 할 것이다. 특히 토론은 유형 또는 음성 모두 원격정신건강 플랫폼(즉, 줌)을 통해 전달되어야 한다. 내담자 및 보호자는 적절한 경우(내담자의 연령/능력 수준당) 프로필 생성 및 디지털 시민의식 대화에 참여해야 한다. 보호자는 로블록스 웹사이트의 부모 섹션을 읽고 그에 따라 문제를 해결하는 것이 좋다. 개인 서버(내담자와 치료사만을 위한 방)는 가능한 적절한 시기에 사용되어야 한다. 대부분의 개인 서버는 현재 무료이며, 모든 게임에 이러한 서버가 있는 것은 아니다. 일부 게임 상호작용은 특정 수의 플레이어에게 의존한다는 것을 유념해야 한다. 다른 경우, 치료사는 다중 사용자 소셜 시나리오에서 관찰, 토론, 개입 등을 원할 수 있으므로 보다 공개적인 포럼에서 플레이하는 것이 적절할 수 있다.

로블록스는 무료 플랫폼이지만 화폐가 있다. 게임 내 화폐(플레이, 작업 완료 등으로 획득)와 실제 화폐(달러, 파운드 등)의 두 종류가 있다. 차이점을 이해하는 것은 중요하다. 게임 내 화폐는 게임에 따라 다른 아이템에 사용할 수 있다. 예를 들어, 웰컴 투 블록스버그에서 플레이어는 집세와 공과금 같은 가계 요금을 지불해야 한다. 이들은 게임 내 화폐로 지불되며 실제 화폐로 변환되지 않는다. 현실세계 화폐로 환산되는 로벅스는 그 옆에 회색 육각형 기호가 있다. 현재 로벅스는 올드 스쿨 아케이드에서 토큰과 비슷한 비율로(4.99달러로 400로벅스, 9.99달러로 800로벅스, 19.99달러로 1700로벅스) 구매할 수 있으며 가입도 가능하다. 가입자는 로벅스에 대한 할인과 매월 정해진 할당량을 받게 될 것이다(Roblox, 2021c). 대부분의 게임을 하기 위해 로벅스에 실제 돈을 쓸 필요는 없지만, 자신과 내담자, 부모를 위해 화폐를 이해하는 것이 중요하다. 외모, 옷, 머리, 액세서리 등을 업그레이드하려면 실제 화폐가 들 수 있다. 앞서 언급한 인기 게임인 웰컴 투 블록스버그는 1회 이용료 25로벅스를 내야 하고, 이는 400로벅스에 대해 4.99달러에서 대략 0.32달러로 변환된다.

제이든은 "입양해주세요!(Adopt Me!)"라는 게임으로 시작하고 싶어 했다. 이 게임에는 수십 가지의 다양한 테마, 이벤트, 애완동물이 있지만, 기본적인 게임 플레이는 동일하다. 게임 설명에는 "'입양해주세요!'의 마법 같은 가족 친화적인 세계에서 귀여운 애완동물을 키우고, 옷을 입히고, 집을 꾸미고, 친구들과 함께 플레이하세요! 로블록스에서!(Roblox, 2021d, 1단)"라고 되어 있다. 이 게임의 개인 서버는 무료이다. 치료적 이해는 게임의 첫 순간부터 시작된다. 어떻게 아바타를 만들고 디자인할 수 있을까? 자신의 아바타를 위해 헤어스타일, 피부, 표정, 옷, 액세서리를 선택함으로써 커스터마이징이 이루어진다. 플레이어들은 아기 또는 부모가 되는 것을 선택한다. 부모는 아기를 품에 안거나 유모차에 태워서 다닐 수 있다. 부모는 배고프고, 피곤하고, 지루하고, 의사를 필요로 하는 등 아기의 욕구(그리고 그들이 키우는 애완동물)를 돌본다. 제이든은 첫 번째 상호작용에서 부모가 되고 싶어 했고 치료사는 아기가 되고 싶었다. 제이든은 그의 희귀 애완동물과 게임 속 집을 공유했다. 그는 그의 집을 초기 단층집에서 정교한 장식으로 꾸며진 다층 저택으로 옮겼다. 그는 자신의 업적에 대해 매우 자랑스러워했다.

'입양해주세요!'의 두 번째 라운드가 플레이될 때 제이든은 아기가 되고 싶어 했고, 세 번째 플레이 때는 두 플레이어 모두 부모(동등한)였다. 처음에는 제이든이 게임 플레이를 통제하고 싶을 정도로 열정이 있었던 것으로 보였고, 그래서 그는 아기 치료사를 데리고 부모로서 게임을 하기로 결정했다. 그는 게임 플레이를 지시할 수 있고 그가 원하는 곳에 치료사를 데려갈 수 있었다. 아기 캐릭터는 포로가 되지 않도록 상대의 품에서 뛰어내릴 수 있지만, 역동성은 동등함과는 확실히 다르며 아바타는 신체적으로도 훨씬 작다. 두 번째 라운드에서, 그는 그의 욕구가 충족되기를 원했고 보살핌을 받았다. 그는 "이제 선생님이 나를 돌봐야 해요"라고 말했다. 세 번째 라운드에서, 동등하게, 두 아바타는 그날의 목표를 달성하기 위해 노력하며, 특별한 이벤트 기간 동안 서로를 쫓아다녔다. "이리 와봐! 이거 가져가", "저기 나무 뒤에 있는 것 봤어? 잡아!"라고 각자에게 격려해주고, 이벤트의 목표를 달성하고자 하였다.

'입양해주세요!'가 제이든을 위한 워밍업이었던 것 같다. 아마도 그는 치료사가 정말로 로블록스의 게임에 대해서 말한 것만큼 알고 있는지 시험하고 있었을 것이다. 다음 게임은 '피기'였다. 피기는 '공포-탈출' 스타일 게임이다. 무서운 요소를 가지고 있기 때문에 '공포'이고, 원래 탈출실에서의 경험을 바탕으로 했기 때문에 '탈출'이다(Fandom, n.d. b). 피기의 배경 이야기는 중요할 수 있다. 내담자는 제이든이 했던 것처럼 배경 스토리를 조사했을 수도 있고, 아니면 스토리에 대한 그들만의 해석을 가지고 있을 수도 있다. 둘 다 가치가 있다. 이야기는 또한 시간이 지남에 따라 발전할 수 있다. 피기에는 여러 권의 책과 챕터가 있다.

제이든이 전한 배경 이야기는 피기 가족이 알려지지 않은 문제에 대한 치료법을 찾는 것으로 시작된다. 조지(오빠?)를 제외한 가족 모두가 참여했고, 피기 씨는 연구에 자금을 대기도 했다. 연구는 잘된 것 같았고, 그들은 모두 집으로 보내졌다. 집으로 돌아오자, 그 치료제는 다른 이상한 감염 증상들을 일으키는 것 같았다. 피기의 딸은 이상한 증상을 보이기 시작했고, 그래서 엄마는 도움을 받기 위해 경찰서로 갔다. 엄마도 경찰서에서 한 차례 증상이 나타나기 시작해 행동을 통제할 수 없었다. 피기 가족 구성원들은 게임의 다른 책들과 챕터들, 즉 다른 책들과 이야기의 챕터에 등장한다. 플레이어들은 한 번에 장면에 나타나고 감염된 피기를 피해 탈출할 수 있는 시간이 정해져 있다(DemyDervee, 2020).

게임에는 여러 가지 모드가 있지만 기본적으로 피기가 태그하면 다음 라운드가 시작될 때까지 게임 플레이에서 제외된다. 제이든이 게임을 좋아하는 또 다른 모드는 '감염된'으로, 피기에게 꼬리표를 달게 되면 감염되지 않은 플레이어의 추적자가 된다. 플레이어들은 그들이 원하는 경기 방식에 투표할 수 있고, 과반수의 뜻을 따른다. 게임 플레이는 시간이 다 되고 생존자가 있거나 모두 감염되면 종료된다. 가장 오래된 버전의 피기(2권 제8장)는 85억 명이 방문했으며, 이 글을 쓸 당시 6만 2,000명이 이 버전을 활발하게 플레이하고 있었다(Roblox, 2021e).

이 게임 선택은 치료사에게 매우 흥미로웠다. COVID-19의 한가운데에서, 그는 사람들이 원인 모를 질병에 의해 죽거나 감염되고, 차례로 다른 사람들을 감염시키는 게임을 하기를 원했다. 게다가 제이든에게 더 중요한 것은 그의 어머니가 다른 세부 사항 없이 '병'으로 사망했다는 것이다. 모든 면에서, 이것은 죽음을 초래한 알려지지 않은 병이었다. 지금까지 이 두 가지 로블록스 게임에는 양육, 통제, 알려지지 않은 질병, 감염, 두려움, 그리고 죽음의 주제가 있다. 나는 이것들이 바로 제이든이 고군분투했던 것이라고 단언하고 싶다. 양육에는 어머니가 돌아가시기 전후에 어머니, 아버지, 조부모 등으로부터 받은 것이 포함된다. 죽은 사람과 슬퍼하는 사람 모두로부터 당신은 죽음으로 인해 양육을 잃을 수 있다. 알려지지 않은 병, 감염, 두려움, 그리고 죽음은 모두 제이든이 그의 어머니와 그녀를 둘러싼 모든 미스터리와 관련하여 고군분투한 것들이다. 통제력을 추구하는 것은 상황의 환경을 안정화하려는 시도, 즉 안전과 보안 수준을 달성하기 위한 시도가 될 수 있다.

이 사례는 오비(장애물 코스)와 타이쿤스(비즈니스 구축)와 같은 다른 로블록스 게임들이 포함되었다. 그러나 앞에서 설명한 처음 두 가지는 사례개념화 및 개입을 지원하는 데 실제로 가장 중요했다. 시간이 지나면서, 아버지는 어머니의 죽음에 대해 더 많이 설명할 수 있었다. 둘 다 치유되고 함께할 수 있게 되면서 비밀의 장막이 걷혔다. 이 치유로 인해 그의 우울증 증상이 감소되었고, 야뇨증이 없어졌다. 치료의 다음 단계는 제이든이 학교에서의 불안감으로도 경험하고 있는 오래된 사회적 불안감에 대해 작업하는 것이다.

로블록스는 제이든이 자신이 겪고 있는 어려움을 전달하고, 소통하고, 처리할 수 있는 데 중요한 역할을 했다. 치료사의 친숙함과 함께 사용 가능한 다양한 게임들은 메타 메시지와 주제를 이해하고 사례 개념화에 통합하며 개입을 안내하는 데 도움이 되었다. 로블록스는 제이든의 치료에서 중요한 부분이 되었다.

참고문헌

American Psychiatric Association. (2013). *Diagnostic and statistical manual of mental disorders: DSM-5* (5th ed.). American Psychiatric Association.

Center for Disease Control and Prevention. (2018, September 14). *Health insurance portability act of 1996 (HIPAA)*. www.cdc.gov/phlp/publications/topic/hipaa.html

DerpyDervee. (2020, April 27). *Backstory of the piggy family!* www.youtube.com/watch?v=-KrCBdgICQM

Fandom. (n.d. a). *Animal crossing (franchise)*. https://amiibo.fandom.com/wiki/Animal_Crossing_(franchise)

Fandom. (n.d. b). *Piggy: Book 1*. https://robloxpiggy.fandom.com/wiki/Piggy:_Book_1#:~:text=Piggy%20is%20a%20horror-escape%20style%20game%2C%20similar%20to,is%20no%20respawning%20until%20the%20next%20round%20begins

Google Workplace. (2021). *What's included*. https://workspace.google.com/intl/en_us/pricing.html

Roblox. (2021a). *Powering imagination*. https://corp.roblox.com/

Roblox. (2021b). *What is Roblox?* https://corp.roblox.com/parents/

Roblox. (2021c). *Robux*. https://web.roblox.com/upgrades/robux?ctx-nav

Roblox. (2021d). *Adopt me! By DreamCraft*. https://web.roblox.com/games/920587237/Adopt-Me

Roblox. (2021e). *Piggy [book 2], chapter 8! by MiniToon*. https://web.roblox.com/games/4623386862/Piggy-BOOK-2-CHAPTER-8

Spear, R. (2020, December 25). *Animal crossing: New horizons – how many villagers are there and how many can I have on my island?* www.imore.caom/animal-crossing-new-horizons-how-many-villagers-are-there-and-how-many-can-i-have-my-island

16

결론

희망

이 책에서 당신의 놀이치료 기법을 향상시키고 확장시킬 보석들을 발견하길 진심으로 바란다. 우리가 이 책에서 발견한 보석으로 마음을 열고 세상을 바꿀 수 있다. 이 책의 첫 번째 판의 의도는 모두를 아우르는 것이 아니라 놀이치료의 기술 사용에 관한 놀이치료사의 마음을 보장하기 위한 것이었다. 두 번째 판의 의도는 원격정신건강 놀이치료에 관한 중요한 업데이트와 정보를 포함하는 것이었다. 내담자의 관심사에 대한 논의, 그러한 관심사에 대한 지식, 그들의 세계와 문화에 대한 지식, 놀이치료에 디지털 도구를 포함시키는 것은 치료적 가치가 있다. 디지털 놀이치료는 유행에 편승하는 것이 아니다. 대면으로 서비스를 제공하든, 원격정신건강 플랫폼을 통해 서비스를 제공하든, 그것은 문화적인 변화를 적절히 통합하고, 그러한 통합을 위한 기반을 마련하는 것이다.

디지털 놀이치료

디지털 놀이치료는 내담자의 문화와 관심의 영역을 놀이치료 과정에 결합시켜 관계를 깊게 하고, 정보를 수집하고, 개입을 시행하고, 치료

계획을 진전시키기 위해 매우 동기부여적이고 몰입적인 활동을 활용하는 양식이다.

디지털 놀이치료는 내담자의 세계에 들어가 그들의 문화 내에서 연결되기 위한 다양한 기술을 통합한다. DPT는 디지털 프로그램, 게임, 하드웨어에 관심이 있는 내담자를 위해 치료 환경에서 그들의 관심을 위한 공간과 설비를 제공한다. 원격정신건강을 통해 일하는 임상가에게 디지털 놀이치료는 논리적이고 강력한 보완적 양식이다. 놀이치료 작업에 디지털 도구를 포함하는 것은 그동안 소외되었을 수 있는 부분을 포함하여 내담자의 모든 부분을 존중하고 수용하는 것을 강조한다. 모두를 위한 접근성이 목표이며, DPT는 다양한 이유로 인해 전통적인 방법에 접근할 수 없는 사람들을 위한 가능성을 확대한다. 놀이치료사들은 다른 사람의 신성한 세계에 초대되는 독특하고 특권적인 역할을 한다. 우리가 현재 문화에서 가치를 찾고 하나의 직업으로서 함께 일하는 것이 중요하다.

5C

5C 치료사는 역량, 편안함, 문화, 일치감, 능력에 대한 열망을 매일의 작업에 통합한다. 우리 모두는 내담자의 이익과 자신의 개인적·직업적 성실을 위해 이러한 목표를 위해 노력한다. 우리는 경력을 통해 더 나은 방향으로 나아가고 있다는 것에 자부심을 가질 수 있다. 끝은 없다. 이것들은 놀이치료사를 위한 평생의 열망이다. 상담, 감독, 교육, 연구, 그리고 경험은 놀이치료사가 그들의 5C 퀘스트를 진행하도록 촉진할 것이다.

내담자의 언어로 말하기

내담자의 언어로 말하는 것은 치료사의 패러다임에 맞는 부분을 선택하지 않고 그들의 세계로 들어가는 것을 포함한다. 우리가 그들의 언어로 말할 때, 그들의 나이, 관심사, 문화, 정체성 등이 무엇이든지 간에, 우리는 그들에게 그들이 보이고, 들리고, 이해하고, 받아들인다는 것을 보여준다. 기본적으로, 그것은 모든 인간이 추구하는 것이다. 회복력은 한 사람이 그들의 삶에서 적어도 한 가지 중요한 연결고리가 되는 사람에 의해 강화될 수 있다. 때때로 우리는 그 사람이다ー그것을 중요하게 여기도록 하자.

놀이의 치료적 힘

놀이의 치료적 힘은 4개의 주요 사분원과 20개의 핵심 변화 요인을 포함한다. 놀이치료 개념화를 정착시키기 위해 이러한 구성 요소를 활용하는 것은 우리를 안내할 개념과 문구를 제공한다. '그냥 놀기'를 옹호하던 시대는 지났다. 정보에 입각한 5C 디지털 놀이치료사로서, 여러분은 무엇을 하고 있고 왜 그것을 하고 있는지를 설명하는 데 필요한 지식 기반을 갖추고 있다.

처방적 접근

처방적 놀이치료사는 치료 개념화와 개입을 내담자와 그들의 필요에 맞게 조정한다. 처방적 놀이치료 접근은 내담자의 욕구에 맞춘 놀이치료 도구를 관련짓는 것뿐만 아니라 놀이치료에서의 맞춤식 연결, 상호작용, 해석 및 중재를 가능하게 한다. 인간은 많은 차이점과 함께 많은 공통점도 가지고 있다. 처방적인 놀이치료는 그러한 차이를 존중하고 주의를 기울인다. 놀이치료사는 다양한 이론과 접근법의 기초를 알고 5C 원칙에 적절하다고 판단되는 대로 적용할 때 가장 잘 갖춰진다.

양식

놀이치료 양식은 카두슨과 쉐퍼에 의해 우리가 탐색하고 활용할 수 있도록 정의되었다. 이러한 양식이 당신의 관행에 어떻게 통합되는지는 당신의 내담자들과 그들이 포함하는 문화적 욕구에 따라, 시간이 지남에 따라 바뀔 수 있다. 이러한 양식 범주는 당신의 경력과 다른 매개체(즉, 원격정신건강)에 따라 다르게 보일 수 있지만, 기본 개념은 내담자의 욕구를 충족시키고 놀이의 치료적 힘을 활성화하는 양식을 인정하고 활용하는 것이다.

원격정신건강 놀이치료

원격정신건강은 놀이치료 커뮤니티와 전체 정신건강 분야를 강타했다. 100년의 역사를 가진 원격 서비스는 오랫동안 관심의 영역이었다. COVID-19 대유행 전까지 이러한 유형의 서비스는 주류가 아니었다. 놀이치료사들은 빠르게 기어를 변경하여 한 분야로 적응했고, 그것이 가장 필요한 사람들에게 서비스 관리의 연속성을 제공했다. 이 주제에 대한 자세한 내용은 제시카 스톤(Routledge)이 편집한 놀이치료와 원격정신건강(*Play Therapy and Telemental Health: Foundations, Populations, & Interventions*)을 참조한다.

연구의 이해

연구는 많은 이들에게 벅찬 주제이며, 이 책에 포함된 목적은 기본적인 정보를 제공하는 동시에 우리가 접하는 정보의 비판적 검토 과정에 대한 관심을 불러일으키는 것이다. 확증 편향, 연구 방법론, 데이터 처리의 함정, 연구에서 결론이 도출되는 방식에 대한 우려에 대한 이해도가 높아졌으면 한다. 미래에는 연구 설계, 수집, 그리고 그에 따라 도출된 결론의 투명성에 있어 절실히 필요한 변화를 가져올 수 있기 때문에, 우리는 우리 모두에게 영향을 미치는 프로그램과 정책에 대한 보다 확실한 기반을 가질 수 있을 것이다. 지금은 흥미진진한 시기이다.

사회의 적, 도덕적 공황, 테크노패닉

사회의 적과 도덕적 공황은 인간이 무언가와 상호작용을 하는 만큼 두려움을 먹고 자란다. 우리는 시상하부에 의해 급성 스트레스에 달아나거나 싸우거나 얼어붙게끔 되어 있다. 이러한 대응은 우리를 위험한 상황으로부터 안전하게 지키기 위한 것이다. 이러한 과정에는 급성 스트레스 반응이 활성화되고, 많은 불만이 표출되고, 다른 관점이 뒤따르고, 다시 한번 균형 감각을 얻기 위해 조정을 하는 주기가 있다. 이러한 상황들 중 어느 상황에서든 숨을 쉬고, 중심을 찾고, 시나리오가 무엇을 가져오는지 평가하는 것은 매우 중요하다. 만약 상황이 부정적인 측면을 가지고 있다면, 더 많이 배우고, 더 많이 발견하고, 더 많이 이해하고, 균형을 잡을 방법을 찾는다. 비관론자(chicken little)는 하늘이 무너지고 세상이 멸망한다고 믿었고, 모든 사람들을 공황에 빠트리고 결국 멸망할 것이라고 믿었다. 이 이야기의 버전은 수천 년 전으로 거슬러 올라가며 메시지를 계속한다: 당신이 들은 모든 것을 믿지 말고, 천천히 상황을 평가하고, 용기를 내라.

하드웨어 및 소프트웨어

이 책이 판매되는 동안 하드웨어와 소프트웨어의 종류는 몇 년 동안 극적으로 변화할 것이지만, 기본적인 것은 남아 있을 것이다. 다행히도, 이 책의 제2판은 몇 가지 중요한 업데이트를 허용했다. 어떤 시스템과 프로그램이 내담자의 욕구를 충족시키는지 발견하는 것이 가장 중요하다. 놀이치료사가 이러한 도구의 적합성을 발견하는 데 걸리는 여정은 오랜 경력이 될 것이다. DPT는 모든 종류의 프로그램, 게임, 시스템을 통합하는 것이 아니다. 어떤 것들은 5C를 가진 치료사에게 잘 맞지 않을 것이고, 다른 것들은 관련된 모든 사람들을 흥분시킬 치료 결과를 가져올 것이다. 5C 탐색 및 성취의 균형과 일치성 및 자기 인식은 이 직업에 도움이 될 것이다.

비디오 게임과 장르

많은 다양한 비디오 게임 장르가 포괄적이거나 문제 없는 분류 시스템을 나타내는 것은 아니지만, 이용 가능한 수천 가지 프로그램을 검색할 때의 방향을 제시한다. 장르는 놀이치료사들이 DPT의 활용에서의 치료적 가치를 찾는 여정을 시작하거나 계속할 수 있는 장소를 제공한다. 다른 종류, 그리고 각 유형 내의 다른 게임들은 특정 유사점과 차이점이 있으므로 하나의 사이즈가 모든 것에 적합하지는 않으며, 심지어 한 범주 내의 프로그램들도 모두 같지 않음을 깨닫는 것이 중요하다. 장르들은 서로 배타적이지 않다. 많은 게임 프로그램에서 표현되는 다른 장르와 중복되는 부분이 많을 것이다. 제2판을 위해 업데이트된 이 장에는 원격정신건강을 통해 즐길 수 있는 몇 가지 재미있는 게임도 포함되어 있다.

디지털 시민 의식

디지털 시민 의식은 디지털 도구를 사용할 때 교육, 보호 및 존중의 중요한 측면에 중점을 둔다. 디지털 시민권이 제공하는 중요한 지침을 이해하고 탐색하면 놀이치료사, 내담자 및 가족이 건강한 온라인 행동을 일상 생활에 통합할 수 있다. 공동 놀이의 상호작용은 치료사-내담자 관계뿐만 아니라 또래 및 가족 간 관계에도 도움이 된다. 디지털 네이티브, 이민자, 기술회의론자, 기술혐오자, 기술필요자는 각각 DPT 세계에서 자리를 차지하고 있다. 디지털 시민의식을 가르치고, 안내하고, 강화하는 것은 관련된 모든 사람의 경험을 향상시킬 것이며, 시민의식은 특히 원격정신건강 디지털 놀이치료를 사용할 때 다른 일상적인 상호작용으로 매우 잘 일반화될 수 있다.

개입

이 장은 당신의 검토를 위해 시도되고 진실하고 사랑받는 DPT 중재에 기여한 몇몇 존경받는 동료들과 함께 업데이트되었다. 이번 판에서는 두 책 모두에서 디지털 놀이치료에 대한 가치를 확인할 수 있다. 단일 저자의 의견과 경험을 읽는 것도 값질 수 있지만 여러 임상가들로부터 정보를 수집하는 것의 중요성은 무시할 수 없다. 따라서 이 절의 개입은 전 세계의 임상의와 여러 이론적 토대를 나타낸다. 나는 당신이 이러한 유형의 목록에 추가하기 위한 당신만의 발견과 용도를 가질 것이라고 확신한다. 아마도 우리는 그것들을 이 책의 다음 판에 포함시킬 수 있을 것이다.

사례 예시 : 대면 및 원격정신건강

사례 예시는 종종 내가 정신건강에 중점을 둔 책 중에서 가장 좋아하는 부분이다. 저자가 제공한 개념과 보석을 읽고 나면 사례들은 그 개념들이 어떻게 보이는지를 읽고 구상하는 환상적인 방법이다. 아마도 임상가는 당신이 할 수 있는 것과는 다르게 진행했을 수도 있지만, 개념들은 독자들이 자신의 5C 구조 안에서 어떻게 보일지를 공식화할 수 있도록 하는 방식으로 설명된다. 이것은 DPT의 아름다운 측면 중 하나이다: 그것은 이론이 아니라 양식이며, 그것은 내담자와 치료사를 위한 일치된 경험을 형성하기 위해 개인의 기존 구조 내에서 채택되고 적용될 수 있다. 제14장에는 대면 사례가 포함되어 있으며, 제15장에서는 정신건강 놀이치료 사례를 중점적으로 다루고 있다.

미래

DPT, 놀이치료, 사회 전반의 미래는 아직 확실히 알 수 없지만, 나는 이전에 놀이치료사들이 정신건강 내에서 놀이의 치료적인 힘을 나타내게 될 것이라고 예측했다. 그리고 우리는 COVID-19 기간 동안 많은 사람들에게 그것이 채워지는 것을 보아왔다. 놀이치료사들은 놀이를 안다. 우리는 놀이의 치료 능력을 다른 어떤 훈련도 하지 않고 이해한다. 새로운 세대의 디지털 네이티브 내담자들과 치료사들이 이곳에 있으며, 그들은 계속해서 빠르게 유입되고 있다. 질문은 "이러한 도구를 포함해야 하는 이유"에서 "이러한 도구를 포함하지 않거나/포함하지 않았던 이유는 무엇인가?"로 바뀔 것이다.

여전히 미래는 연구가 공식화되고, 시행되고, 분석되고, 개념화되고, 공유되는 방식에 있어 상당한 변화를 가져올 것이라는 희망이 있다. 투명성은 미래의 사회적 결정과 권고를 공식화하는 능력에 핵심이 될 것이다. 전문적이고 개인적인 방향은 연구를 통해 얻은 이해를 바탕으로 하며, 앞으로 나아가기 위해서는 발밑이 탄탄해야 한다. 사회의 적과 도덕적 공황은 우리를 인식의 지점까지만 제공하므로, 우리는 더 탐구해야 할 것이 있음을 인식하게 된다. 그 시점 이후에는 비생산적일 수 있다.

나는 디지털 세계와 DPT의 여러 측면에 대해 계속 말하고, 쓰고, 감독하고, 연습하고, 배울 것이다. 나는 내담자가 듣고 보고 이해하고 받아들여진다고 느낄 때 함께 하는 힘을 경험했는데, 이 점에서 DPT는 매우 강력한 양식이다. 나는 디지털 도구를 사용하는 동안 수많은 삶의 개념들이 전시되고 발전하는 것을 보았다. 나는 기술과 이해의 일반화가 내담자의 일상 생활과 상호작용에 녹아드는 것을 목격하고 들었다.

감사의 말

이 책의 두 판에 인쇄된 단어와 제시된 개념, 놀이치료 분야의 비약적 진보에 대한 여러분의 시간과 관심에 감사드린다. 놀이치료사, 어머니, 심리학자, 사업자, 완벽주의자, 그리고 지속적인 5C를 준수하는 사람으로서, 시간이 지나면서 뜻밖의 새로운 사실들을 더 많이 접할 것이라 확신한다. 여러분 중 많은 분들이 디지털 도구를 업무에 도입하는 것을 받아들이는 점점 더 많은 정신건강 및 의료 종사자들과 계속 함께하기를 바란다.

기술적으로 주도되는 세상으로의 사회적 이동과 관련된 다양한 구성 요소들, 구성 요소들 간의 상호작용 및 구성 요소 내에서의 상호작용, 그리고 각자의 개인적, 직업적 삶에 미치는 영향에 대해 더 많이 이해할수록, 우리 모두는 더 나은 장비를 갖추게 될 것이다. 이제까지 어떤 일이 일어났고 앞으로 어떻게 될지에 대한 축배를 들기 위해 두 번째 가상의 잔을 당신에게 들어 올린다. 아직 발견되지 않은 방법으로 이러한 개념과 용도를 확장할 수 있다.

찾아보기

옮긴이

유미숙

숙명여자대학교 아동복지학과 아동상담전공 석사 · 박사
현) 숙명여자대학교 아동복지학부 명예교수
　　㈜ 원광아동상담센터 대표

김미경

미국 하버드대학교 교육대학원 인간발달심리전공 석사
영국 케임브리지대학교 교육대학원 교육심리/언어학 석사 · 박사
현) 영국 센트럴랭커셔대학교 인문언어글로벌학부 교수

이은수

숙명여자대학교 아동복지학과 아동심리치료전공 석사 · 박사
전) 숙명여자대학교 상담학연계전공 초빙교수
현) 원광대학교 마음인문연구소 HK연구교수

류승민

숙명여자대학교 아동복지학과 아동심리치료전공 석사 · 박사
전) 숙명여자대학교 심리치료대학원 초빙교수
현) ㈜ 원광아동상담센터 상담연구원

박현아

숙명여자대학교 아동복지학과 아동심리치료전공 석사 · 박사
현) 숙명여자대학교 심리치료대학원 초빙교수
　　㈜ 원광아동상담센터 상담연구원

최수빈

숙명여자대학교 아동복지학과 아동심리치료전공 석사 · 박사
현) 경희사이버대학교 상담심리학과 강사
　　강동신경정신과의원 놀이치료사